Mark Evans

Dirty Deeds
Meine wilde Zeit mit AC/DC

MARK EVANS

DIRTY DEEDS

Meine wilde Zeit mit AC/DC

Übersetzt von Kirsten Borchardt

hannibal
www.hannibal-verlag.de

Für meine Mädchen

Impressum

Der Autor: Mark Evans
Deutsche Erstausgabe 2012

Titel der Originalausgabe:
„Dirty Deeds – My life inside and outside of AC/DC“ © 2011 by Mark Evans
ISBN: 978-1-74237-579-3

Druck: CPI books GmbH, Ulm
Coverdesign: © Squirt Creative
Coverdesign der deutschen Version: © bürosüd°, München
Coverabbildung: © Peter Mayoh/Fairfax Syndication
Foto auf der Buchrückseite: © Dick Barnatt
Layout und Satz: Thomas Auer, www.buchsatz.com
Übersetzung: Kirsten Borchardt
Lektorat und Korrektorat: Hollow Skai

Hannibal Verlag, ein Imprint der KOCH International GmbH, A-6604 Höfen
www.hannibal-verlag.de

ISBN: 978-3-85445-368-0
Auch als E-Book erhältlich mit der ISBN 978-3-85445-369-7

Printed in Germany

INHALT

PROLOG
PARIS, APRIL 1977

Solange ich mich erinnern kann, wollte ich reisen. Was das eigentlich bedeutete, war mir damals gar nicht klar, aber mir war schon ziemlich früh bewusst, dass es draußen in der Welt unheimlich viele Sachen zu sehen und zu entdecken gab. Schon ganz früh malte ich mit Begeisterung Bilder von Orten und Sehenswürdigkeiten, die mir ganz weit weg vorkamen, von den Pyramiden, Big Ben oder auch der Harbour Bridge von Sydney. (Hey, immerhin stammte ich aus Melbourne, da erschien mir Sydney wie auf einem anderen Planeten.) Mich faszinierte die Vorstellung, dass es Länder auf der anderen Seite der Welt gab, in denen die Menschen andere Sprachen sprachen, anderes Essen aßen, andere Kleidung trugen und eben überhaupt … anders waren. Es gab nur ein Problem: Wie konnte ich es schaffen, in diese so entlegenen, wunderbar anderen Länder zu gelangen? Ich kam aus einer Arbeiterfamilie und war in einem ziemlich rauen Vorort von Melbourne aufgewachsen, in Prahran. Welche Chance hatte ich schon, wirklich etwas von der Welt zu sehen?

Eine gar nicht mal so kleine, nachdem ich der Bassist von AC/DC geworden war. Ein Freund von mir gab mir im März 1975 den richtigen Tipp, und mit gerade mal 19 Jahren stieß ich zur Band. Im ersten Jahr gaben wir Konzerte, gingen auf Tour, machten Aufnahmen, tranken und ackerten uns quer durch Australien. Wir erreichten ganz ordentliche Platzierungen in den Hitparaden und zogen uns gleichzeitig den Zorn des Establishments zu, woraufhin wir eine Tour sofort unter das Motto „Lock up your daughters“ – „schließt eure Töchter ein“ – stellten. Als wir damit fertig waren, schien es uns eine ziemlich gute Idee zu sein, dasselbe Ding gleich noch mal in Europa durchzuziehen. Und so machten wir uns auf den Weg.

Am 5. April 1977 befanden wir uns in Paris, und der größte Teil unserer Tour als Vorgruppe von Ozzy Osbournes Band Black Sabbath lag schon hinter uns. An jenem Abend hatten wir im Pavillon de Paris gespielt, einer Halle, die unserem alten Wasserloch in Sydney, dem Hordern Pavilion, gar nicht unähnlich war. Der Pavillion in Paris war zusätzlich noch deswegen interessant, weil sich früher an diesem Ort ein Schlachthof befunden hatte, weswegen Einheimische die Halle auch Les Abattoirs nannten. Ich bezweifelte nicht im Geringsten, dass der ganze Laden aufgrund seiner blutigen und unrühmlichen Vergangenheit eine Art Dauerkater hatte. Es roch genau so, wie man es von einem früheren Pariser Schlachthof erwarten konnte – nein, sogar noch schlimmer.

Aber die Stadt an sich war natürlich etwas ganz anderes. Paris im Frühling ist einfach phantastisch. Es gibt bestimmt schon einen Song, der „Paris In The Springtime“ heißt, und wenn nicht, dann sollte man ihn schleunigst schreiben. Für ein paar junge Typen, die in einer Rockband spielten, war es jedenfalls höchst aufregend. Und wenn ich „jung“ sage, dann meinte ich damit die Instrumentalisten von AC/DC und nicht unseren geliebten und furchtlosen Anführer und Sänger, Bon Scott. Wir nannten ihn allgemein „old man“, und es war ein bisschen so, nein, es war sogar ziemlich genau so, als sei man mit einem leicht durchgeknallten Onkel auf Tournee. Ihr wisst schon, diese lustigen Typen, die sich bei Hochzeiten im großen Stil besaufen und versuchen, alle jungen Mädels abzuschleppen. Bon war damals erst knapp über 30, aber für mich gehörte er trotzdem schon zu einer anderen Generation.

Da Paris eben Paris war, und AC/DC eben AC/DC, ließen wir es während unseres Aufenthalts ordentlich krachen, abgesehen von Angus Young, unserem abstinenten Gitarristen in Schuluniform, der sich nur selten mal einen Schluck genehmigte. Unser Old Man hingegen gönnte sich gerne einen Tropfen Rotwein, und manchmal auch wesentlich mehr. Und in Paris konnte man sich wirklich ganz ausgezeichnet mit Rotwein die Kante geben. Bon und ich hatten in der Stadt zwei sehr attraktive Französinnen kennen gelernt und waren dabei, unsere Bekanntschaft besonders in bestimmten Körperregionen zu vertiefen. Wir hatten bereits ein paar ziemlich wilde Tage und Nächte in der Gesellschaft der beiden Mademoiselles verbracht und beschlossen nach dem Gig im Pavillion, uns mit ihnen in unser Hotel am Boulevard Saint-Germain zurückzuziehen.

Hotelzimmer in Paris sind, das muss man sagen, meistens ziemlich klein und eng. Oft haben sie diese winzigen Balkone, auf die gerade mal zwei Leute passen – zwei kleine Leute, wohlgemerkt. Bon und ich waren schon ziemlich angesäuselt, aber wir teilten uns trotzdem noch ein schönes Fläschchen von einem ordentlichen Roten auf dem Balkon und warteten darauf, dass die Sonne über der Stadt des Lichts aufging. Paris im Morgengrauen ist ein absolut großartiger Anblick, wahrscheinlich ganz ähnlich wie auch schon vor hundert oder noch mehr Jahren. Jedenfalls konnte ich gut verstehen, wieso diese Stadt so viele Schriftsteller, Maler, Musiker und sonstige Künstler inspiriert hatte. Es war, als hätte man die Zeit angehalten.

Und so standen Bon und ich auf unserem Balkönchen, schlürften unseren Wein und waren mit uns und der Welt und unseren *deux filles Parisiennes très attirantes* recht zufrieden. Ein wunderschöner Sonnenaufgang erhob sich über Paris und erleuchtete unsere Gesichter. Das Leben war schön. Ich war einen weiten Weg gekommen, vom Vorortskaff Prahran bis hierher, und das in ziemlich kurzer Zeit.

Gerade wollte ich Bon, der nach zwei Tagen Dauerparty schon ziemlich von der Rolle war, diesen Umstand noch einmal genauestens verklickern, da sah er mit seltsam konzentriertem Gesichtsausdruck zum Eiffelturm herüber.

„Was ist denn los, Alter?“, fragte ich.

Bon drehte sich langsam zu mir. „Weißte was“, erklärte er mit leicht schwerer Zunge, „so einen Turm wie den da gibt’s auch in Paris.“

KAPITEL 1
DAS PRAHRAN HILTON

Meine Kindheit war geprägt von dem, was man heute wohl eine „Patchwork-Familie“ nennt, wobei mich das damals weder interessierte noch irgendwie beeinträchtigte. Ich war das jüngste von vier Kindern. Meine älteste Schwester Laura und mein Bruder John entstammten der ersten Ehe meines Vaters mit einer wunderschönen Frau namens Susan, die an einer Gehirnblutung gestorben war, als sie noch sehr klein waren. Ich erinnere mich noch sehr lebhaft an ein Porträtfoto von Susan, das in unserem Haus in Murrumbeena, einem Vorort von Melbourne, hing und auf dem sie wie ein Filmstar aussah. Mein Bruder hat dieses Foto noch, und wenn ich es ansehe, dann muss ich sofort wieder an unser altes Haus und die Zeit damals denken. Es ist ein warmes, schönes Gefühl und erinnert mich an eine Zeit, in die ich mich oft zurücksehne.

Meine andere Schwester Judy ist fünf Jahre älter als ich und damit altersmäßig mir am nächsten. Sie stammt aus der ersten Ehe meiner Mutter Norma. Als Jüngster wurde ich sehr verwöhnt, und wahrscheinlich machte ich Judy das Leben zur Hölle, wofür ich mich heute in aller Form entschuldigen möchte. Der erste Mann meiner Mutter, Bud Mintovich, kam in Australien als Sohn einer russisch-jüdischen Familie zur Welt. Als sie heirateten, diente er in der Royal Australian Navy und war, wie auch meine Mutter, erst 19. Sie waren gerade mal zwei Monate verheiratet und meine Mum war mit Judy schwanger, als Bud an Bord der HMAS Bataan Richtung Okinawa ablegte. Die Bataan lag dort im Hafen, als am 25. Juni 1950 der Koreakrieg ausbrach, und das Schiff wurde der amerikanischen Marine überstellt. Bud kam die nächsten 15 Monate nicht nach Hause.

In dieser Zeit erlebte er die Landung der UN-Truppen bei Pohang-Dong mit, patrouillierte in der Straße von Korea, war an zahlreichen Blockaden und Feuergefechten beteiligt und kam tagtäglich unter Beschuss.

Als Bud zurückkam, hatte er sich sehr verändert. Der Krieg hatte ihn gezeichnet. Er war angespannt und in sich zurückgezogen, hatte mit knapp 21 schon eine zehn Monate alte Tochter und wohnte bei seinen Schwiegereltern. Als Bud nach Darwin versetzt wurde, weigerte sich mein Großvater, meine Mutter und meine Schwester mit ihm gehen zu lassen, und die Ehe zerbrach. Dass in dieser Zeit trotzdem immer wieder gute Laune im Haus herrschte, war einigen Kindern aus der Parallelstraße zu verdanken; ein neunjähriger Junge und seine 13-jährige Schwester kamen jeden Tag vorbei, um „Mr. und Mrs. Whit" und das Baby zu besuchen. Dabei hatten die Kinder selbst eine Aufheiterung bitter nötig, denn erst kurz zuvor hatten sie ihre Mutter Susan verloren. Und so wuchsen unsere Familien zusammen. Dass es sich bei meinen Geschwistern genau genommen um Stiefbruder, Stiefschwester und Halbbruder handelt, hat mich nie interessiert, für mich waren sie einfach nur mein Bruder und meine Schwestern. Sie sind meine Familie, ganz einfach.

Man kann wohl mit Fug und Recht behaupten, dass ich nicht gerade in besten Verhältnissen aufwuchs. Während meiner Jugend wohnte meine Familie lange Zeit im Apartment 56 einer Siedlung in South Yarra, dem so genannten Horace Petty Estate. Hinter diesem ziemlich hochtrabenden Namen verbarg sich ein Haufen echter Bruchbuden. Ich selbst nannte unseren Block das Prahran Hilton, und bei meinen Freunden war unsere Wohnung als Club 56 bekannt. Die Siedlung bestand aus drei zwölfstöckigen Hochhäusern und etwa 30 vierstöckigen Wohnblöcken. Es handelte sich um Fertigbauten aus Beton, die man wie Kartenhäuser zusammengekloppt hatte. Im Sommer war es stinkend heiß, und im Winter fühlte man sich wie in einer gigantischen Kühlbox. An einem stickigen Dezembertag hatte man vielleicht Glück, und eine kühle Brise pfiff durch die Ritzen, aber sobald sich die Betonplatten abkühlten, zogen sie sich leicht zusammen und verkanteten sich. Dann gab es stets ein knackendes Geräusch, und gelegentlich traten Risse auf. Es war kein besonders beruhigendes Gefühl, wenn man oberhalb des Erdgeschosses wohnte.

In der Zeitung las ich einmal einen Artikel über die Projekte der Wohnungsbaugesellschaft, die für diese Siedlung verantwortlich war, illustriert mit einer Luftaufnahme des Hilton. Die Schlagzeile lautete: „Horace Petty Estate – ein Beispiel für verfehlte Sozialplanung". Na großartig!

Für unsere Familie war der Umzug von Murrumbeena nach Prahran trotzdem ein großer Schritt. Das Haus in Murrumbeena war zwar nicht völlig verwahrlost, aber doch ziemlich renovierungsbedürftig, und selbst einfachen Komfort wie warmes Wasser, Teppiche oder eine Toilette im Haus gab es nicht. Allerdings war es billig, das war wohl der einzige Vorteil. John und ich teilten uns einen ausgebauten Wintergarten im ersten Stock, der auf die Murrumbeena Road und zum Bahnhof hinausging. Nachts wurde er von einer riesigen Leuchtreklame von Sennett's Ice Cream erhellt, die von einem Vordach aus direkt in mein Fenster schien. Sie stellte einen Eisbären dar, und das Summen und Knistern der Neonröhren wiegte mich regelmäßig in den Schlaf.

Im Winter war es ziemlich passend, dass ein Eisbär vor meinem Zimmer lebte, denn dann war es im Haus so kalt wie am Nordpol. Ich lag eingemummelt in einem Schlafanzug, dicken Socken, Fußballhemd und Mütze unter den Decken und zitterte, während draußen der blöde Bär summte. In besonders kalten Nächten wachte ich manchmal auf, weil meine Beine unterhalb der Knie taub waren und meine Hände wie verrückt schmerzten.

Dann geriet meine Familie in Schwierigkeiten. Mein Vater hatte als Verkäufer in einem Möbelgeschäft auf der Chapel Street in Prahran gearbeitet, verlor aber seinen Job, weil er wegen Körperverletzung angezeigt worden war. Ein Polizist beklagte einen gebrochenen Arm, einen gebrochenen Kiefer sowie ein paar üble Bisswunden am Hintern. Zumindest an denen war allerdings nicht mein Dad schuld, sondern unser treuer Familienhund Chris.

Mein Bruder John hatte mit zwei Freunden vor der Milchbar nebenan herumgelungert (die, für die der Eisbär summend Werbung machte), und der Polizist hatte sie aufgefordert, woanders hinzugehen. Ein Wort gab das andere, und schließlich schlug der Bulle Johns Kopf gegen eine Mauer. In diesem Augenblick kam mein Vater mit Chris dazu; eine eher unglückliche Fügung für den übereifrigen Gesetzeshüter. Die Klatschtante der Nachbarschaft bekam das mit und machte später eine Aussage. Dad wurde festgenommen, und die ganze Story prangte schließlich auf der Titelseite der Melbourner Zeitungen. Als Sir Maurice Nathan, der Geschäftsführer des Prahraner Möbelladens, von der Sache Wind bekam, wurde Dad sofort vor die Tür gesetzt, weil er damit „ungeeignet für den täglichen Umgang mit Kunden“ war.

Mein Vater, John und seine beiden Freunde wurden alle wegen Körperverletzung vor Gericht gebracht – Chris, der Hund, kam davon. Auf den Rat eines gut betuchten Freundes hin engagierten wir Sir Frank Galbally, den besten Strafverteidiger der damaligen Zeit. Die vier wurden schuldig gesprochen, bekamen eine happige Geldstrafe aufgebrummt und zwei Jahre auf Bewährung. Die Verteidigung war noch dazu enorm teuer, aber glücklicherweise übernahm besagter Freund, der uns den Anwalt vermittelt hatte, die Kosten und zahlte auch die Strafe.

In dieser Zeit zogen wir um, ein paar Stadtteile weiter in den Norden. Unsere nagelneue Dreizimmerwohnung lag im vierten Stock eines Hauses ohne Fahrstuhl in South Yarra. Es gab aber nun endlich warmes Wasser und eine Heizung, und Dad besorgte Teppiche und neue Möbel, was uns das Gefühl gab, eine Sprosse auf der Gesellschaftsleiter emporgeklettert zu sein. Zum richtigen sozialen Aufstieg fehlte uns nur noch ein Telefon, aber zu einer solchen Anschaffung ließ Dad sich dann doch nicht bewegen. „Wer was von uns will, kann vorbeikommen und klopfen“, pflegte er zu sagen.

Außerdem lautete unsere Adresse nun South Yarra und nicht Prahran, und das war eine ziemlich große Sache. South Yarra war (und ist) eine ziemlich noble Gegend von Melbourne, aber unser neues Zuhause, der Horace Petty Estate, lag in ihrer äußersten und dreckigsten Ecke. Wenn man gefragt wurde, wo man wohnte, und dann South Yarra sagte, dann hielten einen die Leute zunächst mal für einen feinen Pinkel. Wenn sie dann allerdings kapierten, dass man in den Wohnsilos im Süden zu Hause war, wurde man doch schnell wieder als Ghettokind abgestempelt.

Ganz in der Nähe unserer neuen Wohnung lag ein Schwimmbad, das nach dem damaligen australischen Premierminister Harold Holt benannt war – auch eine etwas unglückliche Bezeichnung, wenn man bedenkt, dass Holt 1967 im Meer baden ging und nie wieder an Land kam.

Als wir umzogen, beschloss ich, trotzdem auf meiner alten Schule zu bleiben, der Murrumbeena State School. Meine Eltern ließen mich gewähren; wenn ich bereit sei, jeden Morgen den langen Weg allein zurückzulegen, dann ginge das in Ordnung. Außerdem konnte ich jeden Morgen zusammen mit Dad bis zum Bahnhof gehen, und das war großartig, weil ich ihn für kurze Zeit für mich allein hatte und wir gute Gespräche führten. Leider ging das nicht allzu lange, weil es gesundheitlich mit ihm bergab ging. Er hatte zwar wieder einen Job gefunden, erst in der Nachtschicht beim Autozulieferer Repco, dann in der Möbelabteilung des Kaufhauses Foy in der Innenstadt, aber er musste die Arbeit schließlich aufgeben. Ich nahm morgens den Zug von Hawksburn Station, fuhr sechs Haltestellen weit und lief dann die Hobart Road hinunter zur Schule, die halbe fünfte und die ganze sechste Klasse lang. Die Zugfahrt hatte noch einen entscheidenden Vorteil. Ich freundete mich mit zwei hübschen Mädchen an, die etwas älter als ich waren, in Caulfield zur Schule gingen und auch in Hawksburn einstiegen. Sie bestanden immer darauf, dass ich mich zwischen sie setzte und bis Caulfield mit ihnen kuschelte, und ich leistete keinerlei Widerstand.

An der Murrumbeena State School ging es völlig anders zu als im Horace Petty Estate. Hier wurde nicht geflucht oder gespuckt, und es kam auch niemand auf den Gedanken, einen anderen zu treten oder zu schlagen. Nie wurde jemand aus dem Unterricht geschickt oder musste nachsitzen. Wir hatten sogar ein eigenes Schwimmbecken auf dem Gelände und zwei große Fußballfelder. Ich hätte mir nichts Besseres wünschen können. So führte ich ein Doppelleben: ein geordnetes, diszipliniertes an der Murrumbeena State und ein chaotisches, wildes, darwinistisches im Prahran Hilton, in dem der vierte Stock meine einzige Rückzugsmöglichkeit darstellte.

Ich war ein durchschnittlicher Schüler, der weder durch besonders gute Leistungen auffiel noch besonders viel Ärger hatte. Football war mein großes Hobby, und ich spielte das ganze Jahr. Von der zweiten Klasse an wurden zehn Prozent der Schüler für ihre Leistungen mit einer Ehrenurkunde ausgezeichnet. In der zweiten, dritten und vierten Klasse war ich weit davon entfernt, dazuzugehören, und in der fünften und sechsten Klasse verpasste ich viele Unterrichtstage, weil ich bei der

Betreuung meines Vaters half und daher oft zu Hause lernen musste. Tatsächlich verbesserten sich meine Noten dabei aber sogar, und ich bekam auch eine Ehrenurkunde. In der sechsten Klasse war ich sogar der drittbeste.

Rückblickend will ich gar nicht so viel Schlechtes übers Hilton sagen, aber man musste sich schon ein bisschen dran gewöhnen. Ich war zehn, als wir dort einzogen, und wir wohnten noch nicht lange dort, da wurde ich eine Woche lang jeden Abend aufgemischt, wenn ich vom Bahnhof Hawksburn durchs Viertel nach Hause ging. Ich wurde zwar nicht schwer verletzt, aber einige Male musste ich doch ins Alfred Hospital, um meine gebrochene Nase wieder richten oder ein paar Platzwunden nähen zu lassen. Es wurde allmählich zur Gewohnheit, bis mich mein Vater eines Tages zur Seite nahm und sagte: „Wie lange willst du dir das noch bieten lassen?“ Aus Spaß war ich schon ein paar Mal gegen meinen Vater oder meinen Bruder John in den Ring gestiegen; John war ein guter Boxer, der später ins Profilager wechselte und sogar Johnny Famechon, dem Weltmeister im Federgewicht, zehn Runden lang standhielt, um dann nach Punkten zu verlieren. Aber ich war kein Kämpfer.

Bei meinen Angreifern handelte es sich in der Regel um drei Jungen, zwei Brüder und ihren dicken Kumpel. Der war wirklich riesig und noch dazu ein paar Jahre älter, was eine große Rolle spielt, wenn man erst zehn ist und verdammt viel Angst hat. Er war an der Reihe, mir eine Abreibung zu verpassen, als wir uns das nächste Mal begegneten, aber da ich wesentlich kleiner und leichter war als er, konnte ich dem Dicken entwischen. Was für mich super war, für ihn aber nicht: Als ich mich aus dem Staub machte, drehten sich seine beiden sogenannten Freunde zu ihm um und fielen über ihn her. Es war gnadenlos. Komisch, ich konnte damit umgehen, dass ich selbst zusammengeschlagen wurde, aber dass sie ihren eigenen „Freund“ verprügelten, damit hatte ich ein Problem. Ich fuhr herum und brüllte, sie sollten das lassen, und natürlich bekam ich die klassische Antwort: „Kannst ja mal versuchen, uns daran zu hindern!“ Zögernd ging ich auf sie zu und sah, dass der Dicke schon am Boden lag. Er war komplett erledigt. Überall war Blut, er sabberte, und außerdem hatte er sich bepisst. Als ich näher kam, entdeckte ich, dass er sich auch noch in die Hosen geschissen hatte. Da lag er, völlig neben sich, heulte und wälzte sich in seiner eigenen Pisse und Kacke. Nicht gerade ein toller Tag für ihn.

Ich hatte keinen Plan und ehrlich gesagt selbst eine Scheißangst. Aber in mir kochte heiße, reine Wut, vielleicht zum allerersten Mal in meinem ganzen Leben. Ohne nachzudenken ließ ich meine Schultasche fallen und versetzte dem älteren der beiden Brüder einen richtig harten Schlag, den ersten richtig ernst gemeinten, den ich je ausgeteilt hatte. Und auch wenn das aus meinem eigenen Mund vielleicht blöd klingt, es war ein richtig guter Schlag, der ihn genau am Kinn erwischte. Er war vermutlich ebenso verblüfft wie ich, denn er kippte um, als hätte ich ihm einen Kricketschläger übergezogen. Noch heute sehe ich es vor mir, wie der Typ geradewegs nach hinten fiel – ich sah nur noch, wie seine Augen sich verdrehten, dann war er weg. Sein Bruder lief sofort davon und schrie: „Ich hole meinen Vater!" Ich tat es ihm gleich und rannte die Treppe zu unserer Wohnung empor.

Dad war zu Hause; er war damals oft daheim, obwohl ich nicht genau wusste, weswegen. Mir fiel sein breites Lächeln auf, und ein Lächeln war damals bei ihm eine Seltenheit. Wahrscheinlich wusste er schon, was auf ihn zukam. Jedenfalls strubbelte mir mein Vater durchs Haar und sagte: „Guter Schlag, Kumpel." Ich hatte das Richtige getan, meinte er, indem ich mich für jemanden eingesetzt hatte, der in Schwierigkeiten steckte. Dad hatte mir vom Küchenfenster aus zugesehen und sich laut gewünscht, dass ich mich umdrehen und dem Dicken helfen würde. Es ist eine der intensivsten Erinnerungen, die ich an meinen Vater habe.

Heute ist es seltsam, wenn ich in den Spiegel gucke und feststelle, wie ähnlich ich ihm sehe. Es erfüllt mich mit Wärme. Ich weiß, dass ich genauso lächele wie er; meiner Schwester Laura steigen immer noch die Tränen in die Augen, wenn sie sieht, dass sich ein Grinsen über meine Lippen zieht. Ich habe seine leicht olivfarbene Haut geerbt; wir beide bräunen schon nach kurzer Zeit in der Sonne auf genau dieselbe Weise. „Du würdest schon braun werden, wenn du beim Schlafen das Licht anlässt, mein Sohn." Das kann ich ihn geradezu sagen hören. Und ich weiß auch heute noch, wie schön es sich anfühlte, wenn er mich in den Arm nahm, und wie toll es war, wenn er mich damit überraschte, dass er sagte: „Komm, lass die Schule heute mal sausen. Wir gehen an den

Strand, nur wir beide." Als die Krankheit ihn allmählich aufzehrte, merkte ich schließlich, dass seine Umarmungen zwar an Kraft verloren, aber nie an Wärme.

Mein Vater war ein interessanter Typ. Er war ein harter Kerl – früher hatte er selbst geboxt, später trainierte er meinen Bruder. Gleichzeitig war er aber auch sehr sanft. Außerdem hatte er Freunde in den verschiedensten Kreisen, vor allem im Chinesenviertel der Stadt. Ich hatte sogar einen chinesischen Paten. Wenn wir zu den Spielen des FC Carlton gingen, dann kehrten wir auf dem Weg dorthin im ersten Pub zum Mittagessen ein, im nächsten auf ein Bier, und dann in noch einem und noch einem. Mich überraschte, wie freundlich die Leute überall waren, und dass wir offenbar nie irgendwo bezahlen mussten. „Da kommt Pat mit seinen Jungs! Was bekommst du, mein Junge?" Ich entschied mich immer für rote Limonade und eine kleine Tüte Kartoffelchips.

Meine Mutter erzählte einmal von einer Begebenheit ganz am Anfang ihrer Beziehung, als sie mit meinem Dad unterwegs zu meinem späteren Paten war, der in der Canning Street in Nord-Melbourne lebte. Irgendwann merkte mein Vater, dass ihnen drei Männer folgten. Dad grüßte meinen Paten, der auf seiner Veranda saß, und rief ihm zu: „Wo geht's denn hier zum Bahnhof, Meister? Wir haben uns verlaufen." Er bekam seine Information, umarmte meine Mutter, ließ etwas Schweres in ihre Manteltasche gleiten und verabschiedete sich mit einem kurzen „Bis nachher", bevor er dann wirklich den Weg zum Bahnhof einschlug.

Dad ging um eine Ecke, und die Männer folgten ihm. Als er schließlich zurückkehrte, hatte er einige Schnitt- und Platzwunden abbekommen, aber er sagte zu meiner Mutter: „Wenn sie die Knarre in die Hände bekommen hätten, wäre das viel schlimmer ausgegangen."

Offenbar änderte mein Vater sich dann aber grundlegend, nachdem ich auf der Welt war. Meine Mutter bekam einen schweren Nervenzusammenbruch, musste ein halbes Jahr in einer Klinik bleiben und wurde mit Elektroschocks behandelt. In dieser Zeit übernahm es mein Dad, sich um uns vier Kinder zu kümmern. Deswegen wurde er schließlich auch Möbelverkäufer in dem Geschäft in Prahran.

Leider habe ich meinen Vater nie so gut kennen gelernt, wie ich es mir gewünscht hätte, obwohl mich das, was er mir beibrachte, bis heute geprägt hat. Ich wusste, dass er sterben würde, denn vor allem im letzten halben Jahr seines Lebens wurde es unübersehbar, dass wir diesen Kampf nicht gewinnen würden. Von daher war ich so gut auf seinen Tod vorbereitet, wie es eben ging. Ich fand es toll, wenn ich von der Schule nach Hause kam und ins Schlafzimmer meiner Eltern ging: mein Vater war bereits bettlägerig, und die einzige Farbe in seinem Gesicht war der Lippenstift meiner Mutter.

Dad lächelte mich an und sagte: „Deine Mutter konnte es mal wieder nicht lassen, Mark.“

Das bringt mich heute noch zum Lachen, obwohl er damals nicht einmal mehr die Kraft gehabt hätte, sich den Lippenstift wegzuwischen, selbst, wenn er gewollt hätte. Aber das war ganz typisch für meinen Vater. Er hatte ganz offensichtlich starke Schmerzen und versuchte, sich irgendwie mit dem bevorstehenden Tod abzufinden, aber er wollte noch immer einen Spaß mit mir teilen – natürlich auf Kosten meiner Mutter. Er war noch recht jung, ungefähr im selben Alter wie ich heute, und er wusste, dass er sterben würde. Aber er wollte trotzdem seinen Sohn zum Lachen bringen, und das in einer Situation, in der es verdammt wenig zu lachen gab.

Eines Nachmittags Ende März 1968 hatte ich zusammen mit meinem Kumpel Steven Kelly Football gespielt (er ist der Bruder meines Schwagers – gibt es für dieses Verwandtschaftsverhältnis eigentlich eine spezielle Bezeichnung?). Es war spät geworden, und als ich wieder zu unserem Haus zurückging, sah ich, dass mein Bruder mir entgegen kam. Ich wusste sofort: Jetzt ist es soweit. Mein Bruder war schon verheiratet und wohnte nicht mehr zu Hause, wieso sonst also würde er hier sein, noch dazu mit diesem Gesichtsausdruck? Es ging mit Dad zu Ende. Blindlings rannte ich an meinem Bruder vorbei und rein in unser Treppenhaus.

Mit Dad war es schon in den vergangenen vier Wochen abwärts gegangen. Er hatte immer mehr Schmerzmittel genommen und war deshalb oft auch gar nicht mehr ansprechbar, aber wir konnten noch ein bisschen reden, wenn die Wirkung des Morphiums nachließ und der Schmerz noch nicht wieder eingesetzt hatte. Ganz langsam ging er von dieser Welt, das wussten wir alle. Er versuchte sich zusammenzureißen, wenn Besuch kam, aber es war für alle schlimm. Wenn seine Freunde von ihren Gefühlen überwältigt wurden, rastete er aus. „Geh zum Heulen woanders hin – entweder, du erzählst mir was Lustiges, oder du haust ab“, raunzte er, wenn einem alten Freund die Tränen kamen.

Ich saß oft an seinem Bett. Er sah aus wie ein Skelett, über das noch Haut gespannt war, und er schien zu schrumpfen, aber er hatte noch immer sein typisches Lächeln, und manchmal hatten wir doch noch richtige Gespräche. Ich brachte meine ganzen Spielsachen an sein Bett und beschäftigte mich damit, reparierte meine Rennautos, während er eindöste, und wartete darauf, dass er wieder zu Bewusstsein kam. Wenn er sich dann wieder rührte, sagte er oft: „Verdammt noch mal, bist du immer noch hier?“

Der Rest der Familie versuchte mich vor der Krankheit abzuschirmen. Ich war erst zwölf Jahre alt, aber ich wollte unbedingt Zeit mit meinem Vater verbringen, ihm helfen, wenn ich konnte, und wenn auch nur dabei, ihn aufs Klo zu bringen und anschließend sauberzumachen. Als er schließlich nicht mehr laufen konnte und einen Rollstuhl brauchte, wusste ich, dass das Ende kam. In den letzten Wochen konnte ich ihn mit ein wenig Mühe aus dem Stuhl und auf die Toilette heben, und es war ein gutes Gefühl, dass ich zumindest etwas für ihn tun konnte, sein Kissen zurechtrücken oder ihm einen Eiswürfel zum Lutschen in den Mund stecken, Kleinigkeiten, damit er sich ein bisschen besser fühlte. Manchmal denke ich, dass man Kindern zuwenig zutraut, wenn es darum geht, Schicksalsschläge zu ertragen. Aus meiner Erfahrung würde ich sagen, dass sie erstaunlich gut in der Lage sind, mit schwierigen Umständen zurechtzukommen. Und davon mal abgesehen können junge Menschen allein durch ihre Ehrlichkeit ein wenig dringend benötigten frischen Wind in richtig beschissene Situationen bringen.

Als ich an diesem Tag Ende März in Dads Zimmer kam, gab er fürchterliche Laute von sich. Meine Mutter hielt ihn im Arm und wiegte ihn hin und her wie ein krankes Kind. „Geh nicht weg, Pat!“, stieß sie immer wieder hervor. Als sie mich sah, brach sie völlig zusammen, und sie so außer sich zu sehen, war für mich sehr befremdlich. Ich wollte zu ihr gehen, aber sie scheuchte mich weg und bat John stattdessen, mit mir rauszugehen.

John und ich gingen auf den Laubengang vor der Tür hinaus und sahen aufs Basketballfeld hinunter. Schließlich wandte mein Bruder mir den Kopf zu, aber er brachte nichts weiter heraus als „tut mir so leid, Alter“. Eine Weile standen wir nur da. John hatte den Arm um meine Schultern gelegt. „Ich schaue mal nach Dad, du bleibst hier.“ Vom Laubengang aus konnte ich alles hören, was vor sich ging. Die schrecklichen Laute wurden leiser, als Dad allmählich immer mehr das Bewusstsein verlor und wir auf den Krankenwagen warteten. In mir wurde alles taub, es war verwirrend. Ich hörte die Laute, aber meine Gedanken drifteten davon, und ich sah ein paar Freunden zu, die auf dem Basketballfeld im Hof unter uns spielten. Dann holte mich ein Geräusch wieder zurück. Wo blieb nur der Krankenwagen? Wieso brauchten die so lange?

Als der Notarzt schließlich kam, stellte sich heraus, dass der Fahrstuhl zu klein war, um die fahrbare Krankenliege hineinzuschieben. Also schnallte man meinen Dad auf eine Trage, die dann im Lift fast aufrecht gestellt werden musste. Die Fahrt nach unten dauerte nur 20 Sekunden oder so, aber gefühlt war es eine Ewigkeit, und sie hat sich in mein Gedächtnis eingebrannt. Dad hing schlaff in den Riemen der Trage und holte keuchend Luft. Der Boden des Fahrstuhls war verdreckt und stank nach Pisse. Dads Füße waren nackt, und der Gedanke, dass sie schmutzig werden könnten, machte mich verrückt, weil ich wusste, wie sehr er das hassen würde. Er ging niemals barfuß irgendwo hin.

Unten wurde er in den Krankenwagen verfrachtet, und Mum und John stiegen mit ein, während ich nur zusah. Er war nun ganz still geworden, und ich war mir sicher, dass er nicht mehr unter uns war. Es war überhaupt ganz, ganz still, abgesehen von dem Klatsch, Klatsch, Klatsch des Basketballs, der auf dem Feld hinter dem Parkplatz immer wieder auftrumpfte. Danach fuhr ich in dem stinkenden Fahrstuhl wieder nach oben und saß dann allein in meinem Zimmer. Dad starb am 22. März 1968.

Ich vermisse meinen Vater heute noch – mit jedem Jahr, das vergeht, sogar mehr. Es gibt so vieles, was ich gern mit ihm geteilt hätte. Dad, John und ich waren begeisterte Fans des Carlton Football Clubs, auch Mighty Blues genannt, und ich erinnere mich noch gut daran, wie ich bei den Spielen der Blues im Princes Park auf Dads Schultern saß, frische Erdnüsse kaute und die Schalen aus seinem vollen, schwarzen, mit Brillantine zurückgekämmtem Haar pulte. Wenn die Blues wieder mal was auf die Mütze bekamen, heulte ich, aber Dad tröstete mich immer, indem er sagte: „Nächste Woche ist das nächste Spiel, Junge." Ich versuchte nicht zu weinen, als die Blues ein halbes Jahr nach Dads Tod endlich das Grand Final gewannen. Aber als ich mich zu John umwandte, sah ich, dass der in einem Tränenmeer ertrank. Ich brüllte zum Himmel empor: „Ich hab dir immer gesagt, wir schaffen es!"

Während meiner sechsten Klasse an der Murrumbeena State School war ich an den Freitagen oft zu Hause geblieben, um Zeit mit meinem Vater zu verbringen. Irgendwann, ich glaube, es war kurz vor Weihnachten 1967, hatte ich ihm erklärt, dass ich nicht zu seiner Beerdigung gehen wollte.

„Das ist in Ordnung", sagte er. „Du musst nicht, wenn du nicht willst."

Mein Gott – wie muss er sich dabei gefühlt haben? Heute wird mir ganz kalt, wenn ich mir vorstelle, dass eines meiner Kinder so etwas zu mir sagt. Ich ging wirklich nicht zu seiner Beerdigung, und wahrscheinlich ist das der Grund, weshalb mich diese Erinnerungen noch immer so quälen. Ich hatte lange Zeit deswegen Schuldgefühle. Heute noch träume ich manchmal, dass mein Vater plötzlich auftaucht und sagt: „Dich hatte ich hier gar nicht erwartet." Aua.

An der Prahran High gab es einen jungen Lehrer, Richard Moran, der zur gleichen Zeit an die Schule gekommen war wie ich. Er war wohl erst Mitte 20, ziemlich gradlinig und anständig, aber kein Typ, der oft lächelte. Er ließ keinen Blödsinn durchgehen und war ziemlich streng, aber bei ihm wusste man, woran man war. Er war es, der mir Bücher nahe brachte, einfach, indem er sie im Unterricht erwähnte. Ich bin mir nicht sicher, ob er das tat, um uns zum Lesen anzuregen, aber bei mir hatte es jedenfalls diese Wirkung. Zu den von ihm genannten Büchern zählten Harper Lees *Wer die Nachtigall stört* und Hemingways *Der alte Mann und das Meer*, und beide wurden zu meinen Lieblingsbüchern.

Mr. Moran behielt mich stets im Auge. Ich war Klassensprecher, und wir kamen von Anfang an gut miteinander aus. Eines Morgens im Englischunterricht merkte er, dass ich nicht bei der Sache war, und er wies mich deswegen zurecht. Als ich trotzdem nicht aufpasste, wurde er sauer und ließ mich vortreten.

„So, Evans, kannst du mir bitte kurz wiederholen, was ich der Klasse gerade gesagt habe?"

„Nein", antwortete ich.

„Was ist denn heute Morgen los mit dir, Evans?"

Er wollte mich richtig anschnauzen, das merkte ich, aber dann ließ er mich ganz unverhofft doch in Ruhe, was eigentlich nicht seine Art war. Ein wenig später kam er zu meinem Platz, während der Rest der Klasse an einer Aufgabe arbeitete, und beugte sich zu mir hinunter.

„Was ist heute mir dir los? Was hast du für ein Problem?"

„Heute wird mein Vater beerdigt", sagte ich. „Ich wollte nicht hingehen, deswegen bin ich lieber zur Schule gekommen."

Mr. Morans Gesicht wurde starr. Er sah kurz weg, dann legte er mir die Hand auf die Schulter.

„Davon hat man uns gar nichts erzählt. Es tut mir so leid." Sein Gesicht war jetzt weiß wie eine Wand. Dann fragte er etwas ganz Blödes: „Bist du sicher?"

Ich musste gar nichts sagen, er sah mir die Antwort an. Es hatte wirklich niemand an der Schule Bescheid gesagt, dass Dad gestorben war. Meine Mutter hatte es sicher tun wollen, aber irgendwie war das wohl vergessen worden.

Dann fragte Mr. Moran ganz leise, als spräche er mit sich selbst: „Woran ist er denn gestorben?"

„An Krebs", sagte ich.

„Hier hat niemand gewusst, dass er krank war. Warum hast du nie etwas gesagt, Mark?"

Darauf hatte ich keine Antwort. War es meine Aufgabe, davon zu erzählen? Ich war ganz durcheinander; es war, als stünde ich neben mir und sah dem Geschehen mit Abstand zu. Wie *konnte* das geschehen? Wieso hatte er nichts gewusst, und wieso hatte Dad sterben müssen?

1971 lag Dads Tod drei Jahre zurück. Ich war 15, als meine Mutter beschloss, ins etwa 40 Kilometer entfernte Seaford zu ihrem neuen Lebenspartner Jock Livingstone zu ziehen, in ein Haus am Strand. Ich konnte verstehen, dass sie mit Jock einen neuen Anfang machen wollte, weit weg vom Hilton und den Erinnerungen an den Verlust von Dad.

Ich hatte kein Problem damit, dass sie wegziehen wollte. Im Gegenteil, ich wollte einfach nur, dass sie wieder glücklich wurde.

Allerdings wollte ich deswegen nicht die Schule wechseln, daher blieb ich in unserer Wohnung im Prahran Hilton, und Mum erklärte sich bereit, regelmäßig vorbeizuschauen, um sicherzugehen, dass die Bude noch stand. Mum war vor allem zu Anfang von dieser Vereinbarung wenig begeistert, aber ich war schon immer sehr unabhängig gewesen, und sie hatte mir beigebracht, mich allein zu versorgen, was den Haushalt betraf. Trotzdem brauchte sie eine Weile, um mit dieser Situation zurechtzukommen. Ich hatte natürlich Glück, dass ich mit 15 schon eine eigene Wohnung hatte. Aber in was für einem Umfeld. Das Hilton war damals als Selbstmordadresse berühmt-berüchtigt. Die Leute fuhren mit dem Fahrstuhl bis aufs Dach und sprangen runter.

Einmal stand ich bei meiner Freundin Terri Mannix in der Küche, und während wir uns unterhielten, sah ich etwas am Fenster vorbeirauschen. Dann ertönte ein Geräusch, das ich nur mit dem einer dicken Wassermelone vergleichen kann, die frontal gegen einen Lkw prallt. Zwar hatte ich schon ein schlechtes Gefühl, aber ich ging trotzdem auf den Balkon, um nachzuschauen. Ich wünschte, ich hätte es nicht getan – der Anblick hat sich für immer in mein Unterbewusstsein eingebrannt. Der Selbstmörder da unten auf dem Boden sah aus wie ein Gemälde von Picasso, es war schrecklich. Irgendwie überraschte es mich, dass ein Körper aus so großer Höhe – das Hilton hatte immerhin zwölf Stockwerke – auf den Boden prallen konnte, ohne völlig auseinanderzubrechen. Es war das erste Mal, dass ich einen Toten sah. Er war auf einem Firmenschild gelandet, das ein wenig wie ein Raumschiff aussah. Ich wandte mich zu Terri um und sagte: „Wenigstens hatte er ein Ziel vor Augen." Man stumpfte schon ein wenig ab, wenn man im Hilton lebte.

Mein bester Freund, Graham Kennedy, wohnte ebenfalls dort. Er stammte aus Glasgow und hatte, als er zehn Jahre alt war, in den Straßen von Cran Hill mit meinem späteren Bandkollegen Malcolm Young Fußball gespielt. Graham sagte mir, sein Vater Neil hatte schon einmal einen Selbstmörder vom Hilton springen sehen, als er abends von der Arbeit kam. Er beschrieb, wie der Mann kerzengerade, „wie eine verdammte Rakete", mit an den Körper angelegten Armen und den Füßen voran vom Dach herunterschoss und sich in eines der von der Wohnungsbaugesellschaft frisch angelegten Blumenbeete bohrte. Eine der Klatschbasen aus der Gegend sprach daraufhin von „unserem neuen Gartenzwerg“. Bei einer Party zeigte mir jemand ein Polaroid-Foto von dem Typ und bat mich, es mit meiner Unterschrift sozusagen zu beglaubigen, aber das war dann doch ein bisschen krass, selbst für mich. (Polaroids wurden später noch ein großes Thema auf Tournee, und es hatte schon seine Gründe, dass ein Mitglied der AC/DC-Crew von „Pornoroids“ sprach.)

Ich war 15, als ich mit einigen meiner Kumpels zu einem „Turn“ eingeladen wurde, einer Party, die von ein paar älteren Jungs veranstaltet wurde. Die Bedingung war, dass wir ein paar Dutzend Flaschen Bier Marke Vic Bitter mitbrachten, und außerdem ein paar Mädchen. Aus irgendeinem Grund, der sich mir bis heute nicht erschlossen hat, wurden Mädchen damals „Bürsten“ genannt. Wir gingen gerade den Laubengang im ersten Stock zum „Turn“, als einer der Partygäste durch die Fliegengittertür krachte und von zwei riesigen Typen verdroschen wurde.

Nach einer ziemlich gründlichen Abreibung sagte einer der beiden Angreifer zu seinem Opfer: „Komm schon, Alter, steh auf. Ist doch nichts passiert, hau ab, sieh zu, dass du nach Hause kommst.“ Dann wandte er sich an seinen Kumpel: „Fass mal mit an, ja?“ Und die beiden nahmen ihren Punching-Ball und warfen ihn geradewegs über das Geländer. Als er unten aufschlug, hörte es sich wie eine zerplatzende Wassermelone an. Der eine der beiden Schläger guckte uns an, nahm uns die Flaschen ab und sagte: „Danke, Jungs. Wo sind die Bürsten?“

Glücklicherweise hatten ein paar Büsche und Sträucher den Fall des Prügelknaben gebremst, aber wir dachten damals ernsthaft, dass wir wieder mal eine Leiche im Vorgarten hatten. Die Angreifer gingen wieder in die Wohnung, wir aber nicht; wir fragten uns noch, was wir wegen der neuesten Gartendeko unternehmen sollten. Vielleicht war die Party doch keine so gute Idee.

Dann hörte ich von unten eine Stimme.

„Hey, sind sie wieder reingegangen? Sind sie weg?“

Es war der Typ im Gebüsch. Ich konnte es nicht glauben. Er war am Leben. Wir sagten ihm, die Luft sei rein, und er sprang auf und raste davon wie ein Olympiasprinter, mit richtig großen Sprüngen, und ward nie wieder gesehen. Keine Ahnung, was er eingeworfen hatte – wir hatten damals zwar schon von „Speed" gehört, wussten aber nicht, was das eigentlich war, wir hielten uns an Alk und sonst nichts – aber ganz sicher hatte der Typ am nächsten Morgen, als er die Wirkung von was auch immer nachließ, nicht den besten Tag.

Trotz all dieser Geschichten habe ich nicht nur schlechte Erinnerungen ans Hilton. Sicher, es gibt jede Menge Gründe, dieses Hochhaus zu hassen, in dem man ständig rumgeschubst, bedroht und zusammengeschlagen wurde. Es war einfach ein übles Loch, in dem jede Menge schräge Typen, Loser und Kaputtniks herumhingen, von den ganz normalen Schlägereien und den damit verbundenen Problemen einmal abgesehen. Die Erinnerung an den Tod meines Vaters war eigentlich noch ein Grund mehr, für diese Höhle keinerlei Sympathien zu hegen. Aber ich habe immer die Ansicht vertreten, dass Erinnerungen selektiv sind, wenn man eine positive Einstellung hat. Es wäre leicht für mich gewesen, mich als Opfer zu betrachten und aufzugeben, oder zu glauben, dass die Welt mir etwas schuldig war, weil ich es in meinen jungen Jahren so schwer gehabt hatte. Aber ich habe für diese Leute nichts übrig, die von Beruf Opfer sind – manche Menschen überstehen unfassbare Tragödien und finden trotzdem Möglichkeiten, weiterzuleben. Vielleicht war es für mein späteres Leben ganz hilfreich, als ich im Hilton oft auf die Probe gestellt wurde und früh lernte, mit beschissenen Situationen umzugehen. Wenn man sieht, wie andere Leute sich ihr Leben versauen, kann man daraus für sich eine Menge lernen, jedenfalls, wenn man einen klaren Kopf behält. Es ist wie eine Art umgekehrter Vorbildfunktion: Ich habe gesehen, wie Leute ihr ganzes Leben weggeworfen haben und mir selbst das Versprechen gegeben, nie so tief zu sinken. Graham und ich wurden endgültig wach, als wir anfingen, ein bisschen Geld zu verdienen, und ich weiß noch, dass er irgendwann sagte: „Wir müssen raus aus diesem Loch. Komm, wir sparen unsere Kohle und gehen irgendwann nach London." Das war unser Plan. Und schon allein deswegen, weil wir einen Plan – nein, einen *Traum* hatten, fühlte ich mich besser. Die Vorstellung, eines Tages irgendwie rauszukommen, war mir sehr wichtig.

Ein anderer guter Freund von mir hieß Steve McGrath. Wir hatten uns beim Football kennen gelernt. Er übernachtete oft am Wochenende bei mir im Hilton, und wir machten das, was alle Jungs im Teenageralter wollen, aber aus Mangel an Gelegenheit nur selten können: Wir luden Mädchen ein, bei uns, ähm, „die Nacht zu verbringen". Immerhin nannte man meine Wohnung den Club 56, und dort war so ziemlich alles möglich. Steve machte sich allerdings schon bald darum verdient, mich wirklich aus dem Hilton rauszuholen und mir noch dazu eine ganz Welt voller neuer Möglichkeiten zu eröffnen, die den seltsamen Namen AC/DC trug.

Als ich in Glynis Edwards eine feste Freundin fand, war Steve deswegen zunächst ein wenig missmutig, denn das schränkte unsere Wochenend-Vergnügungen natürlich ziemlich ein. Glynis stammte aus Stevenage in England und war, als sie mit ihrem Lächeln in unserer kleinen Szene auftauchte, gerade mal 16. Zuerst blieb sie immer nur übers Wochenende, zog aber später dauerhaft bei mir ein, als sie einen Job in einem Maklerbüro in South Yarra fand. Es klingt ein bisschen arg nach Ghettostory, dass da ein 17-Jähriger und eine 16-Jährige allein in einer Wohnung hausten, aber unsere Mütter waren tatsächlich einverstanden. Und mal davon abgesehen wäre das mit uns ja sowieso weitergegangen, es sei denn, sie hätten Glynis in ein Kloster gesperrt. Wir waren zudem richtig gute Freunde, und das ist ein wiederkehrendes Muster in vielen meiner Beziehungen, auch in den späteren. Ich war immer gern in weiblicher Gesellschaft. Grundsätzlich finde ich Frauen wesentlich interessanter als Männer, und das nicht nur aus körperlichen Gründen – obwohl mir das natürlich auch wichtig ist. Aber ich habe mich in der Gegenwart von Frauen nie unwohl gefühlt. Wahrscheinlich war ich ein bisschen schüchtern, vor allem, als ich noch jünger war, aber das war dann auch schon alles.

Es war nicht schwer, in unserem Viertel an Mädels ranzukommen. In den drei Hochhäusern und den angrenzenden Wohnblöcken wohnten ein paar Tausend Menschen, und die Bevölkerungsgruppe, die mich naturgemäß besonders interessierte – die weibliche eben – machte ebenso naturgemäß einen recht hohen Prozentsatz aus. Ich hatte mich immer schon gern ein bisschen umgesehen, bevor Glynis erschienen war – und, wie ich bei allem Respekt ihr gegenüber zugeben muss, nachher gelegentlich auch.

Allerdings traf ich mich nicht nur mit Mädchen meines Alters. Bevor ich mit Glynis zusammenkam, hatte mir eine verheiratete, junge Mutter aus unserem Haus eine höchst intensive Stunde Sexualkundeunterricht erteilt. Helen (so hieß sie natürlich nicht wirklich) und ich liefen uns gelegentlich über den Weg, wir grüßten uns, ich half ihr gelegentlich manchmal beim Tragen ihrer Einkäufe und gab mir Mühe, einen netten Eindruck zu machen. Sie war allerdings auch jemand, in dessen Gegenwart man einfach immer nett sein wollte, und davon abgesehen ein ziemlich heißer Feger von Ende 20. Bei der Party zu ihrem 30. – sie hatte mich eingeladen – hatte sie ein bisschen zu viel getrunken und ließ es sich deutlich anmerken, dass sie ein Auge auf mich geworfen hatte. Jedenfalls guckten mich einige der anderen Frauen ziemlich komisch an, und ich denke mal, die merkten, dass da was im Busch war. Glücklicherweise war ihr Gatte hackedicht und bekam nicht mit, dass seine Frau mich gern mal rangelassen hätte.

Ich zähle wahrscheinlich zu den wenigen Menschen, die ihre Jungfräulichkeit verloren, als sie eigentlich nur eine neue Lee-Rider-Jeans durchwaschen wollten. Das ist ja das Tolle am Leben – man weiß einfach nicht, was hinter der nächsten Ecke auf einen wartet. In meinem Fall war das Helen.

Auf jedem Stockwerk im Hilton gab es eine Waschküche, in der eine große Industrie-Waschmaschine und ein altmodischer, freistehender Trockner mit Schleuderautomatik stand, der einen höllischen Lärm machte und wie verrückt vibrierte. Ich war kurz zuvor bei Schneider-Boris gewesen, einem alten, jüdischen Schneidermeister, der uns Jungs mit unseren Levis und Lees, Cowboyhemden und ähnlichem versorgte, und der mir immer einen besonders günstigen Preis machte, weil er meine Mutter gut leiden konnte. Und wie wir alle wissen, muss man eine neue Jeans vorm ersten Tragen erst einmal waschen, damit sie nicht so steif ist, dass man rumläuft wie der Blechmann aus *Der Zauberer von Oz*. Also ab zur Waschküche.

Die Trockenschleuder rotierte vor sich hin und dröhnte dabei in ihrer üblichen Lautstärke, und daher hörte mich Helen nicht, als ich eintrat. Zuerst kapierte ich gar nicht, was sie da trieb, aber dann erkannte ich, dass der Trockner sich nicht nur den Handtüchern widmete, die in ihm rotierten. Ich war völlig hin und weg und stand wie erstarrt da. Gerade wollte ich mich umdrehen und mit Lichtgeschwindigkeit verduften, da bemerkte Helen mich, und ich nehme an, sie war schon viel zu gut dabei, als dass es ihr etwas ausgemacht hätte, dass ich das Ganze mitbekam. Sie griff nach mir, umschlang mich in einer geradezu bärigen Umarmung und zog mich zu Boden. Zu diesem Zeitpunkt machte ich mir bereits fast in die Hose.

Helen zeigte mir natürlich, wo es langging. Ich war 14 und hatte nicht die geringste Ahnung von Sex. Aber so verlor ich meine Unschuld, auf dem kalten, harten Betonboden einer Waschküche. Es war der Beginn einer wunderbaren Freundschaft.

Als Kind der späten Sechziger und frühen Siebziger hatte ich zwei weitere große Interessen außer Mädchen: Australian Football und Musik. Ich spielte beim East Hawthorn Football Club auf der Position des Rovers im Mittelfeld und war vorm Tor ein echt gefährlicher kleiner Drecksack. Klar liebte ich es, den Ball rein zu machen. In einer Saison schlug ich einmal Robbie Flower, der später bei den Meisterschaften der einzelnen Bundesstaaten als Kapitän spielte, in einem Torschusswettbewerb. Gerne wäre ich Profi-Footballer geworden, und ich war total verrückt nach meinem eigenen Team, Carlton. Bin ich heute noch. Damals stellte Carlton die ganze Liga auf den Kopf und besiegte in den Schlagerspielen vor allem die Lokalrivalen vom Collingwood FC, dank Spielern wie Alex Jesaulenko, John Nicholls, Sergio Silvagni, Robbie Walls und dem großartigen Ron Barassi, mit dem alles begann.

Es gibt ein Foto von Ron und mir, das noch immer einen Ehrenplatz über meiner Bar einnimmt. Es entstand bei einem „President's Lunch" vor einem Spiel der Sydney Swans gegen Melbourne, das 1997 im Sydney Cricket Ground stattfand. Es ist eines der ganz seltenen Fotos, auf dem ich mit Schlips zu sehen bin, denn ohne den fand man keinen Einlass. Ron war einer meiner großen Helden gewesen, seit er 1966 bei Carlton als Captain-Coach unter Vertrag stand. Ich hatte ein paar Mal Gelegenheit, mich mit ihm zu unterhalten, und habe es jedes Mal genossen. Er ist eine überlebensgroße Gestalt im Football, ein eigenwilliger, ganz spezieller Typ und ein richtiger Gentleman. Und ganz sicher hat er das umwerfendste Lächeln im ganzen australischen Sport. Ein paar Jahre später traf ich Ron bei einem Barbecue der Swans erneut und bat ihn, das Foto zu signieren.

Ron betrachtete das Bild, dann guckte er mir ins Gesicht, sah an mir herunter und fragte knochentrocken: „Waren seitdem wohl ein paar harte Jahre, was?“

Als Teenager war ich ein begeisterter Footballspieler. Mit 16 machte ich mein erstes Spiel für meinen neuen Club, St. Kilda City, der Nachwuchsmannschaft des Traditionsclubs und Calton-Konkurrenten St. Kilda, und gleich in der ersten Minute prallte ich mit einem riesengroßen Gegenspieler zusammen, der mich mit einem gut gezielten Stoß seines Ellenbogens ausknockte. Ich fiel um wie ein Stein, und als ich wieder zu mir kam, hörte ich als erstes, wie einer der Trainer sagte: „Eine so schlimm gebrochene Nase habe ich noch nie gesehen.“ Na, herzlichen Dank aber auch. Er wischte mir das Gesicht mit einem nassen Handtuch ab und fügte dann hinzu: „Sollen wir die mal wieder geradebiegen?“

Damit legte er mir seine schmierigen Pfoten auf beide Seiten meiner Nase, und es machte „Knack!“ und „Knirsch!“ Dann stellte er zufrieden fest: „Na also, das sieht man schon gar nicht mehr.“ Inzwischen war ich zwar schon wieder auf den Beinen, stand aber kurz davor, wieder umzukippen. Ich spuckte, schluckte, hustete Blut und sah nur noch schwarzweiß. Meine Augen schwollen allmählich zu. Aber trotzdem schaffte ich es, bis zum Quartertime Break durchzuhalten, und unser Trainer kam zu mir und gratulierte mir zu meinem Durchhaltevermögen.

„Ich dachte, der hätte dich umgebracht“, sagte er über den frühen Schlag, der mich erwischt hatte. Dann fragte er, ob ich noch ein Quarter schaffen würde. „Das bisschen Schmerz bringt dich schon nicht um.“

Tatsächlich spielte ich weiter bis zur Halbzeitpause, und das noch nicht mal schlecht, aber in der Pause schwollen meine Augen vollständig zu, und damit war Schluss. Einige Tage lang konnte ich nichts sehen. Football war mir unglaublich wichtig, aber mein Selbsterhaltungstrieb und die Tatsache, dass ich – für den unwahrscheinlichen Fall, dass ich gut genug und groß genug dazu war und tatsächlich überlebte – dazu eingeteilt worden war, bei St. Kilda zu spielen, standen einer Karriere als Profi-Footballer dann doch im Wege.

Und überhaupt wurde die Musik allmählich immer wichtiger. Von frühester Kindheit an war ich von Musik umgeben. Mein Vater war ein großer Fan von Nat King Coles seidiger Stimme. Meine Mutter hörte lieber Frank Sinatra. Aber mit Laura und John fing der Spaß erst richtig an. Bei ihnen liefen ständig Platten von Elvis Presley, Eddie Cochran, Fats Domino, Jerry Lee Lewis, Little Richard und Buddy Holly. Und mitten drin war ich und hopste noch in Windeln zwischen den groovenden Teenagern herum. Schon bald traten dann dank Judy auch die Beatles, die Stones und The Who in mein Leben. Jahre später, als ich mich mit dem Verkauf klassischer E-Gitarren beschäftigte, lernte ich George Harrison persönlich kennen, einen starken Typen und echten Gentleman.

Als ein paar Freunde anfingen, auf Gitarren herumzuschrammeln, war ich sofort mit dabei. Den ersten Bass kaufte ich mir aus dem Grund, aus dem heraus es die meisten Bassisten tun – aus reiner Notwendigkeit, weil niemand anders den Job übernehmen will. Ich sah mich schon bald als den nächsten John Entwhistle, den Killer-Bassmann von The Who. Mit Musikunterricht gab ich mich nicht allzu viel ab, was wahrscheinlich niemanden überraschen wird, der mich einmal hat spielen sehen. Die paar Stunden, die ich tatsächlich hatte, gab mir ein großartiger Gitarrist namens Tony Naylor, der bei Allan's Music auf der Collins Street in Melbourne unterrichtete. Mein Kumpel Graham Kennedy und ich nahmen jeder vier Stunden, und danach guckten wir selbst, wie es weiterging.

Mit 15 sah ich mein erstes richtig großes Konzert mit Graham in der Festival Hall von Melbourne; die britischen Rocker von Free. Sie traten gemeinsam mit Manfred Mann's Earth Band und Deep Purple auf, aber Free fegten die anderen geradezu von der Bühne. In diesem Augenblick wusste ich, dass ich in einer Band spielen wollte. Die Typen da oben waren so cool und auch noch sehr jung – Gitarrist Paul Kossoff war nur vier Jahre älter als ich. Plötzlich kam es mir gar nicht mehr so unrealistisch vor, von einem Rock'n'Roll-Leben zu träumen: Wenn diese Jungs es so weit gebracht hatten, warum dann nicht auch ich? Ich hatte schon andere Bands in der Festival Hall gesehen, darunter auch Creedence Clearwater Revival, die absolut phantastisch waren, aber Free waren für mich wirklich das Größte.

Meine Mutter unterstützte mich sehr in meinen musikalischen Ambitionen, auch wenn ich sie einmal schwer enttäuschte: Ich lehnte ihren Vorschlag ab, bei der Caulfield City Pipe Band Dudelsackspielen zu lernen. Keine Ahnung, wieso sie auf diesen Gedanken kam; meine Mutter hatte – und hat – gelegentlich ziemlich exzentrische Einfälle. Man stelle sich nur vor, was die anderen Mieter im Hilton gesagt hätten, wenn sie mich in einem Kilt erwischt hätten! Es ist wiederum eine ironische Wendung des Schicksals, dass mir ein wenig Dudelsack-Erfahrung durchaus gelegen gekommen wäre, als wir später „It's A Long Way To The Top" aufnahmen. Aber das konnte ich ja damals nicht wissen.

Aber meine Mutter nahm mir das nicht übel. Wenn sie bei uns im Hilton vorbeiguckte, dann hörte sie Graham und mir bei unseren ersten Versuchen auf sechs Saiten zu, wenn wir die Rolling Stones, The Who und all die anderen verhackstückten. Das war noch während unserer Akustikphase. Als die elektrischen Gitarren, die Verstärker und das Schlagzeug bei uns Einzug hielten, strapazierten wir ihre Geduld ein wenig stärker. Laute Rockbands in der Lernphase sind in einem zwölfstöckigen Hochhaus selten willkommen. Meine Mutter hatte zwar etwas gegen unsere Lautstärke, aber sie stand trotzdem immer hinter uns; die Musik sorgte ihrer Meinung nach dafür, dass wir nicht auf der Straße herumlungerten und uns mit der Polizei anlegten. Und das an sich war schon mal eine gute Sache.

Meinen ersten Bass kaufte ich im Oriental Pearl Loan Office auf der Chapel Street in South Yarra für 22 Dollar. Es war eine Pfandleihe, eine düstere, staubige, muffige Höhle, in der die verschiedensten schrägen Typen herumlungerten und auf eine Wendung des Glücks oder das Geschäft ihres Lebens warteten. Der Laden machte besten Umsatz mit „Gütern aus zweiter Hand". Der Besitzer, ein kleiner Typ namens Neil, nahm als Bezahlung ohne weiteres den Gutschein der Sozialbehörde an, der eigentlich für meine Schulbücher ausgestellt worden war. Bei dem Bass handelte es sich um einen ziemlich schlechten Fender-Precision-Nachbau, der mich dazu zwang, rechtsseitig Bass-Spielen zu lernen, obwohl ich eigentlich Linkshänder war. Eigentlich hatte ich das Instrument umdrehen und wie Paul McCartney links herum spielen wollen, aber das funktionierte nicht, weil die tiefste Saite dann nicht mehr an den ganz äußersten

Wirbel gereicht hätte. Die einzige Lösung wäre ein neuer Satz Saiten gewesen, aber ich hatte leider nur einen Gutschein zum Bezahlen gehabt. Also brachte ich mir bei, rechtsseitig zu spielen.

Als Linkshänder hatte man damals ohnehin jede Menge Schwierigkeiten. In der ersten Klasse hatte ich eine Lehrerin, eine absolut grauenhafte Frau, die Linkshänder nicht ausstehen konnte und alle „betroffenen“ Schüler links an die Doppeltische setzte. Dann ging sie mit gezücktem Lineal durch die Reihen und schlug alle Kinder auf die Knöchel, die sie mit einem Stift in der linken Hand erwischte. Wir Linkshänder wurden also regelrecht zum Rechtsschreiben geprügelt. Wer leicht stotterte, bekam von der blöden Ziege eins mit dem Gürtel übergezogen.

Ich investierte an der Prahran High nicht allzu viel Energie oder Zeit, und den größten Teil meines Wissens habe ich mir irgendwie selbst beigebracht. In den etwas mehr als fünf Jahren, die ich an dieser Schule war, gab es keine Woche, in der ich wirklich an allen Tagen erschien. Ich machte immer mal wieder blau. Und Hausaufgaben machte ich überhaupt nicht – kein einziges Mal. Aber trotzdem lavierte ich mich irgendwie durch und bewarb mich schließlich sogar um ein Stipendium für eine Ausbildung an einem Lehrer-College. Als Lehrer hatte man zehn Wochen Jahresurlaub, und schon allein das hatte seinen Reiz. Seltsamerweise fiel ich während der ganzen Zeit an der Prahran High nur in einem Fach wirklich mit Pauken und Trompeten durch – in Musik.

Schule war für mich eine Art Teilzeitvergnügen. Im Grunde schwänzte ich auch gar nicht, weil meine Mutter darüber Bescheid wusste, dass ich nicht hinging. Es war nicht ihre Art, mich zum Schulbesuch zu zwingen, aber ich kann mich nicht daran erinnern, dass sie mich deswegen zur Rede gestellt hätte. Ich nehme an, wenn meine Zensuren stark in den Keller gegangen wären, hätte es anders ausgesehen.

Es war kein Zufall, dass die Fächer, an denen ich den meisten Spaß hatte, immer von Lehrern unterrichtet wurden, die ich mochte. Englisch war mein Lieblingsfach; so lange ich denken kann, haben mich Wörter und das, was man mit ihnen machen kann, fasziniert. Als ich zur Prahran High School wechselte, las ich bereits sehr viel, auch wenn ich die Bücher, die wir im Unterricht behandelten, meist liegen ließ, zum Beispiel J.D. Salingers *Der Fänger im Roggen* – ich habe mich immer gefragt, ob solche

Bücher wohl extra geschrieben werden, um Schulkinder zur Verzweiflung zu treiben.

Geschichte und Erdkunde fand ich ebenfalls ganz spannend. Dort erfuhr ich etwas über andere Länder, und so etwas fesselte meine Aufmerksamkeit immer, ebenso wie Miss Starr, unsere Geschichtslehrerin. Sie war sehr zierlich und keine klassische Schönheit, aber so gebaut wie keine andere Frau, die ich kannte. Es war, als hätte der liebe Gott ausprobieren wollen, wie er eine Frau bestücken konnte. Mathe war mir ein Buch mit sieben Siegeln, wie eine fremde Sprache, was dieses Fach ja wahrscheinlich auch irgendwie ist. Algebra ist mir heute noch ein Rätsel, obwohl meine jüngste Tochter Virginia sich inzwischen alle Mühe gibt, mir den Stoff der achten Klasse zu verklickern. Die Naturwissenschaften gingen mir auf den Zeiger, und das einzige Thema, das mich einigermaßen ansprach, war Astronomie. Das war wirklich cool.

Football spielte an der Schule auch eine große Rolle, obwohl die Wettkämpfe mit anderen Schulen wie der Richmond oder der Fitzroy High eher unbewaffneten Zweikämpfen glichen. Ich war froh, für die Prahran High aufzulaufen, denn wir hatten ein paar echte Psychopathen im Team. Ein Typ tat das ganze Spiel über so, als sei er ein Cowboy – er klatschte sich beim Laufen auf den Hintern und hoppelte, als säße er auf einem Pferd, während er ein ohrenbetäubendes „Yee-hah!" ausstieß. Während eines Spiels knockte er einen seiner Gegner mit einem kernigen Klaps richtiggehend aus. Als der Schiedsrichter ihn vom Feld stellte, erklärte er: „Der hat mit dem Mädchen vom Sheriff getanzt!" Ein anderer aus unserem Team fuhr ein unsichtbares Motorrad. Wir haben nie ein Spiel verloren.

KAPITEL 2
POOLBILLARD UND HAUSVERBOT

Auf der Chapel Street, ganz in der Nähe von der Pfandleihe, in der ich meinen ersten Bass gekauft hatte, gab es ein altes, ausgedientes Kino, in dem regelmäßig eine Musikveranstaltung namens „That's Life" stattfand. Das Kino, das direkt gegenüber vom Bahnhof Windsor lag, hatte man notdürftig umgebaut und dabei wenig erfolgreich versucht, es wie einen coolen Nachtclub aussehen zu lassen, und der Laden war vor allem berüchtigt für die Schlägereien, die dort zwischen den Sharpies und den Mods stattgefunden hatten. Wie in vielen anderen kleinen Hallen und Theatern traten hier am Freitag- und Samstagabend Bands auf. Da es keine Schanklizenz gab, durfte auch kein Alkohol verkauft werden, und das wiederum führte dazu, dass es beim Einlass keine Altersbeschränkung gab. Natürlich wurden zum Ausgleich schon auf dem Weg zum Konzert große Mengen Bier gekippt. Und es galt als ausgesprochen angesagt, einen Flachmann mit Scotch in der Tasche zu haben, ebenso wie eine Rolle mit Klebefilm umwickelter Zwei-Pence-Stücke, die genau in eine geballte Faust passte und schnell zur Hand war, wenn es nötig wurde. Kurz gesagt, es war ein Ort perfekter abendlicher Unterhaltung, noch dazu von meiner Wohnung im Prahran Hilton bequem zu Fuß zu erreichen.

Wir – meine Bandkollegen Graham, Micky, Norm und ich – gingen oft ins Life, wie der Laden kurz genannt wurde, aber auch ins Garrison an der High Street, in die Ormond Hall, ins Opus in der St. Kilda City Hall oder in den Try Boys Club an der Surrey Road. Dort erlebten wir die besten Lokalbands der damaligen Zeit, die Master's Apprentices, Billy Thorpe & The Aztecs, Doug Parkinson In Focus, Chain und Carson, bei denen der phantastische Broderick Smith am Mikrofon stand. Später sang er bei meiner absoluten Lieblingsband, den Dingoes.

Im Try Boys wurde es schnell mal ein bisschen brenzlig, weil hier die Surrey Road Gang herrschte. Die Jungs waren nicht zu unterschätzen: Gerüchteweise war ein Mitglied der Bande bei einem Straßenkampf getötet worden, und einige seiner Gefolgsleute hatten sich für eine Verbrennung im eigenen Haus entschieden, um seine Asche später in tiefer Nacht im Prahraner Schwimmbad zu verstreuen. Die Geschichte kursierte einige Jahre, und angesichts des Rufes, den einige der angeblich Beteiligten genossen, zweifelte ich nicht daran, dass sie der Wahrheit entsprach. Ein alter Schulkamerad von mir, Wade Dix, stand dieser Gang recht nahe, ebenso sein Bruder Lee. Ihr Vater war in der Painters And Dockers Union organisiert, der Gewerkschaft der Maler und Hafenarbeiter, die damals die Kais von Melbourne regierte. In den Pubs von Prahran tauchten öfter mal Dinge auf, die irgendwie mal „beim Verladen runtergefallen" waren, und ich bin mir ziemlich sicher, dass Dix Senior bis zu den blutunterlaufenen Augen in diesen krummen Sachen steckte.

Wade wuchs vor allem meiner Mutter über die Jahre richtig ans Herz; sie hätte ihn bestimmt adoptiert, wenn er zu haben gewesen wäre. Er war ein schmächtiger Junge mit olivfarbener Haut, so wie ich. Und er hatte es nicht leicht, wie sich jederzeit an den vielen blauen Flecken, Schnitten, Beulen und Kratzern ablesen ließ, die seine Haut zierten. Angesichts der Umstände, unter denen er aufwuchs, war es ein Wunder, dass er ein so sonniges Gemüt entwickelte, aber gerade deswegen konnte meine Mutter ihn so gut leiden. In kürzester Zeit stieg sie bei ihm von „Mrs. E." zu „Mum" auf, und das wollte bei Wade eine Menge heißen. Er besorgte sich später ein paar bezahlte freie Wochen auf der Arbeit, indem er einen Finger in eine Metallpresse steckte. Ruckzuck säbelte ihm die schwere Presse ein ordentliches Stück seines Fingers ab, und er konnte die nächsten vier Wochen bei vollem Lohn zu Hause bleiben. Wades Bruder rechnete schnell aus, dass er sich auf diese Weise noch einmal neun freie Monate würde erschleichen können, wenn er sich einen Finger nach dem anderen vornahm.

Silvester 1969 ging ich mit all meinen Freunden ins That's Life zu einer Nachmittagsshow, die vom Radiosender 3XY gesponsert wurde. 3XY spielte vor allem die Top-40-Songs der damaligen Zeit, also die Beatles, die Stones, die Kinks, die Beach Boys, die Monkees, die Easybeats oder andere Hitgaranten, außerdem die typischen Eintagsfliegen, die anderweitig Berühmt-Berüchtigten und leider auch ziemlich viel Bubblegum Music, wie man die besonders naiven, klebrig-süßen Pop-Hits nannte, die von „Bands“ wie den Archies oder der 1910 Fruitgum Company produziert wurden.

Zu den Bands, die bei dieser Silvester-Show auftraten, zählte unter anderem die Gruppe Compulsion. Ein Maori namens Reno, der schwer auf Jimi Hendrix machte, spielte bei ihnen Gitarre, und ihr Manager war Michael Browning, dem mit dem Sebastians und dem Berties zwei große Rock-Clubs in Melbourne gehörten. Außerdem spielten noch die Valentines aus Perth. Sie hatten damals einen kleinen Hit mit „My Old Man's A Groovy Old Man“, das aus der Feder von George Young und Harry Vanda stammte. Young und Vanda waren das Songwriter-Team hinter den legendären Easybeats und echter australischer Rock-Adel, auch wenn sie eigentlich aus Schottland beziehungsweise Holland stammten.

Die Valentines waren Teenybopper wie später die Bay City Rollers. Sie trugen eine Uniform aus enganliegenden Schlaghosen, Plateauschuhen und Hippie-Hemden mit durchsichtigen Chiffonärmeln, alles in knalligem Orange. Eigentlich waren sie eine ganz gute Band mit ihren beiden Leadsängern, aber für meinen Geschmack ein wenig zu poppig. (Die Hendrix-Cover von Compulsion waren eher mein Geschmack.) Und es war nicht ganz einfach, sich diese grauenhaften orangefarbenen Outfits wegzudenken. Bei den Mädchen kamen sie allerdings ziemlich gut an, und sie hatten sogar ihren eigenen Fan-Club – lauter junge Frauen, die sich die Lunge aus dem Hals kreischten und Schilder hochhielten, auf denen Sprüche standen wie BE MY VALENTINE IN '69.

Die Valentines legten als erstes mit ein paar Motown-Songs los und spielten schon mit ordentlich viel Druck, das musste man ihnen lassen. Die meisten Titel sang ein Typ namens Vince Lovegrove, aber der andere Sänger fiel mir weitaus mehr auf. Ganz offensichtlich hatte er schon ein bisschen was getankt, aber noch deutlich Lust auf mehr. Ich saß vor den Lautsprechern am Rand der Bühne und sah ihn öfters während der Soli und nach den Songs nach hinten gehen, um sich eine Flasche Johnnie

Walker an den Hals zu setzen. Dann ging er wieder auf die Bühne und brüllte ins Mikrofon. Selbst in dem scheußlichen Orange versprühte er eine gewisse Coolness und Stil. Im Laufe des Konzerts fing er ziemlich an zu schwitzen, und irgendwann sah ich etwas Seltsames unter den Chiffon-Ärmeln. Allmählich zeichneten sich dunkle Tätowierungen ab – er hatte wohl versucht, sie mit Make-up abzudecken, aber durch den Schweiß verlor sich das. Der Typ verwandelte sich vor meinen Augen in Bon Scott.

Es war meine allererste Begegnung mit Bon. Ich fand ihn extrem cool, auch wenn er verglichen mit den anderen in der Band ziemlich klein war. Bon war vielleicht eins fünfundsechzig, aber er hatte etwas unglaublich Mutwilliges, augenzwinkernd Durchtriebenes an sich. Die Tätowierungen und die sich ziemlich schnell leerende Scotch-Flasche waren für einen Jugendlichen wie mich, der noch zur Schule ging, ziemlich beeindruckend.

Für Reno von Compulsion, jener Band, die als Opener für die Valentines spielte, lief es später im Leben übrigens nicht so gut. Er war ein Wahnsinnsgitarrist, der dann aber leider ein bisschen zu viel mit Drogen zu tun bekam und schließlich ein paar Banken überfiel. Erwischt wurde er, als er wieder mal vor einen Schalter trat und seine Knarre zog, aber so zugedröhnt war, dass er nicht merkte, dass es seine Hausbank war. Gehe ins Gefängnis, begib dich direkt dorthin. Gehe nicht über Los, ziehe nicht 4.000 Mark ein. Das war jedenfalls das Ende von Compulsion.

Anschließend verfolgte ich die Karriere von Bon Scott im Musikmagazin *Go Set* und bekam also mit, dass er von den Valentines zu Fraternity wechselte, einer richtigen Hippie-Band, die auf einem Grundstück bei Aldgate in den Adelaide Hills den Woodstock-Traum lebte. Die Mitglieder betrachteten sich als australische Antwort auf The Band, Bob Dylans legendäre Begleitband, die Ende der Sechziger und Anfang der Siebziger zu den einflussreichsten und angesehensten Gruppen zählte. Bon sagte später über Fraternity: „Wir haben uns zugekifft und hielten uns für die Allergrößten." Als ich Bon sechs Jahre später das nächste Mal sah, saßen wir zusammen in meiner Stammkneipe, dem Station Hotel in Prahran.

Gemeinsam mit Graham Kennedy und ein paar Kumpels von der Prahran High School, die einen ähnlichen Musikgeschmack hatten, gründete ich schließlich meine erste Band. Wir probten mit viel Hingabe, und schon bald beherrschten wir eine Reihe von Free-Songs, beispielsweise „All Right Now", „Ride On A Pony" oder „Fire And Water", dazu einige Deep-Purple-Rocker wie „Speed King" und ein paar Titel von Status Quo. Wie bei allen jungen Bands gab es eine lange und durchaus hitzige Diskussion darüber, welchen Namen die neue Formation bekommen sollte, bevor wir Superstars wurden. Graham, ein großer Micky-Maus-Fan, schlug Steamboat Willie vor, nach dem allerersten Micky-Maus-Cartoon. Wir einigten uns aber schließlich auf Judd, den Nachnamen unseres Drummers Lincoln.

Die Band bestand aus Graham, der Gesang und Gitarre übernahm, Lincoln am Schlagzeug und mir am Bass. Wir alle waren fest entschlossen, die Band richtig voranzubringen – vor allem wollten wir live spielen. Das war unserer Meinung nach das Größte. Unseren ersten Gig gaben wir 1973 bei einer Silvesterparty, die Grahams Schwester Maureen veranstaltete. Zufällig spielten auch AC/DC an diesem Abend zum ersten Mal, gute 800 Kilometer weiter nördlich, im Chequers in Sydney.

Besagter erster Judd-Gig fand bei Maureen zu Hause statt, die damals in Montmorency, einem Vorort von Melbourne, wohnte. Sie und ihr Mann Harold veranstalteten damals wie heute großartige Silvesterpartys. Es war meist eine große Sache, 60 oder 70 Freunde und Verwandte waren eingeladen, und auch von unseren Kumpels waren einige dabei. Ich war ganz schön kribblig, bevor wir anfingen. Erst hielt ich das für Nervosität, aber dann merkte ich, dass es eigentlich reine Vorfreude war, eine Art energiegeladener Anspannung.

Wir bauten unsere Anlage in Maureens ziemlich großem Wohnzimmer auf, organisierten uns ein paar Drinks und legten los. Unsere Lautstärke war vermutlich erst einmal ein Schock für viele Gäste, aber schließlich waren wir eine Rockband und wollten bei unserem allerersten Gig keinerlei Kompromisse eingehen. Und wir hatten kaum den ersten Ton gespielt, als meine ganze Kribbligkeit ruckzuck wie weggeblasen war. Es war ein tolles Gefühl.

Wir gaben ein paar weitere Auftritte und wurden dabei zu einem gut eingespielten Team. Allmählich begannen die Leute uns wahrzunehmen, und wir bekamen das Gefühl, tatsächlich ein wenig voranzukommen. Woraufhin wir zu dem Schluss gelangten, dass wir ein paar eigene Songs ins Programm nehmen sollten, was zu einigen prinzipiell gut gemeinten und ehrgeizigen, aber ziemlich erbärmlichen Kompositionsversuchen führte, die sich ziemlich eng an den Cover-Versionen orientierten, die wir sowieso schon in unserem Set hatten.

Immerhin hatten Judd aber einige Auftritte und spielten noch bei ein paar anderen Partys, und wir konnten auch ein paar Mädchen abschleppen. Graham bekam dann als erster ein richtig gutes Angebot – er stieß zur wohl bekanntesten Band aus Prahran, die von den Madaferri-Brüdern Peter und Mark angeführt wurde, den Fat Bubbles — unglaublicher Name, aber die hießen wirklich so. Mit ihnen spielte er zwei oder drei Gigs die Woche, während ich die Augen offen hielt, ob sich nicht auch für mich eine ähnlich gute Gelegenheit ergeben würde.

Meine Schulzeit fand im sechsten Jahr auf der Prahran High School ein abruptes Ende. Es zeichnete sich ab, dass ich die seltenen Male, die ich im Unterricht auftauchte, sowohl die Zeit meiner Lehrer als auch meine eigene verschwendete. Und so meldete ich mich zwischen zwei Trimestern für die Aufnahmeprüfung zum Öffentlichen Dienst. Meine Schwester hatte einen gut bezahlten Verwaltungsjob in dem Gebäude am östlichen Ende der Spring Street, das von den Einheimischen „das große, grüne Toilettenhaus" genannt wurde. Im GGT waren zahlreiche Behörden untergebracht, und hier arbeiteten Tausende von Tintenklecksern.

Während ich auf diese Prüfung wartete, bewarb ich mich für drei andere Jobs, wurde zu Bewerbungsgesprächen eingeladen und bekam drei Zusagen. Das mag den Schulabgängern von heute wie reiner Hohn erscheinen, aber das waren eben andere Zeiten. Damals fand man leicht Arbeit, wenn man keine zu großen Ansprüche stellte, und man konnte sich ohne weiteres von der Schule verabschieden, ohne sich allzu große Gedanken über die Zukunft machen zu müssen. Ich jedenfalls dachte überhaupt nicht groß nach, und ich besprach mich auch nicht weiter mit meiner Mutter. Ich glaube, sie war beeindruckt, weil ich so viel Eigeninitiative zeigte und mich selbst zur Aufnahmeprüfung angemeldet hatte. Allerdings wusste sie auch nicht, dass ich an der Prahran High vor dem sicheren Aus stand und mir gar nichts anderes übrig blieb, als mir zügig etwas anderes zu suchen.

Wie man mir sagte, war ich der Jüngste der mehr als 100 Anwärter, die an jenem Tag zur Prüfung antraten. Es dauerte gar nicht lange, vielleicht eine Stunde, aber es war gesteckt voll. Man sagte uns als erstes, dass es sehr viele Fragen gäbe und wir uns beeilen sollten, da viele Prüflinge mit dem Test erfahrungsgemäß gar nicht fertig würden. Also stürzte ich mich gleich hinein. Ich schrieb, bis mein Bleistift qualmte. Es gab Fragen wie „Was bedeutet ICBM?“ (Wir hatten vier Antwortmöglichkeiten zur Auswahl, und nur der Vollständigkeit halber, es ist die internationale Abkürzung für Interkontinentalrakete.) „In welchem Land residiert der Papst?“ Ich glaube, sie zielten vor allem darauf ab, einen nervös zu machen. Ich ackerte mich hindurch, sah mir meine Antworten alle noch einmal an, und dann blickte ich mich um und merkte, dass um mich herum noch alle emsig schrieben. Nach ein paar Minuten kam der ältere Mann, der die Prüfung beaufsichtigte, an meinen Tisch und fragte mich, ob alles in Ordnung sei.

„Ja“, erwiderte ich, „aber ich bin mir nicht sicher, ob ich die kompletten Prüfungsfragen bekommen habe.“

Der Mann blätterte die Bögen durch. „Doch, das ist alles. Sie haben alles beantwortet, Sie können gehen. Hervorragende Arbeit, junger Mann.“

In diesem Augenblick erfuhr ich, wie blanker Hass aussieht: Er wallte mir von jedem Anwesenden im Prüfungsraum entgegen. Schon allein die Tatsache, dass ich alles beantwortet hatte, war den meisten übel aufgestoßen. Dass ich das noch dazu in nur 20 Minuten geschafft hatte, sorgte beinahe für eine Meuterei.

Während ich auf die Nachricht von der Behörde wartete, nahm ich eine Ausbildungsstelle bei GTE Sylvania als Lagerarbeiter an. Sylvania war ein amerikanischer Leuchtmittelhersteller, der unter anderem den Blitzwürfel für Kameras erfunden hatte. Eine gefühlte Ewigkeit stapelte ich Kisten mit den verdammten Dingern in einem Lagerhaus mit Betonboden, während draußen tiefster Winter herrschte. Es war arschkalt, und es ist ein Wunder, dass ich später noch Kinder zeugen konnte. Wenn man eine Weile in der Halle stand, fühlte man sich wie nach einer Rückenmarknarkose, oder jedenfalls so, wie ich mir das vorstelle.

Die Zeit verging, ohne dass ich etwas von der Aufnahmeprüfung hörte. Bis es eines Abends an meine Tür klopfte. Vor mir stand ein älterer Herr mit einem Stapel Briefe. „Die hier sind wahrscheinlich für Sie – sind Sie Mark W. Evans?“ Die Post war an die Surrey Road 56 gegangen und nicht an die Surrey Road 56/1. Jetzt gab es keine Ausreden mehr – der öffentliche Dienst rief.

Und damit begann ein recht beschauliches Leben. Finanziell ging es mir gut, wobei das damals für mich gar keine so große Rolle spielte, und ich hatte das, was mein Großvater Will als eine „Anstellung fürs Leben“ bezeichnet hätte. Ich kam als Verwaltungsangestellter in die Finanzabteilung der Postbehörde. Mein neuer Kumpel und Mentor war ein gewisser Peter Stevenson. „Stevo“ zeigte mir den ganzen Laden, und er wusste ganz genau, wo in unserem Gebäude in der William Street 172 im Westen der Stadt die Skelette im Schrank versteckt waren. Es war ein Wunder, dass ich dort so lange durchhielt, aber das hatte auch viel mit Stevo zu tun. Er war Mitte 20 und adoptierte mich sozusagen; er war einfach jemand, den man gern in seiner Nähe hatte, ein echter Typ. Zufällig stammte er auch aus Prahran und gehörte zu denen, die schnell gemerkt hatten, dass dieses Ghetto eine Einbahnstraße war und man am besten zusah, dass man dort herauskam.

Mein Anfangsgehalt lag bei 70 Dollar pro Woche, und das war für einen jungen Kerl in meinem Alter eine Menge Kohle. Einen Teil davon gab ich für Klamotten aus, und ich leistete mir auch einen neuen Plattenspieler. Außerdem kaufte ich meiner Mutter eine neue Sitzgarnitur, ließ unsere Wohnung mit Teppichboden auslegen und leistete zum ersten Mal im Leben einen finanziellen Beitrag zu unserem Auskommen.

Die Arbeit war nicht besonders aufregend, aber man konnte in der Mittagspause durchaus ein bisschen Spaß haben. Wir gönnten uns regelmäßig eine kleine Thresenmahlzeit – oder zwei, ich musste für den Football ein wenig an Gewicht zulegen, denn ich spielte immer noch. Jedenfalls gab es im Pub eine ordentliche Portion Kartoffelbrei mit Würstchen, Shepherd's Pie oder Porterhouse-Steaks, die wir mit ein paar Bieren herunterspülten. Nach der Arbeit verschwanden wir gleich wieder in der nächsten Kneipe, angelockt von der Aussicht auf ein paar weitere eiskalte Biere und eine Runde Pool-Billard. Ich hatte ziemlich schnell kapiert, wie man Pool spielte; die Jungs, die in der Innenstadt nach Dienstschluss in die Pubs gingen, betrachteten mich mit meinen 16 Jahren nicht unbedingt als ernstzunehmenden Gegner, schon gar nicht bei all dem Bier, das im Spiel war, und so konnte ich immer mal wieder ein paar zusätzliche Dollar mitnehmen.

Zu dieser Zeit begann ich allmählich, über eine Karriere als Profimusiker nachzudenken, und der Football trat in den Hintergrund – bei den langen Nächten, dem vielen Alkohol und den Partys mit den Mädels im Club 56 ließ meine Fitness allmählich nach. Es machte einfach zu viel Spaß zu feiern, und die Musik spielte dabei natürlich immer eine Rolle. Ich ging zu kleinen Gigs in Pubs („Willste'n Bier, Alter?") oder saß mit ein paar Kumpels zusammen, die akustisch spielten („Noch'n Bier vielleicht?"), trat selbst in Clubs oder bei Partys auf („Hol' mal besser noch'n Bier, nur für den Fall"). Und wenn ich zum Football ging, na ja, da wäre es völlig unaustralisch gewesen, kein Bier zu trinken. Oder mehrere.

Ins Jahr 1975 startete ich mit einer brandneuen Bassverstärkeranlage, einem 300-Watt-Röhrenmonstrum mit zwei Boxen, in denen richtig dicke JBL-Lautsprecher saßen. Das war tatsächlich das Beste, was bei dem ganzen Job im Öffentlichen Dienst herauskam – eine anständige Verstärkeranlage und ein paar gute Freundschaften.

Der Job an sich war nerv- und geisttötend. Nach zwei Jahren war ich offiziell immer noch in der Probezeit. Normalerweise bekam man nach sechs Monaten eine unbefristete Festanstellung, aber in meinem Fall geschah das nicht wegen meiner Fehlzeiten, und weil ich „ein Problem mit Hierarchien" hatte. Zumindest nannte die entscheidende Dienststelle das so.

Stevo kümmerte sich um mich, zeigte mir, wo's langging und – das war besonders wichtig – ordnete die entscheidenden Überstunden an. So kam ich an meine Verstärkeranlage, und vor allem auch an die Bars vieler Pubs im Westen der Stadt, ins Golden Age, Great Western oder Mitre Tavern. Es war eine sehr geregelte Welt, verglichen mit der, die sich bald für mich auftun sollte, aber es machte trotzdem Spaß. Mittags konnte man über ein frisch gezapftes Carlton ein paar nette Ladys aus dem Schreibpool und der Personalabteilung kennen lernen. Ich verbrachte einige Samstagnachmittage auf dem Boden des Schreibzimmers mit einer sehr attraktiven, aber auch sehr verheirateten jungen Dame, oder ich spielte Karten mit den Jungs. Der Boden des Schreibzimmers war mir lieber, auch ohne meine gut bestückte Tippsen-Freundin konnte man dort nach dem Mittagessen gut ein Schläfchen halten. Aber diese Kunstfaser-Teppichfliesen sind tödlich für die Knie; bei zu viel Reibung konnte man sich ganz üble Abschürfungen holen.

Mitte Januar 1975 nahm ich vier Wochen Urlaub. Es gab Urlaubsgeld – 500 Dollar, eine Riesensumme für mich. Mit den vielen Scheinen in der Tasche schlug ich mit den Kumpels im Grosvenor Hotel für einen Abschiedsdrink auf. Nach ein paar Bier hielt ich auf den Pooltisch zu, während mir die Textzeile aus Rod Stewarts „Maggie May" im Kopf herumgeisterte – von wegen „make a living out of playing pool". Ich konnte einfach nichts verkehrt machen: Jede Kugel, die ich anguckte, ging rein, sehr zum Verdruss einiger älterer Stammgäste, die den „Bubi" gern um sein Urlaubsgeld erleichtert hätten.

Natürlich legte man es allgemein darauf an, einen Spieler, wenn es gut für ihn lief, möglichst schnell betrunken zu machen, bis er sich auf blöde Wetten einließ und schließlich in die unangenehme Lage geriet, sein eigenes Geld zurückgewinnen zu müssen. Das war auch der Plan für mich und meine 500 Dollar. Wenn jemand an einem Freitagabend mit einem Bündel Scheine in einem Pub in der City aufkreuzte, dann sprach sich das schnell rum. Diese Geier wussten allerdings nicht, dass meine älteren Arbeitskollegen mich mit vielen Ratschlägen gut auf eine solche Situation vorbereitet hatten und dass mein Mentor Stevo vor Ort war, um mich im Auge zu behalten. Es dauerte nicht lange, und die Einsätze wurden immer höher. Wir räumten ziemlich ab, und schnell war abzusehen, dass es eine lange Nacht werden würde – mit dem Vorsprung, den wir hatten, hätten wir uns unmöglich gefahrlos einfach so verabschieden können.

Stevo half mir durch den Abend, indem er die Biere im Auge behielt, die man mir ausgab und die oft verstohlen mit einem Schuss Wodka versetzt wurden. Er gab mir ein paar Pillen und sagte: „Nimm die hier, dann wirst du nicht so schnell besoffen." Und er hatte Recht. Die Pillen schienen jeden Schluck Wodka zu neutralisieren, der in meinen Körper gelangte, obwohl ich natürlich drauf war wie die Hölle.

Schließlich organisierte Stevo unseren Rückzug. Er schlug vor, dass ich mit viel Getöse 20 Dollar auf die Bar legte, das reichte 1975 für jede Menge Bier, und eine Lokalrunde ausgab, bevor ich dann laut verkündete: „Ich muss mal pissen!"

Stevo flüsterte mir ins Ohr: „Jetzt gehst du Richtung Klo und dann immer schön weiter geradeaus, durch die andere Bar, raus auf die Little Collins Street, und dann VERPISST du dich im Eiltempo. Ich haue ab, sobald die geblickt haben, dass du weg bist."

Stevo wartete auf ein Bier, und dann brüllte er zu einem Kumpel hinüber: „Was soll das heißen, er hat sich verpisst? Der Arsch hat mein ganzes Geld!" Damit stürmte er hinaus auf die Little Collins Street und rannte in die entgegengesetzte Richtung, gefolgt vom halben Pub.

Ich war noch vor Mitternacht wieder zu Hause, immer noch total drauf und völlig unter Strom, und mit mehr als 1000 Dollar in der Tasche. Diese Summe war einfach unvorstellbar, aber noch unvorstellbarer war die Tatsache, dass ich ohne eine Abreibung aus dem Pub rausgekommen war. Keine Ahnung, ob es am Geld oder an den Pillen lag, aber ich fand vor Sonntagabend keinen Schlaf.

Ein paar Tage später traf ich Stevo wieder und erwartete ein paar nette Worte oder sogar ein Dankeschön für den großen Gewinn vom Freitag.

„Ich gebe dir einen freundschaftlichen Rat, Mark", erklärte er stattdessen. „Geh nie, nie wieder ins Grosvenor Hotel."

Mein Büro war nur zehn Minuten mit der Straßenbahn von Prahran entfernt, aber nach meinem Urlaub fiel es mir enorm schwer, rechtzeitig zur Arbeit zu erscheinen, wenn ich dort überhaupt aufschlug. Nachdem meine Probezeit zum vierten Mal verlängert worden war – möglicherweise ein Rekord – rief mich ein gewisser Mr. Nicholls in sein Büro. Er war ein Staatsdiener mit 20 Dienstjahren auf dem Buckel, in einer ziemlich hohen Besoldungsgruppe weit oben in der Nahrungskette und ganz offensichtlich jemand, der lebenslänglich in dieser Tretmühle hockte. Ich fand den Typ eigentlich ganz okay, aber er war fürchterlich korrekt und sah immer so aus, als ob er Schuhe trüge, die ihm ein paar Nummern zu klein waren. Wir waren auf völlig verschiedener Wellenlänge. Er gehörte zu denen, die praktisch ihr Leben lang Wasser treten, und diese Vorstellung war für mich die Hölle.

Und so begann Mr. Nicholls unsere kleine Unterhaltung dann auch, indem er endlos davon salbaderte, wie intelligent ich doch offenbar war, und mir sagte, dass ich drauf und dran war, die beste Gelegenheit meines Lebens wegzuwerfen, weil ich mich nicht genug anstrengte.

„Sie wären gut beraten, wenn Sie einmal ernsthaft über Ihre Zukunft im Öffentlichen Dienst nachdenken würden", erklärte er mir mit völlig ernsthaftem Gesicht. „Und machen Sie mal was mit Ihren Haaren. Mit so einer Frisur wird man Sie ja nie für voll nehmen." Ich hatte mich inzwischen für den „Einfach-wachsen-lassen"-Schnitt entschieden, der wahrscheinlich wirklich besser zu einer Rockband passte als in eine Amtsstube.

Nicholls war sicher überzeugt davon, mir einen Gefallen zu tun; er wusste es einfach nicht besser und trug dicke Scheuklappen, was die wahren Möglichkeiten im Leben betraf. Er wollte einfach nur einem „jungen Mann mit rosigen Zukunftsaussichten" auf den rechten Weg helfen. Dabei war er durchaus höflich und entgegenkommend, und ich bin mir sicher, dass er das Herz am rechten Fleck hatte, aber all das ging ein bisschen an mir vorbei, weil ich während seiner Ansprache schlicht und ergreifend einnickte. Und Chefs mögen es nicht, wenn ihre Angestellten einpennen, während sie gerade dabei sind, Perlen der Weisheit an sie auszuteilen. Dementsprechend rastete er nun richtig aus.

„WIE KÖNNEN SIE ERWARTEN, IN 15 JAHREN DA ZU SITZEN, WO ICH JETZT BIN, WENN SIE SICH NICHT AM RIEMEN REISSEN?"

„Ach du Scheiße", dachte ich. „In 15 Jahren immer noch hier? Auf seinem Platz?"

Der Vortrag endete, als ich ihm erklärte: „Das können Sie sich alles in den Arsch schieben", und sein Büro verließ. Das war's. Später kehrte ich noch einmal zurück, um meinen restlichen Lohn abzuholen, aber wegen meiner ganzen Fehlzeiten waren das nur noch 7,54 Dollar oder so, wenn ich mich recht erinnere. Eine Angestellte aus der Personalabteilung versuchte mich zu überreden, dass ich nicht kündigen, sondern vielmehr eine unbezahlte, einjährige Auszeit nehmen sollte. „Du wirst es dir bestimmt noch überlegen, und dann kommst du wieder", sagte sie.

Sie war ein bisschen enttäuscht über meinen Abgang, weil wir uns ganz nett angenähert hatten, speziell nach Feierabend auf dem Rücksitz ihres Autos. Meine Kumpels wollten gar nicht glauben, dass ich eine Lady Anfang 30 flachlegte, und löcherten mich ausführlich nach allen Einzelheiten unserer Rücksitzabenteuer. Allerdings war ich diskret und verriet nicht allzu viel. Gerne würde ich heute sagen, dass ich mich damals wie ein Gentleman verhielt, aber tief in mir drin weiß ich, dass ich ein gieriger, geiler, kleiner Drecksack war, nicht mehr und nicht weniger.

Eine der Personalchefinnen hatte einen Narren an mir gefressen (einen rein platonischen, wie ich hier anmerken möchte), und wollte unbedingt verhindern, dass ich meine Berufschancen „wegwarf". Sie war wirklich eine liebe Seele, und ich fühle mich ein bisschen schäbig, dass ich mich nicht an ihren vollen Namen erinnern kann, aber Margaret, wenn du das hier lesen solltest, dann lass dir sagen, mir ist es gut ergangen, und ich danke dir dafür, dass du dir damals so viel Gedanken gemacht hast. Es war wahnsinnig nett von dir, dich um mich zu sorgen, und ich höre deinen freundlichen Rat noch immer in meinem Kopf, wenn ich an die Jahre vor AC/DC denke.

„Mark", sagte sie ganz ernsthaft, „Musik bietet keine Berufskarriere wie der Öffentliche Dienst."

Margaret, du weißt ja gar nicht, wie recht du hattest.

Im März 1975, kurz nach meinem 19. Geburtstag, saß ich mit meinem alten Kumpel Steve McGrath im Station Hotel in Prahran, und – ja, vielleicht gab es da ein Muster – trank ein kühles Bierchen und spielte Pool. Steve hatte viel Zeit bei mir im Hilton verbracht. Seine Familie lebte etwas weiter draußen im Vorort Springvale, und obwohl er nicht darüber sprach, schien es bei ihm zu Hause nicht gerade fröhlich zuzugehen. Ich wusste, dass er ernsthaften Stress mit seinem Vater hatte, der eine Ladenkette für Militärausrüstung besaß und Steve ziemlich unter Druck setzte, den Familienbetrieb zu übernehmen. Daher zog Steve schließlich so gut wie bei mir ein. Wir waren beide noch Teenager, aber wir hatten eine sehr spannende Zeit im Club 56 mit den jungen Damen aus der Gegend. Besonders interessant für uns war das Schwesternwohnheim des Alfred Hospitals in der Commercial Road, direkt neben dem Chevron Hotel. Die Schwesternschülerinnen – oder zumindest einige von ihnen – hatten eine große Schwäche für Steve und mich und waren gern bereit, uns bei praktischer Weiterbildung in bestimmten Bereichen Schützenhilfe zu geben. Dafür werde ich ihnen immer dankbar sein.

Aber zurück zum Station Hotel. Steve und ich saßen also da, tranken unser Bier und redeten ein bisschen.

„Sag mal, was treibst du denn jetzt eigentlich so arbeitsmäßig?", fragte ich ihn. Es war eine ganz harmlose Frage, aber eine, die mein Leben verändern sollte.

„Ich arbeite für so eine neue Band, AC/DC. Die brauchen übrigens einen Bassisten – was treibst du denn jetzt eigentlich gerade so?"

Was Bands angeht, war es bei mir wieder ziemlich ruhig geworden. Ich spielte mit ein paar älteren Typen und lernte zwar eine Menge von ihnen, wusste aber auch, dass ich das nicht für den Rest meines Lebens machen wollte. Was mich damals rettete, war die Tatsache, dass der Gitarrist meiner damaligen Truppe den irischen Rocker Rory Gallagher verehrte und entsprechend scharf drauf war, echten Hochdruck-Blues zu spielen. Eugene, der Drummer, war auch ziemlich cool, der Keyboarder hingegen ein bisschen eingefahren und konservativ – wenn es nach ihm gegangen wäre, hätten wir ausschließlich Elton-John-Songs gebracht, am liebsten das komplette Album *Goodbye Yellow Brick Road*. (Keyboarder sind mir sowieso meist irgendwie unheimlich, wenn sie nicht zufällig Fats Domino, Little Richard oder Jerry Lee Lewis heißen.) Komische Sache irgendwie. Ich war immer der jüngste in den Bands, in denen ich spielte.

Kurz gesagt, meine musikalischen Zukunftsaussichten waren ziemlich finster. Meine Monster-Bass-Anlage teilte mit mir (und Glynis) das Schlafzimmer. Wenn ich im Bett lag, waren die silbernen Kuppeln der dicken JBL-K140-Töner in der Mitte auch im Halbdunkel gut auszumachen, und sie schienen mich dauernd anzusehen und spöttisch zu fragen:

„Machen wir bald mal irgendwas, oder hocken wir nur hier rum und drehen Däumchen?“ Es war so eine coole Verstärkeranlage, aber ich lag daneben im Bett und dachte immer nur, wenn nicht bald irgendetwas passiert, dann drehe ich komplett durch. Es war schon schlimm genug, dass mein Bassverstärker mit mir sprach.

Dabei wusste ich genau, was ich wollte. Ich wollte Bassist in einer lauten, fiesen Rockband sein, so wie Billy Thorpe & The Aztecs oder die Coloured Balls. Meine Vorbilder waren ZZ Top und Blueser wie Rory Gallagher, Johnny Winter und Freddie King. Außerdem entdeckte ich gerade die Blues-Legenden, von denen die Rolling Stones stark beeinflusst waren – Robert Johnson, Muddy Waters, Buddy Guy, Willie Dixon und Howlin' Wolf, der in meinen Augen der Größte von allen war.

Was ich in diesen Aufnahmen, von denen einige schon in den Dreißigern entstanden waren, vor allem spürte, war eine gewisse Erdigkeit. Der Sound war karg und akustisch, die Typen schrien und heulten dazu ihre Gefühle heraus, und all der Zorn, die Leidenschaft, die Gefahr schienen geradezu aus den Lautsprechern herauszusickern. Sie waren echt. Sie sangen, spielten und bluteten aus echter Erfahrung.

Tja. Und so stand mein Bassverstärker da in meinem Schlafzimmer und rief meinen Namen. Ich wusste, in was für einer Band ich gern gespielt hätte, und die hatte definitiv nichts mit Elton John am Hut. Es sollte vielmehr laut sein, mit zwei Gitarren wie bei den Stones, fies und dreckig und auf den Blues aufgebaut. Wo konnte ich eine solche Band finden? Und würde die, wenn ich sie fand, einen Bassisten brauchen?

Diese eine Frage, die Steve mir stellte, änderte alles für mich. Ich habe mich oft gefragt, was passiert wäre, wenn ich ihn an jenem Tag nicht gefragt hätte, was er gerade so machte. Vielleicht würde ich dann heute immer noch jeden Freitagabend Pool spielen und mich nach der Arbeit besaufen? Inzwischen würde man mich ins Grosvenor Hotel wohl wieder reinlassen.

Steve interessierte sich zwar nicht besonders für Musik, aber er arbeitete trotzdem gern gelegentlich als Roadie für AC/DC. Von der Band hatte ich schon gehört, und ich wusste, dass ein Typ dabei war, der sich wie ein Schuljunge anzog und sogar mit Ranzen auf dem Rücken auf die Bühne ging.

Steve erzählte mir noch ein bisschen mehr. „Sie spielen Hard Rock", sagte er. „Eine Menge Stones-Cover, aber sie haben auch ein Album mit eigenen Songs draußen. Müsste eigentlich so richtig was für dich sein."

Interessant, dachte ich.

Er erwähnte auch, dass es sich bei zweien der Bandmitglieder um die kleinen Brüder von George Young handelte. Und jetzt wurde ich richtig hellhörig. Als Kind hatte ich die Easybeats oft im Fernsehen gesehen, und ich war ein großer Fan der Band. George und sein ehemaliger Easybeats-Partner Harry Vanda hatten kürzlich ein Soloalbum des Easybeats-Sängers Steve Wright produziert – *Hard Road*, eine richtig großartige Platte, auf der sich unter anderem „Evie: Parts I, II And III" befand, das sich trotz seiner Länge von über sieben Minuten zu einem echten Monster-Hit entwickelte. Das war schon etwas Besonderes, denn Singles waren damals selten länger als drei Minuten. George und Harry hatten einen echten Lauf. Sonst kannte ich AC/DC hauptsächlich von den Postern im Hard Rock Café, die in großen Buchstaben proklamierten: AC/DC ARE CUM'N – AC/DC KOMMEN.

Steve sagte mir, das Hauptquartier der Band sei momentan in der Landsdowne Road in East St. Kilda, dem benachbarten Vorort, gar nicht weit von der Dandenong Road, wo meine Schwester Judy wohnte. Eines Tages im März 1975, spät an einem Samstagnachmittag, schaute ich dort vorbei. Eine sehr attraktive junge Frau öffnete mir die Tür; sie bat mich herein und sagte, sie sei Angus Youngs Freundin. Ich war verdammt beeindruckt, denn sie war wirklich ziemlich süß und von einem ganz anderen Kaliber als die üblichen Mädels. Die Jungs, erklärte sie, seien im Matthew Flinders Hotel im nahegelegenen Chadstone und spielten einen Nachmittags-Gig. „Die kommen aber bald wieder. Willst du warten?" Das war ein Angebot, das ich nicht ablehnen konnte.

Die damalige AC/DC-Residenz war ein großes, chaotisches, einstöckiges Haus, das heute sicherlich ein hübsches Sümmchen wert ist. Damals allerdings war St. Kilda mehr als ein bisschen anrüchig; es gab jede Menge Massagesalons und eine vagabundierende Junkie-Population. Die gesamte Band und ihre Crew wohnten in diesem Haus. Tana, ihre Bühnentechnikerin, war vermutlich der erste weibliche Roadie in ganz Australien, und sie machte einen verdammt guten Job.

Ich sah mich ein wenig um. Nach vorne raus gab es einen Wintergarten, und dahinter lag ein großer Flur, an den mehrere Zimmer grenzten, darunter ein großes Wohnzimmer im hinteren Bereich des Hauses. Damals wusste ich noch nicht, dass Bon Scott in der Band war, aber ich fand schnell heraus, dass er dieses Wohnzimmer als seinen ganz privaten Bereich beanspruchte.

Wenig später trudelte ein Großteil der Band ein – und schon als ich sie sah, wusste ich, dass ich bei ihnen mitmachen wollte. Der Grund dafür war schlicht und ergreifend Phil Rudd. Phil wurde unter den Konzertgängern und Möchtegernmusikern, mit denen ich immer herumhing, sehr verehrt. Er spielte Schlagzeug bei einer Band namens Buster Brown, die in den Pubs in der Gegend Stammgast war. Dass er hier auftauchte, wunderte mich – ich wusste nicht, ob er bei Buster Brown ausgestiegen war, oder ob die Band insgesamt die Hufe hochgerissen hatte. War mir auch egal, ich wollte schlicht dabei sein.

Gleich zu Anfang fielen mir einige Dinge bei AC/DC auf. Zum einen war das die Körpergröße der Mitglieder, oder vielmehr, ein Mangel an derselben. Ich bin nun auch nicht unbedingt der Größte, vielleicht eins siebzig, wenn's hoch kommt, aber neben diesen Jungs kam ich mir groß vor, vor allem neben Malcolm und Angus. Ich konnte mich nicht erinnern, schon mal jemanden gesehen zu haben, der kleiner war als Angus, und so machte natürlich auch die ganze Nummer mit der Schuluniform Sinn. Es war perfekt. Die zweite Sache, die mir auffiel, war ihre Einstellung. Sie kannten mich natürlich nicht, ich war ihnen so fremd wie ein Stück Seife, jedenfalls nach ihrer etwas abgerissenen Erscheinung zu schließen, und von daher hatte ich natürlich nicht erwartet, dass sie mich sofort in die Arme schließen würden. Aber sie umgab so eine Kälte, wie ich sie vorher noch nie erlebt hatte. Das irritierte mich damals sehr. Heute übrigens auch noch.

Wir unterhielten uns erst einmal ein wenig über das Nachmittagskonzert, das gerade hinter ihnen lag. Während ihres Aufenthalts in Melbourne hatte George, Malcolms und Angus' großer Bruder, als Bassist ausgeholfen, aber George war inzwischen wieder zu seiner Familie nach Sydney zurückgekehrt und widmete sich vor allem Albert Productions, der Plattenfirma von AC/DC, wo er als Hausproduzent tätig war. Von daher war die Band einstweilen als Quartett unterwegs, und Malcolm übernahm den Bass. Dann sprachen wir ausführlich über AC/DC, und ich erzählte, welche Musik mir gefiel. Dabei blieb bei Malcolm wohl vor allem eins hängen: Als wir über unsere Lieblingsmusiker redeten, nannte ich unter anderem Gerry McAvoy, der bei Rory Gallagher spielte.

„Ich möchte gerne so knackig spielen wie der", sagte ich zu Malcolm. „Keinen abgedrehten Scheiß, nichts Kompliziertes, einfach nur ganz soliden Rock-Bass." Malcolm erwiderte nichts, er merkte sich das nur.

Offenbar lief unser erstes Treffen aber ganz gut, denn ich ging mit einem Exemplar ihres ersten Albums *High Voltage* wieder nach Hause und bekam mit auf den Weg, die Songs zu lernen und am nächsten Tag für einen „Blow" – eine Jam-Session – wieder bei ihnen aufzuschlagen. Man sagte mir auch, wenn alles passte, dann würde ich dieselbe Gage bekommen wie die anderen Jungs, 60 Dollar die Woche, also deutlich weniger, als ich im Öffentlichen Dienst verdient hatte, aber ich hätte kostenlos bei ihnen in der Lansdowne Road wohnen können. Glücklicherweise war ich nicht darauf angewiesen, denn dort war es schon ziemlich voll.

Das Geld wurde von den Managern Michael Browning und Bill Joseph ausgezahlt; diese Abmachung war Bestandteil eines kürzlich abgeschlossenen Deals. Wie ich bald erfuhr, war es eine Art letzte Rettung gewesen. Die Band war von ihrem vorherigen Manager in Adelaide im Stich gelassen worden, und Michael und Bill hatten sie daraufhin nach Melbourne verpflanzt und ihnen den Arsch gerettet. Die Jungs nannten Michael stets nur bei seinem Nachnamen und wirkten ihm gegenüber stets ziemlich misstrauisch. Das lag möglicherweise an den schlechten Erfahrungen, die der älteste Young-Bruder zu Easybeats-Zeiten mit Managern gemacht hatte; jedenfalls war in Gesprächen öfters mal von Prozessen in England die Rede.

Ich ging also nach Hause und verbrachte den Rest des Samstags damit, mir die Platte anzuhören und mich auf die erste Probe vorzubereiten. Das Album gefiel mir gut, aber irgendwie konnte ich den Eindruck, den ich von den Jungs und ihrem Musikgeschmack gewonnen hatte, nicht mit Titeln wie „Love Song" in Einklang bringen. Einerseits waren da diese harten, jungen Typen – Bon hatte ich noch nicht kennen gelernt –, die auf richtig harten Rock standen und ein echtes Rockerleben führten.

Und dann war da dieses schmalzige Dingsda namens „Love Song“, das sich von den rockigeren Tracks auf dem Album, auf dem sich auch die großartige Blues-Nummer „Baby Please Don't Go“ und Chuck Berrys „School Days“ befanden, heftig unterschied. Die anderen, selbst verfassten Songs waren auch eher poppig. Das, was ich von Malcolm, Phil und Angus wusste, passte nicht so recht zu dem, was ich hörte. Ich konnte mir auch nicht vorstellen, dass die Jungs, die durch die Bierkeller der Vorstädte zogen, mit „Love Song“ zurechtgekommen wären. Im Gegenteil, so ein Song war in unserem Umfeld vermutlich der beste Weg, so richtig um Schläge zu betteln. Was genau es mit all dem auf sich hatte, sollte ich aber schon bald erfahren.

Wie vereinbart, erschien ich am Sonntag wieder in der Lansdowne Road, dieses Mal mit meiner ganzen Ausrüstung. Die Jungs hatten am Abend vorher offenbar mindestens ein Konzert gegeben und sahen reichlich ausgefranst aus. Vor allem Angus machte den Eindruck, als hätte er etwas Schweres auf den Kopf bekommen, er hing völlig in den Seilen. Deshalb fragte ich ihn natürlich gleich, ob sie in der Nacht zuvor ordentlich einen drauf gemacht hätten. Hatte er einen Kater?

„Ich trinke nie was, Alter“, gab Angus zurück.

Das hielt ich natürlich für einen Witz. Ich konnte mir nicht vorstellen, wie er sonst in so einen Zustand geraten war, wenn er nichts trank. An diesem Nachmittag bekam ich dann allerdings den Eindruck, dass er nur von Zigaretten und Tee lebte, was vielleicht auch seinen fiesen Mörderhusten erklärte. Angus erinnerte mich irgendwie an einen alten Mann – angesichts der Tatsache, dass er damals gerade erst 19 war, ziemlich alarmierend. Dieser Eindruck verflüchtigte sich natürlich sofort, wenn er zu spielen anfing.

Wir wechselten ein paar Worte, Angus hustete noch reichlich vor sich hin und machte sich noch einen Tee, dann bauten wir unser Equipment im Flur auf und legten los. Ich hatte eine ungefähre Vorstellung davon, was von Phil zu erwarten war, aber auf die Show von Malcolm und Angus war ich überhaupt nicht vorbereitet. Nun konnte ich, was das Rockbusiness anging, auch noch nicht auf eine Riesenerfahrung zurückgreifen, aber trotzdem merkte ich eins: Das hier war etwas Besonderes. Die Gitarren bohrten sich geradezu in dich hinein. Das lag nicht allein an der Lautstärke, obwohl es natürlich schon ganz schön schepperte, wenn man im Flur eines Wohnhauses ein paar 100-Watt-Verstärker, Marke Marshall Super Lead, ordentlich aufdrehte. Es war vielmehr die Intensität und die Angriffslust, die mich beeindruckten. Wir spielten die Songs von der Platte, die aber nun viel aggressiver klangen. Wie ich erfuhr, war Phil nach den Aufnahmen zur Band gestoßen und erst seit ein paar Wochen dabei. Das erklärte zumindest einen Teil der neuen Energie.

Wir spielten die Songs von *High Voltage* einmal durch, ließen allerdings „Love Song“ aus, was mir aber in der Hitze des Gefechts gar nicht auffiel. Wahrscheinlich war der Titel schon auf der Abschussliste. Es lief alles gut: Mein Eindruck war, dass vor allem Malcolm sehr glücklich darüber war, wieder zu seinem angestammten Instrument zurückkehren zu können. Ich hatte sofort gemerkt, wie gut die Gitarren einander ergänzten, und natürlich war auch die Lautstärke, die sie erzeugten, enorm. Ich war froh, dass ich den Weitblick besessen hatte, mir diesen mächtigen 300-Watt-Bassverstärker zu kaufen, denn den brauchte ich auch, um neben Mal und Angus nicht unterzugehen.

Es war ganz eindeutig Mal, der den Ton angab. Er versah die Melodien mit Tempo und Groove, und wir schlossen uns ihm an. Zwar war es das erste Mal, dass wir zusammen spielten, aber es lief schon ziemlich gut, jedenfalls in musikalischer Hinsicht. Mal gab mir ein paar Anweisungen und bemerkte außerdem: „Der letzte Typ, der bei uns war, hat den Song nicht gepackt, deswegen bist du jetzt hier.“ (Wer dieser „letzte Typ“ gewesen war, erfuhr ich nie.) Das klang nicht besonders beruhigend, aber wie ich bald herausfinden sollte, interessierte es bei AC/DC niemanden, ob man sich in ihrer Gegenwart wohl fühlte oder nicht. Davon abgesehen ging es, wie gesagt, richtig gut ab, alles war schön laut und krachig, und wir grinsten uns zufrieden an. „Das haut hin“, dachte ich. „Ich will diesen Job unbedingt haben. Auf genau diese Band habe ich gewartet.“

Später machten wir eine Tee- und Zigarettenpause und unterhielten uns ein bisschen darüber, was ich sonst so machte, um mir mein Geld zu verdienen. Mir war bereits klar, dass mein Job im Öffentlichen Dienst jetzt überhaupt nicht mehr zur Debatte stand; zwar wurde es nicht ausgesprochen, dass man von mir erwartete, alles andere hinzuschmeißen, aber stillschweigend ging wohl jeder davon aus. Damit bekam ich den ersten Vorgeschmack davon, wie AC/DC funktionierten: Du wurdest nicht gefragt, ob dir etwas passte – man erwartete einfach, dass du tun würdest, was für die Band gerade nötig war. Darüber wurde überhaupt nicht geredet. Wenn du dabei warst, dann war es deine Aufgabe, alles für die Band zu tun. Das verstand sich von selbst und bedurfte keiner Worte.

Bei diesem Vorspieltermin erfuhr ich auch, dass Bon Scott in der Band war, obwohl er sich an diesem Tag nicht blicken ließ. Ich hörte lediglich: „Bon ist nicht da." Das war alles. Aber für mich war das ein weiteres großes Plus – Phil Rudd, die Youngs und Bon Scott in einer Band, das war Wahnsinn.

Unser informeller Test schien ganz gut zu laufen. Offenbar waren wir alle auf derselben Wellenlänge, aber es war schon komisch, der Größte in der ganzen Band zu sein. Zwar waren die anderen freundlich-kühl, aber mir fiel die enorme Solidarität unter ihnen auf. Sie waren eine Band, daran bestand kein Zweifel, sie wohnten zusammen, sie arbeiteten hart und präsentierten sich als Einheit. Das war keine Attitüde: Es war echt und ungekünstelt. Und ich wollte ein Teil davon sein, unbedingt. Diese Jungs meinten es ernst. Insgesamt hatten wir vielleicht eine Stunde gespielt und ein bisschen gequatscht, immer wieder unterbrochen von Angus' bösem Husten, und die Band lud mich schließlich ein, am nächsten Donnerstag zu einem ihrer Konzerte zu kommen. Der Gig fand ausgerechnet im Station Hotel in Prahran statt, meinem Stammlokal. Mal wollte wieder den Bass übernehmen, daher bot ich ihm an, dass er mein Equipment benutzen durfte.

Ralph schlug mir vor, mich mit dem Swivel Hips nach Hause zu fahren, dem Truck der Band, der den Wackelhüften-Namen bekommen hatte, weil er nie in der Spur blieb. Es war nicht weit, nur zehn Minuten zu Fuß, aber Ralph bestand darauf. Auf dem Weg unterhielten wir uns. Er war überzeugt, dass ich den Job in der Tasche hatte, und gab mir einige Verhaltenstipps. Und ein paar von den Sachen, die Ralph mir sagte, gruben sich tief in mein Gedächtnis ein.

Ralph kannte Bon schon seit den Zeiten von Fraternity, für die er in England und in Australien als Busfahrer gearbeitet hatte. Ihm zufolge wurde Bon allgemein „Bonnie Roadtest" genannt, weil er alles ausprobierte, was sich ihm bot. Für einen jungen Kerl wie mich klang das alles ziemlich aufregend.

„Pass mal auf, ich geb' dir mal einen freundschaftlichen Rat", fuhr Ralph fort. „Es ist Malcolms Band, und ich glaube, es wäre eine ziemlich gute Idee, wenn du dir das immer vor Augen hältst."

„Ist okay, Ralph, vielen Dank", dachte ich, sprach es aber nicht laut aus.

Ralph setzte mich beim Hilton ab und sagte: „Dann mal viel Glück, Kumpel, ich freu mich drauf, mit dir zu arbeiten. Ach ja, übrigens – nach unserem Plan werden wir in einem Jahr in England spielen."

Als ich ins Haus ging, dachte ich, so ein Quatsch, diese Band wird doch auf keinen Fall in einem Jahr den Durchbruch in England geschafft haben – und ich sollte recht behalten.

Es dauerte ein Jahr und zehn Tage.

Vom Gefühl her war mein Vorspielen bei den Jungs jedenfalls gut gelaufen, und nach meinem Dafürhalten waren wir auch recht gut miteinander zurecht gekommen, auch wenn sie ein bisschen unterkühlt geblieben waren. Nur spürte ich doch eine gewisse Unruhe. Klar, ich wollte den Job, aber es war doch eine kleine Unsicherheit dabei – ich kannte diese Typen im Grunde überhaupt nicht. Es war riskant, aber auch ziemlich aufregend, und vor allem konnte ich mir nichts vormachen – auf mich wartete auch kein besseres Angebot. Phil erzählte mir später, wie die Band über mich geurteilt hatte, nachdem ich wieder verschwunden war. Wie immer hatte Malcolm das erste und letzte Wort.

„Wenn er so gut spielt, wie er redet, dann ist er dabei."

Ich war vielleicht nicht besonders redselig gewesen, aber ich glaube, meine Bemerkung über den „soliden Rock-Bass, keinen abgedrehten Scheiß" hatte bei Malcolm Young einen Nerv getroffen.

Es gab allerdings noch ein kleines Problem. Ausgerechnet an dem Wochenende vor unserer Jam-Session war ich im Station Hotel gewesen, und es hatte sich eine kleine Rangelei an der Bar ergeben, wie das in einem australischen Vorstadt-Pub so üblich war. An dem besagten Samstag war es knackevoll in dem Laden, und von daher ließ es sich nicht vermeiden, dass auch Unbeteiligte wie ich in das Geschehen hineingezogen wurden.

Ein Bierglas kam angeflogen, knallte direkt gegen meine Stirn und knockte mich mit einem Schlag aus. Als ich wieder zu mir kam, lag ich in der Greville Street auf dem Bürgersteig; offensichtlich war ich vor die Tür gesetzt worden, weil man mich für einen der Störenfriede hielt. Ich war noch damit beschäftigt, Blut zu spucken und zu checken, ob noch alle Zähne an Ort und Stelle saßen, als die beiden Besitzer, Albert und Marino, zu mir rauskamen und mir mitteilten, ich hätte ab sofort bei ihnen Hausverbot. „Na klasse", dachte ich, „erst kriegt man ein Bierglas in die Fresse, und dann fliegt man auch noch raus dafür!"

Allen unter euch, die noch nie ein Bierglas mitten ins Gesicht bekommen haben, muss ich sagen: Es tut beschissen weh, wenn man wieder zu Bewusstsein kommt. Es ist kein scharfer Schmerz, eher so ein dumpfes Pochen, als ob dir aus großer Höhe etwas ziemlich Schweres auf den Kopf gefallen ist. Kann ich überhaupt nicht empfehlen. Es ist wie in diesen Zeichentrickserien, wenn irgend so ein armes Schwein einen Amboss auf die Rübe bekommt. In den Jahren zuvor hatte ich im Station Hotel schon allen möglichen Ärger gehabt, und deswegen dachte ich mir zunächst: „Scheiß drauf, diesen Saftladen braucht eh keiner!" Ich jedenfalls nicht. Bis zu meinem Vorspielen bei AC/DC.

Trotzdem marschierte ich am 19. März 1975 zum Station Hotel, um mir AC/DC anzusehen. Ich war in bester Laune und freute mich auf ein paar Bier und lauten Rock'n'Roll. Weil ich ja eigentlich Hausverbot bei Albert und Marino hatte, war mir ein bisschen unwohl, aber so etwas kam nun auch nicht gerade selten vor, auch wenn es bei mir persönlich tatsächlich das erste Mal war. Jedenfalls war ich ganz optimistisch, dass sich der Pulverdampf verzogen haben würde oder die beiden Besitzer sowieso herausgefunden hatten, dass ich gar nichts angestellt hatte. Beinahe konnte ich den Heiligenschein fühlen, der über meinem Kopf schwebte. Und wenn es doch Schwierigkeiten geben sollte, dann konnte ich mich sicher herausreden. Keine Frage.

Das erste, was ich drinnen zu Gesicht bekam, war Bon, der seine roten Latzhosen auf der Bar bügelte. Was Klamotten betraf, hatte sich sein Geschmack seit den Zeiten der Valentines offenbar nicht entscheidend verbessert. Aber hey, es war *Bon Scott*. Bon war schon immer sehr, sehr eigen, was sein Äußeres betraf, seine Kleidung und vor allem seine

Haare. Vince Lovegrove, der neben Bon bei den Valentines gesungen hatte, erzählte mir einmal, dass Bon damals unbedingt einen Pony tragen wollte, der völlig glatt auf seiner Stirn anlag. Dafür sorgte er, indem er nach dem Haarewaschen seine Stirnfransen perfekt in Form brachte und in nassem Zustand mit Klebeband an seiner Stirn festpappte, damit sie ganz gerade und ordentlich trockneten. Es war vermutlich das einzig Ordentliche an Bon Scott.

Während ich Bon beim Bügeln zusah, hörte ich eine Stimme. Eine sehr grantige. „Du hast hier Hausverbot, du kleines Arschloch." Es war Albert.

„Okay, auf zur zweiten Runde", dachte ich mir, als mein Hintern wenig später wieder auf den Bürgersteig krachte. Bei der kleinen Rangelei, die anschließend entstand, konnte ich Albert einen hübschen Schwinger versetzen, und er wollte sich gerade ordentlich revanchieren, als Tana Douglas auftauchte. Tana war die Größte von uns allen, und das machte schon mal Eindruck. Sie erklärte dem aufgebrachten Pub-Besitzer, dass ich zur Band gehörte.

„Das da", erklärte sie und deutete auf meinen Bassverstärker, der schon auf der Bühne lauerte, „ist sein Kram."

Tana war eine „coole Braut", wie man in Prahran damals zu sagen pflegte, und deswegen gelang es ihr auch, den zornerfüllten Kneipier zu besänftigen. Ich glaube, in meiner ganzen Zeit als Aktiver habe ich nie einen attraktiveren Roadie gesehen. Damals hatte ich den Eindruck, dass sie ziemlich auf Malcolm stand. Albert erklärte sie jedenfalls, wenn er wollte, dass die Band wie vereinbart spielte, dann sollte er mich lieber nicht vor die Tür setzen.

„Na gut, dann kann er bleiben", brummte Albert, „aber ich hoffe mal, dass er sich jetzt ein bisschen am Riemen reißt!"

So entstand wahrscheinlich diese Legende, dass ich AC/DC zum ersten Mal im Station Hotel begegnete, als ich Ärger mit den Rausschmeißern hatte und mir Bon Scott und mein Kumpel Steve McGrath zur Seite sprangen. Klar, ein Körnchen Wahrheit ist darin, aber es war nicht die ganze Geschichte.

Nachdem ich mich mit Albert wieder vertragen hatte, ging ich zu Bon, den ich unbedingt hatte kennen lernen wollen. Er guckte mich von oben bis unten an und fragte mich dann: „Kannst du einigermaßen bügeln,

Alter?“ Damit wandte er sich an den Barmann und bestellte zwei Bier und zwei Scotch.

„Wie geil ist das denn“, dachte ich, „Bon Scott gibt mir einen aus!“

Bon nahm die Drinks, ging an mir vorbei und setzte sich mit dem hübschesten Mädchen im ganzen Laden an einen Tisch.

Mich begleiteten an diesem Abend meine Kumpels Graham Kennedy und Mickey Smith, die wussten, dass ich bei der Band vorgespielt hatte, und die ich nun als moralische Unterstützung mitgeschleppt hatte. Mich interessierte aber auch, was sie von AC/DC hielten. Heute kann man sich die Band als Quartett, mit Malcolm am Bass, nur schwer vorstellen, aber es funktionierte damals hervorragend. Aber es war auch das erste Mal, dass ich sie live erlebte, und es war ein Ding der Unmöglichkeit, von Bon und Angus nicht beeindruckt zu sein, wenn die beiden voll aufdrehten, schon gar nicht in einem so kleinen Laden wie dem Station Hotel. Damals kam mir gar nicht der Gedanke, aber heute wünschte ich, jemand hätte für mich ein paar Bilder von AC/DC als Viererpack gemacht. Ich weiß noch, dass Mickey mich fragte: „Wieso wollen sie denn an diesem Line-up überhaupt irgendwas ändern?“ Das sah ich genauso. Wir waren alle mordsmäßig beeindruckt von der Band, so wie sie war.

Im Station Hotel kam der Sound direkt von der Bühne, denn die Band hatte nur eine kleine eigene Anlage, keine Monitore und auch keine Beleuchtung, von daher war es eine recht spartanische Angelegenheit. Aber mir reichte es völlig, und nachdem ihr erster Set durch war, brannte ich darauf, zu ihnen auf die Bühne zu kommen, auch wenn es nur 60 Mäuse in der Woche dafür gab. Geld spielte dabei sowieso keine Rolle; nicht einmal der Gedanke daran, den großen Durchbruch zu schaffen, kam mir in den Sinn. Mir ging es nur um eines – mit einer Rockband auf Tournee zu gehen. Nicht mit irgendeiner, sondern mit dieser hier. Diese Jungs hier hatten das gewisse Etwas, das spürte ich. Es waren auch ziemlich viele Mädchen im Publikum, wie meinen Kumpels gleich auffiel. Und ich sah keinen Grund, nicht auch gleich mal meine Chancen auszuloten.

Glynis und ich waren noch immer zusammen, jedenfalls theoretisch. Sie hatte mich kurz zuvor schon einmal erwischt, wie ich, um es mal harmlos auszudrücken, meine Hände in der Zuckerdose einer anderen hatte, und das hatte unsere Beziehung doch ein wenig getrübt. Eine Weile lieferten wir uns einen Wettbewerb im Geschirrzertrümmern, aber letztlich blieben wir gute Freunde und gingen auch immer mal wieder miteinander ins Bett, auch, nachdem wir nicht mehr zusammen wohnten. Glynis hatte begründete Zweifel, mir wieder ihr Vertrauen zu schenken, und angesichts dieser Lage interessierten mich die gut gebauten Ladys im AC/DC-Publikum besonders. Ich fühlte mich, als ob ich vor dem Schaufenster eines Bonbongeschäfts stand und gerade die Tür einladend aufschwang.

Der erste Set war laut und rotzig. Mickey fragte mich, ob Angus „immer so war".

„Wie meinst du das?", fragte ich.

„Der steht doch total unter Strom, findest du nicht? Was wirft der denn so ein?"

Ich konnte nur den Kopf schütteln. „Ich habe keine Ahnung."

Aber Mickey gab keine Ruhe. „Finde das mal raus, ja?"

Diese Frage sollte mir von nun an ziemlich häufig gestellt werden. Die Leute kamen mit Angus' Energielevel einfach nicht klar. Allerdings muss ich zugeben, dass es mich auch ziemlich verblüffte. Angus drehte einfach völlig durch, sobald er die Bühne betrat – er explodierte geradezu und war dann nicht mehr aufzuhalten. Die Intensität seiner Auftritte habe ich immer bewundert. Sobald die Band loslegte, gab er alles. Und das war an diesem Abend im Station Hotel auch so.

Beim zweiten Set war es dann soweit: Ich hatte meinen ersten Auftritt mit der Band. Nach ein paar Bier und Scotch war ich schon ziemlich in Fahrt. Ich freute mich darauf, mit ihnen zu spielen; die Songs waren nicht übermäßig kompliziert, und ich hatte mir die erste Show ja angesehen, wusste also, was auf mich zukam. Ich betrat die Bühne und wurde ein Teil von AC/DC.

Phil grinste mir breit entgegen. „Stell dich am besten direkt dort hin, Alter", erklärte er und deutete mit seinen Drumsticks auf eine Stelle neben seinem Hi-Hat.

Als erstes spielten wir „Soul Stripper", den Titel, den „der letzte Typ" Mal zufolge nicht gepackt hatte. Über diesen geheimnisvollen Mann erfuhr ich niemals mehr, als dass er „Soul Stripper" immer wieder versäbelte.

Wenn „Soul Stripper“ saß, dachte ich bei mir, dann habe ich den Job schon so gut wie im Sack, und so war es auch. Von Anfang an lief alles bestens. Mit diesen Jungs Bass zu spielen, das war ein großartiger Kick – wobei man auch sagen muss, wer zu Phil Rudds Schlagzeug und Malcolm Youngs Rhythmusgitarre keine vernünftige Basslinie hinkriegt, sollte sich eh einen anderen Beruf suchen. Wir beschlossen unseren Set mit einem Titel, der während der ganzen Zeit, die ich in der Band war, unser Rausschmeißer bleiben sollte: „Baby Please Don’t Go“.

Wir hatten ganz schön viel Dampf auf dem Kessel, und nun bekam ich Angus’ Nummer als epileptischer Schuljunge zum ersten Mal und aus nächster Nähe mit. Es haute mich um, wie schnell er spielen konnte, wie sauber und präzise, während er sich auf dem Bühnenboden wälzte und drehte. Außerdem stellte ich fest, dass Angus’ aus Milch und Schokoriegeln bestehende Ernährung zusammen mit dem Schweiß und dem Schuljungen-Brummkreisel dazu führte, dass er sich in einen Rotzorkan verwandelte. Alle, die mit ihm auf der Bühne standen, bekamen eine Portion ab, und die ersten Zuschauerreihen waren auch nicht sicher. Er ließ einfach total los, alles, auch den Rotz.

Ich war völlig platt, und meinen Freunden ging es genauso. Nachdem ich wieder von der kleinen, engen Bühne runter war, gesellte ich mich wieder zu Graham und fragte: „Und? Was meinst du?“

„Alter“, sagte Graham langsam, „den Job musst du einfach machen!“

Der Grund dafür, dass AC/DC mich an Bord holten, lag vor allem darin, dass Malcolm sich nie als Bassist betrachtete. Wie wir alle noch erfahren sollten, gibt es nicht allzu viele Gitarristen, die einen Song so formen können wie Malcolm; meiner Meinung nach steht er Keith Richards von den Stones und Billy Gibbons von ZZ Top um nichts nach. Auch wenn es heute seltsam erscheint, damals waren Malcolm und Angus für mich die unbekannten Gesichter, und das ging sicherlich nicht nur mir so. Von George, ihrem großen Bruder, hatte ich natürlich schon gehört, aber von ihnen selbst wusste ich gar nichts, und das war vermutlich bei allen anderen Musik-Fans in Melbourne nicht anders. Allerdings sollte sich das nun bald ändern. 1975 waren AC/DC noch ziemlich unbekannt, aber sie machten live enorm was los, und die Leute bekamen das allmählich mit, wobei „der Kleine“ in der Schuluniform immer noch für irritierte Blicke sorgte.

Wie ich später erfuhr, hatte Michael Browning darauf bestanden, mich an diesem Abend im Pub genau unter die Lupe zu nehmen – und hätte er mich nicht gemocht, dann wäre ich auch nicht eingestiegen, so einfach war das. Michael war vor allem der visuelle Aspekt wichtig: Passte ich zum Image der Band? Wie groß war ich? Oder, aus AC/DC-Sicht formuliert, wie klein? Wie schon gesagt, ich kam mir neben den anderen Jungs in der Band wie ein Riese vor. Das hatten wir mit unseren großen Idolen, den Rolling Stones, gemeinsam – wir waren alle nicht gerade die „Größten“.

Malcolm hatte mich also nicht nur zu dem Gig eingeladen, damit ich die Band mal live erleben und auch mit ihnen jammen konnte, sondern auch, damit Michael mich in Augenschein nahm. Als Mal mich dem Manager schließlich präsentierte, sagte er nur: „Das ist der Typ, von dem ich dir erzählt habe.“ Kein Name, kein Händeschütteln, keine höfliche Vorstellung. Michael guckte an mir rauf und runter, sah dann wieder Mal an und nickte. Das war's. Ich war dabei. Nun hatte ich nicht gerade einen Tusch erwartet, aber ein Handschlag und ein „Willkommen in der Band“ wäre ja doch schon irgendwie nett gewesen. Trotzdem war es natürlich besser, als Verwaltungsangestellter im Öffentlichen Dienst zu sein. Michael nickte mir zu, und damit war ich nun wirklich dabei. So lief es auch später immer: Entscheidungen wurden grundsätzlich gefällt, ohne dass Phil Rudd oder ich dazu besonders viel zu sagen hatten.

Vor allem in den frühen Tagen war die Band keine demokratisch geführte Truppe. Wie Ralph mich schon gewarnt hatte, bekam ich sofort zu spüren, dass es Malcolms Band war, und dass Entscheidungen gewissermaßen durch Osmose weitergegeben wurden, jedenfalls, soweit es mich betraf.

Aber auch, wenn mein Einstand sich etwas kühl gestaltete, war der Abend für mich eine echte Erleuchtung. Endlich bot sich mir eine Gelegenheit, es im Musikbusiness ein bisschen weiterzubringen als bisher – als Teil einer Band, die musikalisch wirklich gut war und in die ich mit meinem persönlichen Musikgeschmack hervorragend hineinpasste. Die

Stones, ZZ Top – ihr Album *Tres Hombres* zählt immer noch zu meinen Lieblingsplatten –, Chuck Berry, Little Richard waren für die ganze Band feste Größen, und das war bei mir nicht anders.

Das Publikum im Station Hotel war dafür bekannt, ziemlich hart mit den Bands ins Gericht zu gehen, die dort auftraten. Es war eine interessante Mischung aus Hippies, Besoffenen und neugierigen Musik-Fans, die sich an jenem Abend AC/DC ansahen. Wegen der Schuluniform gab es ein paar Kommentare wie „Was soll denn der Scheiß?", vor allem von den Leuten, die wegen Bon gekommen waren. Von der Kiffer- und Linsensuppenszene rund um Fraternity zu AC/DC war es ja nun doch ein ziemlich großer Schritt. Aber Bon passte wesentlich besser zu einer Truppe, bei der er zu erdigem, ruppigem Blues Rock kreischen und schreien und Chaos verursachen konnte, als zu den Ökos, mit denen er vorher herumgezogen war. Heftig abzurocken musste doch einfach mehr Spaß machen, als in den Adelaide Hills irgendwo auf dem Land zu hocken und in Kaftanen rumzurennen, verdammt noch mal!

Nach meinem ersten Abend mit der Band testete ich gleich meinen neu gewonnenen Kredit bei den Ladys im Station Hotel aus. Wir fuhren alle zusammen in die Lansdowne Road zurück, wo ich mich gern als willige Füllung eines Rock'n'Roll-Sandwichs zur Verfügung stellte. Im Station hatte ich zwei neue Freundinnen kennen gelernt. Sie waren wegen AC/DC gekommen und hatten sofort Gefallen an mir gefunden (na ja, sofort, nachdem klar war, dass ich der Bassist war); von daher hatten sie mich auf einen, zwei, zehn Absacker ins Chateau AC/DC begleitet. Ich besorgte eine Flasche Johnnie Walker und Coke (das Getränk, wohlgemerkt) und machte mich damit bei meinen neuen Kollegen gleich richtig beliebt.

Jennie und Sandy (Namen von der Redaktion geändert), die beiden Brothälften meines nächtlichen Sandwichs, waren der Band schon gut bekannt. Sie gehörten zur typischen Entourage, wie sie aufstrebende Bands wie AC/DC am Leben erhält. Sie waren keine Übelnehmerinnen und stets gern bereit, mit anzufassen (oder angefasst zu werden), wenn ein Bandmitglied Hilfe brauchte, und dementsprechend freuten sich alle, dass sie nach dem Konzert noch mit auf die Ranch kamen. Ich fühlte mich großartig – der Gig war gut gelaufen, und nun hieß man mich auch im Clan willkommen. Bon war allerdings nicht da. Wie es sich später zur Gewohnheit entwickeln sollte, war er schon nach der Show verschwunden, um mit seiner damaligen Freundin Judy King, einer sehr anständigen jungen Frau, zusammen zu sein.

Nach ein paar Drinks war mir angenehm wuschig und warm vom Johnnie Walker und der Aufmerksamkeit, die mir die beiden Mädels schenkten. Allmählich bekam ich einen Eindruck davon, wie super das Leben sein konnte, wenn man in einer Rockband spielte. Dann kam mir der Gedanke, es könnte schlauer sein, sich ein wenig zurückzuziehen, um etwas Privatsphäre zu genießen, also ging ich mit einer meiner neuen Bekanntschaften in Phils Zimmer. Ich kann mich ums Verrecken nicht mehr dran erinnern, wieso ich mich für sie entschied und nicht für ihre Freundin, aber es dauerte nicht lange, da tauchte auch die bei uns auf. „Vielen Dank, dass ihr mich da draußen habt sitzen lassen", erklärte sie ein wenig beleidigt. „Ich dachte, wir bleiben zusammen." So langsam erwärmte ich mich immer mehr für den Lifestyle der Band.

Je später es wurde, desto mehr vertieften wir unsere Freundschaft. Für mich war es der Beginn einer Lernkurve, die ziemlich steil nach oben ging; es ist nämlich nicht so einfach, zwei Frauen auf einmal glücklich zu machen, das kann ich euch sagen. Aber es macht auch verdammt viel Spaß. Glücklicherweise lernte ich außerdem ziemlich schnell. Daher an dieser Stelle mal ein Tipp für den Nachwuchs: Sei am Anfang nicht zu schnell und zu eifrig, sondern lass dir Zeit und denke immer daran, dass du spätestens dann mal kurz durchschnaufen kannst, wenn die beiden Ladys mit sich selbst beschäftigt sind, was eigentlich immer passiert. Ich döste während unserer Nummer sogar einmal kurz ein, während die Mädels ihre Motoren weiterlaufen ließen, und startete später wieder durch. Es ist schon erstaunlich, was man alles leisten kann, wenn man entsprechend motiviert ist.

Allerdings war es auch nicht das erste Mal, dass ich in eine derart glückliche Lage geriet. Zu einer gelungenen *ménage à trois* gehört viel Ausprobieren, und schon einmal zuvor waren mir zwei willige „Assistentinnen" begegnet, die bereit gewesen waren, mir bei meinen empirischen Untersuchungen im Hilton zur Hand zu gehen. Das Problem war nur, dass meine Mutter unerwartet hereinschneite, und es ist nichts scheußlicher, als mittendrin von Mutti überrascht zu werden. Nach einer peinlichen Pause blieb mir nichts anderes übrig, als tief durchzuatmen und die Damen miteinander bekannt zu machen.

„Mum“, sagte ich, „darf ich vorstellen, das ist –“ Und in diesem Augenblick tauchte ausgerechnet der Kopf meiner zweiten Begleiterin unter der Decke auf.

Meine liebe Frau Mama schluckte kurz, dann fragte sie: „Mark Whitmore Evans – wie viele hast du noch da drin?“

KAPITEL 3
COUNTDOWN LÄSST ES KRACHEN

Erfreulicherweise änderte sich das Erscheinungsbild der Band zu der Zeit meines Einstiegs ein wenig. Keine Ahnung, wer diese Glam-Rock-Idee überhaupt mal aufgebracht hatte, aber ganz am Anfang traten AC/DC in Plateauschuhen und Glitzerklamotten auf. Ich sollte außer einer roten Satinjacke auch noch eine rote Mütze tragen – George Young hatte, wenn er als Aushilfsbassist einsprang, auch immer eine aufgehabt, und man sagte mir, kein Mensch würde den Unterschied merken, wenn nun auch ich mit einer roten Mütze auf die Bühne käme. Das konnte ich noch abbiegen – ich hatte nicht viel für Kopfbedeckungen übrig. Aber die scheußliche rote Satinjacke blieb mir nicht erspart, auch wenn ich sie Gott sei Dank nur noch für kurze Zeit überziehen musste.

Wahrscheinlich zeichnete sich schnell ab, dass uns das Glam-Outfit auch in abgeschwächter Form Probleme bereiten würde, weil die harten Jungs aus den Vorstädten, die einen großen Teil unserer Anhängerschaft ausmachten, für solche Sperenzien nichts übrig hatten. Auch ohne Satinjacken war es manchmal in den Bierkellern von Melbourne ziemlich haarig, und um sich in so ausgefallener Garderobe in diese Läden hineinzuwagen, musste man entweder sehr gut auf sich aufpassen können oder war komplett bescheuert (oder beides). Es war keine bewusste Entscheidung oder ein Befehl „von oben", der uns dazu brachte, unseren Look zu ändern – wir entwickelten uns einfach in eine andere Richtung, die besser zum Sound und Image der Band passte. Mit Glitzerjacke konnte man ja wohl kaum ein Typ von der Straße sein, oder? Der frühe Look von AC/DC passte nie zu dem, was ich hörte. Wenn ich die Augen schloss, dann hörte ich eine laute, dreckige, Blues-Rock-Band, und wenn ich sie wieder aufmachte, sah ich Satin, Seide und Plateauschuhe. Das haute nicht hin.

Wie ich hörte, war Malcolm ein großer Fan von Marc Bolan und T. Rex, von daher ist diese peinliche Idee vielleicht zumindest zum Teil darauf zurückzuführen. Herm Kovac, der Drummer der Ted Mulry Gang, die auch bei Albert Productions unter Vertrag stand, hatte früher einmal mit Malcolm in einer Band gespielt, bevor es AC/DC gab; sie nannten sich etwas unglücklich The Velvet Underground, mit allem schuldigen Respekt vor Lou Reed und Co. – und er schwor, dass damals in Malcolms Zimmer ein Foto von Marc Bolan hing. Zu Malcolms Ehrenrettung fügte Herm stets hinzu, es sei nur ein sehr kleines Foto gewesen. (Tatsächlich gaben wir unseren ersten Fernsehauftritt in England in Marc Bolans Comeback-Show, und wir spielten hundertprozentig live, worauf ich heute noch sehr stolz bin.)

Mein erster offizieller Gig mit AC/DC fand am Donnerstag, den 20. März 1975, im Waltzing Matilda Hotel an der Heatherton Road in Springvale statt, einem Vorort im Südosten von Melbourne. Es war ein typischer Bierkeller-Auftritt, mit zwei Sets zwischen zehn und halb zwölf Uhr abends. Das Waltzing Matilda war ein riesiger Laden, der zu einem Motel-Komplex gehörte und 1.200 Zuschauer fasste. Solche Gigs wurden zum Lebenselixier für AC/DC in Melbourne. In großen Vorstadt-Pubs wie diesem spielten in der Regel donnerstags, freitags und samstags zwei Live-Bands. Der Eintritt kostete zwei Dollar, und die Hauptattraktion war, dass man bis halb zwölf saufen konnte, während normale Pubs um zehn Uhr Sperrstunde hatten.

Ich war an diesem Abend ein wenig nervös, aber kaum, dass wir die Bühne betraten und loslegten, war alle Unruhe wie weggeblasen. Im Grunde musste ich auch nichts weiter tun, als mich an Malcolm und Phil zu halten, und sie spielten extrem solide und machten es mir leicht. Mit ihnen flog man wirklich erster Klasse. Wenn Bon gerade nicht sang oder versuchte, sich aus dem Publikum schon einmal eine Begleitung für den Rest des Abends auszusuchen, dann unterstützte auch er mich sehr. Dann kam er während eines Songs an meine Seite und raunte mir zu: „Na, alles klar, Mike?“ Vielleicht war alles klar, aber ich hätte mich auch gefreut, wenn Bon mich mit meinem richtigen Namen angesprochen hätte. (Aber vielleicht wusste er auch einfach mehr als ich – die ersten Goldenen Schallplatten, die ich bekam, waren alle mit der Inschrift „Mike Evans“ versehen.) Auf der Bühne schaukelten sich Bon und Angus gegenseitig hoch, und das aus meiner Perspektive mitzubekommen, war der helle Wahnsinn.

Während dieses ersten Gigs spielten wir das ganze *High Voltage*-Album, ergänzt um ein paar Cover, darunter „Jailhouse Rock“ und „Jumpin' Jack Flash“ von den Stones. Zum Abschluss brachten wir eine ausgedehnte, wirklich extrem lange Fassung von „Baby Please Don't Go“. Es waren recht viele Leute da, darunter eine Menge harte Typen aus der Gegend. Das Publikum wusste damals allerdings oft nicht, was es von uns halten sollte. Normalerweise reagierten die Zuschauer eher zurückhaltend, und Zugaben waren die Ausnahme. An jenem Abend im Waltzing Matilda trommelte man uns jedenfalls nicht noch einmal raus, aber wir bekamen 250 Dollar Gage. Nicht schlecht für einen Abend.

Um sich als noch unbekannte Band in Australien einen Namen zu machen, war die Fernsehsendung *Countdown* von größter Bedeutung, und von daher war es ein großes Glück für AC/DC, dass uns der *Countdown*-Moderator Ian „Molly“ Meldrum unter seine Fittiche nahm und sehr oft in seiner Sendung präsentierte. Molly und Bon waren alte Bekannte; wir anderen lernten Molly erst bei den ersten Fernsehauftritten kennen. Er war eine schillernde Persönlichkeit, voller verrückter Einfälle und stets darauf bedacht, seinen Spaß zu haben – und ich bin mir sicher, dass sich das über die Jahre nicht geändert hat. Auf mich wirkte er damals wie ein angespanntes, hyperaktives Energiebündel. Es war nicht so, dass wir uns mit Molly privat getroffen hätten, dazu verkehrten wir offenkundig in zu verschiedenen Kreisen, aber wenn sich unsere Pfade kreuzten, dann war es immer sehr lustig. Molly schob unsere Karriere aktiv an, und er war es letztlich auch, der mitverantwortlich dafür war, dass wir einmal den „Aufstand“ probten, wie er es nannte: Bei einer Neujahrssendung in Adelaide spielten wir so lange und überzogen unsere Zeit derart, dass man uns schließlich den Strom abstellte.

Countdown war eine einstündige Sendung, die am frühen Sonntagabend auf ABC lief, dem einzigen australischen Sender, der in den frühen Siebzigern wirklich im ganzen Land zu sehen war. Wenn man einigermaßen regelmäßig bei *Countdown* auftrat, dann war so gut wie sicher, dass man einen kleinen Hit landete und außerdem eine halbwegs erfolgreiche, landesweite Tournee starten konnte. Die Sendung ist unter anderem dafür berühmt, dass sie ABBA in Australien bekannt gemacht hat – inwieweit ihr das als Verdienst zuzurechnen ist, liegt allerdings im Auge des Betrachters. Die vier Schweden hatten ja auch ziemlich ausgefallene, extreme Bühnenklamotten, und wenn ich heute daran denke, wie Mal am Anfang auf die Bühne ging, dann hatten wir vielleicht mehr mit ABBA gemeinsam, als ich damals dachte.

Offiziell wurde *Countdown* als „Live"-Show präsentiert, und das stimmte auch insofern, als sie vor einem Live-Publikum aufgezeichnet wurde und die Künstler in der Reihenfolge auftraten, in der sie später auch zu sehen waren; wenn man sich also Schnitzer leistete, dann gingen die in der Regel später auch über den Bildschirm. Es war eine Mischung aus Filmclips, die von den Plattenfirmen bereitgestellt wurden, und Bands im Studio, die zu Halbplayback auftraten – nur der Gesang war live. Heute klingt das natürlich alles ziemlich putzig, aber ich kann gar nicht genug betonen, wie wichtig die Sendung damals für uns war. Sie bedeutete eine enorme Abkürzung auf dem langen Weg zum Ruhm und war für jeden, der darauf hoffte, in Australien durchzustarten, unverzichtbar. Ich weiß nicht, was sonst noch, wenn überhaupt, hinter den Kulissen gemauschelt wurde, um AC/DC nach vorn zu bringen, aber ob wir es ohne *Countdown* bis an die Spitze geschafft hätten, das erscheint mir heute zumindest zweifelhaft.

Meinen ersten Samstagnachmittag als frisch gebackenes Bandmitglied verbrachte ich in den ABC-Studios in Ripponlea, ganz in der Nähe des Prahran Hilton, und nahm meinen ersten *Countdown*-Auftritt auf, der am Sonntag, dem 23. März 1975, ausgestrahlt wurde. Damals hatte ich erst zwei Gigs mit der Band gespielt. Die Sendung prägte sich natürlich zum einen deswegen so bei mir ein, weil sie mein Kamera-Debüt war, aber auch, weil Bon sich mal wieder einen seiner typischen Späße leistete.

Wir sollten mit „Baby Please Don't Go", unserer aktuellen Single, die gerade ziemlich gut lief, die Show eröffnen, und wir probten den Song natürlich vorher, während das Kamerateam alle Einstellungen überprüfte. Das Studio wurde staatlich subventioniert und war dementsprechend gut ausgestattet, wenn auch nach heutigen Maßstäben primitiv. Nach ein paar Durchgängen wurde das Publikum hereingeholt, und die Kameras liefen an. Und wo ich gerade „primitiv" sagte – ein paar von den jungen Damen im Publikum benahmen sich auch ein bisschen steinzeitlich. Wir spielten das Intro, sahen uns um ... und Bon war plötzlich verschwunden. Die Crew bekam Panik: Wo zum Teufel war der Kerl? Nach einer gefühlten Ewigkeit, die wahrscheinlich nur ein paar Sekunden dauerte, erschien er dann auf der Bühne: Er trug ein Schulmädchenkleid, Make-up und eine völlig abgedrehte Perücke mit geflochtenen Zöpfen, dazu hielt er einen riesigen Gummihammer in der Hand und paffte eine Zigarette. Er sah unglaublich aus.

Wir anderen gaben uns alle Mühe, bei seinem Anblick nicht in lautes Lachen auszubrechen und so cool auszusehen, wie es sich für eine Rockband gehörte, aber verdammt, das war nicht einfach. Angus war besonders kribblig und nervös, aber Bon trat ans Mikrofon und war einfach nur er selbst, wenn man davon absah, dass er eben wie ein unartiges Schulmädchen angezogen war. Zu einer Zeit, in der die Musikszene von aufgeblasenen, pompösen Acts wie Queen, Yes und King Crimson beherrscht wurde, fielen wir ziemlich auf – eine ungewaschene Rockband aus Australien, deren Gitarrist in Schuluniform auftrat und die seit neuestem auch noch einen Sänger hatten, der als Schulmädchen verkleidet vor laufender Kamera der ganzen Nation seinen Schlüpfer zeigte. Das war mein erster Fernsehauftritt. Für mich lief es prächtig, kein Problem.

Mein Vater Pat stammt aus Sydney, von daher habe ich mich dieser Stadt stets sehr verbunden gefühlt. Als kleiner Junge hatte ich Stunden damit zugebracht, die Harbour Bridge zu zeichnen, viele hundert Male – immer wieder dasselbe Motiv, die Brücke unter strahlend blauem Himmel und bei leuchtendem Sonnenschein, der die Fähren auf dem Wasser schimmern ließ. Als Teenager war ich zweimal in Sydney gewesen, auf Ausflügen mit ein paar Kumpels, und von daher war ich begeistert, als die erste Tour mit AC/DC anstand und ich wusste, dass sie mich nach Norden führen würde.

Anfang Mai 1975 stellten AC/DC ihre neue Besetzung in ihrer Heimatstadt vor. In den sechs Wochen, die ich nun in der Band war, hatte ich schon gemerkt, dass sich Mal und Angus in Melbourne nicht hundertprozentig wohl fühlten. Sie vermissten Sydney, ihre Familie und ihr gemütliches Zuhause in Burwood. Aber nachdem Michael Browning als ihr Retter in der Not eingesprungen war und AC/DC vor dem Untergang bewahrt hatte, war es unvermeidlich gewesen, dass die Band eine Weile in Melbourne residierte. Mal und Angus waren nicht gern von zu Hause ausgezogen, und jede Möglichkeit, einmal wieder in ihre Heimatstadt zurückzukehren, hießen sie daher begeistert willkommen – wobei sich die Young-Brüder ihre Begeisterung, so wie es ihre Art war, gerade mal so sehr anmerken ließen, dass man leicht den seltenen Augenblick verpassen konnte, wenn man zufällig gerade nieste.

Wir hatten stets einen ziemlich vollen Terminkalender, aber die Woche in Sydney war besonders hektisch. Michael hatte versucht, so viele Auftritte wie möglich hineinzustopfen, aus zwei Gründen: Zum einen wollte er natürlich die Fan-Gemeinde der Band vergrößern, indem wir immer wieder live spielten und *High Voltage* überall vorstellten – da „Baby Please Don't Go" inzwischen öfters im Radio lief und bei *Countdown* gezeigt worden war, zogen auch die Albumverkäufe allmählich an. Der andere Grund war etwas egoistischer. Michaels Vertrag mit der Band sah vor, dass er für unsere Spesen aufkam, den Bandmitgliedern einen festen Lohn zahlte und alle Einkünfte, die darüber hinausgingen, selbst einstrich. Die Gleichung war von daher sehr einfach: Mehr Gigs erhöhten seinen Gewinn.

Unsere Ochsentour in Sydney begann am Montag, dem 5. Mai, mit einem Auftritt in jenem Club, der später unser Wohnzimmer wurde: dem berüchtigten Bondi Lifesaver, kurz Swap genannt, was sich wiederum von Bondi Wifeswapper, also Bondi Frauentausch, ableitete. Mitte der siebziger Jahre war es für Fans wie auch für Musiker der angesagteste Club der ganzen Stadt. Hier ging man hin, wenn man Jungs aus anderen Bands treffen wollte, um sich nach einem Gig noch ein bisschen was auf die Lampe zu gießen und sich ein Playmate für die Nacht zu suchen. Im

Swap gab es alles, natürlich zu einem gewissen Preis. Es sei denn, deine Band hatte es schon geschafft: Dann war alles umsonst.

Die kleine Halle besaß auf der rechten Seite, wenn man hereinkam, eine sehr lange Bar, die bis an die Bühne heranreichte. Im hinteren Teil führten ein paar Stufen zu einem leicht erhöhten Restaurantbereich hinauf, in dessen Mitte ein großes Aquarium mit einer beeindruckenden Sammlung Tropenfischen stand, die den ganzen Stolz der Besitzerin darstellten. Gegenüber der Bar befand sich ein großer Biergarten, und insgesamt gab es jede Menge kleiner Winkel, in denen man nicht gleich gesehen wurde und ein bisschen was anstellen konnte.

Im Lifesaver waren wir für vier aufeinanderfolgende Nächte gebucht, von Montag bis Donnerstag. Nach der Zahl der Zuschauer zu urteilen, die sich am ersten Abend einfanden (oder eben auch nicht), war man in Sydney noch nicht wirklich scharf auf uns. Über den Abend verteilt verliefen sich vielleicht 50 Leute in dem Club, und wir spielten ziemlich lange – vier Sets, jeweils 45 Minuten. Außer den Songs von *High Voltage* hatten wir noch nicht viel Material, und deshalb walzten wir das so lang wie möglich aus und ergänzten es um alles mögliche andere, was uns gerade in den Kopf kam. Beim ersten Set an jenem Montag jammten wir vor einem halben Dutzend Leute, allerdings in der typischen, ohrenzerfetzenden Lautstärke, wie sie bei AC/DC nun mal so üblich war (und ist). Wir trieben die tapferen sechs Gäste ziemlich zügig in den Biergarten. Nachdem sie abgehauen waren, kümmerten wir uns nicht mehr um sie – von uns aus konnten sie bleiben, wo der Pfeffer wuchs.

Als wir schließlich wieder aufhörten, kam die Managerin des Clubs, ein kleines, blondes Energiebündel, auf uns zu. Und sie rastete so richtig aus. Ihre Ausdrucksweise war so unflätig, wie ich es danach nie wieder gehört habe. „Ihr verdammten kleinen Wichser, für wen zum Teufel haltet ihr euch, ihr Arschlöcher? Was glaubt ihr, wer ihr seid, ihr Schwanzlutscher?" Und so ging es weiter. Wir hatten ihre einzigen Gäste vertrieben, und jetzt war sie richtig sauer. „IHR VERDAMMTEN ARSCHFICKER!"

So endete unser erster Set im Lifesaver. 15 weitere lagen noch vor uns. Die Tropenfische überlebten unsere viertägige Auftrittsreihe offenbar auch nicht.

Ein bisschen angenehmer wurde unser Aufenthalt dadurch, dass wir unsere Zimmer im Squire Inn hatten, das an den Parkplatz des Lifesavers grenzte. So konnten wir uns, wenn wir etwas Dringendes zu erledigen hatten, schnell einmal dorthin zurückziehen. Bon, Phil und ich teilten uns zum ersten und letzten Mal ein Zimmer. Bon pochte darauf, dass er der Älteste war, und bestand darauf, dass er das Doppelbett bekam; ich sicherte mir das Einzelbett, von dem aus man den besten Blick auf den Fernseher hatte. Mal und Angus pennten zu Hause in Burwood; sicherlich nicht die schlechteste Idee. Dort wurden sie anständig verpflegt, konnten ihre Klamotten waschen und sich neue Schuluniformen schneidern lassen … sie genossen eben alle Vorzüge eines gemütlichen Heims.

Es wurde eine lange Woche mit ein paar richtig langen Nächten. Das bisschen Unschuld, das ich mir vielleicht noch bewahrt haben mochte, verflüchtigte sich im Squire Inn, wo ich lernte, mein Energielevel zu erhöhen. Denn schließlich machte mich das ganze Geschniefe um mich herum doch ziemlich neugierig. Was war das denn für ein weißes Zeug? Es dauerte nicht lange, bis ich es herausfand. Gentlemen, starten Sie Ihren Motor! Meiner fuhr schon im höchsten Gang.

Als dann nach und nach doch mehr Gäste kamen, wurde die Stimmung im Lifesaver besser und besser. Es ist doch immer wieder erstaunlich, wie sich die Laune einer Clubbesitzerin aufhellen kann, wenn ein ständiger Strom Bargeld in die Kasse fließt – da sieht man sogar über den tragischen Verlust einiger Tropenfische hinweg. Zwar standen wir in der Rangordnung in Sydney noch ganz unten, aber wir merkten schon, dass unsere Position sich allmählich besserte. Und mehr Zuschauer, mehr Airplay und mehr *Countdown* brachten uns schließlich … noch mehr Zuschauer, Airplay und *Countdown*.

Nach den vier Abenden im Lifesaver spielten wir am Freitag und Samstag jeweils zwei Gigs – zunächst einmal eine Show ohne Altersbeschränkung in einem Jugendzentrum (keine Ahnung, wo das war, aber es gab wenigstens keine Tropenfische), dann später noch einmal in einem Pub. Herzlich willkommen in Sydney! Schnief, schnief.

Ich hatte mich inzwischen gut in die Band eingefügt und folgte dem Beispiel der anderen, indem ich mich zwar nicht direkt unfreundlich gegenüber anderen Musikern zeigte, aber sie weitgehend ignorierte, da sie einfach nicht besonders wichtig zu sein schienen. Das grenzte nicht nur an Verachtung, die meiste Zeit war es genau das. Ich bin mir nicht sicher, ob diese Einstellung Bons Persönlichkeit wirklich entgegenkam – er pflegte viele Kontakte außerhalb der Band und schrieb sich beispielsweise regelmäßig mit seiner Ex-Frau Irene, seinem Bruder Graeme und engen Freundinnen wie Mary Walton.

Mary hatte eine angesagte Boutique auf der Greville Street in Prahran, ganz in der Nähe des Station Hotels, und sie bot Bon die Rückzugsmöglichkeit, die er brauchte. Die beiden blieben sein ganzes Leben lang Freunde. Er war ein fleißiger Briefschreiber, der einen kleinen Kreis enger Freunde regelmäßig über alle Ereignisse rund um die Band und über seine Eroberungen auf dem Laufenden hielt und sich besonders gern darüber ausließ, mit wessen Körper er sich gerade beschäftigte, auch wenn es nur sein eigener war. Er nannte diese kleinen Berichte „Nachrichten von meiner Front“. Es war seltsam, dass ein so geselliger Mensch wie er nicht mehr echte Freunde hatte.

Einen davon, Patrick Francis Xavier Pickett, lernte ich am 4. Juni 1975, einem Mittwoch, kennen. Ich weiß das deswegen noch so genau, weil es bei einem AC/DC-Gig im Sundowner Hotel in Geelong war. Pat, der in einem Schlachthof arbeitete, tauchte an diesem Abend im Hotel auf, um sich wieder einmal mit Bon zu treffen, den er in Adelaide zu Bons Fraternity-Zeiten kennen gelernt hatte. Danach war es für Pat, wie er sich ausdrückte, „ein bisschen tropisch geworden“, und auch wenn nichts Genaueres bekannt wurde, so sickerte dann doch irgendwann durch, dass er eine Weile gesessen hatte und nun keinen Wert mehr darauf legte, noch einmal die Gastfreundschaft Ihrer Majestät in Anspruch zunehmen. Pat war der einzige, soweit ich mich erinnern kann, den Bon mir je als „mein Kumpel“ vorstellte.

Wir standen also an der Bar im Sundowner, als Pat mich schließlich ansprach.

„Willste'n Schweineohr, Alter?“

Sofort klingelten bei mir alle Alarmglocken. Vor mir stand ein Metzger mit einem irren Funkeln in den Augen und bot mir ein Schweineohr an. Doch dann begriff ich, dass der Ausdruck zum Rhyming Slang gehörte, den Pat gern benutzte: Pig's ear = beer. Mit seiner Einladung begann eine lange Freundschaft, die bis zum heutigen Tag andauert.

Pat hatte die Statur einer Gottesanbeterin und verrückte Laserstrahlaugen, und sein dürrer Körper war überall tätowiert. Diese eigenwillige Erscheinung wurde von einer vorzeitig schütter werdenden Haarpracht gekrönt. Mit seiner Größe überragte er uns alle, seinen neuen kleinen Kumpel Angus glatt um 30 Zentimeter. Wie Pat selbst gern einräumte, sah er zwar aus wie „ein Stück unasphaltierte Straße", aber deswegen hatte er trotzdem verdammt viel Erfolg bei Frauen. Ich frage mich bis heute, wie dieser hässliche Sack das anstellt.

Im Sundowner gönnte sich Pat also das besagte Schweineohr, oder vielmehr mehrere, bevor er sich dann in den AC/DC-Bus schleppte. Ralph, der Roadie, eröffnete ihm, dass die nächste Haltestelle das Freeway Gardens Motel in North Melbourne sei. Pat blieb trotzdem im Bus, weil wir, wie er das nannte, „ein paar hübsche Sachen am Kochen" hatten.

Es wurde eine extralange Nacht im Freeway Gardens. Irgendwann nach viel zu vielen Schweineohren pennte ich auf der Couch ein und erwachte am nächsten Morgen zum Soundtrack eines Tennis-Kommentars.

„Aufschlag Newcombe, er wirft den Ball hoch in die Luft …"

Ich sah auf. Der Kommentar kam von Pat, der dazu die passenden Bewegungen machte – splitterfasernackt. Er hatte nichts an außer einem Paar nicht zusammenpassender Socken. Als Tennisschläger benutzte er eine Bratpfanne. Nach dem gelungenen Aufschlag und dem anschließend gewonnenen Satz brüllte er „Newk, du Wahnsinniger!" und schleuderte die Bratpfanne durch die Scheibe des Wohnzimmerfensters. Ich kannte Pat erst seit zwölf Stunden, hatte mich in der Zeit wunderbar mit ihm betrunken und erlebte jetzt, wie er ein Fenster zertrümmerte, während er nackt dastand und so tat, als sei er John Newcombe in Wimbledon. Das fing schon mal gut an.

Pat sah mich an und sagte: „Jetzt springe ich vom Eiffelturm und verpasse meinem Yogi-Bär eine Zitronenlimo, denn es ist ja schon halb zehn." Das war natürlich wieder Rhyming Slang. Kleiner Tipp zum Verständnis: Eiffel tower reimt sich auf shower wie Dusche; was sich auf yogi bear und lemon squash reimt, müsst ihr selbst rausfinden.

Später fanden wir uns dann wieder am Bus ein und machten uns auf den Weg nach Adelaide, wo wir vier Abende hintereinander im Largs

Pier Hotel gebucht waren. Wir setzten Pat am Bahnhof Kensington ab und verabschiedeten uns. Als wir dann zwölf Stunden später in Adelaide ankamen, erfuhren wir, dass für uns vier Zimmer reserviert worden waren, drei Dreier- und ein Einzelzimmer.

„Oh, und Ihr Lichttechniker ist schon angekommen, er hat sich schon mal das Einzelzimmer genommen."

Das war ein wenig seltsam. Wir hatten keinen Lichttechniker, wir hatten nicht mal ein paar Scheinwerfer. Also fragten wir vorsichtig nach: Wo konnten wir denn wohl unseren Mitarbeiter finden?

„Der sitzt in der Bar und hat sich etwas zu essen bestellt."

Und tatsächlich, dort in der Bar stießen wir auf Pat, der seinen hageren Körper über den Poolbillard-Tisch gebeugt hatte. Er versenkte die schwarze Kugel in einer Ecktasche und verkündete dem ganzen Saal: „Die ist richtig schön auf dem Arsch reingerutscht."

Wir hatten keinen neuen Lichttechniker, wir hatten viel mehr: Wir hatten Pat Pickett in unserem Team. Zu Anfang war er eine Art Hofnarr, der nebenbei auf Angus aufpasste, aber im Lauf der Zeit wurde er zu unserem Bühnenroadie, Beschützer und Allround-Assistent. Er wurde zur Legende in der australischen Musikszene, ein Typ, den jeder in seiner Crew haben wollte – unkonventionell, exzentrisch und einfach jemand, den man gern in seiner Nähe wusste, wenn alles in die Grütze ging. Der zwar ziemlich unberechenbar war, aber immer auch sehr unterhaltsam. Vielleicht war es ein Segen, dass Pat der einzige von Bons Kumpels war, den ich je kennen lernte. Ich bin mir nicht sicher, ob ich noch einen weiteren überlebt hätte.

Als ich zu AC/DC stieß, war die Band mit einem alten, umgebauten Greyhound-Bus unterwegs. Der hintere Teil war abgeteilt, um Stauraum für das Equipment und die Bühnenklamotten zu schaffen, und vorn saßen Band und Crew. Der Bus war die meiste Zeit in der Werkstatt, was die Band immer wieder ziemlich lustig fand, weil die ganze Geschichte ein ziemliches Loch in die Finanzen von Michael Brownings Management-Agentur Trans Pacific riss.

Trans Pacific Management hörte sich zwar ziemlich großartig an, aber eigentlich war es nur eine kleine Klitsche, die Michael mit seinem damaligen Geschäftspartner Bill Joseph aufgebaut hatte, um von East St. Kilda aus die nötige Infrastruktur für die Band bereitzustellen. Michael und Bill waren der Rettungsanker, den die Band damals so dringend brauchte; ohne ihre finanzielle und logistische Unterstützung wäre die Geschichte von AC/DC vermutlich wesentlich kürzer ausgefallen – wenn es sich überhaupt gelohnt hätte, sie zu erzählen.

Browning war auf AC/DC aufmerksam geworden, als er die Band, die gerade für ein paar vermutlich schlecht bezahlte Gigs auf dem Weg von Sydney nach Adelaide war, für einen Auftritt im Hard Rock Café in Melbourne buchte. Er war von ihrem Gig spontan ziemlich beeindruckt und freundete sich ein wenig mit Malcolm an, und so kam es dann, dass Malcolm ein SOS an Michael funkte, als der damalige AC/DC-Manager Denis O'Laughlin den Laden an die Wand fuhr und die Band in Adelaide sitzen ließ. Michael fuhr sofort zu ihnen und rettete ihnen den Arsch. So jedenfalls wurde es mir erzählt.

Der Vertrag mit TPM zahlte sich für AC/DC aus. Als sie nach Melbourne zogen, gab es nur noch den harten Kern von Malcolm, Angus und Bon; die anderen Mitglieder waren während der turbulenten Ereignisse der vorangegangenen Wochen verloren gegangen. Michaels Entscheidung war von daher ein echter Vertrauensbeweis – er war bereit, in eine Band zu investieren, die völlig ihre Richtung verloren hatte. Ihnen standen harte Zeiten bevor – aber immerhin harte Zeiten, in denen von Langeweile nicht die Rede sein konnte.

Michaels Regime sah so aus: Alle Bandmitglieder bekamen einen festen Satz von 60 Dollar die Woche, von denen Malcolm und Angus noch jeweils 15 abgezogen wurden, um Altschulden zu begleichen. Die Band wurde in dem besagten Haus in der Lansdowne Road untergebracht, das in der Nähe der Innenstadt lag, aber vor allem um die Ecke vom Hard Rock Café und dem TPM-Büro. TPM stellten auch die PA und die Crew (Beleuchtung gab es noch nicht, die sollte später folgen, als auch der Rest der Ausrüstung aufgestockt wurde), und besorgten schließlich auch den Greyhound-Bus – genau das richtige Transportmittel für diese „Band von Vagabunden und Dieben", wie Angus uns bezeichnete. Und so hatten wir alles: Geld, ein Zuhause, Equipment, eine Crew, einen fahrbaren Untersatz, Manager, Agenten und vor allem immer wieder neue Gigs, die Michael für uns organisierte. Und dann war da ja auch noch Brownings Club in der Innenstadt von Melöbourne, das Hard Rock Café, das wir als Basis zum Aufbau einer großen Fan-Gemeinde nutzen konnten. So sah die Lage der Band aus, als ich im März 1975 hinzustieß.

Phil war einen Monat vorher angeheuert worden; das erste Album *High Voltage* war da bereits eine ganze Weile im Kasten. Bon hingegen war schon wesentlich länger dabei und hatte an der Platte entscheidend mitgewirkt; unter anderem hatte er aus den handgeschriebenen „dirty ditties", die er sich in einem Stapel Schulhefte notiert hatte, die Texte zusammengestellt. Es war inzwischen eine ganz andere Band als jene, die am Silvesterabend 1973 ihren ersten Auftritt in Sydney absolviert und dabei ein paar eigene Songs, vor allem aber Cover-Versionen von den Stones und Chuck Berry gespielt hatte.

Aber kommen wir mal wieder auf den Bus zurück. Es war ein wirklich temperamentvolles Gefährt. Als Malcolm es das erste Mal erwähnte, lag ein kleines bisschen Frust in seiner Stimme: „Ich glaube, wir haben das Scheißding inzwischen schon weiter geschoben, als wir damit gefahren sind." Das klang für mich nicht gerade Vertrauen erweckend, aber nach ein paar Wochen kam Uncle Gus, wie wir den Bus nannten, wieder aus der Werkstatt und war einsatzbereit.

Zwar habe ich auch ein paar schöne Erinnerungen an dieses Ding, aber trotzdem bin ich überzeugt, dass es von Anfang an verflucht war. Ein Problem war beispielsweise, es im Innenraum halbwegs warm zu bekommen, weil der Bus keine Heizung hatte. Ich versuchte alles Mögliche, um der Kälte zu entkommen. Auf einer Fahrt von Melbourne nach Gippsland im Osten lud ich ein paar Mädels ein, mir Gesellschaft zu leisten. Wir waren eigentlich nur gute Kumpels, aber dann hockten wir miteinander in Uncle Gus, tranken ein bisschen was, und weil es wirklich sehr, sehr kalt war, rückten wir ein bisschen zusammen – und bevor ich mich versah, war mir gar nicht mehr so kalt, und wir waren wirklich sehr, sehr gute Freunde. Pat Pickett nannte diese Taktik „Marks Schwesternsandwich", und ich kann sie auch nur empfehlen, aber man musste schon diskret sein. Es war ja eine Sache, wenn man so viel Nettigkeit erfuhr, aber ich war mir ziemlich sicher, dass die Ladys keinen Wert darauf legten, dass der ganze Bus mitbekam, was zwischen uns lief. Da wäre sofort die Hölle los gewesen. Als Gentleman, der ich nun mal bin, will ich auch ihre Namen hier verschweigen, aber ich weiß, dass zumindest eine der beiden sich noch immer sehr gern an diese Tour erinnert – sogar noch mit genau demselben Zungenschlag, wie ich feststellte, als wir uns ein paar Jahre später bei einer Party wiedersahen. Übrigens auch eine sehr angenehme Erfahrung.

Aber trotzdem fror man sich die meiste Zeit in dieser Scheißkarre den Arsch ab, und insgesamt entgingen wir dem Tod durch Unterkühlung nur knapp, davon bin ich heute überzeugt. An einem Montagmorgen, als wir von Sydney aus nach Goulbourn unterwegs waren, waren die Scheiben von innen befroren – es sah aus, als säßen wir in einer riesigen Kühltasche.

Und wir waren enorm viel unterwegs. Wenn wir beispielsweise am Sonntagabend in Melbourne gespielt hatten, packten Ralph und Tana den ganzen Kram hinten auf die Ladefläche, und dann düsten wir auf den Highway 31 Richtung Sydney. Ralph der Roadie war der einzige, der sich hinters Steuer setzte. Er fuhr die ganze Nacht durch und hielt nur zum Tanken oder Kaffeetrinken; jedenfalls dachte ich damals noch, dass es Kaffee war, was er sich reinzog. Während wir zuerst noch vom „Boxenstopp" sprachen, war irgendwann nur noch von „Pinkelpause" die Rede. Ralph bestellte sich einen Kaffee, verschwand auf dem Klo, holte den Kaffee an der Theke ab und erwartete, dass wir bis dahin alle wieder im Bus saßen. Es gab keine richtigen Mahlzeiten, keine Snacks, nur Ralph, seinen „Kaffee" und Kilometer um Kilometer Autobahn.

Ralphs unermüdliche Ausdauer am Steuer beeindruckte mich. Er erzählte gelegentlich von einem Kumpel, der Lkw-Fahrer war, und gab immer damit an, wie putzmunter er bei diesen Nachtfahrten war, während wir alle eine Mütze Schlaf nahmen. Entweder war er Superman, oder aber er griff gelegentlich auf ein klein wenig chemische Unterstützung zurück. Das zeigt, wie naiv ich Anfang 1975 noch war: Ich dachte wirklich, dass es lediglich Kaffee war, der ihn wach hielt.

Aber das mit der Naivität erledigt sich recht zügig, wenn man eine Zeitlang auf Tour ist. Und das war ich; von dem Augenblick an, da ich zur Band stieß, bis zu unserem Ausflug nach England ein gutes Jahr später waren wir ständig auf Achse. Ich kann mich nicht einmal mehr daran erinnern, wie viele Gigs wir in der Zeit gaben, obwohl mir viele der beinharten AC/DC-Experten da sicher mit der genauen Zahl aushelfen könnten. Mehr als 300 waren es bestimmt.

Eine Pause on the road war allerdings garantiert und sozusagen Kult: Auf dem Weg von Melbourne nach Sydney hielten wir immer an, um den Bunyip von Ettamogah anzuschauen. Erst war es Malcolm, der immer darauf bestand, und als ich später mit anderen Bands unterwegs war, machte ich es genauso. Den Bunyip von Ettamogah konnte man nördlich von Albury an der Grenze von Neusüdwales beobachten. Auf einer Nachtfahrt Richtung Norden kamen wir einmal um drei Uhr nachts durch Ettamogah, aber das hielt Malcolm nicht davon ab, seine lieben Mitreisenden aus dem Schlaf zu reißen. Wir versammelten uns vor einem Unterstand auf dem Parkplatz und verfolgten gespannt, wie Malcolm 20 Cent in den Schlitz des dort befindlichen Apparats warf.

Durch den Maschendraht hinter dem kleinen Häuschen konnte man auf eine kleine, modrige Lagune blicken, in der sich der legendäre Bunyip aufhalten sollte, jenes Fabeltier, das nach den Sagen der Aborigines in Flüssen und Sümpfen lauert und Menschen verschlingt. Dann taten die 20 Cent ihre magische Wirkung und brachten den Bunyip dazu, tatsächlich zu erscheinen, nachdem einige unheimliche Geräusche aus den sehr billigen Lautsprechern gedrungen waren. Ein paar Meter entfernt begann das stinkende Wasser zu blubbern, und dann erhob sich knurrend und grollend der Bunyip.

Er sah aus wie ein großer Frosch, noch dazu der blödeste, dämlichste Frosch, den man sich vorstellen konnte. Besonders albern war es aber vor allem deswegen, weil sich ganz offensichtlich jemand richtig viel Mühe gegeben hatte, damit das Ganze furchterregend aussah. Dabei war es natürlich viel zu sehr zusammengestoppelt, um auch nur halbwegs echt zu wirken. Und genau deswegen fanden Mal und Angus es jedes Mal wieder so großartig. Sie lachten sich kaputt und steckten mich damit immer an. Das war die lustige Seite der Youngs, scheißkomisch, ansteckend und leider, leider äußerst selten.

Wir rissen mit dem Bus einige ewiglange Nachtfahrten ab. An einem Samstagabend spielten wir zum Beispiel in Whyalla in Südaustralien, dann packte unsere Crew das Equipment ein und wir zuckelten die 400 Kilometer zurück nach Adelaide, dann wieder nach Melbourne, noch mal 600 Kilometer weiter, um am Sonntagnachmittag in Victoria Park aufzutreten. Wir kamen zwar zu spät, aber die Show fand trotzdem statt. Vielleicht war sie ein bisschen weniger „high voltage" als üblich. Ich zumindest war vor, während und nach dem Gig völlig gerädert, aber Bon und Angus legten sich richtig ins Zeug und rockten wie die Wilden. Darüber konnte ich nur den Kopf schütteln – wie sie das schafften, war mir ein Rätsel. Vielleicht schaffte mich aber auch einfach Victoria Park – immerhin war es das Zuhause des Collingwood Football Clubs, dem Erzrivalen meines Teams, Carlton. Das letzte Mal, dass ich hier gewesen war, hatte man mich anschließend mit ein paar Stichen am Kopf nähen müssen. Ich wünschte, ich könnte jetzt erzählen, dass ich in eine Riesenschlägerei geraten war, weil ich so ein verdammt harter Kerl bin, aber die Wahrheit ist leider die, dass mir eine alte Dame eins mit dem Regenschirm überzog. Diese Collingwood-Omas sind nämlich ganz schön hart drauf.

Vom Bus aus sah ich auch zum ersten Mal in meinem Leben Schnee. Wir hatten irgendwo auf dem Land gespielt und waren auf dem Weg zurück nach Melbourne, als Ralph mich mit einem Brüller weckte: „Was zur Hölle ist das denn!" Zunächst dachte ich, er hätte vielleicht ein bisschen viel Trucker-Glück genascht und sei jetzt durchgedreht, aber nein, wir kamen aus voller Fahrt zum Stehen, was bei einem Bus voller Lautsprecher, Band und Crew eine reife Leistung war. Draußen schneite es. Das war alles. Unter wildem Geheul stürmten Mal und Angus nach draußen und tollten in der weißen Pracht herum wie Kinder.

Sie waren schon zwei widersprüchliche Gestalten, diese zwei kleinen Drecksäcke. Die Youngs konnten äußerst schlecht gelaunt, griesgrämig und miesepetrig sein, richtig schlechte Gesellschaft eben, aber wenn man ihnen zusah, wie sie im Schnee herumhüpften (oder zumindest in dem bisschen Weiß, was in Australien als Schnee durchgeht), dann war ihre gute Laune ansteckend. Kaum saßen sie wieder im Bus, war der Augenblick aber auch schon wieder vorbei und sie zogen wieder ihre üblichen, muffligen Gesichter, als sei gar nichts gewesen. Trotzdem war es immer mal wieder erfrischend, wenn sie zwischendurch mal alle Fünfe gerade sein ließen. Wenn die zwei nämlich richtig aufdrehten und Spaß hatten, dann war richtig Party angesagt und man konnte sich großartig mit ihnen amüsieren. Allerdings wünschte ich mir, ich hätte das öfter erlebt.

Zwischen den zahllosen Auftritten blieben wir auch immer wieder mit *Countdown* in Kontakt. Das Team war sogar so nett, zwei kurze Clips für uns zu produzieren, noch dazu aufwändige Aufnahmen unter freiem Himmel. Bestimmt gab es auch andere Bands, für die sie das taten, aber so sehr ich auch darüber nachdenke – mir fällt keine ein. Allerdings kümmerte ich mich damals sowieso nicht so sehr darum, was sich außer uns in der Musikszene so tat: Ich war ein ziemlicher Ignorant, ein großkotziger, pickelgesichtiger Klugscheißer. Den Maskenbildnern vom *Countdown*-Team hatte ich wirklich eine Menge zu verdanken, denn sie richteten mich jedes Mal, wenn wir in der Sendung auftraten, halbwegs pickelfrei her. Außerdem muss ich meinem Glücksstern danken, dass ich zu einer aufstrebenden Rockband gehörte, andernfalls hätte ich wohl nie eine Frau ins Bett gekriegt.

Die *Countdown*-Jungs sorgten sogar dafür, dass wir Passbilder hatten. Bei einer Aufnahme ließen sie einen Fotografen kommen, der Porträts von uns machte, und die nutzten wir später für unsere Pässe und auch für das Innencover des *TNT*-Albums. Wenn man genau hinsieht, dann erkennt man, dass Bon zwar eine Krawatte trägt, aber kein Hemd. Damals waren die Standards für ein halbwegs akzeptables Passfoto allerdings auch noch anders als heute.

Bei *Countdown* hatte man dann auch die Idee, uns für die Präsentation des Songs „Long Way To The Top“ auf die Ladefläche eines Trucks zu stellen, der dann anschließend durch die Swanston Street tuckerte, Melbournes Hauptschlagader, um uns dabei abzufilmen. Das machten wir an einem Montagmorgen rund um die Veröffentlichung von *TNT*, das im Januar 1976 bis auf Platz 2 der australischen Charts stieg. Mich haute es um, wie ruhig es auf der Swanston Street war; auf dem Video sieht sie aus wie eine Provinzstraße. Nun war Melbourne nicht gerade New York, Paris oder Rom, und wird es auch nicht werden, aber es ist trotzdem eine Weltstadt mit weit über zwei Millionen Einwohnern. Das war schon seltsam.

Egal, wir standen dank der netten Unterstützung von *Countdown* auf der Ladefläche des Trucks und rollten durch die Hauptstraße meiner Heimatstadt, begleitet von drei Dudelsackpfeifern der Rats Of Tobruk Pipe Band. Zuerst war mir die ganze Chose ja ein bisschen peinlich, aber als wir schließlich loslegten und Bon so richtig in die Vollen ging, machte es viel Spaß. Ich meine, wie ernst kann man sich überhaupt nehmen, wenn man mit drei Dudlern auf einem Lkw steht, einer der Gitarristen eine Schuluniform trägt und auch der Sänger mit einem Dudelsack kämpft?

Auf dem Sattelschlepper hatten wir eine PA aufgebaut, über die wir das Playback hören konnten, damit wir eine ungefähre Ahnung hatten, an welcher Stelle des So-tun-als-ob wir gerade waren. Als die Soundcrew den Ton auf das typische AC/DC-Level zog, fielen uns die armen Dudelsackpfeifer beinahe vom Truck. Wir hatten vergessen, dass sie gewissermaßen Zivilisten waren; vielleicht wäre es fair gewesen, ihnen eine kleine Vorwarnung zu geben. Andererseits hatten die Rats Of Tobruk uns gegenüber auch nicht mit offenen Karten gespielt – zwei der drei so genannten Dudelsackpfeifer waren insgeheim nämlich als Schlagzeuger aktiv, die kleinen Ärsche. Als wir die Straße entlangzuckelten, erzählte ich meinen Bandkollegen voller Stolz, dass ich nur ein paar hundert Meter entfernt im Royal Women's Hospital zur Welt gekommen war. Wie bei AC/DC nicht anders zu erwarten, wurde diese Eröffnung mit dem üblichen coolen Achselzucken aufgenommen.

Die Passanten waren verblüfft, und es waren Kommentare zu hören wie: „Was zum Teufel soll denn so was?" oder „Was sind denn das für Clowns?" Aber das störte uns nicht, und wir machten einfach unser Ding. Nachdem wir dreimal die Swanston Street rauf- und runtergefahren waren, zogen wir auf den größten Platz von Melbourne, stellten uns dort auf und ließen noch drei Durchgänge filmen. Von diesen Bildern nahmen wir aber später gar nichts – wieso auch, wo doch die Aufnahmen mit dem Lkw so klasse waren? Die Zeiten der Glitzerklamotten waren übrigens endgültig vorbei, obwohl Mal noch ein paar Schaftstiefel einschmuggelte.

Countdown ermöglichte uns auch ein Video zu „Jailbreak". Auch das drehten wir draußen, in einem Steinbruch bei Sunshine, einem Vorort im Westen von Melbourne. Für die damalige Zeit war es eine recht aufwändige Produktion, bei der sogar eine Kulisse mit Gefängnisfassade und Haupttor aufgebaut wurde. Das Drehbuch sah vor, dass Bon und Angus bei ihrem Ausbruch durch das Tor stürmten, während ich und Mal als Bullen verkleidet hinter ihnen her ballerten.

Andere Einstellungen sahen vor, dass die gesamte Band oben am Hang auf ein paar wackligen Steinbrocken stand, während hinter uns ein paar Explosionen gezündet wurden. Die Crew brüllte dabei die ganze Zeit: „Lasst euch von den Bomben nicht irritieren!", was wir mit einem lauten „Fuck off!" quittierten. Es kostete allerdings ganz schöne Überwindung, dabei wirklich völlig cool zu bleiben, das kann ich euch sagen – nicht nur wegen dem ohrenbetäubenden Krach, sondern auch, weil die Explosionen eine ungeheure Hitze freisetzten. Jedes Mal, wenn wieder eine Charge losging, strömte eine heftige Hitzewelle über uns hinweg, und ich spürte, wie meine Haare knisterten. Eine Super-Behandlung gegen Spliss war das! Und es war auch nicht so einfach, in sechs Metern Höhe auf ein paar schwankenden Felsen das Gleichgewicht zu halten, während einem der Hintern angesengt wurde.

Zwischen den einzelnen Drehs sah ich mir die so genannten „Bomben" einmal genauer an. Es handelte sich um große O-Saft-Flaschen aus Plastik, die man mit Benzin gefüllt und dann in ein dickes Metallrohr geschoben hatte, sozusagen in eine Mini-Kanone. BUMM! Wenn sie abgefeuert wurden, schoss ein dicker Feuerschwall, Hitze und jede Menge Dreck in die Luft, und wir zuckten zusammen. Ein Brandschutzbeauftragter war bei dem Dreh natürlich auch nicht dabei.

Angus machte sich wegen einer der letzten Aufnahmen Sorgen, bei der eine besonders große Saftpulle das Gefängnistor aufsprengen sollte. Das klappte auch; jedenfalls flogen überall Trümmer herum, und Bon und Angus brachen wie vorgesehen durch die Überbleibsel des Tores. Bon rannte als erster los – wieso wollen Sänger eigentlich immer überall die ersten sein? – und Angus stolperte hinter ihm her, ein sehr junger Ausbrecher in einem Schlafanzug, der vor den Resten der brennenden Gefängniskulisse ziemlich wenig Schutz bot.

Dementsprechend zog der jüngere Young ziemlich den Kopf ein – ich hätte mir wohl auch in die Hosen gemacht. Aber Bon zuckte mit keiner Wimper; vielleicht hatte er so was irgendwo schon mal erlebt, oder aber er war einfach ziemlich gut im Method Acting. Mal und ich rannten hinter ihnen her, blieben ihnen dicht auf den Fersen und schwenkten unsere Revolver. Und das waren echte Sechsschüsser, sauschwer. (Memo an mich: Auf alle Fälle vermeiden, mal eins mit einem Revolver übergezogen zu bekommen.) Wir bekamen keinerlei Anleitung, wie man damit umgeht, wir sollten sie einfach spannen und dann ein bisschen rumballern. Es war schon eine tolle Erfahrung, auch wenn die Waffen nicht scharf waren.

Am Set gab es auch eine Maschinenpistole, die mit Druckluft betrieben wurde und aus deren Mündung ein beeindruckender Feuerstrahl schoss, die aber verdammt schwer zu bändigen war. Für eine Szene verkabelte mich die Crew mit dem Druckluftschlauch, der durch den Ärmel meiner Polizeijacke und durchs Bein der ziemlich gewaltigen Hosen führte, die man mir gegeben hatte. Als ich die MP abfeuerte, wurden die Luftschläuche unter meiner Kleidung lebendig, und es fühlte sich an, als ob eine lebendige Schlange an meinen Beinen herumzuckte. Super Sache – ich klammerte an einer Maschinenpistole, während eine Gummipython in meinen Hosen randalierte. Ein typischer Büroalltag sah anders aus.

Countdown ging beim „Jailbreak"-Dreh wirklich in die Vollen. Am nächsten Tag holten sie Bon noch einmal und verdrahteten ihn mit Blutkapseln für das große Finale und die Stelle, wo er singt: „And he made it out … with a bullet in his back." So zahm das heute vielleicht aussehen mag, damals war das eine ziemlich große Sache, und das Video gab uns einen ganz schönen Schub. Das ganze Theater beim Dreh hatte sich wirklich gelohnt.

Rund um die Dreharbeiten waren wir aber auch wieder ganz schön unterwegs. Wir gaben eine Reihe von Konzerten, donnerstags bis sonntags, im Largs Pier Hotel in Adelaide, und unser Terminkalender war ziemlich eng. Aber Alberts, das Familienunternehmen, das die Geschicke von AC/DC, den Angels und vielen anderen Bands lenkte, bestand darauf, dass wir auch noch einen Clip für den Song „High Voltage" drehten, mit ein paar „Live-Shots" aus dem Studio, die ältere Aufnahmen von einem Gig in der Festival Hall von Melbourne ergänzen sollten. Zudem war noch ein zweiter Clip zu „Jailbreak" vorgesehen – und all das lange, bevor MTV erfunden wurde.

Es wurde vereinbart, dass wir die Clips an einem Freitag in Sydney drehen wollten, während unseres Engagements im Largs Pier Hotel. Das Problem war dabei, dass zwischen Adelaide und Sydney knapp 1.500 Kilometer liegen. Wir spielten an jedem der vier Abende zwei Sets und machten immer erst sehr spät Schluss. Deshalb hieß es schließlich, wir sollten Freitagmorgen sehr früh in Adelaide aufbrechen, nach Sydney fliegen, dort zwei Videos drehen und rechtzeitig zurück sein, um gegen acht Uhr wieder auf der Bühne zu stehen. Kein Problem. Theoretisch.

Unser morgendlicher Flug ging über Melbourne. Auch das war eigentlich kein Problem: Eine halbe Stunde Aufenthalt und dann war wieder Abflug. Aber über Melbourne lag Nebel, und wir wurden nach Tasmanien umgeleitet, das noch einmal 600 Kilometer weiter südlich lag. Dann flogen wir wieder nach Melbourne, gammelten da ein bisschen rum, flogen die restlichen 900 Kilometer nach Sydney und erreichten das Studio um kurz vor zwei. Die Kameras liefen an, wir drehten die Clips, rasten zurück zum Flughafen, erwischten dort tatsächlich den Direktflug nach Adelaide, und um acht Uhr abends ging im Largs Pier Hotel der Vorhang hoch. Geschafft. Locker.

Yep, ein ganz normaler Tag auf Schicht. Ich kann mich nicht daran erinnern, dass wegen des ganzen Stresses viel gemeckert wurde – wir zogen unser Ding einfach durch. Wir hatten 4.300 Kilometer Flug hinter uns, ein paar Drinks in vier verschiedenen Bundesstaaten genommen, zwei Musikvideos gedreht und dann zwei Sets High-Voltage-Rock in derselben Stadt absolviert, die wir morgens um sechs verlassen hatten. Das war schon ein ziemlich weiter Weg.

Unser großer blauer Bus verreckte uns schließlich in Canberra, oder tat zumindest so. Wir ließen ihn – sicherlich zu Michael Brownings großem Ärger – am Flughafen zurück und sprangen ins nächste Flugzeug. Was mit unserem ganzen Kram passierte, weiß ich nicht mehr. Ralph musste natürlich vor Ort bleiben, um sich darum zu kümmern; wie immer war er großartig darin, das Chaos zu beseitigen, das die Band hinter sich zurückließ. Eine ziemlich umfassende und oft auch undankbare Aufgabe. Manchmal denke ich, dass sich für Ralph die Geschichte sicherlich ziemlich oft wiederholte. Er hatte Bon schon bei Fraternity begleitet und war mit ihnen durch England gereist – in einem umgebauten, blauen Greyhound-Bus. Seine Arbeit mit AC/DC muss ihm wie ein immer wiederkehrender Albtraum vorgekommen sein. Der gute, alte Uncle Gus hat übrigens überlebt – vor kurzem ist er auf Ebay aufgetaucht. Irgendjemand hatte ihn wohl am Flughafen Canberra geborgen und wieder zusammengeflickt; inzwischen hat er bei Neil Smith, dem allerersten AC/DC-Bassisten, ein Zuhause gefunden.

Auch wenn ich unseren Bandbus natürlich sehr zu schätzen wusste, sah ich mich gelegentlich doch nach anderen Reisemöglichkeiten um. Einmal fuhr ich von Sorrento, das ein paar Stunden südlich von Melbourne liegt, mit einem Charger zurück nach Hause. Der Charger war die australische Version des Mustangs, vielleicht ein bisschen größer. Ich hatte es mir mit einem besonders engagierten weiblichen Fan auf dem Rücksitz bequem gemacht, dessen Schwester vorn am Steuer saß und uns mit großer Geschwindigkeit über die Straßen lenkte. Sie hatte den Rückspiegel so eingestellt, dass sie sehen konnte, was im Fond vor sich ging, und kommentierte die Geschehnisse wie ein Sportmoderator. Sehr unterhaltsam. Wahrscheinlich machte ich meine Sache ganz gut, denn irgendwann hielt sie am Straßenrand und bestand darauf, mit ihrer Schwester zu tauschen. Und warum hätte ich mich dagegen sperren sollen?

KAPITEL 4
DER SANDMANN

Im Juli 1975 sah ich bei Albert Productions in Sydney zum ersten Mal ein Plattenstudio von innen. Das Unternehmen war 1964 gegründet worden, als Ted Albert beschlossen hatte, sich selbst um die Aufnahmen der Künstler zu kümmern, die bei seinem äußerst erfolgreichen Musikverlag J. Alberts & Sons unter Vertrag standen. J. Albert & Sons waren in Australien vor allem für ihre Boomerang-Songbooks und die Boomerang-Brand-Mundharmonikas berühmt. Aber auch darüber hinaus spielte die Familie Albert in der Geschäftswelt und in der feinen Gesellschaft von Sydney eine große Rolle – 1954 hatten sogar Königin Elisabeth II. und Prinz Philip im Rahmen ihres Australien-Besuchs bei Alexis Albert (Teds Vater, der später Sir Alexis Albert wurde) auf einen Tee vorbeigeschaut.

Albert Productions hatten in den Sechzigern die Easybeats groß rausgebracht und damit Teds Geschäftsbeziehung mit George Young und Harry Vanda zementiert. Gute 40 Jahre später, als die Easybeats in die ARIA Hall Of Fame aufgenommen wurden, sagte Harry Vanda: „Ted Albert ist der einzige Grund, weshalb wir hier in Australien überhaupt eine Musikindustrie haben." Wenn sich Ted im Studio blicken ließ, was selten der Fall war, trug er immer einen Anzug. Er war ein interessanter, herzlicher, reservierter Mensch, der von George und Harry sehr geschätzt wurde, weil er sofort hörte, ob ein Song oder eine Performance etwas taugte. Er hatte das „richtige Ohr".

Außer den Easybeats hatten Albert Productions auch Billy Thorpe & The Aztecs zum Durchbruch verholfen und brachten auch die Karriere von AC/DC entscheidend voran. Einige der frühen Aufnahmen hatte

Ted Albert selbst produziert, aber inzwischen bildeten George Young und Harry Vanda Alberts wichtigstes Produzententeam. Ein Jahr zuvor waren sie unter anderem für „Evie“ verantwortlich gewesen, einem riesigen Hit von Stevie Wright, dem ehemaligen Sänger der Easybeats, einer recht problembeladenen Persönlichkeit. Und im März 1975 entstand unter ihrer Ägide John Paul Youngs „Yesterday's Hero“, das ebenfalls Platz 1 der australischen Charts erreichte. Für sie lief es gerade prächtig.

Das Studio befand sich im fünften Stock des Boomerang House an der King Street in Sydney, zwischen der Pitt Street und der Castlereagh Street. Das Gebäude – inzwischen längst abgerissen und durch irgendeinen Wolkenkratzer ersetzt – war ein echter Karnickelstall mit sechs Stockwerken, der sogar seinen eigenen Fahrstuhlführer hatte, der dafür sorgte, dass man auf der richtigen Etage ausstieg. Der Typ pflegte ahnungslose Besucher auch sofort darüber aufzuklären, wenn sie der örtlichen Prominenz begegneten, wie beispielsweise Harry Vanda. „Sie wissen ja wohl, wer das gerade war? Das war Handy Andy, der weltberühmte Songwriter von den Easybeats!“

Dort im Studio lernte ich auch Fifa Riccobono kennen. Sie hatte 1968 bei Albert als Sekretärin angefangen, und als ich sieben Jahre später zur Band stieß, hatte zumindest ich den Eindruck, dass eigentlich sie es war, die den ganzen Laden am Laufen hielt. Ich mochte sie sofort, weil sie mir das Gefühl gab, wirklich ein Teil des Teams zu sein, und im Laufe der Zeit wurde mir immer deutlicher bewusst, wie wichtig Fifa für die Organisation im Büro und für Albert Productions als Ganzes war. Wenn man im fünften Stock des Boomerang House aus dem Fahrstuhl trat, sich nach links wandte und dann die erste Tür rechts nahm, betrat man Fifas Reich. Während der Aufnahmen ließ ich mich oft und gern dort sehen. Sie wurde ein echter Kumpel – und sie glaubte stets fest an AC/DC.

Das Boomerang House war für mich das Tor zu einer neuen, anderen Welt. Wie anders diese Welt tatsächlich sein würde, das konnte ich mir einstweilen noch nicht vorstellen, aber es war auf alle Fälle aufregend, wie alles, was rund um die Band geschah. Meine Nerven standen ständig unter Hochspannung. Aber das genoss ich; eine ordentliche Portion Anspannung hatte mir schon als Footballer weitergeholfen. Wenn ich Schmetterlinge im Bauch hatte, dann wusste ich, dass ich voll da und bereit zum Losschlagen war. Wichtig war, diese Energie zu steuern und nicht zuzulassen, dass sie mich überwältigte, was zugegebenermaßen nicht immer ganz so einfach war. Ich wusste schließlich, dass dieses Studio die geistige Heimat der Easybeats und aller Künstler war, mit denen Albert Productions gearbeitet hatten, wie Stevie Wright oder TMG. Bald sollten sich Rose Tattoo, die Angels und die Choirboys dazugesellen. Und natürlich auch AC/DC.

Das Studio war recht neu und wurde stetig weiter ausgebaut, und es war das Hauptquartier von George und Harry, die damals noch keine 30 waren. Sie arbeiteten schon seit den frühen Sechzigern zusammen, als sie sich im Villawood Migrant Hostel, einem Übergangsheim für Auswanderer im Westen von Sydney, kennen gelernt hatten. Georges Familie kam aus dem schottischen Glasgow, und Harrys war aus den Niederlanden eingewandert. In Australien wurden sie zu Rock-Legenden als maßgebliche Songwriter der Easybeats, jener Band, die sie noch im Übergangsheim gegründet hatten, und sie schrieben Hits wie „Sorry", „Wedding Ring" oder „Good Times", vor allem aber den Klassiker „Friday On My Mind".

Ich war schon als Kind ein großer Fan der Easybeats gewesen. Mit acht Jahren sah ich sie bei *Bandstand*, einer wöchentlich ausgestrahlten Musiksendung, die bei uns zu Hause Pflichtprogramm war. Jedenfalls erinnere ich mich noch gut daran, wie sie mit „Sorry" loslegten, während hinter ihnen Go-Go-Girls tanzten. Sie waren einfach großartig, verströmten jede Menge Energie und hatten mit „Little" Stevie Wright einen perfekten Frontmann. Vor allem verfügten sie über das schwer fassbare, gewisse Etwas, das eine großartige Band aus der Masse der mittelmäßigen hervorhebt – und in den Augen eines Achtjährigen waren sie einfach enorm aufregend. Worüber bei uns zu Hause allerdings durchaus ein bisschen gelacht wurde, war der enorme Größenunterschied zwischen den beiden Gitarristen, den späteren AC/DC-Produzenten George und Harry. Nebeneinander wirkten sie einfach komisch, vor allem, wenn George seine Gitarre so hoch hielt, dass sie aussah wie eine elektrische Krawatte.

Das Studio war für mich der Anfang einer ziemlich steilen Lernkurve, aber ich hätte mir dabei keinen besseren Lehrer wünschen können als George Young. In meiner ganzen Karriere als Profimusiker ist mir niemand begegnet, der gewitzter und cleverer war als George. Mit Ende 20 hatte er bereits die Höhen und Tiefen des Rockbusiness auf die harte Tour kennen gelernt. Mit den Easybeats hatte er viel Erfolg gehabt, vor allem in England und Australien, und dann hatte er die ernüchternde Erfahrung gemacht, dass die Band, die zur Eroberung der ganzen Welt ausgezogen war, vor seinen Augen auseinanderfiel. Er hatte alles, was er in dieser Zeit gelernt hatte, gut verinnerlicht, und zusammen mit seinen Studiokenntnissen und dem enormen Talent als Songwriter – „Friday On My Mind" ist zweifellos eine der besten Pop-Rock-Singles der sechziger Jahre – machte ihn das zum perfekten Produzenten für eine aufstrebende, harte Rockband. Eine Band, in der ja auch noch seine beiden kleinen Brüder spielten.

George und Harry waren in mehrfacher Hinsicht ein seltsames Paar, aber beim ersten Eindruck fiel vor allem ihre körperliche Verschiedenheit auf: George war ein kurz geratener, untersetzter, dunkelhaariger Schotte, Harry hingegen ein hellhäutiger, blonder Hüne, der George um mehr als einen Kopf überragte. Und auch ihre Sprache war völlig unterschiedlich; George sprach mit schwerem Glasgower Akzent und hart gerolltem R, Harry hingegen war immer noch der Holländer anzuhören, dessen Englisch etwas holprig klang. Zwar sind Holländer ja nicht gerade für ihren Humor bekannt, aber Harry war da glücklicherweise eine große Ausnahme, und er und George rissen gern mal ein paar Witze, wenn sie das Gefühl hatten, dass die Atmosphäre im Studio ein bisschen in den Keller ging.

Für mich war es, wie gesagt, das erste Mal, dass ich ein Studio betrat; ich war ja immer noch der Neue in der Band. Malcolm und Angus hatten mit Bon zusammen *High Voltage* eingespielt, waren aber auch schon vorher mit George und Harry im Studio gewesen und hatten 1973 unter dem Namen Marcus Hook Roll Band das Album *Tales Of Old Grand-Daddy* veröffentlicht. Phil hatte 1974 mit Buster Brown *Something To Say* aufgenommen, und Bon blickte schon auf etwa acht Jahre Studioerfahrung zurück. Für mich aber war alles im Studio neu, eine sehr intensive Erfahrung. Ich bekam einen echten Crashkurs, bei dem es tatsächlich ein paar Mal ordentlich krachte.

Das Alberts-Studio war nicht übertrieben groß, aber gut ausgestattet. Vom Kontrollraum blickte man durch das übliche, große Glasfenster direkt in den großen Aufnahmeraum, in dessen Mitte ein Flügel stand.

Eine der Studiowände hatten die Musiker, die hier gearbeitet hatten, mit ihren Unterschriften verziert. Angus hatte hier ein Selbstporträt hinterlassen, die Karikatur eines lüsternen Schuljungen mit Teufelshörnern und Schwanz; ein Bild, das inzwischen zum Symbol für Angus und die Band geworden ist. Zwischen dem Fenster und dem Mischpult stand im Kontrollraum ein extrem gemütliches Sofa, das viel zu meinem neuen Spitznamen beitrug – der Sandmann. (Guckt mal in die Liner Notes auf dem *TNT*-Album, da steht es Schwarz auf Weiß.) Ich brauchte mich nur für zwei Minuten dort auszustrecken, dann pennte ich fest ein, und das war eine ziemlich reife Leistung, wenn nur ein paar Meter von meinem Kopf entfernt das AC/DC-Playback durch die Monitore dröhnte. Es war ein großartiges Sofa, ich hätte es wirklich kaufen sollen! Damals im Alberts entwickelte ich die Fähigkeit, überall einzuschlafen, und das ist sehr nützlich, wenn man – wie ich in den kommenden Jahren – einen großen Teil seines Lebens auf Reisen verbringt.

Links vom Kontrollraum gab es ein paar kleine, miteinander verbundene Räume, in denen wir während der Aufnahmen von *TNT* unser Equipment aufbauten. Die Verstärker standen allesamt im ersten Zimmer, und die Lautsprecher waren zur Wand gedreht, mit Mikrofonen verkabelt und einsatzbereit. Das Schlagzeug befand sich im winzigen Nebenraum, sodass wir Phil durch die Tür sehen konnten – oder vielmehr durch das Loch, wo sich die Tür befunden hatte, bevor wir sie ausgehängt hatten.

Der Aufnahmeprozess war vergleichsweise simpel. Die Songs wurden im Grunde allesamt im Studio geschrieben. Bei unserem engen Terminplan blieb nicht viel Zeit, um Demos aufzunehmen oder an ihnen herumzufeilen. Ehrlich gesagt, ich hatte damals keine Ahnung, was ein Demo war; bei AC/DC gaben wir uns mit so etwas gar nicht erst ab. Wenn Malcolm und Angus mal einen Augenblick Zeit hatten, kloppten sie ein paar Ideen und Riffs zusammen, dann setzten sie sich mit George an den Flügel im großen Aufnahmeraum und arbeiteten eine passende Melodie heraus. Aus einigen wurde etwas, aus anderen nicht.

Für „TNT" gab es ein Gitarrenriff, noch bevor wir ins Studio gingen – Mal zeigte es mir backstage bei einem Gig in Melbourne. Aber eins kann ich euch sagen, es veränderte sich radikal, als George sich darüber hermachte. Es war das klassische Beispiel für Georges größte Fähigkeit:

Dinge auf den Punkt zu bringen. Er nahm eine allgemein schon als genial eingestufte Idee, baute sie völlig auseinander und setzte sie dann wieder neu zusammen, oft begleitet von Malcolm und Angus, die dann links und rechts von ihm am Flügel saßen. Das Riff von „TNT" wurde soweit heruntergeköchelt, dass es richtig zündete, und dann wurde alles andere drum herum gebastelt: Intro, Strophen, Refrain, vielleicht noch eine kleine Instrumentalpassage und so weiter. Es dauerte nicht lange, und ich entwickelte selbst Songwriter-Ambitionen. Gelegentlich zeigte ich Mal ein paar Sachen, die er dann zwar nicht niedermachte, aber auch nicht berücksichtigte; meine Riffs und Ideen waren qualitativ einfach noch nicht so herausragend, dass sie für die Band getaugt hätten.

Georges Einfluss auf die Band war enorm groß – er gab im Studio den Ton an, ohne überheblich zu sein. Er wusste einfach, wie er das Beste aus der Band herausholen konnte, und zwar in der Regel schon bei den ersten Takes, die wir von einem Song einspielten. Wenn das Feuer langsam herunterbrannte, dann war es an der Zeit, einen Testlauf mit einem neuen Titel zu machen. Das war das Wichtigste mit AC/DC im Studio – die Power einer Live-Performance einzufangen. Wen kümmerte es, wenn die Gitarren nicht immer hundertprozentig tonrein waren? Wenn man sich mal „Hell Ain't A Bad Place To Be" von *Let There Be Rock* anhört, dann verströmt es genau das großmäulige Selbstbewusstsein, für das AC/DC bekannt waren, aber wenn man Wert auf perfekt gestimmte Gitarren legt, dann tut das richtig weh! Für mich ist es ein echter AC/DC-Klassiker, aber es gibt sicher Produzenten, bei denen das nicht durchgegangen wäre, und die versucht hätten, den Sound glattzubügeln. George tickte da völlig anders.

Er hatte außerdem ein Händchen dafür, die Ideen von Mal und Angus zu nehmen und sie durch die Songwriter- und Produzentenmaschinerie laufen zu lassen. Zeitlich standen wir stets so unter Druck, dass wir so effizient wie möglich arbeiten mussten. Irgendwann einmal fragte Mal nach einem Song, an dem George gerade herumschraubte, und äußerte die Befürchtung, dass er den bereits aufgenommenen Titeln möglicherweise zu sehr glich. Georges Entgegnung hat sich mir auf ewig eingebrannt:

„Aber so ist die Band doch nun mal", sagte er, „das ist euer Ding. Bleibt dabei."

Es war ein unbezahlbarer Rat.

Wenn die drei einen Song am Klavier zusammengekloppt hatten, war die Band an der Reihe, sich den Titel möglichst schnell anzueignen. Am Anfang blieb ich dabei nur Zuschauer, weil George häufig den Bass übernahm. Das war für mich kein Problem – so war auch das erste Album eingespielt worden, und meiner Ansicht nach hatte es mit Mal und Angus als Gitarristen und George als Bassist wunderbar funktioniert. Darüber wurde auch nicht diskutiert, es war einfach so. Für mich war es zudem eine ideale Gelegenheit, mich erst einmal theoretisch mit der Arbeit im Studio auseinanderzusetzen. Ich konnte kiebitzen, während die Jungs „eine Nummer zusammenbauten". Zwischen Tee, Zigaretten und Pizza lernte ich, so viel ich konnte.

George ist vor allem als Songwriter und Produzent bekannt, und nur wenige wissen, was für ein hervorragender Bassist er ist. Von ihm habe ich gelernt, worauf es bei meinem Instrument ankommt. Er hatte ein außergewöhnliches Gespür für die perfekte Basslinie, spielte allerdings manchmal auch sehr melodieverliebt, wodurch es weitaus schwerer wird, weiter einen guten Groove vorzugeben. Das ist eine Kunst. Paul McCartney spielt auf ähnliche Weise. Die Basslinie in „High Voltage" ist sehr notenreich für einen AC/DC-Track, aber trotzdem perfekt. George am Bass? Einfach cool. Meiner Meinung nach ist er einer der ganz Großen.

George und Harry waren im Studio ein großartiges Team. Ich hatte den Eindruck, dass es meistens George war, der vorgab, wo es langging, aber vielleicht war das auch nur bei AC/DC so. Zwar war Harry durchaus auch beteiligt, aber George hielt alle Fäden in der Hand; es war, als ob er die Band gewissermaßen coachte. Außerdem machte es Spaß, mit ihm zusammen abzuhängen. Bon sagte mir, als George in Melbourne als Bassist eingesprungen war, sei er „eine Party auf Beinen" gewesen. Und Bon kannte sich aus, wenn es um Partys ging, von daher war das ein großes Lob.

Während *TNT* entstand, war die Stimmung im Studio ziemlich entspannt. Ich kann mich nur an eine brenzlige Situation erinnern, und da befanden wir uns eigentlich auch schon nicht mehr im Studio, sondern draußen auf dem Flur. Der Tag war lang gewesen, und es war nicht alles optimal gelaufen; wir waren alle genervt. Als wir uns auf den Heimweg machten, gab es ein bisschen Stress zwischen George und Angus.

George pflaumte seinen kleinen Bruder an, dass er sich nicht wie eine „verdammte Primadonna" aufführen sollte, ein Ausdruck, der noch dreimal besser klingt, wenn man ihn mit dickem, schottischem Akzent ausspricht. Deswegen gab es ein wenig Gelächter. Und daraufhin rastete Angus richtig aus; er sah aus wie Yosemite Sam, der cholerische Cowboy aus den Warner-Comics. Fast erwartete ich, dass gleich Dampf aus seinen Ohren quellen würde, so regte er sich auf. (Ich möchte wetten, dass er als Kind unerträglich war, wenn er nicht seinen Kopf durchsetzen konnte. Ich bin mir sogar sicher.) Angus stürzte sich auf George, und die beiden lieferten sich einen kleinen Ringkampf, der aber ziemlich glimpflich abging.

Ich konnte mir ein breites Grinsen nicht verkneifen. Vor allem konnte ich mir nicht vorstellen, was Angus gegen George ausrichten wollte. Nun ist George auch nicht gerade ein Riese, aber es ist schlicht unmöglich, dass jemand mit solch bescheidenen Körpermaßen, wie Angus sie hat, allein mit seinen Fäusten großen Schaden anrichtet. Es war eben wirklich, als ob der kleine, hitzköpfige Bruder einen haut – das prallte ab wie der geworfene Reis bei einer Hochzeit. Angus bestand aus jeder Menge Entschlossenheit, hatte aber einfach noch nicht genug Kraft. Es war, als ob man von einem unterentwickelten Sechsklässler angefallen wurde, wie ich übrigens aus eigener Erfahrung weiß.

Die Aufnahmen zu *TNT* waren für mich jedenfalls verdammt aufregend. Wir waren zwei Wochen im Studio; ein normaler Studiotag begann in der Regel um die Mittagszeit und ging bis weit in den Abend hinein, zwischendurch immer mal wieder unterbrochen für kurze Pausen, kleine Snacks, viele Tassen Tee und die unvermeidlichen Zigaretten. Wir arbeiteten acht Stunden am Stück, manchmal auch zehn, wenn es gerade brummte. Zuerst spielten wir immer die Begleitung ein, während Bon die Zeit nutzte, um die Texte zu schreiben. Er kannte nur die ganz schlichten Grundlagen der Titel, um darauf aufzubauen, und manchmal schloss er sich in der Küche ein, um ein bisschen Ruhe zu haben, während er die Schulhefte zu Rate zog, in denen er seine „dirty ditties" gesammelt hatte, die schmutzigen Verse, wie er sie nannte. Zwar glaube ich, dass er oft genug irgendwas ganz anderes in der Küche trieb, aber er kam immer wieder damit durch, so wie das eben nur Bon gelang.

Manchmal schaffte er es, erfolgreich aus seinem Küchengefängnis auszubrechen. Wenn wir Pause machten und auf dem Weg nach unten an seine „Zellentür" klopften, dann war er manchmal schlicht verschwunden. Er tauchte dann einen Tag später wieder auf, war morgens als erster wieder vor Ort, plauderte gut gelaunt mit den Büromädels und kochte Tee. Nun, er war eben ein total charmanter Kerl, den man einfach gern haben musste, auch wenn er es faustdick hinter den Ohren hatte. Und obwohl wir ihn ständig löcherten, verriet er uns nicht, was er getrieben hatte. Bons guter Kumpel Pat Pickett hatte einen Spruch, der Bon perfekt charakterisierte: „Der kann sich winden wie eine ganze Dose Würmer."

Die Backing Tracks wurden in der ersten Woche fertiggestellt, sodass wir uns in der zweiten auf die Gitarrensoli konzentrieren konnten – Angus' liebste Aufgabe, wie man sich denken kann. Außerdem nahmen wir den Lead- und Begleitgesang in Angriff, und das lief nun anders als bei *High Voltage*, denn da war der Zeitplan offenbar noch knapper gewesen, und George und Harry hatten deshalb die Backing Vocals eingesungen. Das übernahmen nun Mal und Phil, und es war Angus, der die ersten „oi, oi"-Schlachtrufe bei „TNT" schmetterte, bevor wir anderen einsetzten.

Nachdem wir die Aufnahmen abgeschlossen hatten, ergänzten George und Harry die Tracks noch um ein paar weitere Elemente wie Percussion und kümmerten sich dann um die Abmischung. Für die eigentliche Musik hatten wir ganze zwei Wochen Zeit gehabt. Heute klingt das abenteuerlich, aber in den Siebzigern war das noch Standard. Und dem Album *TNT* tat der Druck vermutlich sogar gut.

Zu den großartigen Songs auf dieser Platte zählt „It's A Long Way To The Top (If You Wanna Rock'n'Roll)", das zu einem Meilenstein für die Band wurde. Es ist schlicht eine herausragende Aufnahme, die mich jedes Mal wieder mitreißt, angefangen mit Mals genialem Gitarrenintro, das mit den ganz großen Riffs aller Zeiten mithalten kann, sei es nun „Jumpin' Jack Flash" von den Stones, „My Generation" von The Who oder „You Really Got Me" von den Kinks. Es ist ein Kracher, und Mals Stil beeinflusste viele andere Bands – das haben mir viele Gitarristen selbst erzählt.

Wieder war es George, der an der Entstehung dieses Titels entscheidend beteiligt war. Die Anfänge lagen in ein paar Ideen, die sich aus einer frühen Session ergeben hatten. Allmählich schälte sich eine Melodie heraus, und George, der am Mischpult saß, drückte geistesgegenwärtig im richtigen Moment auf den Aufnahmeknopf. Der einzige Take, der dabei entstand, wurde später zurechtgeschnitten. Das sogenannte Editieren war damals, als noch alles analog auf Zwei-Zoll-Bänder aufgenommen wurde, eine echte Kunstform. George verlieh dem Titel durch seinen Schnitt die endgültige Struktur; ich sah ihm dabei zu, wie er vor der 24-Spur-Bandmaschine von Studer stand, die Spulen mit den Händen sanft hin und her bewegte, um die richtige Stelle zu finden, das Band mit einer Klinge durchtrennte und sich die überflüssigen Zentimeter um den Hals legte. Er ging vor wie ein Schneider, der ein maßgefertigtes Produkt anpasste.

Eines Tages kamen Phil und ich ein wenig früher ins Studio, und George spielte uns vor, was er über Nacht neu zusammengebaut hatte; wir sollten ihm sagen, inwiefern es sich von der Fassung vom Vortag unterschied. Wir hatten keine Ahnung, wir fanden nichts. Der Track war ohne erkennbare Schnittstelle, und auf mich wirkte er, als hätte er schon immer so geklungen. Bis heute höre ich die Schnitte nicht. Aber ich merkte, dass der Song einen großartigen Groove hatte, und ich hörte auch Kleinigkeiten wie ein schepperndes Becken im zweiten Refrain, das da eigentlich nicht hingehörte – und natürlich immer noch drin ist. Aber mit solchen Kleinigkeiten musste man leben. Oder hätte man vielleicht einen großartigen Track wegen eines falschen Beckenschlags verwerfen sollen? Das wäre doch Quatsch gewesen.

Ein weiteres interessantes Element in „It's A Long Way" war der Einsatz der Dudelsäcke. Als die Idee aufkam, behauptete Bon, er sei genau der Richtige, um das zu übernehmen, denn schließlich hatte er früher einmal in einer Dudelsack-Kapelle gespielt. Dabei vergaß er allerdings eine klitzekleine Kleinigkeit zu erwähnen, nämlich, dass er zwar tatsächlich zusammen mit seinem Vater Chick zur Dudelsack-Gruppe seiner Heimatstadt Fremantle gehört hatte, zu den so genannten Coastal Scots, allerdings kein Dudelsackbläser, sondern Trommler gewesen war. Was sich dann doch als kleines Problem erweisen sollte.

Wir holten uns die Einwilligung von Fifa Riccobono, die wie immer als Vermittlerin zwischen uns und Alberts fungierte, um uns ein paar Straßen weiter im amtlichen Dudelsackgeschäft in der Park Street einen Hardy-Dudelsack für 435 Dollar zu kaufen – für eine aufstrebende Band eine recht teure Investition. Bons kleine Schwindelei stellte uns nun nicht nur vor das Problem, wer das Ding später einmal spielen sollte; es gelang uns noch nicht einmal, es ordentlich zusammenzubauen. Wenn man richtig was zu lachen haben will, dann muss man ein paar Schotten zusammentrommeln, die noch nie einen Dudelsack in der Hand gehabt haben, und sie bitten, ein solches Instrument zusammenzusetzen. Den Youngs dabei zuzugucken, wie sie an den Pfeifen herumschraubten wie an einer schottischen Ausgabe des berühmten Zauberwürfels, begleitet von allerlei wüsten Flüchen und Beschimpfungen, war tatsächlich sehr unterhaltsam. Es wäre vielleicht keine schlechte Idee gewesen, jemanden zu fragen, der sich damit auskannte, wenn der Titel denn überhaupt in der richtigen Tonart für den Dudelsack gewesen wäre, und das war er nicht.

Bis der Dudelsack einsatzfähig war, wurde also noch eine ganze Menge mehr geflucht und geschimpft. Schließlich nahmen Mal, Phil und ich die Bordunpfeifen – das sind diese langen Dinger, die normalerweise oben aus dem Dudelsack rausgucken – und bliesen hinein; diese Töne nahm George auf und schnitt das Band zu einer Schleife zusammen. Auf diese Weise mussten wir die Pfeifen nur wenige Sekunden spielen, aber George konnte die Bandschleife endlos lang laufen lassen und so einen ständigen, dröhnenden Ton erzeugen, wie er für das Instrument typisch war. Am Anfang verlangsamte er das Band kurz, damit diese besondere Tonschwankung entstand, die man immer hört, wenn ein Dudelsack zu spielen beginnt. Für George war die ganze Sache natürlich ein Haufen zusätzlicher Arbeit, die neben dem normalen Schnitt anfiel.

„It's A Long Way To The Top" blieb nicht lange ein Teil unseres Live-Programms, und auch das lag an dem verdammten Dudelsack. Unsere Lösung sah zunächst so aus, dass wir die Bandschleife mit dem Dröhnen der Bordun nahmen, die wir auch für die Aufnahme verwendet hatten, sie auf eine Cassette überspielten und über die PA laufen ließen, während Bon versuchte, der Spielpfeife (das ist die blockflötenähnliche, kleine Pfeife am Dudelsack) in etwa die Melodie zu entlocken, die über dem lauten Dröhnton lag. Das war nicht ideal, funktionierte aber einigermaßen. Nervig war an der ganzen Sache, dass wir unsere Instrumente vorher stets genau im Einklang mit der Cassettenaufnahme stimmen mussten, sonst klang es grauenhaft. Ralph der Roadie brachte den Cassettenrecoder in die Garderobe und schloss ihn an einen Verstärker an, damit wir die Gitarren und den Bass auf die richtige Tonhöhe bringen konnten, und dann rannte er schnell wieder nach draußen und hängte das Cassettendeck ans Mischpult. So kämpften wir mit diesem Song, bis wir 1975 einen Gig im Hordern Pavilion in Sydney absolvierten – im Vorprogramm unserer Erzrivalen, den Hitgaranten Skyhooks.

Nun waren wir immer bestrebt, die Band, für die wir als Vorgruppe angeheuert worden waren, von der Bühne zu fegen, aber für die Skyhooks galt das doppelt, wenn nicht dreifach. Sie waren damals weitaus erfolgreicher als wir, und ihr Album *Living In The Seventies* lief überall rauf und runter. Wir hatten das Gefühl, es sei unsere Pflicht, diesen Eindruck zu korrigieren. Keine Ahnung, ob es einfach nur Arroganz war; wir glaubten wirklich, dass wir härter rockten als jede andere Band in Australien, und das zeigte sich an unserer ganzen Haltung. Wir hatten für die meisten Gruppen der damaligen Zeit nur Verachtung übrig, die in einigen Fällen allerdings auch durchaus berechtigt war. Das war während meiner ganzen Zeit bei AC/DC ein wiederkehrendes Muster: Es gab immer eine Band, die vom Gefühl her erfolgreicher war als wir und daraufhin unsere nächste Zielscheibe wurde. Für uns war der Erfolg der anderen eine persönliche Beleidigung. Das war vielleicht nicht gerade der netteste Charakterzug, motivierte uns aber ungemein. Unsere Einstellung lautete „Wir gegen den Rest der Welt", und zwar gegen alle, und ganz speziell gegen die Skyhooks.

Deswegen sollte der Gig im Vorprogramm unserer großen Konkurrenten nicht nur an sich eine hervorragende Show werden, sondern mit einem richtigen Paukenschlag enden. Mit irgendetwas, das alle Zuschauer dazu bringen würde, auf dem Nachhauseweg nur noch über uns zu reden und nicht über die Skyhooks. Michael Browning hatte den Einfall, dass am Schluss ein paar massige, als Bullen verkleidete Typen, darunter er selbst, die Bühne stürmen sollten, um uns festzunehmen. Das war jedenfalls der eigentliche Plan; er war inspiriert von einer Session mit dem Fotografen Philip Morris, der uns im Hafen von Sydney in der Nähe von Luna Park abgelichtet hatte, während Michael und ein Kumpel als Polizisten verkleidet so taten, als ob sie die Band wegen irgendwelcher Vergehen verhafteten. Und so kamen wir überein, dass die beiden sich für das Finale des großen Hordern-Konzerts noch einmal in die Uniformen werfen sollten.

Das Konzert an sich lief prima, und die Band kam so gut an, wie wir gehofft hatten. Als wir unseren Set mit „Baby Please Don't Go" beendeten, ging Bon an den äußersten Bühnenrand, beugte sich vor und stachelte die ersten Zuschauerreihen noch einmal richtig auf. Das war typisch für ihn, dass er lüstern in die Menge grinste und nach ein paar leckeren Mädchen Ausschau hielt. Mir kam plötzlich ein Gedanke: Ich trat hinter ihn und stupste ihn ganz leicht mit dem Fuß in den Hintern. Es war kein richtiger Tritt, aber es reichte, damit er nach vorn in die ersten Reihen kippte und in einem Meer aus Armen und Beinen verschwand.

Aber trotzdem war auf der Bühne noch nicht genügend Wallung, und deswegen gab ich nun Angus einen Schubs und lieferte mir einen kleinen Strauß mit ihm. Es war nicht richtig heftig, nur eine freundliche Rangelei, aber das reichte, damit die Roadcrew alarmiert anrückte und versuchte, die Mikrofone und die Mikrofonständer zu retten, die inzwischen umgefallen waren. Und da geriet die Situation ein wenig aus den Fugen. Unsere eigenen Leute waren zwar ganz entspannt, aber von den anderen wusste niemand, dass das alles nur gespielt war, und nachdem wir ein paar Mikros und Monitore beschädigt hatten, wurden ein paar Techniker ziemlich nervös. Es wurde geflucht, gedroht, geschubst und gezerrt. Schließlich wurden wir von Browning und seinem Kumpel wie abgesprochen von der Bühne abgeführt, und nach einer Weile kehrte auch unser Suchtrupp mit Bon zurück, der einen heftigen Schlag gegen den Brustkorb bekommen hatte und ohnmächtig geworden war.

Hinter der Bühne lehnten wir ihn in halb aufrechter Position auf eine Bank und ließen ihn in eine braune Papiertüte atmen. Zu den ersten, die in die Garderobe stürmten, gehörte Margaret Young, Mals und Angus' Schwester, die unter anderem für die Schuluniform-Schneiderei zuständig war und die natürlich keine Ahnung hatte, dass die ganze Action auf der Bühne nur gespielt gewesen war. Sie war die einzige Tochter im Young-Clan, schlug aber ganz nach den anderen in der Familie und war von daher von eher zierlicher Statur, unbedingt loyal und nicht besonders zimperlich im Austeilen.

Als erstes baute sie sich vor mir auf und erklärte: „Lass meinen kleinen Bruder in Ruhe." Dabei lächelte sie zwar, aber ich hatte trotzdem das Gefühl, dass sich unter der freundlichen Miene reichlich viel Stahl verbarg. Alles an ihr vermittelte die Warnung: Leg dich bloß nicht mit mir an. Deshalb ging ich vorsichtig einen Schritt zurück. Sie war ziemlich reaktionsschnell, das muss ich ihr lassen.

Angus nahm die ganze Sache recht gelassen, auch wenn er nach unserem spontanen Ringkampf ein wenig zerzaust war, aber er hatte durchaus verstanden, dass es zum Plan gehört hatte. Margaret war weniger überzeugt und bedachte mich mit einem Blick, der sonst wahrscheinlich für kleine Brüder reserviert war, die sich nicht benehmen konnten.

Anschließend saßen wir alle zusammen und tranken ein paar Bier – außer Angus natürlich, der seinen Kakao schlürfte. Wir lachten über das, was gerade passiert war, behielten allerdings auch Bon im Auge, der zwar allmählich wieder zu sich kam, aber immer noch mit dem Kopf in der braunen Papiertüte steckte. Draußen braute sich Unheil zusammen, das war deutlich zu hören. Es wurde an die Tür getrommelt, wüste Drohungen wurden ausgestoßen, und offenbar flogen Teile des Equipments ebenso durch die Gegend wie auch ein paar Leute. Schließlich wurde die Tür mit einem Krachen aufgerissen, und ein ziemlich dicker Roadie platzte herein, offenbar stinksauer. In diesem Augenblick war es wenig hilfreich, dass einer von uns dazu einen flotten Spruch losließ – ich glaube, es war Phil, der gerne großmäulige Kommentare machte, vor allem, wenn sich jemand gerade wie die Axt im Wald benahm.

„Schnell, weg mit den Sandwichs, bevor der uns alles wegfrisst!“

Das brachte das Fass zum Überlaufen, und der zornbebende Roadie explodierte. Lautstark brüllte er, wir hätten keinen Respekt (was stimmte), der nächste Act sei uns wohl egal (was auch stimmte) und wir würden niemals wieder ihre PA benutzten dürfen (na und?). Dann zog er unsere Dudelsack-Cassette aus seiner Tasche und knallte sie gegen die Wand, bis sie in viele Plastiksplitter zerbrach. Damit stampfte er wieder aus der Tür und ließ uns verblüfft schweigend zurück.

Bon zog den Kopf aus der Papiertüte und ließ die blutunterlaufenen Augen über die Trümmer gleiten. Schließlich brach er das Schweigen: „Das fette Arschloch hat gerade unseren Dudelsack gekillt.“

Wenn es stimmt, was Billy Thorpe einmal gesagt hat, dann hat John O'Keefe, der erste australische Superstar, seinen, also Billys, Aufstieg kommen sehen. Billy hingegen sah AC/DC und wusste sofort, dass sie es weit bringen würden. Tatsächlich gibt es gewissermaßen eine Linie, die von Billys Band, den Aztecs, bis zu AC/DC führt – übrigens beides Bands, die von Michael Browning gemanagt wurden. Sie entstammten außerdem der gleichen energiegeladenen Pub-Rock-Kultur, aus der viele australische Bands hervorgingen, darunter auch Rose Tattoo, Midnight Oil und INXS. Sie alle teilten dieselbe Einstellung, die sich vielleicht am besten so zusammenfassen ließ: „Wenn's euch nicht gefällt, Pech gehabt – verpisst euch."

Mit meinen Kumpels hatte ich mir, bevor ich zu AC/DC stieß, öfters Bands im Hard Rock Café angesehen. Michael Browning saß in der Regel selbst am Eingang und kassierte das Eintrittsgeld, die seltsam krumme Summe von zwei Dollar zehn; das war irgendwie schon merkwürdig. Später, als ich mit Michael zusammenarbeitete, fragte ich ihn nach dem Grund, und er erklärte mir:

„Das war extra so eingerichtet, damit die Gäste durch das Wechselgeld auf alle Fälle ein paar Münzen in der Tasche hatten, die sie in die Flipperautomaten stecken konnten."

Das war eine ausgemacht clevere Denke. So einen Typen wünscht man sich auf seiner Seite, wenn es ums Geschäftliche geht.

Im Hard Rock Café sah ich jede Menge großartiger Bands. Es ging dort zwar immer sehr ruppig zu, aber die Stimmung war hervorragend. So, dachte ich damals, musste es auch früher im Cavern Club in Liverpool gewesen sein; später stellten wir fest, dass das Marquee in London tatsächlich eine ziemlich ähnliche Atmosphäre hatte – heiß, verschwitzt, wie gemacht für den Rock'n'Roll. Die Bands spielten in den Kellerräumen und mussten quer durchs Publikum, um auf die Bühne zu gelangen. Musiker und Zuschauer hatten stets direkte Tuchfühlung.

Meinen ersten Gig mit AC/DC im Hard Rock-Café gab ich im Mai 1975, und allein in jenem Monat spielten wir dort sieben Mal. Als die Band ein immer größeres Publikum anzog, mussten wir schließlich das Büro von Michael einen Stock höher als Garderobe benutzen, weil es unmöglich geworden war, sich unten einen Weg durch die Menge zu bahnen, die aufs Konzert wartete. Wir machten uns bereit, gingen zur Vordertür raus und bogen in die Flinders Street, während Ralph der Roadie einen der großen Industrie-Ventilatoren ausbaute, der direkt hinter der Bühne in die Wand eingelassen war. Durch dieses Loch kletterten wir hindurch, Ralph machte hinter uns wieder zu, und nach der Show nutzten wir denselben Fluchtweg; wenn die Show zu Ende ging, wartete Ralph mit einem Schraubenzieher in der Hand auf der Straße. (Kaum zu glauben, aber wahr: das Gebäude, in dem sich das Hard Rock Café befand, gehörte meinen späteren Schwiegereltern. Ich bin sicher, wenn sie schon während meiner AC/DC-Zeit meine Schwiegereltern gewesen wären, dann hätte Michael sicher versucht, über diese Brücke die Miete zu drücken.)

Das Hard Rock Café war zwar das Hauptquartier der Band, aber der Grundstein ihres Erfolgs lag in den großen Bierkellern in den Vorstädten. In den dortigen Pubs konnte man leicht Ärger bekommen, sogar, wenn man auf der Bühne stand, wie wir am eigenen Leib erlebten. Mitte 1975 wurde es für uns ein wenig kitzlig, weil wir in den Ruf gelangt waren, schwere Jungs zu sein; zumindest war das unser Image. Das wiederum führte dazu, dass die Band „renitente Elemente“ anzog; tatsächlich las ich einmal einen Zeitungsartikel, in dem unsere Anhänger mit diesen Worten beschrieben wurden. Wenn man sich bei diesen Pub-Gigs im Publikum umsah, musste man allerdings einräumen, dass „renitent“ durchaus ein passender Ausdruck war, was einen Großteil der versammelten Zuschauer betraf. Wenn dann noch laute Rockmusik und jede Menge Bier ins Spiel kamen, konnte das gelegentlich schon ganz schön lustig werden.

Schließlich ging diese brisante Mischung eines Abends im Mai 1975 tatsächlich hoch. Wir spielten im Manhattan Hotel in Ringwood, einem dieser typischen Veranstaltungszentren, wie es sie in den Vorstädten so häufig gab – eine Motel-Anlage mit Festsaal für große Feiern und einer Halle für Live-Unterhaltung und viel Platz für Schlägereien. Im Manhattan verfügte diese Halle zusätzlich über einen Balkon, der normalerweise geschlossen blieb, aber für unseren Auftritt geöffnet wurde, weil so viele Leute zu unserem Gig strömten. Der Laden war voll, laut und verräuchert – und die Eingeborenen waren an diesem Abend besonders „renitent“.

Das Chaos brach schon aus, bevor wir auf die Bühne kamen. Wir saßen noch in der Garderobe, während unsere Vorgruppe spielte, und wir hörten, wie draußen Tische und Stühle krachend umstürzten und Gläser zerbrachen. Als Ralph der Roadie uns Bericht erstattete, wie es draußen aussah, wurde uns ein wenig mulmig.

„Ihr müsst bekloppt sein, wenn ihr da wirklich rausgeht", erklärte er grinsend und warf einen bezeichnenden Blick in die Richtung, aus der wir den Lärm vernahmen.

Super, Ralph. Vielen Dank auch.

Aber dann war es wirklich an der Zeit, auf die Bühne zu gehen, und als wir uns blicken ließen, ging ein mächtiger Aufschrei durch die Halle. Zwar kam ich mir ein bisschen vor wie einer der Christen zur Römerzeit beim Betreten der Arena im Colosseum, aber trotzdem dachte ich zunächst noch: „Ach, ist doch gar nicht so schlimm, das schaffen wir schon." Aber je mehr Rangeleien ausbrachen, desto heftiger reagierten die Türsteher, und es dauerte nicht lange, da wurde jede ihrer Aktionen mit einem Schauer von Glassplittern beantwortet. Es wurde ein bisschen „tropisch", wie man das in Melbourne nennt, wenn die Kacke so richtig am Dampfen ist. Die Lage verschärfte sich, als die ersten Gläser vom Balkon hinunterregneten, denn jetzt gab es neben den harten Schlägen auch noch jede Menge Schnittwunden.

Die Welle der Gewalt schwoll an und ebbte wieder ab – nach einem hässlichen Höhepunkt wurde es für fünf oder zehn Minuten wieder ruhiger, dann ging es wieder los. Angus tat uns keinen Gefallen, indem er auf die Verstärker kletterte und damit ein unwiderstehliches Ziel für die Gläserwerfer bot. Die erste Salve ging komplett daneben, aber bevor er wieder hinunterklettern konnte, zerschellte ein Bierkrug am Gitarrenhals direkt neben seiner Hand. Er hatte Glück, dass er nicht mehr abbekam. So blutete es zwar ein wenig, aber es war nicht allzu schlimm. Vor allem aber jagte ihm der Treffer eine Scheißangst ein, und ich konnte Angus das nicht verdenken: Ich war froh, dass ich nicht selbst drei Meter über dem Boden in die Schusslinie geraten war.

Angus reagierte äußerlich recht gelassen, aber er war ziemlich sauer über die Geschichte. Er mochte ja recht klein gewachsen sein, aber er hatte ziemlich viel Temperament, und wenn er so richtig in Fahrt kam, krachte es in der Regel mächtig. Hätte ihm die Natur mehr Körperkraft und Größe mitgegeben, dann hätte er mit Sicherheit ziemlich viel Schaden angerichtet. Jedenfalls reichte es uns nach der Nummer mit den Gläsern; zwar hatten wir noch nie zuvor einen Gig mittendrin abgebrochen, aber wir hatten auch nicht die Absicht, bewegte Ziele für gläserwerfende Vollidioten zu sein. Also machten wir uns vom Acker und riegelten uns in der vermeintlich sicheren Garderobe ein, während die Tür von drei besonders großen und massigen Rausschmeißern bewacht wurde. Bei dem Gedanken, dass diese Tür der einzige Weg war, auf dem man rein oder raus gelangte, wurde mir ein wenig anders.

Wir hörten schon bald, dass es draußen noch ein bisschen „tropischer“ wurde, und schließlich drängte sich Ralph wieder in unsere Garderobe. Er war weiß wie die Wand.

„Was ist denn los?“, fragte jemand. Ralph berichtete, er habe gerade gesehen, wie ein Kerl oben auf dem Balkon über die Brüstung gekippt worden war und eine saubere Dreipunktlandung auf den unten stehenden Konzertbesuchern hingelegt hatte. Es dauerte nicht lange, dann drang das Sirenengeheul der Krankenwagen und Polizeifahrzeuge durch den Lärm. Glücklicherweise wurde es draußen allmählich ruhiger. Die Leute wurden nach Hause geschickt, dann schlossen sich die Türen, aber uns gab man den guten Tipp, noch eine Weile zu warten, bis die Luft rein sei. Wir gönnten uns auf den Schreck ein paar Bier und hatten das Gefühl, noch einmal sehr, sehr viel Glück gehabt zu haben. Es hätte böse ins Auge gehen können.

Als wir das Hotel etwa eine Stunde später verließen, standen draußen immer noch drei Krankenwagen, und ein ziemlich großes Polizeiaufgebot räumte mit randalierenden Nachtschwärmern auf. Ich war zwar verdammt gern Teil einer lauten, großmäuligen Rockband, aber auf eine Salve Biergläser hatte ich trotzdem keine Lust. Es war das einzige Mal, dass ich das Gefühl hatte, in eine Situation zu geraten, der die Band nicht gewachsen war.

Im August 1975 brach noch einmal die Hölle los, dieses Mal im Matthew Flinders Hotel, einem Saal im Osten von Melbourne. Es war eine Halle von der Größe einer Scheune, die gut 1.200 Zuschauer fasste, und sie war voll. Wir kamen um zehn Uhr abends auf die Bühne und spielten zwei Sets, sodass wir kurz vor Mitternacht, als der Laden offiziell zumachte, fertig waren. Es lief eigentlich alles ganz normal, bis Angus bei „Baby Please Don't Go", das wie immer den letzten Song darstellte, in die Menge sprang. Er drehte sich dann wie ein Brummkreisel auf dem Hallenboden, trat mit den Beinen um sich und wirbelte herum, während er natürlich immer weiter spielte und die Band auf der Bühne für Rhythmus und Begleitung sorgte. Pat Pickett, der bei uns inzwischen auch als Roadie fungierte, schoss immer wieder ein paar Meter Gitarrenkabel nach, und anhand des Kabels konnten wir auch immer erahnen, wo Angus sich befand. Außerdem bildete sich meistens ein Kreis interessierter Zuschauer um ihn, während er sein Solo raushaute.

Keine Ahnung, weshalb es an diesem Abend schief ging. Aber während Angus seine Nummer abzog, entdeckte ich ungefähr fünf Meter vor der Bühne einen Klüngel, von dem enorme Unruhe ausging. Und dann sprang Phil plötzlich über sein Schlagzeug und tauchte in die Menge. Nun war Phil zwar normalerweise kein aggressiver Typ, aber soweit ich sehen konnte, zeigte er keinerlei Angst. Phil war im Norden von Melbourne, in Rosanna, aufgewachsen, und nach den Kumpels zu urteilen, die er zu den frühen Gigs mitbrachte, war das nicht gerade die harmloseste Gegend. Einer von ihnen wurde „Indianer" genannt; er hatte recht dunkle Haut, war ziemlich still und trug stets eine Pistole hinten im hohen Bund seiner Jeans. Das war jemand, mit dem man sich besser nicht anlegte.

Jedenfalls hatte Phil gesehen, dass ein paar Typen unseren Schuljungen-Gitarristen richtig übel aufmischten. Ich ließ meinen Bass fallen und sprang Phil hinterdrein. Mal stand noch immer auf der Bühne, und Bon war schon in der Garderobe. Zum ersten und wahrscheinlich auch einzigen Mal war AC/DC eine One-Man-Band. Als Phil sich an Angus herangearbeitet hatte, versetzte er einem der Angreifer einen heftigen Haken, und der Aufschlag war so laut, dass er Mals Gitarrenspiel übertönte. Pat war wie immer ebenfalls zur Stelle, um „Little Albie", wie Angus genannt wurde, zu schützen, und verteilte seinerseits auch ordentliche Hiebe. Ich unterstützte beide nach Kräften, aber sie hatten die Sache schon gut im Griff. Angus hatte zwar ein paar Schrammen abbekommen, aber ihm war nichts Ernstes zugestoßen.

Die Lage beruhigte sich gerade wieder – Malcolm spielte immer noch –, da sah ich, wie jemand ausholte und auf Phil losstürzte. Zwar konnte ich ihn gerade noch erwischen, aber einer der Rausschmeißer, ein riesiger Kerl mit Bart, erkannte mich nicht als ein Bandmitglied und schlug mich mit der geballten Faust nieder. Ich setzte mich auf den Hintern und rutschte rückwärts. Wäre es jemand anderem passiert, hätte ich diesen Anblick sicher richtig witzig gefunden. Aber so spürte ich vor allem den äußerst schmerzhaften Schwinger, der direkt meine Nase getroffen hatte. Ich schmeckte sofort Blut, und das begleitende Geräusch verhieß ebenfalls nichts Gutes – es war ein fieses Knacken, nicht kurz und hart, sondern, wie bei der Größe der Faust nicht anders zu vermuten, ein eher dumpfer Aufschlag.

Schließlich krochen wir wieder auf die Bühne und spielten „Baby Please Don't Go" zu Ende. Ich gab dabei eine ziemlich armselige Kopie des Kiss-Bassisten Gene Simmons ab, so wie mir das Blut übers Kinn lief, aber letztlich hatte ich schon Schlimmeres überstanden, das war keine große Sache. Nicht so schlimm wie der heftige Schlag, den ich gehört hatte, als Phil einen von Angus' Angreifern erwischt hatte. Allerdings war es nicht die Nase des Gegners gewesen, die dabei zu Bruch gegangen war; es hatte vielmehr Phils Daumen erwischt.

Nach einem ungeplanten Trip zum Alfred Hospital, um Phils Daumen verarzten zu lassen, standen uns am nächsten Tag, einem Freitag, noch einmal zwei Gigs bevor, zuerst in einem Einkaufszentrum und später noch in einem Pub. Phil mogelte sich durch den ersten der beiden, indem er größtenteils einhändig spielte, aber das Pub-Konzert mussten wir absagen. In der Woche darauf sollten wir nach West-Australien reisen, aber es war klar, dass Phil mit seiner geschwollenen, schmerzenden Hand nicht mit dabei sein würde.

Mal hatte es an diesem Abend noch einmal klar gemacht, als er auf der Bühne stoisch weiterspielte, während im Publikum die Hölle losbrach – the show must go on. Colin Burgess, der ganz am Anfang bei AC/DC getrommelt hatte, wurde kurzfristig als Ersatz für Phil an Bord geholt. Ursprünglich war es so vorgesehen, dass Phil mit uns reisen und bei jedem Auftritt ein paar Songs einhändig absolvieren sollte, und tatsächlich hatte

Phil ein wenig Erfahrung als einhändiger Drummer. Als kleiner Junge hatte er bei einem Talentwettbewerb mitgemacht und die Trommeln mit nur einem Stock bearbeitet – keine Ahnung, was er währenddessen mit der anderen Hand trieb. Er trommelte sich damals jedenfalls durch Sandy Nelsons „Let There Be Drums" und gewann. Phil erzählte gern, dass er seit jenem Tag wild aufs Schlagzeugspielen gewesen war.

Aber wie bei den meisten gut durchdachten Plänen wurde am Ende nichts daraus. Als wir Ende September 1975 in Perth landeten, hatte Phil immer noch Probleme mit dem Daumen und ließ die Verletzung vorsichtshalber noch einmal im Krankenhaus durchchecken. Er konnte von Glück sagen, dass er das tat, denn der Schaden war doch größer, als wir vermutet hatten, und wenn er sich an das gehalten hätte, was man ihm in Melbourne gesagt hatte, dann hätte er möglicherweise schwere Beeinträchtigungen zurückbehalten; ein großes Risiko für einen Schlagzeuger.

Während Phil nun doch noch einmal operiert wurde, machten wir mit Colin Burgess weiter und spielten in Geraldton, Katanning, Bunbury, Kalgoorlie und Perth. Bon teilte sich die Hotelzimmer mit Colin; die beiden kannten sich noch aus den Sechzigern, als Bon bei den Valentines gesungen hatte und Colin bei den Master Apprentices spielte, einer in Australien sehr angesehenen Band. Die zwei „alten Knacker" leisteten sich einige wüste Späße, wie ich mitbekam, obwohl die weibliche Gesellschaft, die sie sich aussuchten, uns anderen teilweise ein bisschen zu gut abgehangen erschien. Im White Sands Hotel platzte ich zusammen mit Pat Pickett in das Zimmer der beiden „Alten". Eine ihrer Tussis lag weggetreten und nackt in einer ziemlich unvorteilhaften Haltung auf dem Bett.

„Scheiße, die sieht ja aus, als hätte sie die Satteltaschen von Roy Rodgers geklaut", kommentierte Pat.

Nun hätte Pat sicher nichts dagegen, wenn ich an dieser Stelle erwähnte, dass er nicht gerade wie Brad Pitt aussah, auch damals nicht. Und wenn Pat eine willige „Forschungsassistentin" trotzdem so rundheraus ablehnte, dann musste sie tatsächlich schon ziemlich wenig ansprechend sein.

Für Bon war es vermutlich eine angenehme Abwechslung, mal wieder mit jemandem auf Tour zu sein, der etwas mehr auf seiner Wellenlänge lag, sogar, was die Partnerwahl betraf. Manchmal war Bon ziemlich niedergeschlagen, wenn wir unterwegs waren, und wirkte stellenweise einsam und deprimiert. Er konnte – oder wollte – das auch nicht verbergen, so war er nicht gestrickt. Er trug immer sein Herz auf der Zunge. Colin bot ihm eine Kumpelfreundschaft, wie er sie zu keinem von uns aufbauen konnte, vielleicht wegen des Altersunterschieds – letztlich stammte Bon doch aus einer anderen Generation. Traurigerweise war es tatsächlich Colin, mit dem sich Bon in der letzten Nacht seines Lebens im Music Machine in London betrank.

Währenddessen erkannte ich in dieser Zeit – wie vermutlich alle Beteiligten – durch Phils Abwesenheit etwas sehr Entscheidendes. Zwar machte Colin durchaus einen ordentlichen Job, aber dass Phil fehlte, riss trotzdem ein empfindliches Loch in den Sound der Band. Das überraschte mich wirklich sehr. Gut, ich hatte schon vermutet, dass man einen kleinen Unterschied hören würde, aber nicht in diesem Ausmaß: Ich hatte wirklich das Gefühl, dass die Band plötzlich keinen Arsch mehr in der Hose hatte. Nicht, dass Colin seine Aufgabe technisch nicht bewältigt hätte, das tat er sehr wohl, aber Phil war (und ist) ein unverzichtbarer Teil des unverkennbaren AC/DC-Sounds.

Die Wochen mit Colin waren irgendwie seltsam. Es gab keine andere Möglichkeit, als die Tour mit ihm durchzuziehen, aber es fühlte sich an, als ob wir humpelten, anstatt zu galoppieren. Die Gitarren waren immer noch ein Feuerwerk, Bon und Angus machten die üblichen Show-Einlagen, aber das Feeling fehlte; es war einfach eine ganz andere Band. Wir lieferten eine ganz ordentliche Performance ab, aber sie war Lichtjahre von dem entfernt, was wir eigentlich hätten leisten können. Es war eine ernorme Erleichterung, als Phil endlich wieder zu uns stieß.

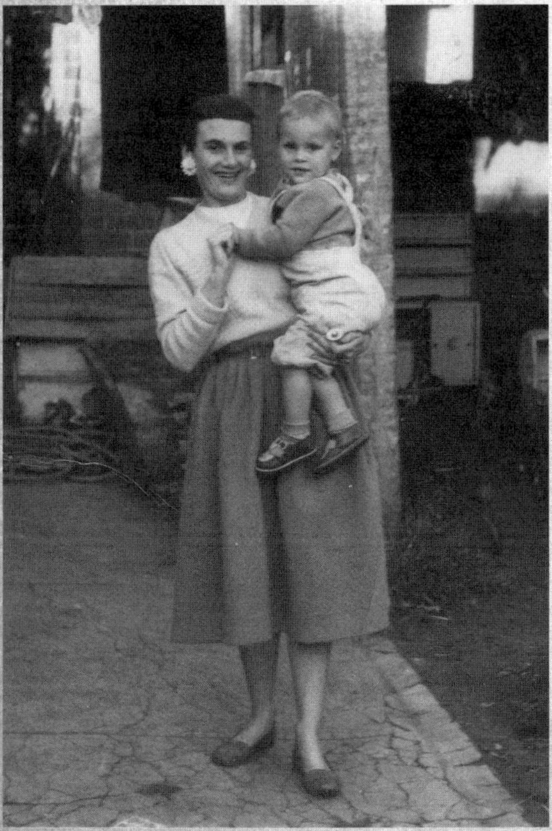

Auf dem Arm meiner Mutter Norma in Murrumbeena, Victoria, 1958. Scharfe Ohrringe, Mum.
(Familie Evans)

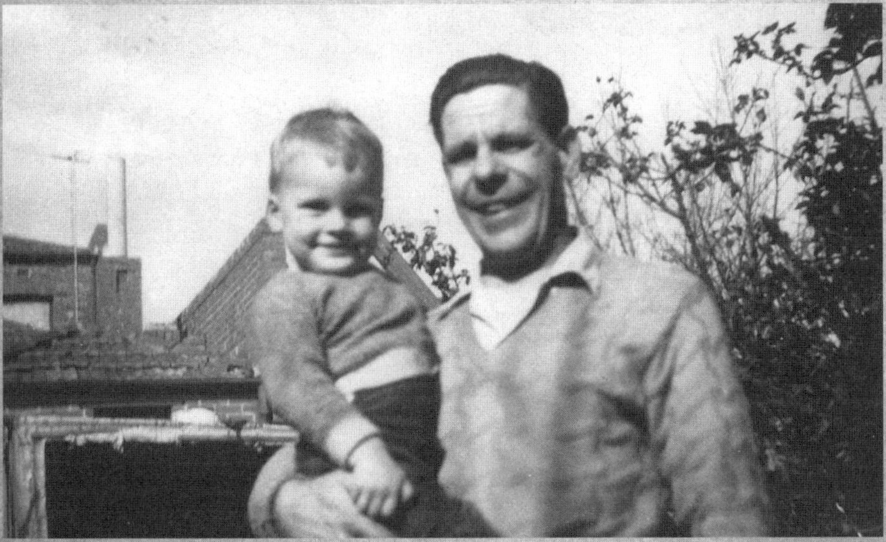

Mit Dad im Garten in Murrumbeena, 1957. (Familie Evans)

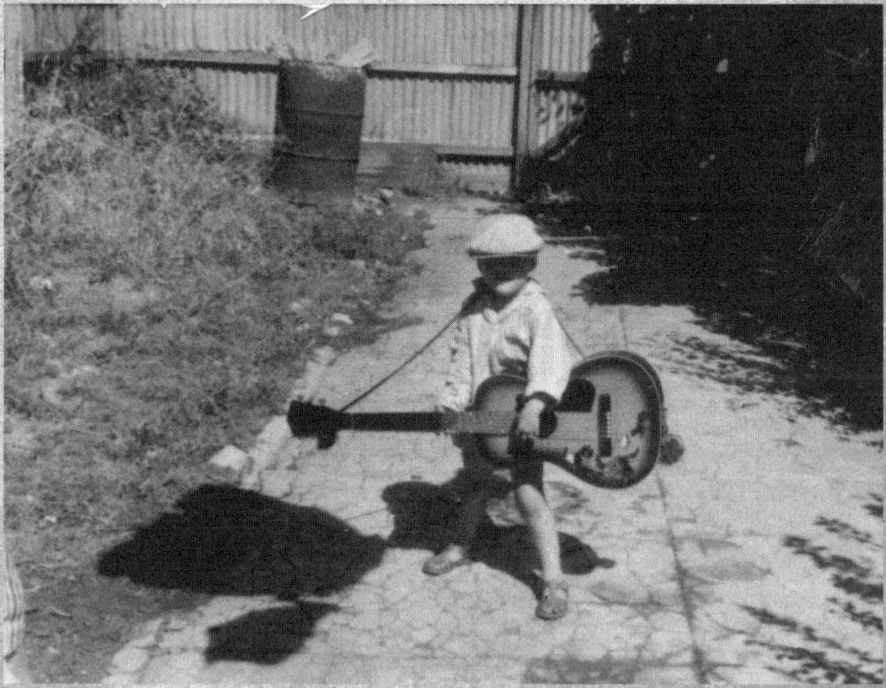

Im Hof hinterm Haus mit meiner Schwester Judy, 1959. Heute habe ich noch immer dieselbe Haltung beim Gitarrespielen, mit dem einzigen Unterschied, dass ich dank meiner Grundschullehrerin und ihrem fiesen Lineal kein Linkshänder mehr bin.
(Familie Evans)

Gegenüberliegende Seite:
Konzentration pur, Melbourne Festival Hall, 16. Juni 1975. Falls jemand weiß, wo mein Gibson Cherryburst Ripper Bass heute ist – den hätte ich gern zurück!
(Familie Evans)

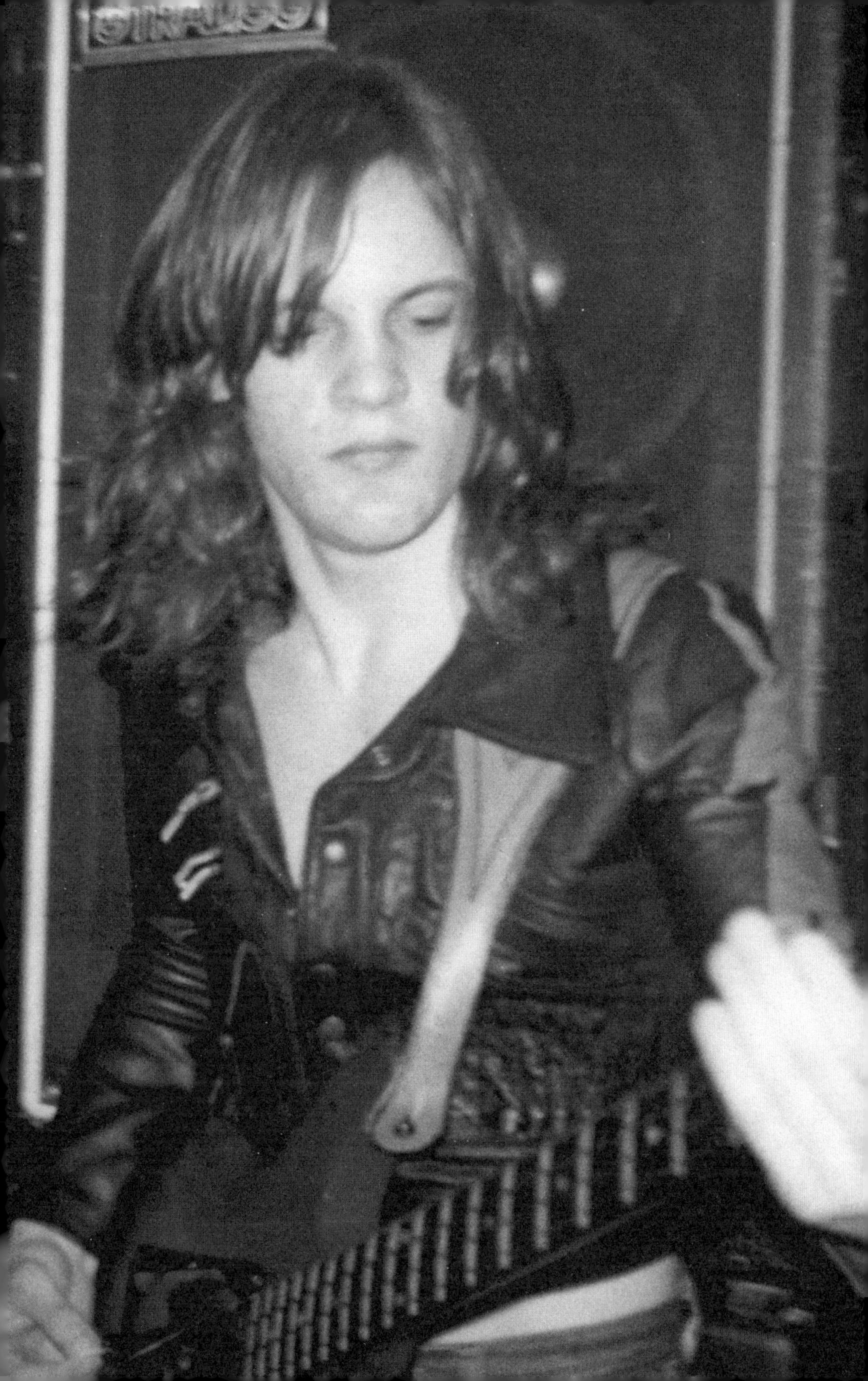

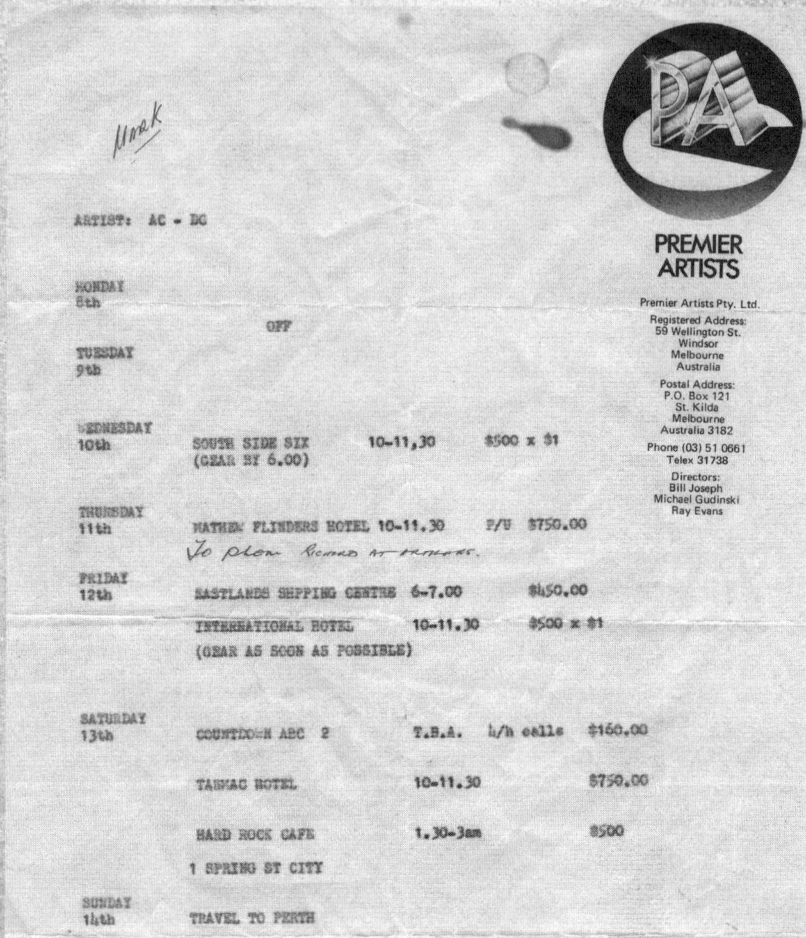

Mark

PREMIER ARTISTS

Premier Artists Pty. Ltd.

Registered Address:
59 Wellington St.
Windsor
Melbourne
Australia

Postal Address:
P.O. Box 121
St. Kilda
Melbourne
Australia 3182

Phone (03) 51 0661
Telex 31738

Directors:
Bill Joseph
Michael Gudinski
Ray Evans

ARTIST: AC - DC

MONDAY 8th				
	OFF			
TUESDAY 9th				
WEDNESDAY 10th	SOUTH SIDE SIX (GEAR BY 6.00)	10-11,30		$500 x $1
THURSDAY 11th	MATHEW FLINDERS HOTEL 10-11.30		P/U	$750.00
	To phone Richard at Flinders.			
FRIDAY 12th	EASTLANDS SHOPPING CENTRE 6-7.00			$450.00
	INTERNATIONAL HOTEL (GEAR AS SOON AS POSSIBLE)	10-11.30		$500 x $1
SATURDAY 13th	COUNTDOWN ABC 2	T.B.A.	4/h calls	$160.00
	TASMAC HOTEL	10-11.30		$750.00
	HARD ROCK CAFE 1 SPRING ST CITY	1.30-3am		$500
SUNDAY 14th	TRAVEL TO PERTH			

Wochenplan aus dem September 1975. Wir konnten nicht alle Verpflichtungen erfüllen, da sich Phil bei einer Schlägerei im Matthew Flinders Hotel den Daumen brach. (Premier Artists)

Während der Aufnahmen zu *Dirty Deeds* ging Phil uns allen etwas zu essen holen. Gesunde Ernährung war uns ganz offenkundig nicht besonders wichtig. Der Schoko-Milchshake war garantiert für Angus. (KD Collection)

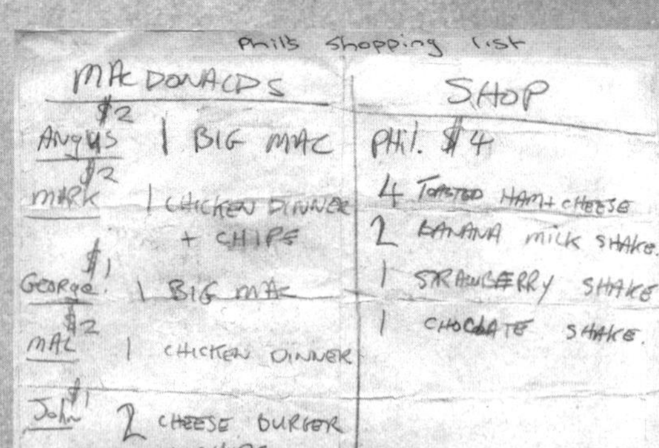

Phil's shopping list

MAC DONALDS		SHOP
$2 Angus	1 BIG MAC	Phil. $4
$2 MARK	1 CHICKEN DINNER + CHIPS	4 TOASTED HAM + CHEESE
		2 BANANA MILK SHAKE
$1 George	1 BIG MAC	1 STRAWBERRY SHAKE
$2 MAL	1 CHICKEN DINNER	1 CHOCOLATE SHAKE
$1 John	2 CHEESE BURGER + CHIPS	

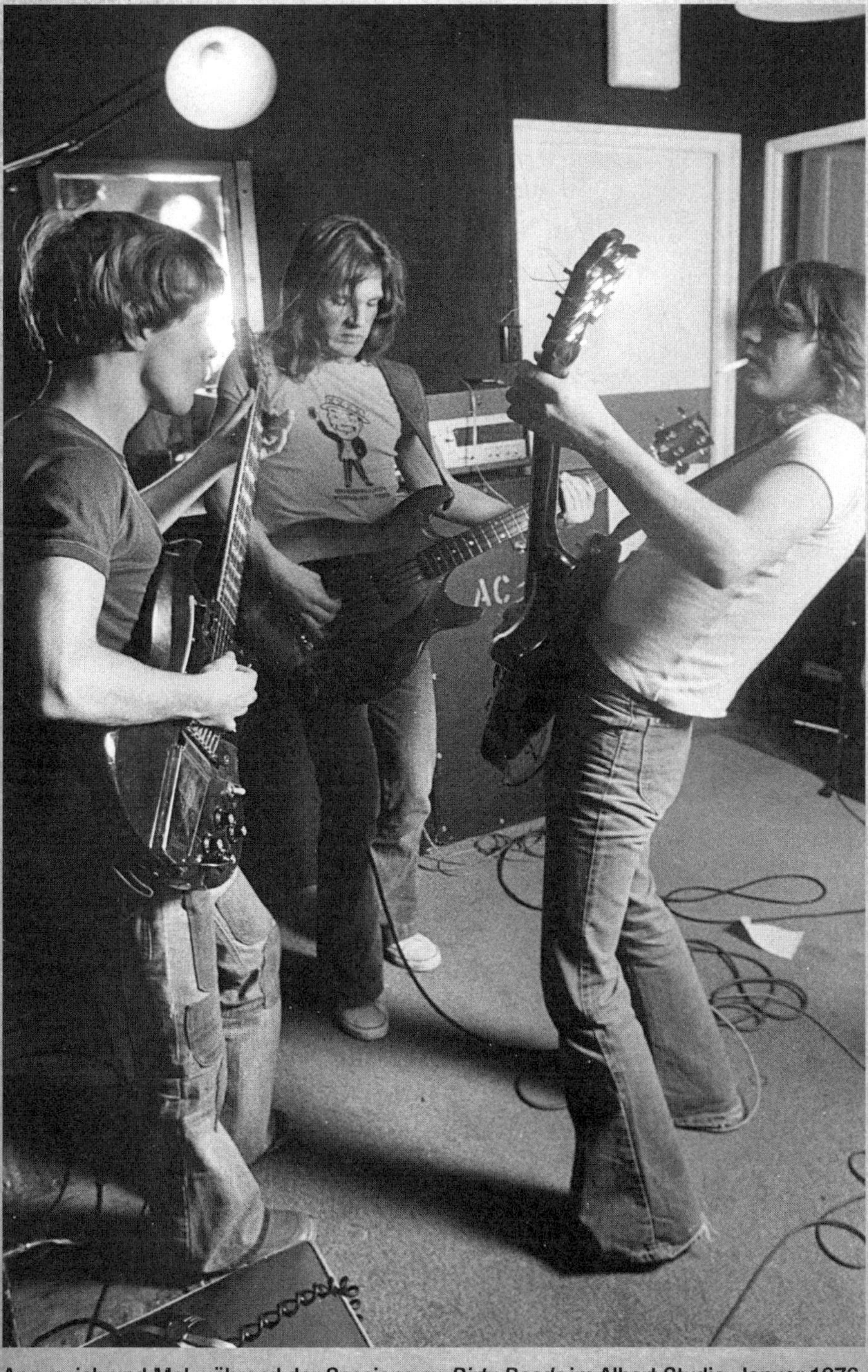

Angus, ich und Mal während der Sessions zu *Dirty Deeds* im Albert Studio, Januar 1976.
(Philip Morris)

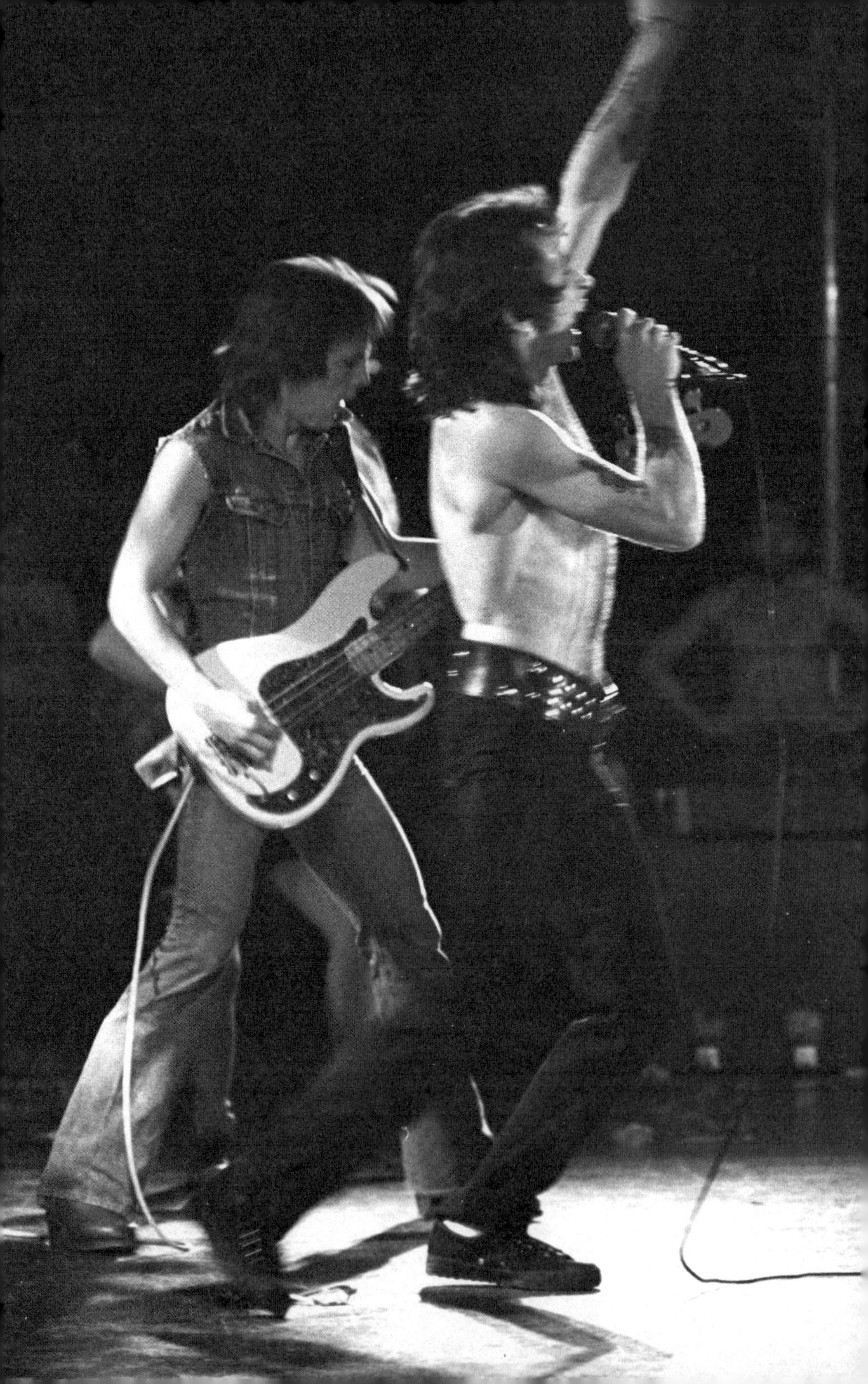

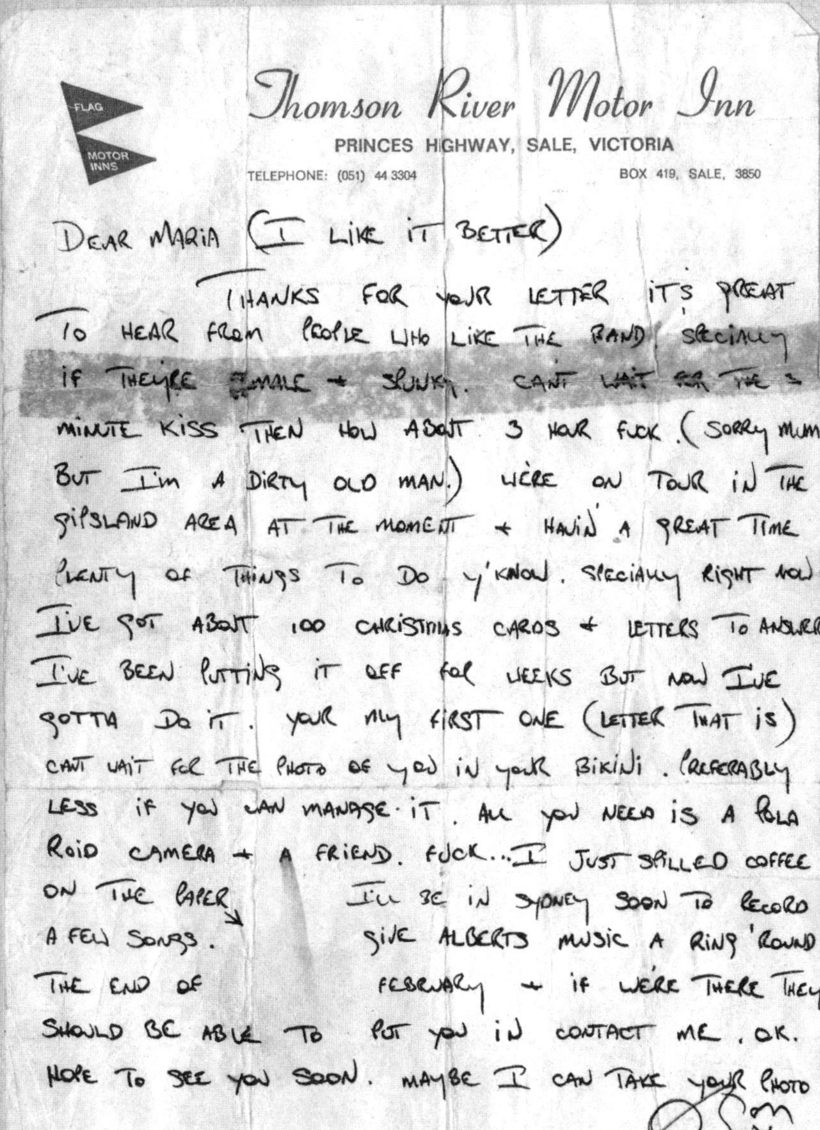

FLAG MOTOR INNS

Thomson River Motor Inn
PRINCES HIGHWAY, SALE, VICTORIA
TELEPHONE: (051) 44 3304 BOX 419, SALE, 3850

DEAR MARIA (I LIKE IT BETTER)
THANKS FOR YOUR LETTER IT'S GREAT
TO HEAR FROM PEOPLE WHO LIKE THE BAND SPECIALLY
IF THEYRE FEMALE + SPUNKY. CANT WAIT FOR THE 3
MINUTE KISS THEN HOW ABOUT 3 HOUR FUCK (SORRY MUM
BUT I'M A DIRTY OLD MAN.) WERE ON TOUR IN THE
GIPSLAND AREA AT THE MOMENT + HAVIN' A GREAT TIME
PLENTY OF THINGS TO DO Y'KNOW. SPECIALLY RIGHT NOW
IVE GOT ABOUT 100 CHRISTMAS CARDS + LETTERS TO ANSWER
I'VE BEEN PUTTING IT OFF FOR WEEKS BUT NOW IVE
GOTTA DO IT. YOUR MY FIRST ONE (LETTER THAT IS)
CANT WAIT FOR THE PHOTO OF YOU IN YOUR BIKINI. PREFERABLY
LESS IF YOU CAN MANAGE IT. ALL YOU NEED IS A POLA
ROID CAMERA + A FRIEND. FUCK... I JUST SPILLED COFFEE
ON THE PAPER I'LL BE IN SYDNEY SOON TO RECORD
A FEW SONGS. GIVE ALBERTS MUSIC A RING 'ROUND
THE END OF FEBRUARY + IF WERE THERE THEY
SHOULD BE ABLE TO PUT YOU IN CONTACT ME. OK.
HOPE TO SEE YOU SOON. MAYBE I CAN TAKE YOUR PHOTO
Bon X

Bons Antwort auf den Brief eines offenbar sehr entschlossenen weiblichen Fans …
(KD Collection)

Gegenüberliegende Seite:
Auftritt beim Sydney Festival auf dem Haymarket,
30. Januar 1977. (Bob King)

AC/DC

SPECIAL REPORT

They oughta be locked up!

ALL THE chicks love AC/DC — that bunch of spunky rockers.

Wherever the boys go they are hounded by their hundreds of female fans.

When Bon and Angus start gyrating around the stage the wild, frenzied screaming starts and keeps going until the boys leave the stage.

Malcolm, Phil and Mark also get their share of the screams, and it's little wonder.

Hundreds of girls are in love with the boys from AC/DC.

Following is a typical letter from an AC/DC fan. The boys get bags full of letter like it.

Dear Fellas:

Ever since your concert in Toowoomba you have been my favorite group.

I can't get over how sexy and horny Malcolm Young is. Boy, would I like to have it off with you, Malcolm.

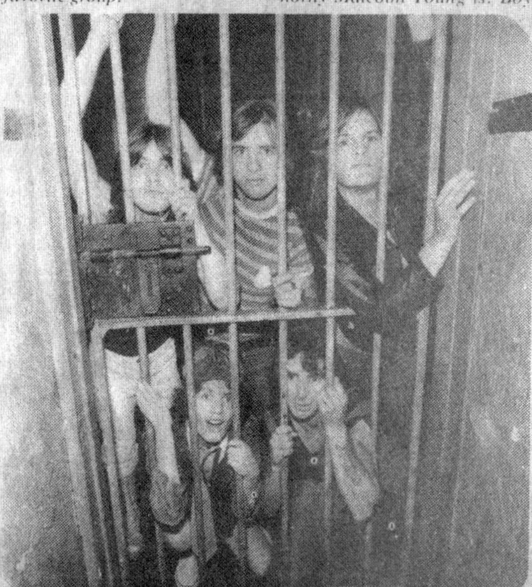

You are the spunkiest. If you are ever in Toowoomba again . . .

Forget that, I don't want you to think I'm a slut or anything.

I reckon Bon Scott is really horny too, so is Mark and Phil. Angus is funny.

I hope you all believe what I say.

If you are in Toowoomba again I'll be the one who jumps up on the stage and goes for Malcolm instead of like last time when I just yelled out and got a wink.

Next time I'll get more than a wink.

Love from . . .

We've left out the name of the girl who wrote this letter so she won't get embarrassed.

But it's just like the ones sent to those spunk-rockers AC/DC every day.

Hinter Gefängnisgittern im Old Melbourne Gaol, aufgenommen für ein Teenager-Musikmagazin im Juni 1975. Das mit dem Wegsperren schien wohl damals eine ganz gute Idee zu sein … (Spunky Magazine No. 24, KD Collection)

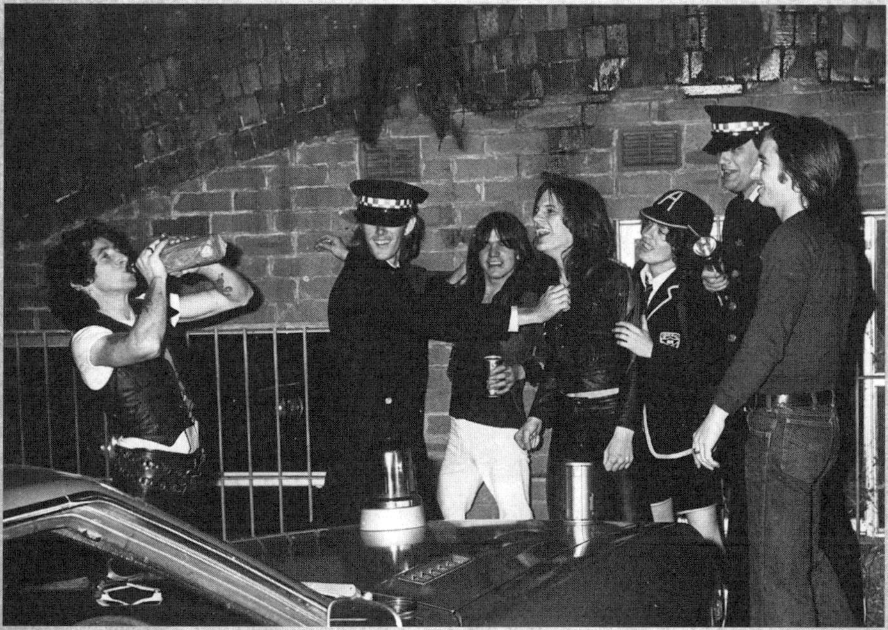

Fotosession für „Jailbreak", Lavender Bay, Sydney, März 1976. Unser Manager Michael Browning ist der große Polizist rechts im Bild. (Philip Morris)

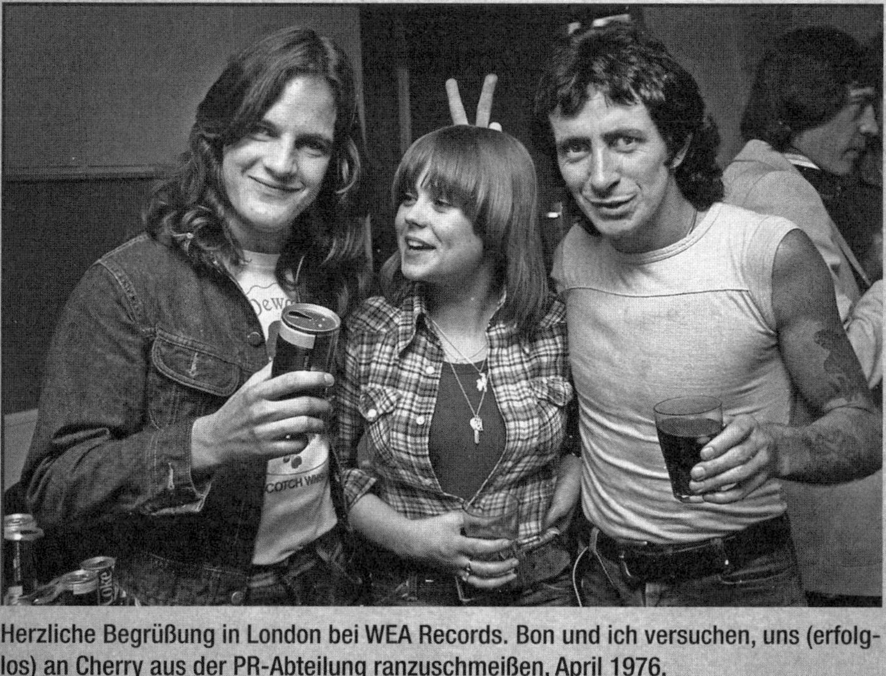

Herzliche Begrüßung in London bei WEA Records. Bon und ich versuchen, uns (erfolglos) an Cherry aus der PR-Abteilung ranzuschmeißen, April 1976.
(Dick Barnatt, www.barnatt.com)

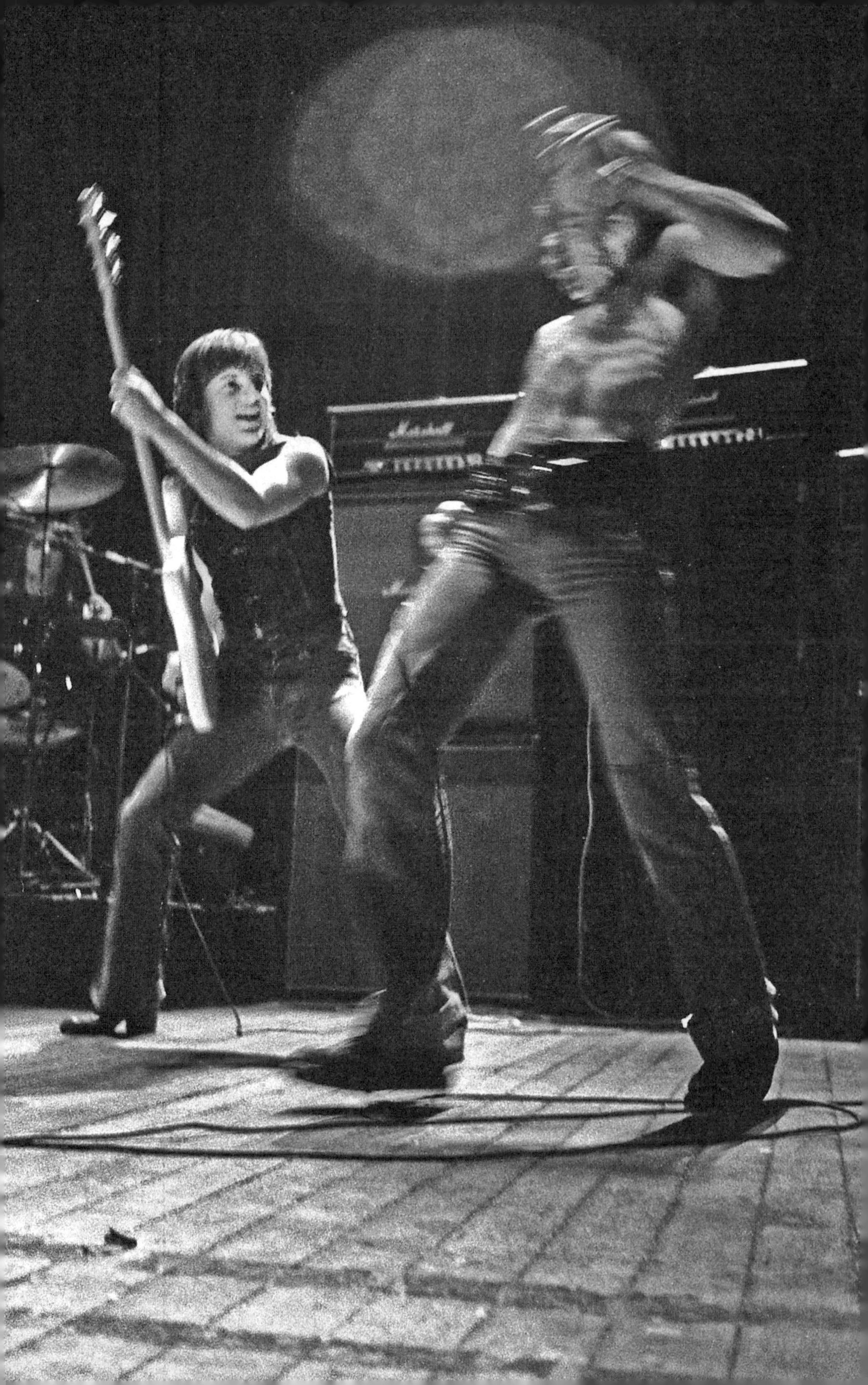
Marshall

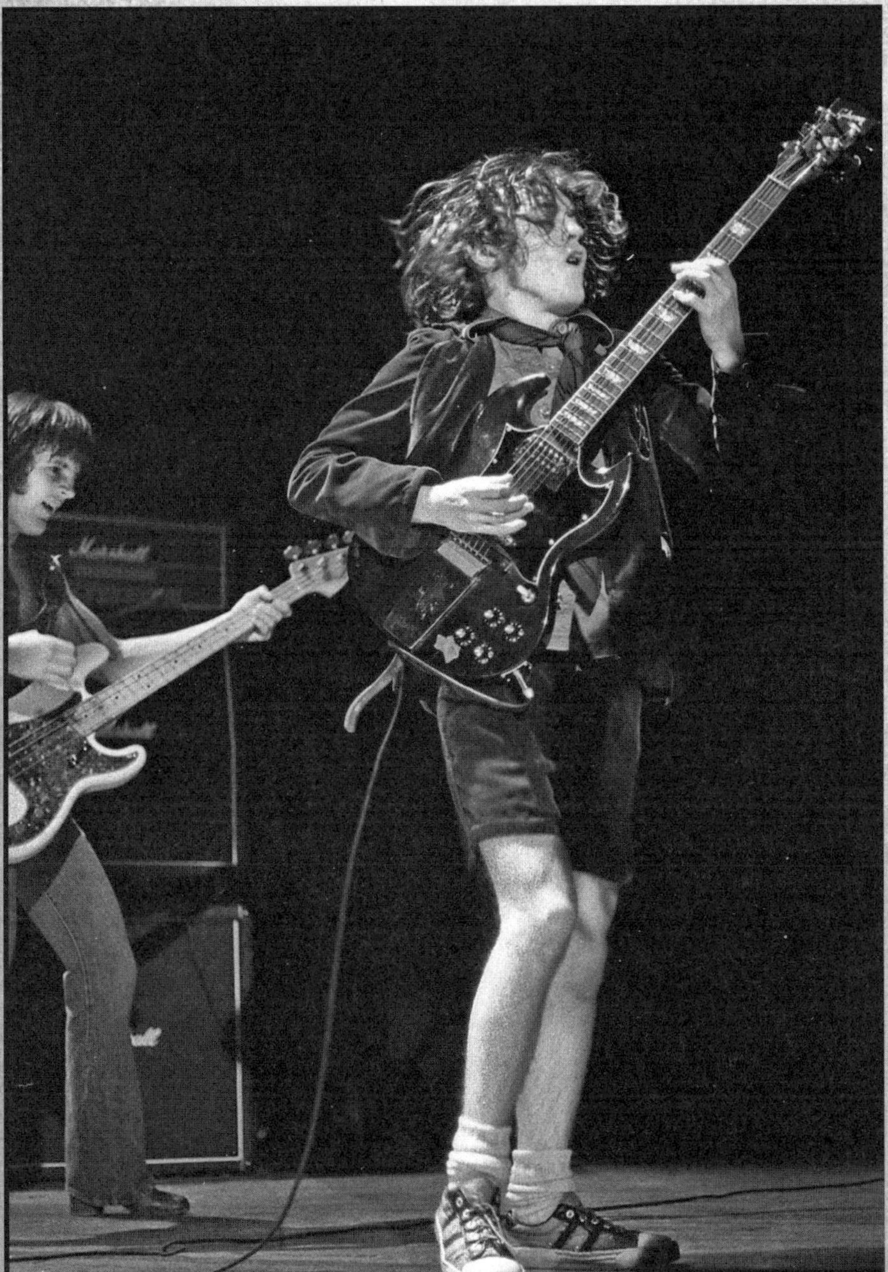

Bei unserem ersten größeren Gig in London: Angus und ich auf der Bühne im Hammersmith Odeon, 10. November 1976. (Dick Barnatt, www.barnatt.com)

Gegenüberliegende Seite: Bon Scott voll in Action: Er war auf dem Weg zum Hammersmith Odeon in die falsche U-Bahn gestiegen und musste jetzt wohl noch ein bisschen Zeit aufholen. (Dick Barnatt, www.barnatt.com)

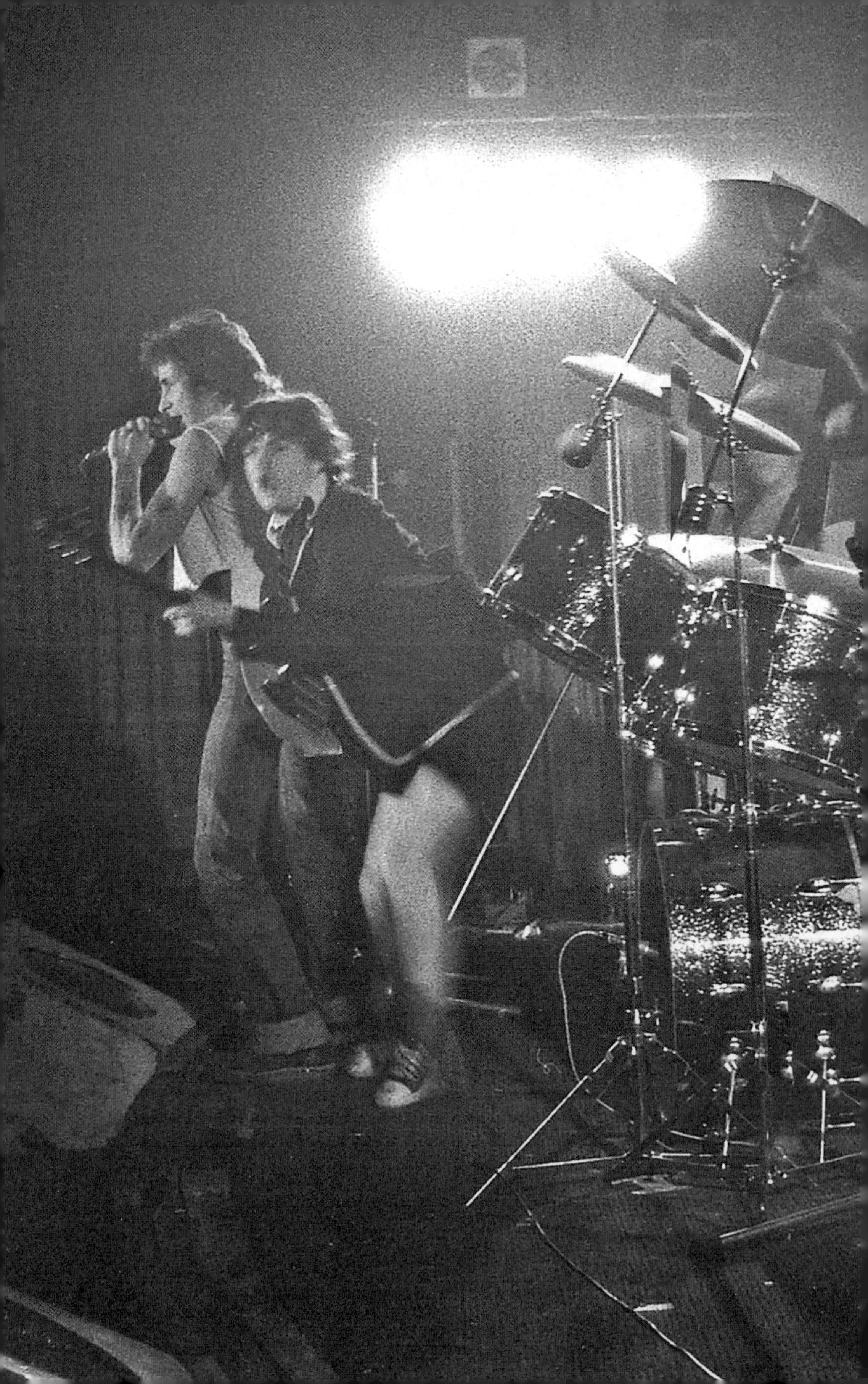

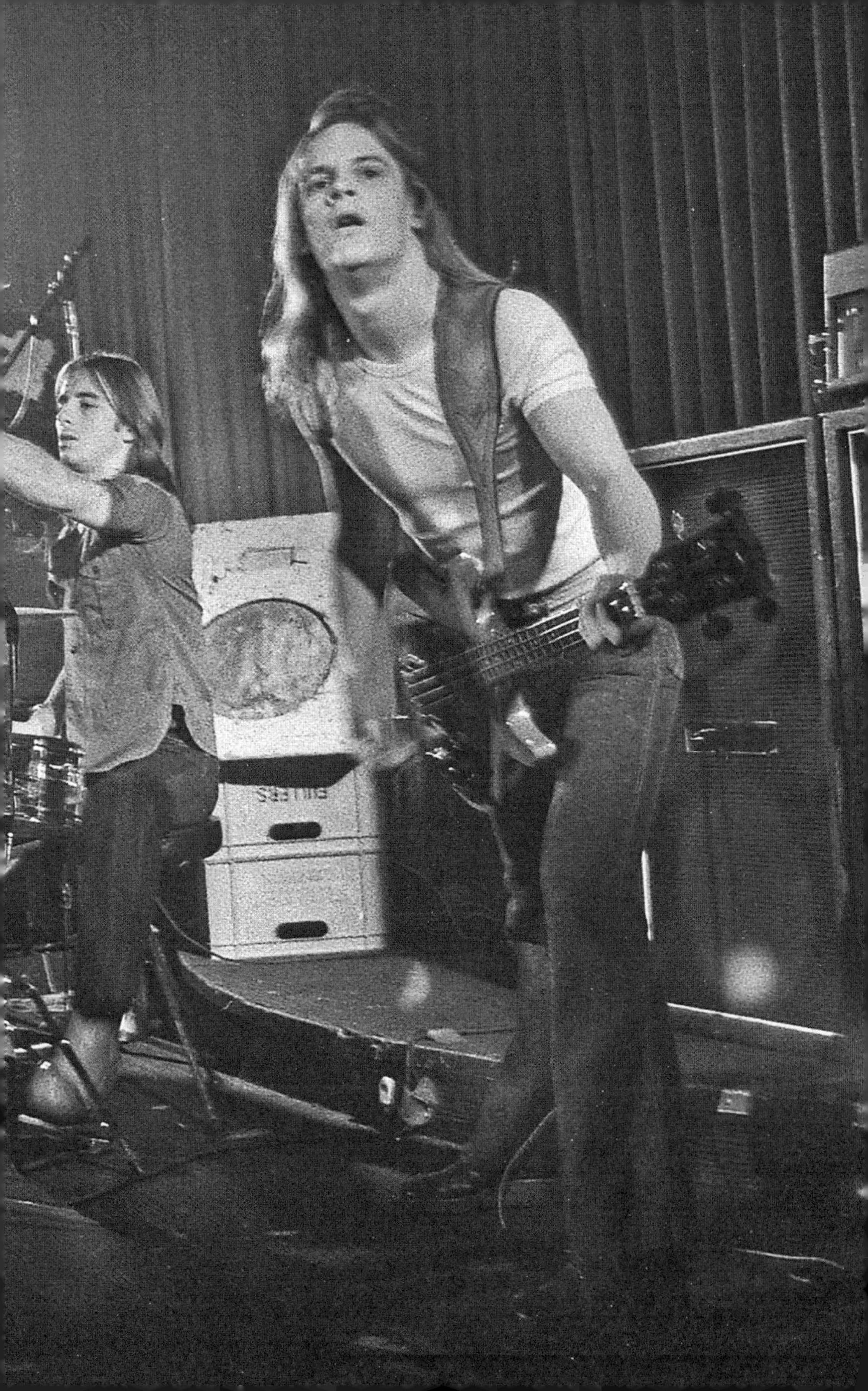

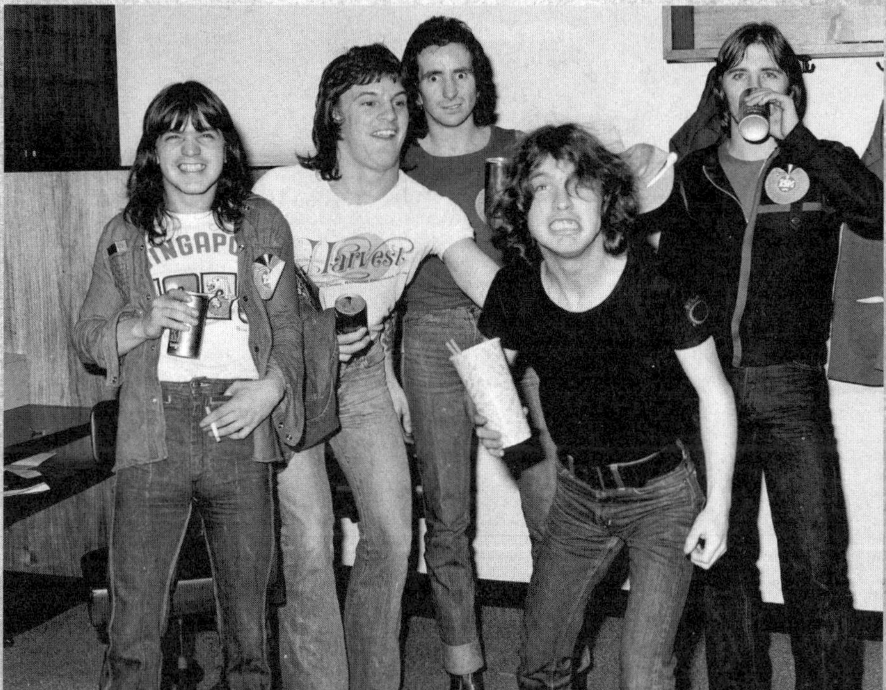

Begrüßungs-Pressekonferenz bei unserer Rückkehr nach Sydney, 26. November 1976. Bon sieht schwer begeistert aus. Auf der kommenden Tournee mussten wir noch einiges aushalten. (Patrick Jones, www.pjstudio.com.au)

Vorherige Seite:
Nashville Rooms, London, 3. Juni 1976.
(Dick Barnatt, www.barnatt.com)

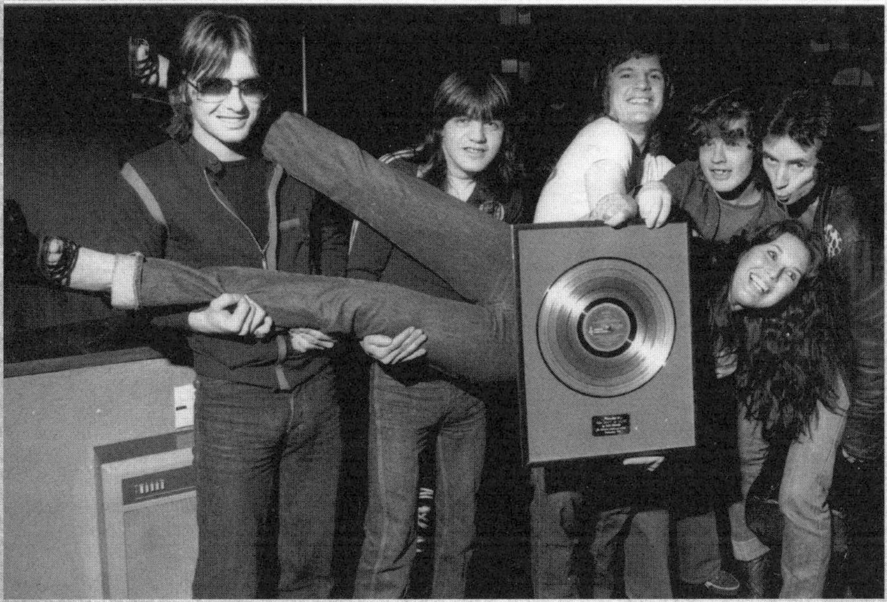

Platinverleihung für *TNT*, Melbourne, 6. Dezember 1976: Unsere Bandmama und PR-Frau, Coral Browning, hält unsere Auszeichnung, und wir halten sie. (Fairfax)

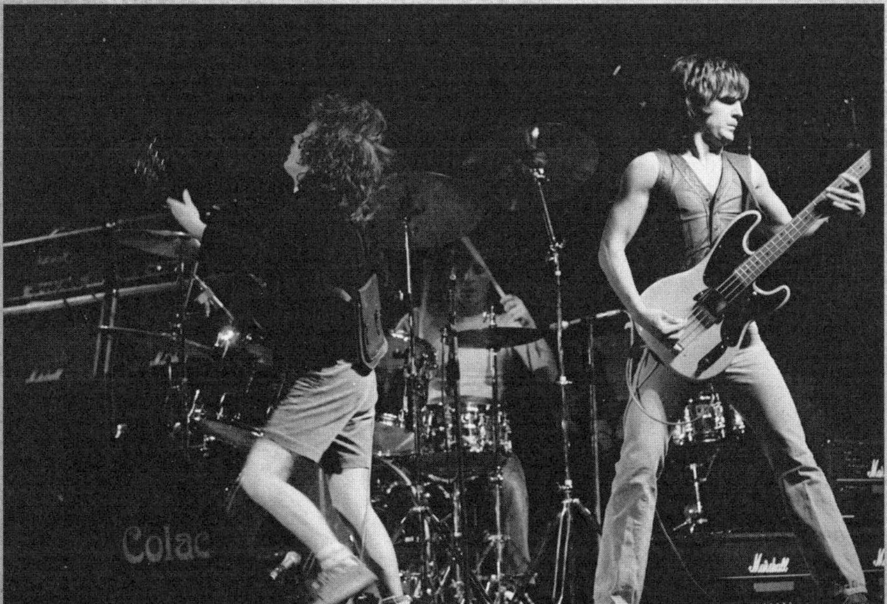

Kopenhagen, 19. April 1977. Angus, und ich mit meinem 1954er Fender Precision Bass. Es sollte mein letzter Gig mit den Jungs sein, aber das wusste ich damals noch nicht. (Jørgen Angel, www.angel.dk)

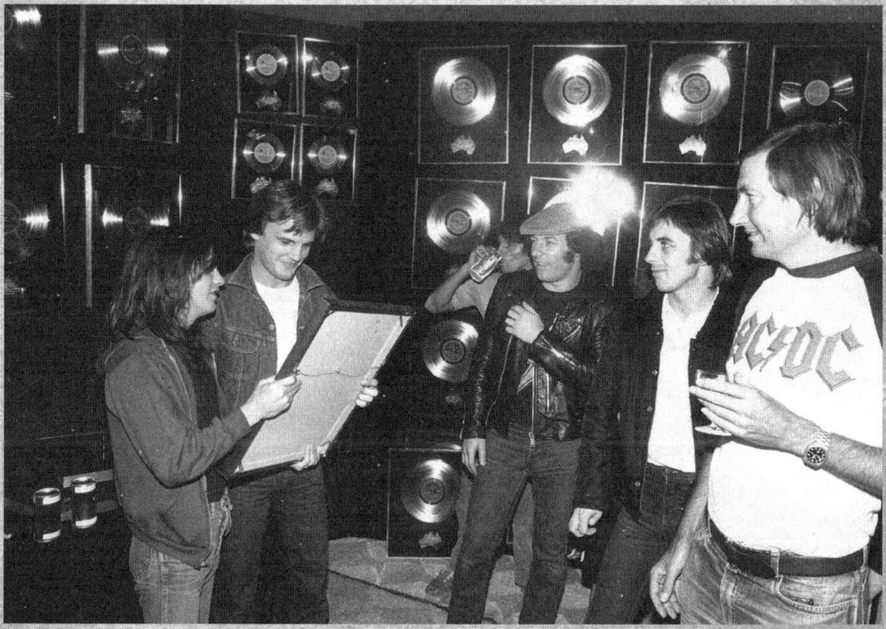

Aftershow-Party im Sydney Showground: Mal, ich, Brian, Phil und Ted Alberts sowie jede Menge Gold- und Platinschallplatten, 23. Februar 1981.
(Patrick Jones, www.pjstudio.com.au)

KAPITEL 5
UNERWARTET TEEN-STARS

Das Leben mit AC/DC wurde von einem festen Terminplan diktiert, den wir einmal in der Woche ausgehändigt bekamen. Er enthielt in der Regel wenig Informationen, nur ein paar karge Fakten. Die Gigs der jeweiligen Woche waren aufgelistet, die Anfangszeiten, die Auftrittsorte und ein paar andere Einzelheiten – ob wir beispielsweise, wenn der Club weiter außerhalb lag, nach der Show nach Hause fuhren oder nicht. Das reichte meist für einen reibungslosen Ablauf – es ging nur dann in die Hosen, wenn Bon das Kleingedruckte überlas.

Wir waren in den Schulferien für einen Mittags-Gig im Hard Rock Café gebucht und sollten um 13 Uhr auf die Bühne. Eigentlich kein Problem, jedenfalls, wenn man richtig in den Terminplan geguckt hatte. Um ein Uhr waren wir alle versammelt und bereit zum Auftritt, nur Bon fehlte. Um halb zwei war noch immer keine Spur von ihm zu sehen. Und so absolvierten wir eine der wohl ungewöhnlichsten AC/DC-Shows – als Quartett mit Mal und Angus als Leadsänger. Die Jungs hängten sich mächtig rein, und das ganze Arrangement hatte durchaus etwas für sich, aber wir zogen unser Programm im Rekordtempo durch und spielten kaum länger als eine halbe Stunde, wenn es hoch kam. Glücklicherweise drängten sich zu dieser Zeit vor allem wild gewordene AC/DC-Fans im schulpflichtigen Alter im Hard Rock Café, und die Band kam auch ohne Bon gut an. Die Kids waren wahrscheinlich damit zufrieden, ordentlich schreien und brüllen zu können, und nebenbei versuchten sie, uns von der winzigen Bühne zu zerren. Wir hatten alle sehr viel Spaß dabei.

Wenn uns das bei anderer Gelegenheit passiert wäre, hätten wir vermutlich keine Gage bekommen, aber nun war es ja glücklicherweise der Club unseres Managers. Den unerschrockenen Mr. Scott spürten wir später auch wieder auf. Er war ein wenig ausgefranst, brachte sich aber gerade wieder in Form für den Gig im Hard Rock Café, von dem er angenommen hatte, dass er um ein Uhr nachts und nicht um ein Uhr mittags stattfinden sollte. Ein kleiner Unterschied von zwölf Stunden.

Der AC/DC-Terminplan beherrschte mein Leben; ich ging dorthin, wohin mich die Band beorderte. Um nicht zu einem Gig zu erscheinen, hätte man schon im Krankenhaus liegen müssen und auf ärztliche Anordnung das Bett nicht verlassen dürfen, und selbst dann hätte es vermutlich ein paar ungehaltene Kommentare gegeben – jedenfalls war das mein Eindruck. Browning hätte möglicherweise noch ein Attest verlangt und sich dann irgendeine Promo-Idee überlegt, um die Geschichte noch irgendwie auszuschlachten. Bei AC/DC zu spielen, das bedeutete für mich durchaus die Aufgabe persönlicher Freiheit – nun konnte ich nicht mehr, wann immer ich wollte, mein Team, den Carlton FC bei den Spielen gegen Collingwood unterstützen. Aber dafür gab es diese große Gruppe von Fans und Freunden, die uns überallhin folgte. Die Band bildete den Mittelpunkt einer Szene, in der sich viele neue und alte Kumpels tummelten; es war wie eine mobile Dauerparty. Wenn meine Freunde bei einem Gig auftauchten, wollten sie feiern. Also starteten wir durch und machten uns auf die Suche nach willigen Mädels und ein paar anregenden Substanzen, um noch ein paar Gänge höher zu schalten.

Es dauerte nicht lange, und AC/DC dominierten mein ganzes Dasein. Die Band wurde mein Leben. Wir waren zusammen, weil wir in einer Band spielten, aber AC/DC war mehr als das, es war wie ein Wesen, das meine ganze Aufmerksamkeit und meine ganze Zeit in Anspruch nahm. Für mich gab es keine andere Möglichkeit, als ihm in blindem Vertrauen zu folgen. AC/DC wurden zu meiner Karriere, meinem Lebensunterhalt, meinem Freundeskreis und, wie ich hoffte, meiner Zukunft. Dem gängigen Klischee nach hätte man wohl gesagt: „Die Band war meine Familie.“ Aber so war es nicht, es war etwas anders. Wenn man zu AC/DC gehörte, dann war das kein Spiel, sondern das Leben. Ich war nicht nur ein Teil der Band, sondern ein Teil eines Lebensstils. Das war der

Grund, aus dem wir zusammen waren. Wir waren nur dann AC/DC, wenn wir uns alle im gleichen Raum befanden.

Ich wohnte noch immer im Hilton; wenn wir in Melbourne waren, blieb ich nicht bei der Band. Nach den Konzerten kehrte ich, wenn sonst nichts weiter anlag, in meine alte Bude zurück, aber in der Regel ließ ich mich am frühen Nachmittag des nächsten Tages im Freeway Gardens Hotel blicken, wohin die Band nun ihr Hauptquartier verlegt hatte, nachdem sie dem Haus in der Lansdowne Road entwachsen war. So war das eben; ich fühlte mich verpflichtet, dort aufzutauchen. Zwar hatte ich meine Wohnung im Hilton, und Phil hätte sicherlich gesagt, dass er offiziell noch bei seiner Mutter wohnte, so wie Mal und Angus bei ihrer Familie in Burwood in Neusüdwales. Aber im Grunde waren wir alle heimatlos; ich besaß nichts außer meinem Instrument, dem dazugehörigen Equipment und meinen Kleidern. Es war ein echtes Zigeunerleben.

Meine Ex-Freundin Glynis gehörte inzwischen ebenfalls zum Kreis, der sich rund um die Band gebildet hatte. Wir waren zwar kein Paar mehr, aber noch immer gut befreundet. Manchmal war es etwas nervig, wenn einer von uns gerade besonders viel Aufmerksamkeit vom anderen Geschlecht bekam, aber das Erwachsenwerden erlebten wir zum großen Teil gemeinsam. Dabei machten wir auch schwere Zeiten miteinander durch. Einmal setzten mich die anderen spätnachts nach einem Konzert vor Glynis' Haus in Dandenong ab und baten mich, ihr im Namen der Band unser Beileid auszusprechen: Ihr Bruder Alun war zu Hause in England beim Schwimmen verunglückt. Das war für mich eine schwere Prüfung.

Auch wenn wir sicher nicht aussahen wie die Bay City Rollers oder Sherbet, deren australische Entsprechung, hatten wir doch ziemlich viel Erfolg beim Teenie-Publikum. Die Teenybopper-Ära war in vollem Gange, und zu einer Zeit, in der die Rollers, David Cassidy und Donnie Osmond die Radioprogramme und die Charts beherrschten, wurden wir Ende August 1975 vermutlich aufgrund unserer erfolgreichen Auftritte in *Countdown* während der Schulferien für einen Auftritt im größten Kaufhaus von Melbourne engagiert, dem Myers Emporium. Wir sollten um die Mittagszeit im „Miss Melbourne Store“ spielen, der im ersten Stock des Gebäudes an der Bourke Street lag. Mich beeindruckte besonders die Größenordnung des gesamten Deals: Für vier Mittags-Auftritte, von Montag bis Donnerstag, sollten wir 2.000 Dollar erhalten. Das war ein ordentlicher Batzen Geld, und zusätzlich hatten wir an den Abenden Zeit für weitere lukrative Shows. Und so machten wir uns am Montagmorgen auf zum ersten unserer vier Konzerte vor den kleinen Mädchen.

Früher, bevor ich zur Band stieß, war ich einfach zur Haltestelle der Straßenbahn 72 auf der Malvern Road gegangen und dann noch zehn Minuten ins Zentrum gefahren, wenn ich in die Innenstadt wollte. Nun, als AC/DC-Mitglied, kam das nicht mehr infrage. Michael Browning hatte uns ein paar Regeln eingehämmert, an die wir uns jederzeit zu halten hatten, und eine davon betraf öffentliche Verkehrsmittel. Es war nämlich so: Michael hatte vor einigen Jahren bei einer Straßenbahnfahrt Bobbie & Laurie, ein damals sehr erfolgreiches Pop-Duo, im gleichen Wagen sitzen sehen, und das hatte ihn sehr enttäuscht: Zu echten Popstars gehörten für ihn Limousinen, keine Straßenbahnen. Von daher war es all seinen Bands untersagt, Bus oder Bahn zu fahren. Eine weitere Regel betraf Armbanduhren auf der Bühne. „Wozu braucht ihr Uhren?“, hatte er gesagt und erläutert: Für uns als Rocker spielt Zeit bei einem Konzert keine Rolle. In einem solchen Moment gab es keine anderen Termine, wegen denen wir auf eine Uhr gucken mussten. Nun fahre ich inzwischen durchaus wieder Straßenbahn, aber die Uhrenregel hat sich mir fest eingebrannt, und heute noch lege ich jedes Mal brav meine Uhr ab, bevor ich auf die Bühne gehe. Und jedes Mal, wenn ich einen Musiker sehe, der das nicht getan hat, frage ich mich: „Der muss wohl noch woanders hin, oder was?“ Bei einem Konzert muss man alles geben und die Zuschauer unterhalten. Zwischendurch auf die Uhr zu gucken, um festzustellen, wie lange man noch spielen muss, ist dabei ein absolutes Unding.

Jedenfalls standen uns nun vier Auftritte in einer Kaufhausabteilung für Damenmode bevor. Wir hatten uns gut vorbereitet, zusätzliche Lautsprecher und Scheinwerfer besorgt und eine zweite Garnitur Verstärker und Schlagzeug angeschafft. Es wäre logistisch gesehen unmöglich gewesen, unser normales Equipment zu verwenden: Unsere Crew hätte sich dabei totgearbeitet, unseren Kram morgens im Kaufhaus aufzubauen, alles für den Auftritt am Abend wieder auseinanderzunehmen und dann auf eine Bühne in einem Club zu schaffen – wenn uns die Jungs nicht schon allein für einen solchen Vorschlag eins über den Schädel gezogen hätten. Und so standen wir an jenem Montag um die Mittagszeit mit unserer Zweitausrüstung auf der kleinen Bühne, die man für uns zusammengezimmert hatte, und guckten zu, wie sich eine immer größer werdende Menge versammelte. Allmählich wurde es ziemlich eng im Miss Melbourne Shop, und Michael rieb sich die Hände und sagte: „Wenn wir hier mehr als einen Song spielen können, dann wäre das ein verdammtes Wunder!“ Inzwischen drängten sich wohl ein paar tausend Kids auf der Etage.

Unsere Auftritte in *Countdown* hatten uns ein völlig neues Publikum beschert, und wir befanden uns unerwartet in der seltsamen Position, dass uns sowohl die Schlägertypen als auch die kreischenden Teenies mochten. Keine Ahnung, woran das lag – vielleicht waren es Angus' jungfräuliche Schuljungenknie? Ich habe uns jedenfalls nie als Pop-Gruppebe trachtet – jetzt mal ernsthaft, das war eigentlich auch überhaupt keine Frage, und das kapierte man spätestens, nachdem man AC/DC einmal live gesehen hatte. Ob einem das dann gefiel, war etwas anderes, aber das machte AC/DC aus – man liebte oder man hasste uns. Malcolm war der Meinung, dass es besser sei, von der Bühne gebuht zu werden, als den Leuten egal zu sein. „So bleibt man wenigstens in Erinnerung“, sagte er, und damit hatte er Recht. Von den Pop-Gruppen unterschieden wir uns zudem durch unsere Auftritte. Sherbet wären aus vielen Läden, in denen wir spielten, nicht lebend rausgekommen.

Wir hatten nicht viel Zeit, über unser Publikum oder über Michaels Kommentar nachzudenken, denn nun war Showtime und wir gingen von Mals Seite aus auf die kleine Bühne, ohne Ankündigung, ohne Tamtam, einfach so. Aber Bon war kaum ans Mikrofon getreten, da versuchten schon die ersten Mädchen, ihn von der Bühne zu zerren. Angus und ich stellten uns hinter ihn und stöpselten unsere Instrumente ein. Der Lärm war unbeschreiblich, und er kam vom Publikum, nicht von uns. Man hätte glauben können, es seien die Beatles, die hier auftraten, und nicht eine Rotte ungekämmter, rotziger, pickliger Rocker. Ein solches Geschrei hatte ich nie zuvor gehört. Es war ein unaufhörliches, wildes Brüllen, das von überallher zu kommen schien.

Leider kann ich mich überhaupt nicht mehr daran erinnern, mit welchem Song wir loslegten. Jedenfalls hatten wir gerade mal die ersten Takte gespielt, als uns Wellen kreischender Mädchen entgegenbrandeten. Und wenn ich Wellen sage, dann meine ich Wellen. Ich stand ein paar Meter vom Bühnenrand entfernt, und darüber war ich verdammt froh, als ich sah, dass Bon von einer Stampede Teenager umgerissen wurde. Unaufhaltsam drängten die nächsten von hinten nach, und zwar ziemlich schnell. Es war wie General Custers Schlacht am Little Big Horn – ein unendlicher Strom von Indianern wogte heran, nur eben in Myers' Miss-Melbourne-Abteilung. Phils Schlagzeug wurde zertrümmert, auf meiner Seite kippten die Verstärker um, und ich kletterte hastig über das Schlachtfeld hinweg und rannte durch die Umkleidekabinen ins Lager, wo ich mich sicher glaubte. Das Kreischen wurde lauter und kam näher. Ich hatte keine Ahnung, wo die anderen waren. Es herrschte völliges Chaos, wie in einer Szene des Beatles-Films *A Hard Day's Night*.

Bon wurde von kreischenden Teenies durchs Haus gejagt, gefolgt von seinem loyalen Kumpel Pat Pickett. Es gelang ihnen schließlich, auf der anderen Seite des Gebäudes auf die Elizabeth Street zu flüchten und ausgerechnet mit der Straßenbahn nach Hause ins Freeway Gardens Hotel zu fahren (für diese Verletzung einer Browning-Regel konnten sie immerhin mildernde Umstände geltend machen). Ich hockte noch 20 Minuten im Lager, während die Soundkulisse aus dem Verkaufsbereich ungefähr so klang wie die Landung der Alliierten in der Normandie.

Wir hatten einen richtigen Teenager-Aufstand losgetreten, mit Kreischen und nassen Höschen, dem ganzen Programm. Und die Lage eskalierte richtig, als einige unserer Fans erkannten, dass die Gelegenheit günstig war, um sich ein paar kostenlose Proben aus der Miss-Melbourne-Kollektion zuzulegen. Die Abteilung wurde komplett leer geräumt.

Als sich die Lage allmählich wieder beruhigte, schlich ich nach draußen, noch immer in meiner Bühnenkleidung und mit dem Bass in der Hand. Auf der Bourke Street sprang ich in ein Taxi und ließ mich zum Hilton fahren. Dort musste ich mir erst mal einen Fünfer von Onkel Morry leihen, der im Erdgeschoss des Hiltons einen Lebensmittelladen betrieb, um das Taxi zu bezahlen. Morry war ein Dachau-Überlebender, und für jemanden, der die Schrecken eines Konzentrationslagers mit angesehen hatte, besaß er einen unglaublichen Sinn für Humor. Als ich bei ihm hineinstürmte, den Bass noch immer um den Hals und ziemlich ausgefranst, warf er mir einen bezeichnenden Blick zu, hob die Schultern und breitete die Arme aus, die Handflächen nach oben gerichtet. „Hast du keinen Koffer für dieses Ding da, du Angeber?“

KAPITEL 6
AUF NACH ENGLAND

AC/DC war eine Band, bei der immer alles gut lief, solange sie in Bewegung blieb und es aufwärts ging. Nun, da wir in Australien so erfolgreich wurden, war klar, was als nächstes anstand: In den Siebzigern zog es alle australischen Künstler, die etwas auf sich hielten, nach England. Das war nicht nur bei Rockbands so – es war der logische Schritt für Schauspieler, Regisseure, Autoren und überhaupt jeden, der künstlerische Ambitionen hatte. Aussies wie Clive James, Brett Whiteley, Richard Neville, Barry Humphries und Germaine Greer hatten den Sprung geschafft, und neben vielen anderen Bands hatten auch die Easybeats und Bons alte Band Fraternity dort ihr Glück versucht. Die Master's Apprentices hatten sogar eine Platte in den Abbey Road Studios aufgenommen, der heiligen Wirkungsstätte der Beatles. In den kommenden Jahren wurde England zum Ziel für die nächste Generation, für Nick Cave, die Triffids, die Saints und die Go-Betweens.

Billy Thorpe & The Aztecs waren ebenfalls in Großbritannien auf Tournee gewesen, hatten sich aber nicht durchsetzen können. Dabei hatte Michael Browning, der Billy eine Zeitlang als Manager vertrat, zusammen mit seiner in England lebenden Schwester Coral dafür gesorgt, dass die Aztecs in London ein paar Gigs absolvieren konnten, noch dazu im renommierten Speakeasy, in dem viele wichtige Drahtzieher aus dem Musikgeschäft ein- und ausgingen.

Das Speakeasy war zwar ein cooler und angesagter Laden (in dem man, wie ich bald merkte, hervorragend hübsche Frauen aufreißen konnte), aber er war nicht viel größer als eine Schuhschachtel. Wenn man sich vorstellte, dass die Aztecs hier mit voller Lautstärke losgelegt hatten, konnte einem Angst und bange werden. Der Club lebte davon, dass hier Deals abgeschlossen wurden – Business, Drogen oder Sex. Und der Lärm, den die Aztecs entfachten, brachte natürlich das ganze Geschäft zum Erliegen. Australier standen damals dank verschiedener Comedy-Programme in Großbritannien ohnehin in dem Ruf, rückständig und ein wenig zurückgeblieben zu sein. Ganz genauso wurden die Aztecs wahrscheinlich auch betrachtet, zumindest sah man sie als schrecklich lärmende Kasper, die das Speakeasy in Trümmer legen wollten; sie durften gerade mal einen Set spielen, dann wies man ihnen zügig die Tür.

AC/DC hatten ein enormes Stehvermögen und überzeugten immer, einen Abend nach dem anderen, im Studio, auf Tour, überall. Hätten wir das nicht gekonnt, wäre die Band denselben Weg gegangen wie so viele andere australische Künstler der damaligen Zeit: ein paar kleine Hits, ein paar kurze Tourneen, und dann die allmähliche Auflösung oder der Abstieg in die Clubszene, bis es schließlich wieder anm der Zeit war für die ersten Reunion/Retro/Altersheim-Veranstaltungen mit ein paar alten Weggefährten. Andere Bands wurden von mächtigen Managern betreut, so wie Sherbet, die bei Roger Davies unter Vertrag standen. Aber obwohl sie mit „Howzat" einen Hit in Großbritannien landen konnten, gelang es Davies nicht, ihnen außerhalb von Australien zum großen Durchbruch zu verhelfen. (Was nichts über seine Fähigkeiten sagen soll – er war später maßgeblich an Tina Turners Comeback beteiligt und managte sehr erfolgreich Janet Jackson und Pink.)

Über Sherbets „Howzat" ärgerten sich einige bei AC/DC: Wir tourten quer durchs Land und rissen uns den Hintern auf, um uns eine solide Fan-Basis zu erarbeiten, und denen fiel einfach so ein Hit in den Schoß; so sah es für uns jedenfalls aus. Zwar ließen wir uns unseren Ärger kaum anmerken, aber so tickten wir eben: Wir maßen unseren Erfolg daran, wie jene Bands vorankamen, die wir als Konkurrenz wahrnahmen. Das waren in Australien Sherbet und die Skyhooks – sie waren die großen Nummern, auf sie hatten wir es abgesehen. Für beide hatten wir keinerlei Respekt – was hätte es uns also gebracht, wenn wir sie auf dem heimischen Markt überholt hätten? Wen interessierten die denn überhaupt? Für uns war es völlig unverständlich, wie jemand solche Typen gut finden konnte – war es da nicht viel spannender, sich mit den wirklich großen Jungs zu messen? Wenn wir uns weiterentwickeln wollten, dann gab es nur eins: Wir mussten den Schritt nach Übersee wagen.

Michael Browning hatte schon eine ganze Weile daran gearbeitet, uns nach England zu bringen – ich bin sogar überzeugt, dass die Band ihn als Manager engagiert hatte, weil er genau das von Anfang an als sein großes Ziel ausgegeben hatte. Alberts und vor allem George Young hatten seine Vorstellungen sicherlich sehr wohlmeinend aufgenommen. George, der Mentor von AC/DC, hatte mit den Easybeats selbst so kurz vorm großen Durchbruch in England gestanden, dass er nun ganz sicher davon träumte, einen zweiten Anlauf zu wagen. Und die Band war genauso scharf darauf wie George.

Die ganze England-Geschichte hatte ich zu Anfang als Träumerei abgetan, aber es dauerte nicht lange, bis mir klar wurde, wie ernst es ihnen damit war. Dieser Plan würde gelingen. Ganz sicher. Alles andere hätte man als Blasphemie ausgelegt – hätte ich ernsthaft Zweifel geäußert, wäre das einer Meuterei gleich gekommen, und man hätte mich über die Planke gehen lassen. Aber es war auch klar wie Kloßbrühe. Wir waren so schnell in Australien durchgestartet und hatten zwei erfolgreiche Alben und ein paar Hits vorgelegt, dass jetzt das Motto lautete: Auf zu neuen Ufern.

Michael war Mitte 1975 nach London geflogen, um für die Band den Boden zu bereiten. Dort machte er die Runde mit seinem „Maxwell Smart"-Videoplayer für die Aktentasche, einem ziemlich abgefahrenen Gerät für die damalige Zeit, das direkt aus dem Fundus des MI5 oder eines anderen Geheimdienstes zu stammen schien. Es dauerte nicht lange, und Michael war bekannt als der „Aussie mit der Aktentasche". Jedem, der nur halbwegs Interesse zeigte, spielte er die Videoaufzeichnung von „High Voltage" vor, die bei einem Gig in der Festival Hall mit den Skyhooks aufgenommen worden war. Der Clip enthielt auch eine Menge Aufnahmen vom Publikum, und viele Fans hatten Banner mitgebracht, auf denen groß AC/DC stand. Am schönsten fand ich allerdings das mit der Aufschrift ANGUS U SPUNK, was im Aussie-Slang soviel bedeutete wie: Angus, du bist rattenscharf. Dieses Plakat hatte niemand anders gebastelt als der rattenscharfe Meister selbst: Einen ganzen Nachmittag lang hatte er auf dem Fußboden im Wohnzimmer des AC/DC-Hauptquartiers daran gewerkelt. Das wussten die Anzugtypen in London natürlich nicht; die sahen nur, dass das Publikum total ausrastete.

Michaels Schwester Coral öffnete einige wichtige Türen für uns, und das war uns eine sehr große Hilfe. Coral lebte schon seit fünf Jahren in London, hatte für das Label A&M gearbeitet und unter anderem mit den Rolling Stones zu tun gehabt. Sie hatte gute Connections und war wegen ihrer positiven Ausstrahlung und ihrer guten Laune überall sehr beliebt. Sie nutzte all ihre Kontakte, um AC/DC in England bekannt zu machen – sie kannte alle wichtigen Leute, alle guten Clubs und wusste, wie die Musikszene funktionierte. Für uns nahm sie weitab von zu Hause auch ein wenig die Mutterrolle ein, und davon abgesehen war Coral, wenn ich das hier so sagen darf, auch ziemlich nett anzusehen. Sie besaß die Qualitäten vieler australischer Frauen: Einerseits war sie eine richtig heiße Braut, wusste aber auch das Selbstbewusstsein eines Mannes aufzubauen und konnte gleichzeitig ein richtig guter Kumpel sein.

In erster Linie versuchte Michael, der Band einen Plattenvertrag zu beschaffen und dafür zu sorgen, dass *High Voltage* in England veröffentlicht wurde. Falls das nicht gelang, sah der Notfallplan vor, zunächst ein paar Showcases für Oktober und November 1975 zu organisieren, idealerweise im Marquee oder Speakeasy, zwei Clubs in der Londoner Innenstadt, die von den wichtigen Drahtziehern der Musikindustrie frequentiert wurden und uns vielleicht voranbringen konnten. Doch dann traf sich Michael bei Atlantic Records mit Phil Carson und Dave Dee und konnte glücklicherweise einen Deal unter Dach und Fach bringen – bei demselben Label, bei dem auch Bands wie Led Zeppelin und Bad Company unter Vertrag standen. Es verlief tatsächlich alles nach Plan, auch wenn Michael insgesamt zehn Tage länger brauchte, als er ursprünglich eingeplant hatte.

Bevor wir uns dann auf den Weg nach England machten, schickte uns Michael im Januar 1976 noch einmal ins Studio, um den Nachfolger zu *TNT* einzuspielen, das sich in Australien anhaltend gut verkaufte. Tatsächlich wurde die Veröffentlichung von *Dirty Deeds Done Dirt Cheap* auf dem heimischen Markt sogar noch eine Weile zurückgehalten, weil das Interesse an *TNT* noch so groß war. Bei den Aufnahmen gingen wir nach dem schon vertrauten Muster vor – erst wurden bei Soundchecks und anderen Gelegenheiten ein paar Riffs und Songideen ausprobiert, dann quetschten wir zwei Wochen Studiozeit mit George und Harry in unseren randvollen Tourneekalender. Schließlich stand der Exodus nach Großbritannien bevor, und wer konnte da schon sagen, wann wir wieder Gelegenheit haben würden, ins Studio zu gehen?

Vorab hatte es schon einen kurzen Boxenstopp bei Alberts gegeben, um „Jailbreak" und „Fling Thing" einzuspielen, damit wir ein paar Songs in der Hand hatten, um den Fans die Wartezeit bis zum neuen Album ein wenig zu verkürzen. Als wir uns dann an *Dirty Deeds* machten, gingen wir mit demselben Hochdruck an die Arbeit wie das letzte Mal: In der ersten Woche wurden die Songs mit George zusammen ausgearbeitet und die Backing Tracks eingespielt, in der zweiten Woche kamen dann die Gitarrensoli und der Gesang dazu.

George, Mal und Angus waren ein eingespieltes Team, gingen die Ideen am Klavier durch und feilten die Riffs zurecht, bevor wir dann die Grundlagen der Songs einspielten. Hier war George in seinem Element als AC/DC-Mentor, der die Band immer wieder zu Höchstleistungen antrieb und uns im Studio die richtige Richtung vorgab. Allmählich schälten sich immer mehr Tracks heraus. „Ain't No Fun Waitin' Round To Be A Millionaire" fand ich von Anfang an großartig, und der Track ist immer noch ein richtiger Kracher. Schon allein, wie es kurz vor Schluss noch einmal richtig losgeht, ist brillant. Mal ließ sich dabei von Ike & Tina Turners Fassung von „Proud Mary" inspirieren. Bei den Texten hielten wir auch an der erprobten Vorgehensweise fest, Bon in der Küche einzusperren und erst wieder rauszulassen, wenn er ein paar neue „dirty ditties" auf der Pfanne hatte. Bei „Ain't No Fun" zeigte er sich besonders lakonisch, während „Ride On" wohl zumindest zur Hälfte autobiografisch war. Es ist durch und durch Bon, der einen großartigen, gradlinigen Blues ablieferte.

Als wir uns einmal richtig festgefahren hatten und uns partout nichts mehr einfiel, ging George in den Raum mit den Verstärkern, hängte sich meinen Gibson-Ripper-Bass um und spielte einen Shuffle. Und das gab uns wieder einen Energiestoß, wir fingen an zu jammen, und daraus entwickelte sich schließlich „There's Gonna Be Some Rockin". So war George, er gab den Ton an, wenn es sein musste. Ich dachte immer, dass es für Malcolm und Angus sicherlich großartig und aufregend war, so eng mit George zusammenzuarbeiten und diese Einheit unter den drei Brüdern zu spüren – na ja, zumindest meistens. Ich beneidete sie schon ein wenig um diese Beziehung, egal, wie schnell sie miteinander in Streit geraten konnten.

„Problem Child“ war ein weiterer Killertrack auf *Dirty Deeds*, der dann auch zu den drei Titeln dieser Platte zählte, die während meiner Zeit bei AC/DC live gespielt wurden (die anderen waren „Dirty Deeds“ und „Jailbreak“). Es war schon komisch – es gab so viele großartige Songs auf diesem Album, die es nie ins Live-Programm schafften. „Ride On“ wäre mit Angus' wehklagendem Solo beim Publikum sicher großartig angekommen, fand aber in den halbstündigen Vorprogramm-Sets, die wir in Europa ablieferten, einfach keinen Platz.

Für mich war es die Erfüllung eines lang gehegten Traums, ins Ausland zu reisen – noch dazu mit einer Band, an die wir alle glaubten. Dabei war ich felsenfest davon überzeugt, dass ich mit AC/DC eine echte Perspektive hatte und langfristig dabei sein würde. Rückblickend hätte ich meine Vorstellungen vielleicht einmal mit den Jungs besprechen sollen. Aber egal – der Ausflug nach Übersee war für mich ein einziges Abenteuer. Vor allem war ich neugierig auf London, während Malcolm, Angus und Bon sich bestimmt darauf freuten, nach Schottland, in ihre alte Heimat, zu reisen. Aber bei AC/DC galt es als uncool, seine Begeisterung zu sehr zu zeigen, und von daher hielt auch ich mich vornehm zurück. Wir alle betrachteten diese Reise einfach als den nächsten, logischen Schritt, auch wenn ich innerlich vor Aufregung ganz kribblig war.

Wir hatten keine Ahnung, was uns bevorstand, und wussten eigentlich nur, dass wir noch einmal ganz unten anfangen müssten. Aber davor hatten wir keine Angst; die Rolle des Underdogs stachelte uns lediglich zu neuen Höchstleistungen an. Und was war das für eine großartige Gelegenheit, durch Europa zu reisen, als Teil einer angesagten Band. Das hört sich heute natürlich verdammt arrogant an, aber so empfand ich es damals: Ich war überzeugt, dass es uns immer, egal unter welchen Umständen, gelingen würde, die Leute zu überzeugen. Natürlich waren wir eingebildete kleine Drecksäcke – na und? Wir brauchten nur ein paar Shows vor den richtigen Leuten, dann würde die Maschinerie der Musikindustrie schon wie von selbst ins Rollen kommen. Mit dem Trip nach Europa begann die nächste wichtige Phase für die Band. Und auch mir persönlich standen ein paar interessante Erfahrungen bevor.

Meine Familie freute sich für mich. Es gab zwar keine große Verabschiedung, aber wir trafen uns bei mir zu Hause auf einen Lammbraten und ein paar Drinks. Das war keine große Sache, nur eine kleine Familienfeier. Und auch in der Presse wurde kein großes Aufhebens von unserem Aufbruch gemacht, so wie es zur Haltung von AC/DC passte: Immer schön den Ball flach halten. AC/DC gingen stets mit Understatement vor: Ankommen, loslegen und hart zuschlagen. Wir machten keine Gefangenen.

Meine Kumpels waren natürlich beeindruckt, aber einige waren auch ein bisschen verschnupft darüber, dass sich ihre Freikarte für Auftritte und Clubs nach London verpisste. Natürlich ging es dabei nicht nur darum, umsonst in ein Konzert zu kommen – ihr Liebesleben hatte sich beträchtlich verbessert, seit sie mit einer angesagten Band abhingen. Nun mussten sie wieder selbst auf die Pirsch gehen.

Dass ich das Land verließ, kam mir nebenbei bemerkt auch aus anderen Gründen sehr entgegen. In der Nacht vor unserer Abreise tigerte ein ziemlich großer und ausgesprochen erzürnter Ehegatte durch die Lobby unseres Hotels und brüllte: „Ich weiß genau, dass sie mit irgendeinem dieser kleinen Säcke da drin ist!“ (Damit hatte er übrigens Recht.) Blitzmerker, der ich nun mal war, hatte ich schnell gelernt, dass es immer gut war, dem Rezeptionisten eines Hotels ein großes Trinkgeld zu geben, weil der sich anschließend verpflichtet fühlte, lebenswichtige Informationen, die das eigene Wohlbefinden entscheidend beeinflussen konnten, zügig weiterzugeben. Ich konnte gar nicht schnell genug aus Australien rauskommen.

Der kleine Medienauflauf am Flughafen Sydney wurde von unseren Freunden von *Countdown* in Ton und Bild festgehalten. Mal und Phil brummten ein paar Sätze, sahen dabei aber ziemlich unbehaglich aus, und auch Bon hielt sich ziemlich zurück, als man ihn nach unserer „Flucht“ aus Australien befragte. Ich hielt die Klappe. Hinter mir lag eine schlaflose Nacht, in der ich mich um ein paar wichtige Dinge hatte kümmern müssen, die sich in letzter Minute ergeben hatten.

Als am späten Vormittag die Kameras anliefen, zuckte ich mit keiner

Wimper. Bei den Aufnahmen, die ich von der Pressekonferenz gesehen habe, vermittle ich höchst erfolgreich den Eindruck, taubstumm zu sein. Einer der wenigen engen Freunde der Band, Ted Mulry, war vor Ort, um die Passanten spontan zu lautem Beifall anzufeuern, und als später ein kleiner Promo-Clip für *Countdown* gedreht wurde, schlich ich mich von hinten an ihn an und hob ihn mir auf die Schultern. Keine Ahnung, woher meine Superkräfte in diesem Moment kamen, vor allem, wenn man bedenkt, was für eine Nacht ich hinter mir hatte.

Am 1. April 1976 landeten wir auf dem Londoner Flughafen Heathrow. Der Flug – mit Zwischenstopps in Singapur, Hongkong, Bombay (dem heutigen Mumbai) und Bahrain – war extrem lang gewesen und hatte 36 Stunden und 45 Minuten gedauert. Wir flogen mit der indonesischen Airline Garuda in einer Boing 707, und von daher fühlte es sich an, als ob man anderthalb Tage in einem Viehwaggon verbracht hatte. Jedenfalls war auf dem Weg Zeit genug für gleich zwei Kater.

Als wir uns im Anflug auf Heathrow befanden, wartete ich gespannt auf den ersten Blick, den ich auf England würde werfen können, aber leider hing die typische dicke Wolkendecke über dem Land, bis sie sich für einen kurzen Moment teilte, um die Sicht auf die Tower Bridge und die Themse freizugeben. Es war ein phantastischer, beinahe surrealer Anblick, wie in einem Film. War das da unten wirklich echt? Ich stieß Phil an, der neben mir saß, aber bevor er den Kopf zum Fenster wandte, hatten sich die Wolken schon wieder geschlossen und die Tower Bridge verschluckt. Aber Phils schnelle Reaktion zeigte deutlich, dass er genauso gespannt war wie ich und auf keinen Fall etwas verpassen wollte.

Wir alle warteten ungeduldig auf das Ende unseres Fluges – wir wollten endlich da sein und mit der Arbeit anfangen. So tickte die Band damals eben: Arbeiten, arbeiten, arbeiten, und wenn wir mal nicht arbeiteten, dann bereiteten wir uns darauf vor, wieder loszulegen. Das galt vor allem für Angus. Zwar war Malcolm der Kapitän unseres Schiffes und sagte, was gemacht werden sollte, aber Angus lebte und atmete nur für die Band und für seine Gibson SG. Seine Bedürfnisse waren ziemlich schlicht:

Seine Gibson und AC/DC (das gehörte sowieso zusammen), Zigaretten der Marke Benson & Hedges, Tee, Schokolade und Spaghetti Bolognese – aber bitte ohne Parmesan, sonst wurde er sauer. Angus und seine SG waren unzertrennlich. Er übte jeden Tag mehrere Stunden: Er saß dann einfach auf seinem Bett, die Gitarre war nicht einmal an einem Verstärker angeschlossen, und nudelte vor sich hin, wobei er mit dem Fuß aufstampfte, um beim längsten Gitarrensolo der Welt nicht aus dem Takt zu kommen. Wenn ich jetzt daran zurückdenke, kann ich mich nicht daran erinnern, dass Angus etwas anderes als Soli spielte, wenn er in seinem Zimmer übte. Das musste er auch gar nicht, denn die Rhythmusgitarre übernahm ja immer Malcolm. Es war nicht ungewöhnlich für Angus, acht Stunden am Stück zu spielen. Er hätte auch im Flieger nach London gespielt, wenn man ihn gelassen hätte.

Wir waren ziemlich beeindruckt, soweit man das nach 36 Stunden Flug sein konnte, als Michael und Coral, die in Heathrow auf uns warteten, uns zu einer Limo führten, die Atlantic Records für uns bereitgestellt hatte. Nach fast zwei Tagen in der Luft waren wir zwar alle ein bisschen erledigt, aber trotzdem machten wir erst einmal eine kleine Sightseeing-Tour: Buckingham Palace, Trafalgar Square mit der Statue von Lord Nelson, Piccadilly Circus, Tower und Big Ben. All die Sehenswürdigkeiten, die ich aus Film und Fernsehen kannte (ich war vor allem ein großer James-Bond-Fan), sah ich nun mit eigenen Augen, so wie kurz zuvor bei unserem Anflug auf Heathrow. Es war immer noch schwer vorstellbar, dass das alles wirklich echt war und kein Monopoly-Spielbrett, denn auf mich wirkte es wie eine verkleinerte Version des „echten“ Londons – und überall drängten sich die Menschenmassen, und Leute wuselten herum wie Ameisen. Am liebsten wäre ich aus der Limo gesprungen und hätte mich gleich unter sie gemischt. Ich brannte auf eine Erkundungstour und hatte mir innerlich schon eine Liste zusammengestellt, was ich mir unbedingt ansehen wollte, allen voran das Britische Museum mit seiner berühmten Ägyptischen Abteilung.

Nach der Rundfahrt steuerten wir unser neues Hauptquartier in der Inverness Terrace 49 in Bayswater an. Es war ein großes Londoner Reihenhaus, das in mehrere Wohnungen aufgeteilt worden war. Band und Crew wohnten hier alle zusammen, was ungefähr auf die Größe des

Gebäudes schließen lässt; sieben Jungs teilten sich eine Wohnung. Verglichen mit dem Haus in der Lansdowne Road wirkte es wie das Taj Mahal. Wie immer nahmen Phil und ich ein gemeinsames Zimmer. Wir kamen aus ähnlichen Arbeiterklasse-Familien, waren beide in Melbourne aufgewachsen und standen auf Australian Football. Phil war ein Fan von Essendon, aber er hielt sich zurück, wenn sein Team meine Carlton-Jungs von der Platte putzte. Ich revanchierte mich, indem ich nicht zu sehr aufdrehte, wenn das Glück auf der Carlton-Seite stand.

Aber natürlich waren wir auch deswegen in einem Zimmer gelandet, weil wir die beiden Neuen waren. Es war bezeichnend für die Hackordnung in der Band, dass Bon, Malcolm und Angus in der Inverness Terrace jeweils ein eigenes Zimmer bewohnten, während Phil und ich uns eine kleine Kammer teilten. Allerdings verstanden wir uns gut und waren von Anfang an bestens miteinander zurecht gekommen. Bei uns gab es immer etwas zu lachen. Phil verpasste mir auch meinen Spitznamen „Herbie", nach Herbie Evans, einer Figur aus der australischen Fernsehserie *Number 96*.

Wenn ich ein Problem hatte, war es auch stets Phil, an den ich mich als erstes wandte, und umgekehrt war es genauso. Wir vertrauten uns Dinge an, die wir mit Malcolm und Angus nicht hätten besprechen können. Später war dann auch Phil der einzige, dem ich verriet, dass ich an meiner Zukunft mit der Band zweifelte. Auch er war sich seiner Position nicht immer sicher und träumte davon, ein Restaurant in Melbourne zu eröffnen, wenn er eines Tages nicht mehr bei AC/DC spielen würde.

Das Haus in Bayswater war fünf Minuten von der U-Bahn-Station Queensway entfernt, und von dort aus waren es nur wenige Haltestellen bis in die Londoner Innenstadt. In zehn Minuten war man zu Fuß an der Oxford Street oder, wenn man quer durch den Hyde Park ging, an der Kings Road in Chelsea, wo man gut einkaufen oder was trinken gehen konnte. Parallel zur Inverness Terrace verlief außerdem der Queensway, die große Einkaufsstraße von Bayswater.

Kurz nach unserer Ankunft bummelte ich durch das Kaufhaus Whiteleys am Queensway, und erfuhr ganz nebenbei, dass Brian Jones von den Rolling Stones dort einmal gearbeitet hatte. Es war ein steifer alter Knabe in der Herrenabteilung, der sich recht abfällig über Jones äußerte und es offenkundig für einen Fehler hielt, dass der damals gekündigt hatte. „Er war für diesen Job einfach nicht gemacht", sagte er – na, was für eine Überraschung. „Es war dann doch etwas zu viel für ihn. Ein netter junger Mann, aber die Frisur war ganz unmöglich." Mit einem Schniefen setzte er dann hinzu: „Sie sind wohl auch in so einer Gruppe." Scheiße, Alter, jawohl, und ich bin verdammt stolz drauf. Es ist schon verrückt, wie schnell die Leute merken, dass man in einer Band spielt. Dabei sahen wir bestimmt gar nicht so viel anders aus als andere junge Leute auch, oder zumindest nicht anders als die jungen Leute, die zu unseren Konzerten kamen, aber man steckte uns immer in dieselbe Schublade.

Bayswater war genau richtig für uns. Nicht nur, weil es so zentral lag, sondern auch, weil es dort so viele Takeaway-Läden und Pubs gab. Wir fanden dort einfach alles, was wir brauchten. Gleich um die Ecke war der Pub The Ducks And Drakes, wo wir uns mittags gern mal ein Shepherd's Pie und ein paar Bier genehmigten, wenngleich wir uns erst mal ziemlich daran gewöhnen mussten, dass man das Bier in diesem Land zimmerwarm servierte. Unsere Band-Mama, Coral Browning, wohnte ganz in der Nähe in der Ossington Street 33. Ich interessierte mich sehr für englischen Fußball und war von daher ziemlich beeindruckt, dass Jimmy Hill, der Moderator der samstagabendlichen Sportsendung *The Big Match*, in derselben Straße wohnte. Das war für mich ein richtig großes Ding. Hill begegnete ich tatsächlich ein paar Mal auf dem Queensway.

Die aggressive Einstellung, die AC/DC gegenüber anderen australischen Bands vertraten, behielten wir in Übersee selbstverständlich bei. Aber jetzt orientierten wir uns zudem an den großen, weltweit erfolgreichen Bands. Für wen hielten diese Ärsche sich eigentlich? Wir sahen ein paar der sogenannten Headliner und wussten sofort, dass wir von denen nichts zu befürchten hatten. Jedenfalls entdeckten wir keine andere Band, die uns richtig imponiert hätte; wir waren vielmehr überrascht, wie viele beschissene Gurkentruppen es in London gab, die dort in den Clubs und Pubs auftraten. Die meisten Typen konnten nicht mal richtig spielen und schienen schon damit überfordert, sich auf eine Tonart zu einigen.

Ziemlich zu Anfang pilgerten wir geschlossen zum Hammersmith Odeon, um uns Kiss anzugucken. Wir amüsierten uns prächtig. Es war einer der lustigsten Abende, die ich je erlebte. Ich meine, mal ganz ehrlich, was sollte dieser ganze Scheiß? Schön, wir hatten einen Schuljungen als Gitarristen, aber das da? Kiss mochten ja enorm erfolgreich sein, aber wer hätte seinen Kumpels wirklich eingestehen wollen, dass er auf so was stand? Als Gesamtpaket funktionierte es natürlich; es war eine clever durchdachte, durch und durch künstliche Show, die, wie sich später herausstellte, über lange Jahre enorm erfolgreich blieb. Aber waren Kiss eine richtige Rockband? Auf keinen Fall. Kein Wunder, dass sie Make-up trugen.

Das Licht ging aus, und Kiss klopften erst mal ein paar markige Sprüche. „Good evening London, we're gonna rock this place to the ground. ROCK AND ROLL, LONDON!“ Bei allem Respekt gegenüber ihren Millionen von Fans – das war lächerlich. Der Gig war natürlich perfekt inszeniert und hervorragend produziert, aber trotzdem war es das Albernste, was ich je gesehen habe. Ein Comic-Strip, mehr nicht. Nach jedem Song brach jedes Mal ein komisches Gebrüll und Gejohle los, das ziemlich amerikanisch klang, und ich möchte schwören, dass sich die meisten Zuschauer in der gerade mal zu drei Vierteln gefüllten Halle ebenfalls fragten, woher dieser Lärm kam. Es war jedenfalls keine typisch britische Reaktion. Angus war bei diesem Ausflug auch dabei, eines der seltenen Male, bei denen unser Kleiner sich in freier Wildbahn blicken ließ. Er war ebenso wenig beeindruckt wie wir anderen; der Gig war jedenfalls nicht dazu angetan, ihn öfter in ein Konzert zu locken, wenn er nicht gerade Lust auf ein bisschen leichte Unterhaltung hatte. Das war unsere Konkurrenz?

Man sollte es ja nicht glauben, aber zu den Zeitgenossen, denen wir zumindest ein wenig Anerkennung zollten, zählte die Glitter Band. Wir sahen sie live im Drury Lane, und die Jungs ließen es mächtig krachen. Sie hatten zwei Drummer und einen großartigen Gitarristen mit einer sternförmigen Gitarre, der Rhythmusgitarrist war unglaublich gut, und Gary Glitter selbst war köstlich. Er sah aus wie ein aufgetakelter Wrestler, der gerade aus einer Pantomime geflüchtet war, und machte mächtig auf Theater. Natürlich war er genauso albern wie die Typen bei Kiss, aber seine Band hatte wirklich was drauf. Die Glitter Band legte es nicht darauf an, ernst genommen zu werden, aber sie verdiente ordentlich Geld und hatte jede Menge Spaß.

Unsere erste England-Tournee sollten wir im Vorprogramm von Paul Kossoffs Gruppe Back Street Crawler absolvieren, die damals auch bei Atlantic unter Vertrag stand. Unsere beiden Bands hatten gerade ein neues Album draußen – Kossoffs hieß *The Band Plays On,* ein ziemlich prophetischer Titel – und für das Label war es natürlich günstig, beide Platten mit einer Tour zu bewerben. Wir fingen also wieder ganz unten an und machten den Aufwärmer für eine bekanntere Truppe, aber das war für uns in Ordnung, weil wir so Zugang zu einem neuen Markt und einem neuen Publikum bekamen. Zunächst schien alles gut vorbereitet, aber dann ging der ganze schöne Plan den Bach runter. Oder vielmehr, Paul Kossoff tat das.

Kossoff war ein legendärer Gitarrist, der mit der britischen Rockband Free bekannt geworden war. Ich war mit Free aufgewachsen und liebte ihre Songs, vor allem „All Right Now" und „The Stealer" – oh Mann, da darf ich gar nicht erst anfangen, sonst schwärme ich noch bis morgen früh. Wenn man in den frühen Siebzigern in irgendeiner Garage mit seiner ersten Band spielte, dann versuchte man sich unter Garantie an ein paar Songs von Free. Jedenfalls war das bei mir so, bevor ich zu AC/DC stieß. Und ich würde stark vermuten, dass das auch auf die anderen zutraf. Obwohl man bei AC/DC ja gemeinhin darauf achtete, nicht zu sehr raushängen zu lassen, dass man irgendwas gerade ziemlich super fand, wusste ich doch, dass Phil ziemlich auf Simon Kirke stand, den Drummer von Free, der später auch bei Bad Company spielte.

Ich hatte mich wahnsinnig darauf gefreut, Paul Kossoff kennen zu lernen. Dieser eine Gig von Free in der Festival Hall, der wahrhaftig mein Leben verändert hatte, war mir immer noch sehr in Erinnerung. Zudem steckte eine lange Liste mit Fragen in meiner Tasche, die mir ein hervorragender, junger Gitarrist aus Sydney mitgegeben hatte, Bob Spencer, ein riesiger Kossoff-Fan. Bob und ich hatten über Kossoff geredet, als seine Band Finch, die in meinem späteren Leben noch eine große Rolle spielen sollte, bei einem unserer Gigs in einem Vorort von Sydney als Anheizer aufgetreten war.

Noch bevor es mit der Tour richtig losging, hörte ich von Leuten, die es wissen mussten, dass Kossoff heftige Drogenprobleme hatte und wohl heroinabhängig war. Zwar sagte man uns, er habe einen Entzug gemacht und sei wieder gesund, oder zumindest wieder so weit auf den Beinen, wie man nach einem heftigen Betäubungsmittelalbtraum eben sein konnte. Während wir uns noch in Australien auf den London-Trip vorbereiteten, setzte sich Kossoff am 19. März 1976 ins Flugzeug von New York nach Hause, und er starb während des Flugs an Herzversagen. Ein weiteres tragisches Opfer des berühmten Rock'n'Roll-Lifestyles. Kossoff war 26 Jahre alt.

Es ist einfach, das Leben on the road, den Druck und die Versuchungen, die damit einhergehen, dafür verantwortlich zu machen, dass Menschen ihr Leben wegwerfen, zu Arschlöchern werden oder Selbstmord begehen. Ich glaube jedoch, dass Menschen, die durch Drogen oder Alkohol vom Weg abkommen, so oder so auf die schiefe Bahn geraten wären, ob sie in einer Band spielten oder nicht. Natürlich ist man als Musiker einigen Versuchungen ausgesetzt, denen man im normalen Alltagsleben vielleicht nicht begegnen würde, aber so ist nun mal das Leben auf Tournee. Es ist allerdings schon eine Ironie des Schicksals, dass Kossoff seine Sucht überwunden hatte, sein Körper jedoch schon so schwer geschädigt war, dass ihm das nichts mehr nützte.

Pauls Vater, David Kossoff, ein gefeierter Schauspieler im Großbritannien der Nachkriegsjahre, drehte später einen Dokumentarfilm über den Absturz seines Sohnes. Der Film entstand, nachdem David in Schulen unterwegs gewesen war, um mit Jugendlichen über seine Erlebnisse mit Paul zu sprechen, und der Streifen beeindruckt vor allem durch die nachgestellten Gespräche und Auseinandersetzungen zwischen Vater und Sohn. David spielt sich selbst, dann setzt er sich, um Paul zu verkörpern, der so kaputt war, dass er nicht mehr stehen konnte. Er brachte mich zu der Überzeugung, dass Drogensüchtige sehr selbstsüchtige Menschen sind, die von ihrer Krankheit so umfangen sind, dass sie nicht merken, welchen Schaden sie ihrer Familie, ihren Freunden und natürlich auch sich selbst zufügen.

AC/DC ließ die Nachricht von Kossoffs Tod relativ kalt: Für uns war es in erster Linie ein Stolperstein auf unserem Weg. Wir empfanden wenig

Mitgefühl und ärgerten uns vor allem über die Unannehmlichkeiten, die es für uns bedeutete. Wir wollten auf die Bühne und spielen. Bon brachte die vorherrschende Meinung in einem Interview mit der australischen Zeitschrift *RAM* auf den Punkt: „Der Wichser Paul Kossoff hat uns die erste Tour versaut. Der soll bloß aufpassen, dass Angus ihn nicht zu fassen bekommt." Wir waren wirklich ein sensibler Haufen.

Nachdem Paul Kossoff also nicht mehr mitspielte, hatten wir in London mehr Zeit als erwartet. Wir waren für das Touristendasein nicht geschaffen, obwohl ich vermutlich mehr Zeit im Britischen Museum verbrachte als ein paar der dort ausgestellten Mumien. Mein Zimmergenosse Phil entwickelte sich damals zu einem echten Kameramann. Die Super-Acht-Kamera trat gerade ihren Siegeszug an, und Phil filmte alles, was sich nicht wehrte, und schickte dann die Filme zum Entwickeln ein, um sich seine Mini-Meisterwerke später anzuschauen. Das muss ich Phil wirklich lassen: Wenn er sich für etwas interessierte (er hatte eine ganze Reihe von Hobbys), dann stieg er wirklich richtig ein. Nach der Super-Acht-Filmerei kamen ferngesteuerte Boote, mit denen wir auf dem Serpentine Lake im Hyde Park richtige Rennen veranstalteten. Aber als er Ritchie Blackmores Drummer Cozy Powell zwischen ein paar Gigs in Deutschland mit einem Ferrari durch die Gegend fahren sah, war es um Phil geschehen, und er wurde ein Ferrari-Mann – nachdem er sich das leisten konnte, versteht sich. 1976 war er jedenfalls noch nicht so weit.

Aber ich bin fest davon überzeugt, dass AC/DC nur auf eine Art funktionierten, und die bestand aus Arbeit, Arbeit, Arbeit. Zweifelsohne hatten Mal, Angus und teilweise auch Bon jene mürrische, zupackende Art geerbt, die so vielen schottischen Einwanderern in Australien eigen war. Eine Reihe meiner Freunde kommen aus schottischstämmigen Familien, die nach dem Zweiten Weltkrieg auf den Fünften Kontinent auswanderten, und zu den vielen Eigenschaften, die ich an ihnen bewundere, ist ihr Blick fürs Wesentliche und die Abneigung gegen zu viel sinnloses Gerede. Leider geht das manchmal auch mit Grobheit einher, etwas, das auch bei den Brüdern Young zu beobachten war.

Wir kamen zwar alle aus der Arbeiterklasse, aber von der Persönlichkeit her waren wir alle völlig unterschiedlich gestrickt. Phil und ich tickten ähnlich, vielleicht, weil wir beide aus Melbourne kamen, aber wir hatten beide sehr viel Humor und genossen es, uns zu amüsieren, manchmal auch ein bisschen zu sehr. Hey, wir spielten in einer Band, wieso hätten wir nicht versuchen sollen, alles mitzunehmen, was sich uns anbot? Was die Youngs betraf, so war Malcolm ein Getriebener, und ich hatte den Eindruck, dass er Angus damit sehr beeinflusste. Mal war der Planer, der Drahtzieher im Hintergrund, skrupellos und gründlich, während Angus eher das Image nach außen hin verkörperte. Ich habe nie verstanden, dass die Youngs oft als schlichte Gemüter porträtiert wurden, die in einer Rockband spielten – meiner Ansicht nach traf das überhaupt nicht zu. Die beiden waren und sind sehr clevere Denker, wie sich am Erfolg von AC/DC ablesen lässt. Sie hatten wohl wenig schulische Bildung genossen, ebenso wie wir anderen, aber schnell gelernt, worauf es in ihrem Job ankam.

Mal und Angus waren beide sehr zurückhaltend, so sehr, dass man fast von misstrauischer Ablehnung hätte sprechen können. Ich habe öfter gehört, dass man sie auch „paranoid" oder „einsiedlerisch" genannt hat, aber ich denke, das trifft nicht zu. Mal und Angus waren zwar nicht die geselligsten Menschen auf der Welt, aber sie legten sehr viel Wert auf ihre Privatsphäre und stießen dabei auf das Problem, in einen Job geraten zu sein, in dem Privatsphäre Mangelware war. Arschkriecherei oder „Networking", wie es andere Musiker zur Beschleunigung ihrer Karriere betrieben, war nie ihr Ding. Das habe ich immer sehr respektiert.

Bon hingegen war ein Gentleman vom alten Schlag mit entsprechenden Manieren, der allerdings auch eine wilde Seite hatte, die sich immer dann zeigte, wenn er ein paar Drinks gekippt hatte oder ein Auftritt kurz bevor stand. Er war von Natur aus offen und freundlich und setzte sich für andere ein. Dem stand eine Unbesonnenheit gegenüber, die durchaus selbstzerstörerische Züge trug. Er fühlte sich oft einsam. Irgendjemand hat mal über ihn gesagt, er sei „eine tolle Truppe Typen" gewesen, aber das erscheint mir ein wenig oberflächlich. Bon war ein Chamäleon, das sich an beinahe jede Lage anpassen konnte. Dazu kam, dass fast niemand seinem Charme widerstehen konnte, wenn er richtig gut drauf war. Er selbst nannte sich einmal „einen Wolf im Wolfspelz", und vielleicht lag er damit richtig. Vor allem aber wollte er, wie wir alle, ein Teil der „größten Band aller Zeiten" sein.

Unsere Lebenssituation damals war recht ungewöhnlich: Bei den meisten anderen Jobs war es nicht die Regel, dass man die ganze Zeit rund um die Uhr mit seinen Arbeitskollegen verbrachte, aber wir hockten notgedrungen alle aufeinander, schon allein, weil wir alle in diesem Haus lebten. Wie man sich vorstellen kann, war das manchmal etwas klaustrophobisch und angespannt – hier trafen sehr unterschiedliche Persönlichkeiten aufeinander, noch dazu in einer fremden Stadt, und wir hatten zunächst nichts zu tun und viel zu viel Zeit.

London hatte für Phil und mich allerlei zu bieten, und wir genossen es durchaus, als Touristen unterwegs zu sein. Mal und Angus hatten darauf keinen Bock und guckten sich allenfalls die allgemein bekannten Sehenswürdigkeiten an. Michael Browning zahlte uns jede Woche 50 Pfund „Bummelgeld“, und das gaben wir auf der King's Road in Chelsea, der Kensington High Street oder der Oxford Street aus, holten uns neue Jeans, T-Shirts, Stiefel und so weiter. Dabei waren wir alle scharf darauf, endlich auf Tournee zu gehen, denn dann, das wussten wir, würde sich das „Bummelgeld“ verdoppeln. Damit wir nicht einrosteten, gingen wir immer mal wieder in unseren Proberaum; außerdem hatten wir ja überprüfen müssen, ob unser Equipment nach der Reise um die halbe Welt noch in Ordnung war. Mal, Angus und ich entwickelten eine Leidenschaft für Tandoori Chicken, die so weit ging, dass sich unsere Finger schließlich rot verfärbten, was eine hübsche farbliche Ergänzung zum Gelb der Youngschen Nikotinfinger darstellte. Sehr lecker. Aber arbeitsmäßig befanden wir uns im April 1976 in einer Warteschleife.

Finanziell waren wir recht gut gestellt, obwohl wir uns in einer der teuersten Städte der Welt aufhielten. Michael Browning verwaltete unser Geld, und von daher waren wir recht autonom und mussten nicht alle fünf Minuten bei unserer Plattenfirma betteln gehen. Für uns war 1975 ein gutes Jahr: Selbst Phil und ich, die nicht am Songwriting beteiligt waren, hatten ein hübsches Sümmchen auf dem Konto und genossen die finanzielle Freiheit, uns innerhalb gewisser Grenzen die meisten Wünsche erfüllen zu können. Zwar hatte ich keinen Führerschein, aber trotzdem war damals mein Standard-Spruch, dass mein erster Wagen ein Rolls-Royce sein würde. Schließlich hatte ich doch auch als Beifahrer ein Recht auf einen fahrbaren Untersatz mit etwas Klasse und Komfort, oder?

Tatsächlich stellte ich fest, dass ich mir einen gut erhaltenen, gebrauchten Rolls durchaus hätte leisten können – dauerhaft einen Fahrer zu bezahlen, wäre dann doch eher das Problem gewesen. Autofahren kann ich übrigens noch heute nicht.

Bon beschloss, der Langeweile zu trotzen und allein loszuziehen, wie das so seine Art war, und er nahm wieder Kontakt zu ein paar alten Freunden im Londoner Norden auf. Wenn es nicht unbedingt sein musste, dann war er nicht scharf darauf, ständig mit der Band herumzuhängen; wenn der Käfig nur einen Augenblick offen stand, huschte er durch die Tür. Immerhin war er ja auch ein paar Jahre älter als wir und tickte von daher auch ein bisschen anders. Bon brauchte seine Privatsphäre, um sein Leben so führen zu können, wie er es wollte, ohne dass ihm jemand hineinredete, seine Entscheidungen kommentierte oder kritisierte. Wenn er nicht unbedingt vor Ort gebraucht wurde, dann verkrümelte er sich – er ging dann einfach gemessenen Schrittes zur Tür raus, sagte auch nicht „bis später" oder „will jemand mit, was trinken", sondern machte sich kommentarlos davon.

Einmal ließ er sich in einem Pub in Finchley sehen, in dem er während des England-Aufenthalts von Fraternity öfters gewesen war. Wie sich herausstellte, war das keine gute Idee. Er war kaum zur Tür hereingekommen, da erinnerte sich offenbar jemand daran, dass es mit ihm irgendwelchen Ärger gegeben hatte. Ein Typ ging auf ihn zu und schlug ihm ein Bierglas über den Kopf, eins von diesen dickwandigen Dingern mit Henkel. Herzlich willkommen zurück in Finchley, Bon!

Bon sagte später, er hätte das nicht erwartet – immerhin sei es Jahre her gewesen, seit er sich zum letzten Mal in diesem Pub hatte blicken lassen. Weiß der Teufel, was er überhaupt angestellt hatte, damit dieser andere Kerl so sauer auf ihn war. Das werden wir wohl nie herausfinden. Jedenfalls brach ihm der Schlag den rechten Wangenknochen, und Bon kam ins Krankenhaus; um den Knochen wieder zu richten, war eine Operation nötig. Bon wurde oft gefragt, wie es zu dem Angriff gekommen war, und er gab jedes Mal dieselbe Antwort. Angeblich sei er nur ein unbeteiligter Zuschauer gewesen, der mit der Schlägerei, in die er geriet, überhaupt nichts zu tun gehabt hatte. Vielleicht hatte er aber auch das Gefühl, dass ein bisschen Karma hier eine Rolle spielte, nachdem er aus verdammt vielen anderen Klemmen unverdienterweise unversehrt herausgekommen war.

Die scheußliche Operation, mit der sein Gesicht wieder hergestellt wurde, schilderte er gern bei jeder sich bietenden Gelegenheit in leuchtenden Farben. Sein Wangenknochen war richtiggehend nach unten gedrückt worden – so heftig war der Schlag gewesen, den er abbekommen hatte. Der Chirurg machte daher einen Schnitt kurz unter dem Haaransatz, schob einen kleinen Greifhaken hinein und zog die Trümmer des Wangenknochens damit wieder in die richtige Position, bevor er wieder zusammengefügt wurde. So wie es aussah und sich anhörte, hatte es sicher verdammt weh getan.

Aber Bon war einiges gewöhnt. Bevor er zu AC/DC stieß, hatte er nach einem Motorradunfall, der beinahe tödlich ausgegangen war, lange Zeit in einem Krankenhaus in Adelaide gelegen. Bon zeigte bereitwillig die Blutflecken auf dem Innenfutter seiner Bikerjacke, die dieser Unfall hinterlassen hatte. Es war seine Lieblingsjacke, die auf vielen Fotos der frühen Tage zu sehen ist – eine schwarze Lederkutte, auf deren Schultern er ein Leopardenfell-Imitat genäht hatte. Er konnte ziemlich gut mit Nadel und Faden umgehen.

Nachdem man ihm das Gesicht wieder gerichtet hatte und er das Krankenhaus verlassen durfte, verbrachte er ziemlich viel Zeit in seinem neuen Bett in der Inverness Terrace. Coral kümmerte sich ein wenig um ihn, machte ihm Suppe und brachte ihm neue Comics vorbei. *Conan der Barbar* war damals sehr beliebt, und Johnny Harts *Neander aus dem Tal* entwickelte sich gerade zur neuen Lieblingsserie. Das ist ein Bild, das mir oft in den Kopf kommt, wenn ich an Bon denke – den Kopf tief in einem Comic-Heft und ganz versunken, wenn er *Conan* las, oder immer wieder laut auflachend, wenn es *Neander* war. Bon war zudem ein emsiger Briefschreiber. Er schickte ständig Briefe oder Postkarten an Freunde und Verwandte und hielt sie darüber auf dem Laufenden, was an der Front – oder, sagen wir, mit seiner Front – so geschah.

Mit meinen Erinnerungen an Bon ist es schon irgendwie komisch. Viele Dinge – Videos, Fotos, so ziemlich alles, was mit ihm zu tun hat – kann ich mir ganz ruhig angucken, ohne dass es mir viel ausmacht. Aber wenn ich seine Handschrift sehe, dann haut mich das immer wieder um, selbst, wenn es nur ein Abdruck in einem Buch ist. Eine Originalpostkarte oder ein Brief in seiner Schrift kann mich richtig fertig machen. Ich weiß nicht, woran das liegt – wenn ihr es wisst, sagt mir mal Bescheid.

Am intensivsten erinnere ich mich an Bons Lachen und sein spitzbübisches Grinsen – diese Art von Grinsen, bei dem man unwillkürlich den Verdacht bekam, dass er entweder gerade etwas anstellen wollte oder mit irgendwelchem Unfug durchgekommen war. Ein unglaubliches Grinsen. Auf einem Foto, das ich von Bon nach einem Konzert machte, als er gerade in ein Auto stieg, habe ich diesen Gesichtsausdruck einfangen können. Das war vor seiner Donny-Osmond-Zahnsanierung, als er noch dieses typisch schiefe Grinsen hatte, das aber trotzdem großartig aussah. So echt.

Bon ließ sich die Zähne im November 1976 von einem Spezialisten in der Harley Street richten. Sein neues Lächeln war nicht billig – gerüchteweise kostete ihn die neue Fassade um die 2.000 Pfund, und das war, wenn man bedenkt, wovon wir damals in der Woche lebten, eine enorme Summe. Aber Bon war sehr eigen, was sein Äußeres betraf. Trotz seines Images als ungekämmter, wilder Rocker war er stets pieksauber, und über seine Zähne war er sehr unglücklich. Ich weiß nicht, ob sie vor seinem Motorradunfall in bester Verfassung gewesen waren, aber es war für seine Beißer sicher nicht gut gewesen, einmal über den Asphalt zu schrammen. Von daher überraschte es niemanden, dass er ein kleines Vermögen in ein neues Lächeln investierte. Aber man musste sich dann schon ziemlich daran gewöhnen. Irgendwer hat mal gesagt, dass er wie Mr. Ed aussah, das sprechende Pferd, und das war zwar nicht besonders nett, aber doch ziemlich lustig. Aber zu dieser Zeit bekam Bon eine Reihe gehässiger Bemerkungen zu hören, meist wegen der Leute, mit denen er herumzog, und wegen seiner Beziehung zu Silver Smith.

Silver und Bon kamen wieder zusammen, kaum dass er wieder englischen Boden betrat, aber wenn ich richtig informiert bin, kannten sie sich schon seit der Zeit, in der Bon in Adelaide gelebt hatte. Sie war ungefähr in seinem Alter – also etwas älter als wir – und hatte einiges zu bieten, darunter eine sehr gemütliche Wohnung in der Gloucester Road in West Kensington und ziemlich interessante Freunde wie den Rolling-Stones-Gitarristen Ron Wood. Silvers Wohnung kam Bon extrem gelegen, weil sie ihm eine Rückzugsmöglichkeit und ein bisschen Ruhe vor uns anderen bot.

Er hatte es ohnehin gern gemütlich – da war doch noch ein bisschen was von einem Hippie in ihm, und die Beziehung mit Silver bot ihm wohl alles, was er so brauchte. Ich will damit jetzt nicht sagen, dass Bon kurz davor stand, eine bürgerliche Existenz anzustreben, aber er hatte auf alle Fälle auch eine entspannte Seite. Silver war zweifelsohne eine intelligente Frau, cool, entspannt und weltgewandt, und das waren Eigenschaften, die im AC/DC-Haus nicht gerade im Überfluss zu finden waren. Ich bin mir nicht sicher, ob Silver vorsichtig Abstand von der Band hielt oder ob es sich umgekehrt verhielt, aber sie schien nicht besonders viel Wert darauf zu legen, mit uns herumzuhängen. Und wenn ich ehrlich bin, hatten wir außer Bon auch nicht allzu viel gemeinsam.

Kurz nachdem Bon aus dem Krankenhaus entlassen wurde, war eine Fotosession angesetzt. Er trug einen maßgeschneiderten Frack aus weißem Leder – natürlich maßgeschneidert, so ein Kleidungsstück gab es in keinem Laden – und eine große Ray-Ban-Sonnenbrille. Wozu die Brille diente, war klar; seine rechte Gesichtshälfte war noch ziemlich angeschwollen, und die großen Gläser verdeckten das blaue Auge, das von dem Eingriff zurückgeblieben war. Ärzte sind ja meist ziemlich ruppig.

Während Bon sich in der Inverness Terrace erholte – noch war er nicht bei Silver untergekrochen –, lieferten Mal, Angus, Phil und ich uns nächtelange Poker-Turniere. Das war eine der seltenen Gelegenheiten, bei denen auch Angus etwas mit der Band unternahm. Normalerweise igelte er sich mit Zigaretten, Tee und der Gibson SG in seinem Zimmer ein, und er kam selten mit, wenn wir anderen abends in einen Pub oder Club gingen. Das war einfach nicht sein Ding.

Bei einer Runde spielte ein ziemlich großer Klumpen Hasch eine entscheidende Rolle. Nicht für Angus oder mich – Angus trank nicht und nahm auch keine Drogen, und ich hielt mich an Whisky-Cola und kiffte nicht. Aber ich erinnere mich gut an diesen Abend, weil ich da zum einzigen Mal einen Royal Flush zog, nur mit Karo, und das ohne Karten zu kaufen, sondern als zugeteiltes Blatt. Das ist beinahe unmöglich, wie ein Lotteriegewinn, und umso schöner ist es, wenn die anderen Spieler glauben, dass du bluffst, so wie in diesem Fall.

Während des Spiels musste Phil mal raus zum Pinkeln. Ein paar Minuten später war ein lauter Schrei zu hören, und ich dachte, er käme von oben, aus Bons Zimmer. Wie der Blitz rannte ich die Treppe hinauf und riss seine Tür auf, doch vom Bett aus blinzelte mir unser sehr müder Leadsänger entgegen, der sich einen netten Schlafcocktail gemixt hatte.

„Was zur Hölle macht ihr kleinen Wichser da unten für einen Krach?“, fragte er gähnend.

Wer aber war es dann gewesen, der geschrien hatte? Es blieb nur Phil. Ich klopfte an die Klotür und hörte zwar, dass er da drin war, aber er antwortete nicht, und so brach ich die Tür schließlich auf. Er lag auf dem Boden, steif wie ein Brett, und mein erster Gedanke war, dass er einen Krampf bekommen hatte. Deshalb forderte ich ihn auf, die Zunge auszustrecken, und als er das nicht konnte, zog ich sie ihm selbst ein wenig aus dem Mund, weil er so komische Geräusche machte. Dann kam er langsam wieder zu sich, aber er war bleicher als wir alle zusammen. Damit war die Pokerrunde dann erst mal gestorben.

Ich machte Phil eine Tasse Tee, aber er war schon wieder umgekippt, als sie fertig war. Wahrscheinlich war er auf dem Klo auch einfach ohnmächtig geworden, und als er dann wieder zu sich kam, hatte er sich nicht orientieren können und war in Panik geraten. Ich kenne das von mir selbst, wenn ich in diesem Zustand zwischen Schlaf und Wachsein bin, da dauert es ja manchmal, bis man weiß, wo man sich befindet. Phil gab es damals nicht zu, und er konnte ja auch gar nichts sagen, weil er ohnmächtig war, aber das Dope hatte ihn wohl ziemlich umgehauen. Das hinderte ihn allerdings nicht daran, am nächsten Tag gleich wieder eine ziemliche Portion wegzurauchen, in dieser Hinsicht war er ziemlich unverwüstlich. Und so ging mal wieder ein ziemlich interessanter Tag im AC/DC-Haus in der Inverness Terrace zu Ende.

Bon brauchte etwa zehn Tage Auszeit, um nach der Operation wieder auf die Beine zu kommen. Back Street Crawler, Kossoffs Band, hatte sich inzwischen einen Aushilfsgitarristen namens Geoff Whitehorn gesucht und beschlossen, den Rest der Tour wie vereinbart zu absolvieren, und das kam uns mehr als entgegen – wir wollten weiter nichts als endlich loslegen, Back Street Crawler von der Bühne fegen und alle anderen gleich hinterher schicken.

KAPITEL 7
LONDON

Wie man sich denken kann, hatte Paul Kossoffs Tod unseren Plänen einen ziemlichen Dämpfer verpasst. Dabei hätten wir so gern Promotion für *High Voltage* gemacht, das erste Album, das wir in Großbritannien veröffentlichten. Es war ein Zusammenschnitt aus den beiden ersten Platten, die in Australien erhältlich waren, *High Voltage* und *TNT*, und mit einem Cover versehen worden, das für mich bis heute zu den schlimmsten aller Zeiten zählt. Es war so eine Art Comic-Zeichnung von Bon und Angus – vermutlich jedenfalls – mit jeder Menge Grün und Rosa. Wem auch immer diese Farbkombination eingefallen war, er verstand sehr wenig von AC/DC, und es verblüfft mich noch immer, dass die Band diesem Entwurf jemals zustimmte. Es war ein Schock. Nicht, dass Phil oder ich je gefragt worden wären, wenn es um solche Entscheidungen ging.

Die Cover-Rückseite entsprach unserem speziellen Humor schon eher. Es war eine Collage aus erfundenen Briefen an die Band und ein paar Gruppenfotos. Eines dieser abgedruckten Schreiben stammte angeblich von den Besitzern eines Clubs, die sich bei mir entschuldigten, weil ich aus ihrem Laden rausgeflogen war (nicht schon wieder!), und die nun artig Danke sagten, weil ich dem Rausschmeißer, der mir dabei in die Quere gekommen war, einen Blumenstrauß ins Krankenhaus geschickt hatte. Unter normalen Umständen hätten mir Schenkelklopfer von diesem Kaliber und wild zusammengeschnittene, imagekonforme Bilder auch nicht gerade Begeisterungsschreie entlockt, aber verglichen mit der Vorderseite war es hervorragende Arbeit. Meine Güte, war die schrecklich. Glücklicherweise wurde für die spätere Veröffentlichung in den USA die Rückseite beibehalten, das Frontcover aber ausgetauscht und ersetzt durch einen wie immer wild grimassierenden Angus Young in seiner Schuluniform, vor schlichtem Hintergrund mit einem dicken Blitz darüber. Immerhin schon mal eine verdammte Verbesserung. Mein Favorit war das australische *High Voltage*-Cover, auf dem ein Hund sein Bein an einem Stromkasten hob. Das war mal ein richtig cooles Foto. Der Titel „High Voltage“ und das Cover-Konzept stammten übrigens von Chris Gilbey, dem A&R-Mann von Alberts in Sydney.

Wir standen allerdings augenblicklich vor allem vor der Frage, womit wir uns sinnvoll die Zeit vertreiben konnten, während sich die Überbleibsel von Back Street Crawler langsam wieder sortierten. Die einfachste Antwort lautete, ein paar Gigs in Pubs rund um London zu organisieren, damit sich allmählich herumsprach, was für eine großartige neue Truppe sich in der Stadt aufhielt. Die Auszeit gab uns zudem die Gelegenheit, uns andere Bands anzusehen und die Konkurrenz auszuchecken. Da die sowieso in den Pubs und Clubs der Stadt spielten, konnten wir bei unseren Erkundungstouren auch gleichzeitig einen umfassenden Test der verschiedenen hier erhältlichen Biersorten machen, zumindest Mal, Phil und ich. Natürlich alles im Namen der Wissenschaft.

Bei einem dieser Testläufe bestellten Mal, Phil und ich uns ein Minicab für die Fahrt in die Stadt. Minicabs gab es überall in London; sie wurden von Taxifahrern mit entsprechender Lizenz gefahren, sahen aber aus wie normale Privatwagen, im Gegensatz zu den traditionellen schwarzen Londoner Taxis, die erwartungsgemäß von Typen mit unglaublichem East-End-Akzent gesteuert wurden. Die Minicab-Fahrer wirkten meistens ziemlich zwielichtig, und der Typ, der an diesem Tag vor unserem Haus hielt, war da keine Ausnahme.

Während der Fahrt kamen wir ins Gespräch. Unser Chauffeur kam aus Jamaika, und von daher vermuteten Mal und Phil, er wüsste vielleicht, wo man Gras kaufen konnte; die beiden waren ziemlich scharf auf ein bisschen was zum Kiffen. Und tatsächlich sagte unser Fahrer, klar, er wüsste, wo es was gäbe, zufällig gleich um die Ecke von dort, wo wir sowieso hinwollten.

Dort angekommen, gaben wir unserem Fahrer 20 Pfund. Er schloss das Auto ab und verschwand in einem Reihenhaus, und wir saßen da und warteten wohl eine Viertelstunde oder 20 Minuten, während wir uns zunehmend Sorgen darüber machten, abgezockt worden zu sein. Doch dann kehrte der Typ zurück – völlig zugedröhnt. Er war so drauf, dass er kaum noch geradeaus gehen konnte. Phil und Mal bekamen von ihm ein kleines, sauber in Zeitungspapier eingewickeltes Päckchen, dann kletterte er wieder auf den Fahrersitz und schlich mit uns im Schneckentempo die Kensington High Street hinunter.

Mal und Phil waren ziemlich beeindruckt. Danach, wie unser Fahrer aus der Wäsche guckte, musste der Stoff ziemlich gut sein. (Wahrscheinlich ist er heute noch bekifft.) Allerdings sah das Dope ganz anders aus, als die beiden erwarteten. Zwar war ich da kein Spezialist, aber mich erinnerte das Zeug in dem Päckchen an ganz normale Küchenkräuter, und als die Jungs es probierten und überhaupt nichts spürten, fragte uns angesichts des seltsamen Geruchs prompt jemand, was es denn bei uns zum Essen gegeben hätte.

Der erste Londoner Club, den wir uns an diesem Abend ansahen, war das Speakeasy, ein Treffpunkt der Musikindustrie, in dem oft Showcases stattfanden. Es war klein, eng und dunkel, aber die Atmosphäre stimmte. Außerdem war die Chance groß, dass man dort angesagten Musikern über den Weg lief, von The Who, den Rolling Stones oder irgendeiner anderen großen Band, die versuchten, ein paar Frauen aufzureißen – etwas, das uns bisher noch nicht gelungen war.

Der Abend begann etwas seltsam, jedenfalls für AC/DC-Verhältnisse. Wir saßen mit ein paar Leuten von unserer Plattenfirma an einem Tisch und tranken französischen Champagner, den natürlich das Label bezahlte, und ich glaube nicht, dass die Worte französischer Champagner und AC/DC je zuvor einmal in einem Satz verwendet wurden. Unsere Eskorte bestand aus Steve Payne und Sue Patience, zwei Promotern, die sicher ganz „ent-züüüückt“ davon waren, ein paar arroganten kleinen Arschlöchern aus Down Under ihre Heimatstadt zu zeigen. Aber immerhin taten sie lächelnd ihre Pflicht, wenn sie auch manchmal ein bisschen schmallippig guckten, sobald sie glaubten, dass keiner hinsah. Generell kamen wir mit Sue, die mit Coral befreundet war, und mit Steve gut zurecht. Mit Steve traf ich mich später öfters mal auf ein paar Bier und ein schnelles Curry beim Inder um die Ecke.

Die Band, die an jenem Abend im Speakeasy auftrat, war eine typische PopRock-Truppe im Glam-Outfit, die aussah, als hätte sie das Make-up und die Plateauschuhe von Marc Bolan und Ziggy Stardust geerbt. Meiner Meinung nach wäre es besser gewesen, wenn sie sich weniger auf Puder und Lippenstift und mehr auf das Stimmen ihrer Instrumente konzentriert hätte. Ihren Namen weiß ich nicht mehr, aber eins kann ich euch sagen: Sie war grässlich und wieder einmal ein Beleg dafür, dass es in London nicht halb so viel Talente gab, wie man immer dachte. Allmählich machte uns der Schampus auch ein bisschen lustig, und Mal fragte Steve Payne ziemlich laut: „Was sind denn das für Schwuchteln?" Seine Bemerkung erntete brüllend lautes Gelächter von uns anderen, allerdings nicht von unseren Plattenfirmenfreunden, die gerade darüber nachdachten, die besagten Schwuchteln unter Vertrag zu nehmen. Als sie uns das etwas verlegen wissen ließen, prusteten wir unkontrolliert unseren Moët über den Tisch. Ich meine, echt jetzt, wir konnten nicht anders. Die Band war scheiße.

Wenig später veranstaltete die Atlantic-Crew einen kleinen Empfang für uns in ihrem Büro in der Oxford Street. Es war nur ein kleines, informelles Treffen – mal auf ein paar Bier reinschauen und die anderen Mitarbeiter kennen lernen, die dann pflichtschuldigst so taten, als ob sie daran glaubten, dass wir Riesenerfolg haben würden. Wir hatten für diese ganzen Mechanismen im Musikindustrie-Zirkus nicht allzu viel übrig, aber zu solchen Partys fanden wir uns gerade noch bereit. Während unserer ersten Tage in London hatten wir schon jede Menge „Oooh, die sind ja so unglaublich *natürlich*" über uns ergehen lassen, was übersetzt so viel hieß wie „hoffentlich finden die nie raus, wo ich wohne", und von daher waren wir bestrebt, großen Abstand zu den meisten der so genannten Trendsetter zu halten.

Natürlich wäre es verrückt gewesen, wenn wir uns nicht darum bemüht hätten, eine gute Beziehung zu den Leuten bei Atlantic aufzubauen. Trotzdem fühlte ich mich schon nach kurzer Zeit ziemlich unwohl bei dieser Party und dachte darüber nach, mich möglichst bald abzusetzen. Steve Payne, der wirklich einer von den Guten war, wusste natürlich, dass solche Veranstaltungen furchtbar nervig waren, gab sich aber alle Mühe, es für uns so nett wie möglich zu machen.

„Da ist noch jemand, den ihr unbedingt kennen lernen müsst“, erklärte er uns. Dann schob man uns in einen Nebenraum und stellte uns in einer Reihe auf, wie zu einer feierlichen Begrüßung.

Wer kommt denn jetzt, fragte ich mich – die Königin und Prinz Philip? Eigentlich hoffte ich auf Keith Richards; Rolling Stone Records hatten ihr Büro immerhin im gleichen Gebäude. Stattdessen wurde ein älterer, sehr gesetzt wirkender Herr hereingeführt, dem wir nach einander vorgestellt wurden.

„Das ist Malcolm Young, einer der beiden Gitarristen“, erklärte man ihm, „und das ist Angus …“

Ich dachte nur: „Wer zur Hölle ist das, und was erwarten die jetzt von uns – einen Knicks oder was?“ Der geschätzte Gast war währenddessen bei Bon angekommen, der ihm wenig überraschend als Sänger vorgestellt wurde.

Bon konnte nun nicht länger widerstehen und stellte die Frage, die uns allen auf den Nägeln brannte: „Und was treibst du so, Kumpel?“

Die Jungs von Atlantic hielten hörbar die Luft an.

„Guter Mann,“ so redete der Typ tatsächlich, „ich bin Derek Taylor. Ich habe für die Beatles gearbeitet. Von denen haben Sie aber schon einmal gehört, nehme ich an?“ Derek sah sich um und hielt sich offenbar für mindestens so geistreich wie Oscar Wilde. Scheiße, vielleicht glaubte er sogar, er sei Oscar Wilde.

Als nächster war ich dran, und ich kommentierte seine Witzigkeit mit einem dicken Rülpser, bei dem Mr. Taylor/Wilde äußerst angeekelt das Gesicht verzog. Er ahnte ja gar nicht, dass er nur knapp daran vorbeigeschrammt war, links und rechts eine gelangt zu bekommen.

Inzwischen hatten wir uns einen Londoner Agenten zugelegt, einen sehr gepflegten Herrn namens Richard Griffiths, der in unserer Gesellschaft auffiel wie ein bunter Hund. Allerdings gelang es uns im Lauf der Zeit, Richard auf unser Niveau herabzuziehen. Er hatte seine Agentur erst frisch gegründet und war noch sehr hungrig – von daher passte er perfekt zu AC/DC. Davon abgesehen arbeitete er aber auch mit Back Street

Crawler und anderen Bands. Ich vertrug mich sehr gut mit Richard; er war ein willkommenes, neues Gesicht in meiner Welt. Damals hatte er viel Erfolg mit Eddie And The Hot Rods, die in London gerade sehr angesagt waren und schon allein deswegen für uns zur nächsten Zielscheibe wurden.

„Also hast du die besten Acts der ganzen Stadt, was, Richard?“

Natürlich mussten wir als nächstes ins Marquee und uns diesen Eddie und seine heißen Öfen angucken. Das Marquee war ein sehr bekannter Club auf der Wardour Street in Soho, der sich rühmen durfte, als Sprungbrett für die Karrieren der Rolling Stones, von The Who, Jimi Hendrix und Led Zeppelin fungiert zu haben. Wir fühlten uns dort gleich wie zu Hause: Es war eng, stickig, dreckig, muffig und verkeimt, genau wie unser Stammlokal in Melbourne, das Hard Rock Café. Damit war der Laden wie geschaffen für AC/DC, und wir sollten dort 1976 mehrere Male auftreten.

Schon im Voraus waren wir fest entschlossen, Eddie And The Hot Rods zu verabscheuen, und so kam es auch. „Wie hat so eine Truppe es geschafft, derartig gefragt zu sein?“, wunderten wir uns. Normalerweise war ich derjenige bei AC/DC, der anderen Bands gegenüber noch am nachsichtigsten war, aber selbst ich fand sie scheiße. Sie versuchten sich an einer Art hochgeköcheltem R&B, wie ihn später Dr. Feelgood meisterlich hinbekamen. „Haben Eddie und seine Kumpels alle dieselbe Setliste?“, fragte ich zwischendurch und erntete einiges Gelächter. Es hörte sich tatsächlich nicht so an, als ob sie alle gerade denselben Song spielten. Richard nahm unsere Kritik als freundschaftliche Spöttelei und merkte gar nicht, dass es uns richtig ernst damit war. Wir hatten jedenfalls an diesem Abend ein neues Hauptquartier gefunden und ein neues Ziel ins Visier genommen.

Unser erstes Auftrittsangebot war ein richtiger Kracher. Einer von Corals Freunden, Spartacus, war Bassist bei Osibisa, und wir sollten den Aufwärmer für diese Gruppe machen. Osibisa war eine afrikanische Band, die mit seltsamen Instrumenten eine Mischung aus Tribal Music und zeitgenössischen Klängen spielte. Der Gig war in Brighton, knapp hundert Kilometer von London entfernt an der Küste, und man bot uns die phantastische Summe von zehn Pfund, die nicht mal für das Benzingeld gereicht hätte. Wir lehnten dankend ab. Allerdings gab es viel Gelächter wegen dieser Geschichte, auch von Richard, der uns versicherte, dass er schon bald mit einem besseren Angebot würde aufwarten können. Das glaubten wir gern; das war auch nicht weiter schwierig.

Glücklicherweise war London eine Stadt, in der es leicht war, ein bisschen Staub aufzuwirbeln. Es gab eine Reihe bekannter Clubs und Pubs, die Konzerte veranstalteten, über die regelmäßig in den Wochenzeitungen *Melody Maker, New Musical Express* und seit neuestem auch *Sounds* berichtet wurde. Ein perfektes Umfeld, um eine Fan-Basis aufzubauen.

Das Red Cow in Hammersmith zählte allerdings nicht zu den bekannten Wasserlöchern, in die sich Musikjournalisten verirrten. Ausgerechnet dort organisierte uns Richard am 23. April 1976 unser erstes Londoner Konzert. Der Eintritt war frei. Das Red Cow lag an der Hammersmith Road, die parallel zur Hammersmith-Überführung verlief, einer breiten, unglaublich hässlichen Hochstraße, die zwar für den Verkehrsfluss in die Stadt eine Verbesserung darstellte, aber wirklich die Gegend verschandelte. Es war ein winziger Pub mit einer noch kleineren Bühne (glücklicherweise waren wir ja selbst allesamt nicht die Größten), dessen Zuschauerraum vielleicht um die 150 Leute fasste, wenn sie wie Sardinen dicht gedrängt aneinander standen.

Wir gingen die Sache so an, wie wir jedes Pubkonzert in Melbourne angegangen waren, und das war ein uns sehr vertrautes Muster: Erst trat eine Vorgruppe auf, dann brachten wir zwei Sets unseres Programms. Wir alle brannten darauf, endlich wieder zu spielen: Die Pause war für uns wirklich lang gewesen, fast einen Monat, seit wir unser „Abschiedskonzert" vor ausverkauftem Haus im Bondi Lifesaver gegeben hatten, und inzwischen waren wir so sehr auf Live-Entzug, dass wir auch in einem öffentlichen Klo gespielt hätten. In Australien hatten wir rund um die Uhr gearbeitet und höchstens mal inne gehalten, um *TNT* und *Dirty Deeds Done Dirt Cheap* einzuspielen, aber in letzter Zeit hatten wir uns unsere Instrumente nur bei ein paar Probeläufen in einem ekligen Übungsstudio auf der King's Road in Chelsea umgehängt – einer feuchten, hässlichen Höhle, die nach Pilzen roch. Dort hatte ich mich sogar mal gefreut, dass meine Kumpels kifften, weil das den Geruch zumindest ein bisschen vertrieb.

Aber nun stand unser Gig im Red Cow bevor, und die Zuschauermenge, wenn man denn überhaupt von einer Menge sprechen konnte, verlor sich noch ein wenig vor der Bühne. Es waren vielleicht 30 Leute da, aber das war uns egal: Endlich spielten wir wieder, und wir gaben richtig Vollgas. Angus, der vor Gigs manchmal recht angespannt war, zeigte sich so glücklich, wie ich ihn selten gesehen hatte. Er vibrierte geradezu vor Energie und zeigte bei seinem breiten Lachen dauernd seine hässlichen Zähne. (Pat Pickett sagte über diese Beißer gewöhnlich: „Wenn da ein weißer drunter wäre, würden sie wie eine Reihe Snooker-Kugeln aussehen.") Wir waren bereit und hatten wie immer unsere Emotionen im Griff, aber die Spannung, die sich darunter verbarg, war deutlich spürbar. Wenn ich einen Augenblick mit der Band nennen müsste, an dem ich wirklich das Gefühl hatte, wir alle seien Brüder, dann war es dieser. Es fühlte sich wirklich so an, als stünden wir am Anfang von etwas ganz Großem, auch wenn wir im Red Cow vor 30 Besoffenen auftraten, die im Übrigen nicht im Geringsten auf das vorbereitet waren, was nun über sie hereinbrach.

Als ersten Song spielten wir „Livewire". Mein Bass-Intro schwebte hinaus in die Luft, gefolgt von Mals drohenden Gitarrenakkorden und dem Zing-Zing von Phils Hi-Hat-Becken, und plötzlich explodierte der Song, als Angus und Phils Schlagzeug mit voller Wucht loslegten. Es zog mir beinahe die Füße weg, so kraftvoll war das. Und es klang so total nach AC/DC. Vielleicht hört es sich albern an, aber wir hatten so lange nicht mehr live gespielt, dass wir uns richtig danach sehnten, unsere Duftmarke zu hinterlassen. Uns durchströmte ein herrliches Gefühl von Kraft und Energie – nicht diese chaotische, lärmende, unkontrollierte Energie, wie man sie bei den meisten anderen Bands findet, sondern die typische AC/DC-Energie: Laut, sauber, tief, bedrohlich und rhythmisch. Wir waren wieder da und feuerten aus allen Rohren – dabei hatte Bon noch nicht mal den Mund aufgemacht.

Ich sah Michael und Richard weiter hinten im Publikum stehen (was nicht besonders schwierig war, denn bis zur gegenüberliegenden Wand waren es von der Bühne aus höchstens fünf Meter), und Michaels breites

Lächeln schien „ich hab's doch gewusst" zu sagen. Richard hingegen war die Kinnlade heruntergeklappt; er war total erschlagen. Wir zogen unser Programm durch und gingen richtig in die Vollen. Wahrscheinlich spürten wir alle eine gewisse Erleichterung darüber, nach der Zwangspause alle Spinnweben hinwegfegen zu können.

Unsere 30 neuen Freunde vor der Bühne flippten auch so richtig aus. Keine Ahnung, was sie von dem ganzen Lärm hielten, aber zumindest hatten wir ihre volle Aufmerksamkeit gewonnen. Zu unserer Überraschung stellten wir dann fest, dass einige Leute nach dem ersten Set gingen. Nicht nur einige, die meisten verschwanden. Das war irgendwie seltsam. Die wenigen, die blieben, holten sich noch mal etwas zu trinken oder standen Schlange vor dem öffentlichen Telefon. Wir zuckten die Achseln. „Blöde Inselaffen."

Als der zweite Set jedoch näher rückte, füllte sich der Pub langsam wieder. Die Leute, die zuvor rausgegangen waren, kehrten zurück – mit ihren Kumpels im Schlepptau. Als wir wieder auf die Bühne kamen, war der Laden voll. Es war ein ungewöhnlicher Abend, auf seine Art ziemlich erfolgreich und zudem durchaus erinnerungswürdig. Und eins wusste ich – unserem neuen Agenten hatten wir einen Heidenschreck eingejagt. Nach dem Konzert nahm Richard mich beiseite.

„Das war der lauteste, fieseste Gig, den ich in meinem ganzen Leben gehört habe", keuchte er aufgeregt und ein wenig erschreckt zugleich. „Es war, als ob ein Monster aufwacht."

So, wie es aussah, waren wir auf einem guten Weg.

Nun endlich hörten wir auch von Kossoffs ehemaliger Band, bei der nun der neue Gitarrist Geoff Whitehorn versuchte, in die großen Fußstapfen des Meisters zu treten. Back Street Crawler waren bereit, mit uns loszuziehen. Allerdings stand schon vorab fest, dass diese Tour ohne den großen Star keine besonders großen Wellen schlagen würde. Dennoch gab es in ihrem Verlauf einige Konzerte, die für uns durchaus von Bedeutung sein sollten. Der 11. und 12. Mai waren für das Marquee reserviert. Die kleine Halle fasste etwa 700 Zuschauer, aber das Interesse an Back Street

Crawler, wenn man denn überhaupt davon sprechen konnte, war ziemlich gesunken, seit Kossoff den Löffel abgegeben hatte. Von daher war die Menge vor der Bühne an jenem Abend ziemlich übersichtlich, aber hey, es war trotzdem das legendäre Marquee.

Der Club an sich war schon nicht groß, aber die Garderobe war absolut winzig. Man betrat sie durch eine Tür am Ende der Bar und musste erst einmal durchs Klo, bevor man den eigentlichen Backstage-Raum erreichte. Selbst für uns fünf kleine Kerle war es eng. In diesem Raum entstanden die Schwarzweiß-Fotos für die Innenhülle der *Dirty Deeds*-LP, von daher bekam er im Nachhinein etwas Geschichtsträchtiges, so scheußlich dieses kleine Loch ansonsten auch war.

Wir spielten unseren üblichen, halbstündigen Vorprogramm-Set – soll heißen, wir kamen auf die Bühne, stöpselten unsere Instrumente ein, legten mit „Livewire“ los und steigerten uns dann bis zu „Baby Please Don't Go“, bei dem Angus den Sprung ins Publikum machte – zur damaligen Zeit, da es noch keine drahtlosen Übertragungssysteme für die Gitarren gab, ein Albtraum für jeden Roadie, der mit uns arbeitete. Bei den zwei Auftritten im Marquee kamen wir ziemlich gut an. Zwar guckten ein paar Zuschauer ein bisschen kariert und wussten nicht recht, was sie von uns halten sollten, aber das waren wir gewohnt. Immerhin hatten wir einen geilen alten Sack am Mikrofon und einen Wilden in Schuluniform, der seine Gibson attackierte. Was wollten wir da erwarten? Ein britischer Journalist schrieb damals: „Das Publikum im Club, das normalerweise eher wie eine abgebrannte Flüchtlingstruppe aussieht, war heute richtiggehend gut gelaunt und entspannt – man hat sogar Leute lachen sehen. Wenn es je eine Gute-Laune-Band gab, dann diese.“ Die Shows im Marquee halfen uns, die Tür zumindest einen kleinen Spalt breit aufzustoßen – uns fehlte jetzt nur noch ein richtiger Tritt, um sie vollends aus den Angeln zu heben.

Zwischen uns und Back Street Crawler entstand kein nennenswerter Kontakt. Wir machten uns keine Mühe, das Eis zu brechen, und hatten auch den Eindruck, dass ein paar von den Jungs ziemlich den Star raushängen ließen. Keine Ahnung, was man sich auf ein paar halbleere Hallen einbilden konnte. Solche Ego-Nummern kamen bei uns natürlich nicht besonders gut an. Aber mit zweien aus der Band, die seltsamerweise beide Terry Wilson hießen, kam ich ganz gut aus; der eine war der Sänger, der andere der Bassist. Sie waren gute Jungs, die aber leider unter enormem Druck standen – die Zeit nach Kossoffs Tod war für sie sicher nicht leicht. Ich will Back Street Crawler gegenüber nicht respektlos erscheinen, denn die Band gab wirklich ihr Bestes, auch ohne ihr prominentes Mitglied weiterzumachen, aber ich glaube nicht, dass irgendwer von ihnen große Taten erwartete, die sie prompt auch nicht leisteten. Wir lernten aus dieser Episode erneut, dass die sogenannten „Headliner" nicht immer so groß waren, wie man hätte vermuten können.

Am 28. Mai spielten wir in der Universität von Surrey. Zwar legten wir so los wie immer, aber die Zuschauer glotzten uns einfach nur an. Sie alle saßen auf dem Boden der Halle und rührten sich nicht, obwohl wir wirklich laut genug aufdrehten, dass wir die Toten hätten wecken können. Vermutlich waren sie alle total bekifft, ein paar hockten sogar im Schneidersitz da, und ich bin mir ziemlich sicher, dass ich den einen oder anderen Kaftan im Publikum entdeckte – das war nie ein gutes Zeichen für AC/DC. Eigentlich wäre die ganze Geschichte ja lustig gewesen, hätten wir nicht gewusst, dass ausgerechnet an diesem Abend Ahmet Ertegun, der Boss von Atlantic und überhaupt *der* große Name im Rockgeschäft, vorbeischauen wollte, um sich unsere Band anzugucken.

Ahmet Ertegun war eine Legende. Er *war* Atlantic Records. Er hatte das Label kurz nach dem Zweiten Weltkrieg gegründet, sich mit Stars wie Ray Charles und Aretha Franklin einen Namen gemacht und seine Firma langsam vom Jazz und R&B zum Rock geführt. Bei ihm standen nicht nur Led Zeppelin unter Vertrag, sondern auch Crosby, Stills, Nash & Young, Emerson, Lake & Palmer, die Rolling Stones, Aretha Franklin, Otis Reading, und, hüstel, seit neuestem eben auch AC/DC.

Das Letzte, was wir brauchten, war also ein Totengräber-Gig mit lethargischem Publikum vor den Augen Ahmet Erteguns. Aber genau das war zu befürchten, weil diese Ärsche einfach auf ihrem Hintern sitzen blieben und mit keinem Muskel zuckten. Sie waren wie Statuen. Versteinerte Statuen. Inzwischen lag sogar schon jemand auf dem Boden. „Das war's", dachte ich, „wir sind erledigt." Bon und Angus machten wie immer jede Menge Druck – ich kann mich an keinen Gig erinnern, wo die beiden nicht 100 oder 150 Prozent gegeben hätten – aber selbst, als wir mit „Baby Please Don't Go" loslegten, sah es im Zuschauerraum aus wie in einer öffentlichen Bibliothek, wenn nicht sogar wie im Leichenschauhaus.

Das hielt Angus nicht davon ab, wie gewohnt auszurasten, von der Bühne zu springen und ein Bad in der Menge zu nehmen. Es war vermutlich das einzige Mal, dass er nicht sofort zwischen begeisterten Fans unterging. Die Kaftanträger zuckten jedoch mit keiner Wimper: Es gab nicht die kleinste Reaktion. Doch dann ließ sich Angus zu Boden fallen, wirbelte herum, feuerte ein paar wilde Soli ab und gebärdete sich, als ob er eingesperrt gehörte. Zack! Plötzlich sprangen die Hippies um ihn herum auf, und das setzte eine Kettenreaktion in Gang – ruckzuck war der ganze Laden auf den Beinen, alle versuchten etwas zu sehen, drängten zur Bühne und zu Angus, der nun doch im Gewühl verschwand. Die Leute feuerten unseren kleinen Gitarristen an, klatschten und schrien. Es war, als seien sie mit einem Mal aus ihrer Versteinerung erwacht. Die Hippies flippten aus. Wir gingen unter Riesenapplaus von der Bühne.

Recht zufrieden marschierten wir anschließend zur Bar, wo eine kleine Begrüßung von ein paar Atlantic-Mitarbeitern angesagt war. Bon und ich schlürften unser Bier, als Ahmet zu uns trat und sich vorstellte. Als wir mit den Formalitäten durch waren, entschuldigte er sich dafür, dass er leider zu spät gekommen sei und nur den Schluss des Konzerts mitbekommen hatte.

„Mann, ihr habt die Leute ja richtig weggeblasen“, verkündete der elegante und gebildete Mr. Ertegun. „Die sind ja völlig durchgedreht.“

Bon und ich grinsten uns an. Da hatte Angus uns wieder mal den Arsch gerettet.

KAPITEL 8
GEISTER, DOPE UND MÜLLMÄNNER

Nachdem unsere Marquee-Shows einiges Aufsehen erregt hatten, war das Musikmagazin *Sounds* bereit, ein paar Pfund Sponsorengeld lockerzumachen, damit wir die *Lock Up Your Daughters*-Tour in England weiterführen konnten. Michael Browning und seine Schwester Coral arbeiteten einen Deal mit *Sounds* aus, der uns 19 intensiv beworbene Gigs versprach. Michael war ziemlich stolz auf die Vereinbarung, und tatsächlich erwies sich diese Tour als entscheidend für unsere Karriere.

Trotzdem war es ein zweischneidiges Schwert: Dass wir uns so nett mit *Sounds* verbandelten, hatte automatisch zur Folge, dass uns die beiden anderen wichtigen britischen Musikblätter, der *Melody Maker* und der *NME*, rundheraus ablehnten. Sie waren von Haus aus ohnehin schon ziemlich hochnäsig, aber unter den gegebenen Umständen sahen sie noch mehr auf uns herab und vertraten überwiegend die Ansicht, AC/DC sei eine Truppe hergelaufener, rüpelhafter Australier, deren Musik allenfalls banal und laut war und dem aktuellen Trend, Punk, hoffnungslos entgegenlief. *Sounds* hingegen hielt uns für das Großartigste seit der Erfindung des Schnittbrots. Es war eine großartige Lektion, die uns lehrte, nie zu viel auf die Meinung irgendwelcher Zeitungen zu geben. Einige Kritiker konnte man wirklich nicht ernst nehmen, vor allem die nicht, die selbst eine Band auf die Beine stellen wollten. Das war wie in diesem alten Witz: Fragt ein Gitarrist den anderen: „Na, was machste gerade so?“ Sagt der andere: „Oh, ich schreibe Songs für mein nächstes Album.“ Darauf der erste: „Scheiße, bei mir läuft auch gerade nichts.“

Natürlich nahm man immer mal wieder Bezug auf andere Australier, die in Großbritannien bekannt waren, wie auf Dame Edna oder den in England beliebten Sänger und Entertainer Rolf Harris, aber insgesamt muss ich sagen, dass man fair mit uns umsprang. In einem Artikel wurden wir als „laute Kolonien-Combo" bezeichnet, und anderswo hieß es: „Mit AC/DC bekommt der Rock'n'Roll Entertainment, Dekadenz und guten, verschwitzten Spaß zurück." – „Bon Scott, der Sänger, ist ein echter Irrer", schrieb ein anderer Journalist. „Man könnte meinen, sie hätten ihn in irgendeiner Klapse aufgestöbert und heimlich befreit." Bon nannte man auch gern den „Daddy der Band", was näher an der Wahrheit war, als den Autoren vermutlich bewusst war. Angus hingegen wurde oft als „junger Gitarrenmeister" bezeichnet.

Auf der von *Sounds* gesponserten *Lock Up Your Daughters*-Tour hatten wir erstmals Gelegenheit, uns in einigen größeren (und einigen nicht ganz so großen) Städten in Schottland, Wales und England live zu präsentieren. Die Tour war keine groß angelegte Geschichte, was den Umfang oder das Budget anging. Unsere Shows eröffnete ein DJ, den wir DJ Dave nannten – ein ganz netter Kerl, nur leider nicht der weltbeste seiner Zunft. Um die Leute in Stimmung zu bringen, bevor wir auf die Bühne kamen, ließ er meist eine Auswahl von Video-Clips, beispielsweise von den Stones, über eine Leinwand hinter der Bühne flimmern.

Den ersten Gig absolvierten wir in der City Hall in Glasgow, und das war für die Youngs natürlich ein kleines Heimspiel. Für sie war es sicher aufregend, wieder einmal in Schottland zu sein, und in der Menge waren sogar einige „Welcome home"-Banner zu sehen. Zum Vorglühen ging ich vor der Show in einen kleinen Pub um die Ecke. Die anderen Gäste im Red Hoose in der Sauchiehall Street waren ebenso winzig wie der Laden selbst, und während ich an der Bar mein erstes Bier wegzog, stellte ich fest, dass ich alle anderen Anwesenden tatsächlich überragte. Das ging mir sonst nur so, wenn ich mit der Band auf der Bühne stand.

Das Konzert war ziemlich gut besucht; allerdings kostete der Eintritt auch nur fünfzig Pence. Aber es war ein guter Anfang; das Publikum war ziemlich wild, draufgängerisch und laut. Soweit ich sehen konnte, ließ man Frauen in Glasgow nach Einbruch der Dunkelheit nicht mehr auf die Straße – oder zumindest nicht zu einem AC/DC-Gig. Vielleicht hatte man ja auch unser Tour-Motto mit dem Wegsperren der Töchter wörtlich genommen.

Es war ein gutes Gefühl, nach all dem Hin und Her mit Kossoff und den Back Street Crawlers wieder richtig auf Tour zu sein, und doppelt gut war es, mal aus London rauszukommen, wo wir uns doch zunehmend eingeengt fühlten. Wir unternahmen sogar gemeinsame Sightseeing-Trips, was für uns sehr ungewöhnlich war, aber sehr viel Spaß machte, und wir lernten auch noch was dabei. Die Schotten in der Band klärten uns „Sassenachs", wie Schotten eigentlich ihre englischen Nachbarn nennen, ausführlich über die schottische Geschichte auf, die vor allem davon geprägt zu sein schien, dass die Engländer alle Nase lang über die Grenze marschiert waren, geplündert und gebrandschatzt und die Bevölkerung drangsaliert hatten, bis dann die Schotten wieder zurückschlugen und ihrerseits den Engländern einen mächtigen Tritt in den Hintern verpassten.

Wir sahen uns Stirling Castle an, das hoch oben auf einer Klippe vulkanischen Gesteins erbaut worden war und einen guten Blick über das Schlachtfeld von Bannockburn bietet. Mary Stuart wurde dort 1543 zur schottischen Königin gekrönt. Auch Edinburgh Castle war ein Besuch wert, und auf dem Weg dorthin stärkten wir uns ordentlich in den vielen Pubs auf der Royal Mile, jener Reihe von Straßen, die zur Burg hinaufführen. Das war einer der schönsten Momente auf dieser Tour, mit den Jungs durch die Gegend zu ziehen, sich alle möglichen touristischen Attraktionen anzusehen und Malcolm, Angus und Bon dabei zu beobachten, wie sie wieder Tuchfühlung mit ihrer alten Heimat aufnahmen. Ich hatte immer schon einmal nach Schottland reisen wollen, da ich eine Menge Freunde hatte, die von dort stammten, und ich fand die Geschichte des Landes genauso berauschend wie das Bier. Es ist ein Land, von dem man einfach beeindruckt sein muss, und für mich war es ein Erlebnis, wenn wir in einem Pub auf dem Land einkehrten, um einen Happen zu essen und ein Bier zu trinken, und uns jemand erzählte, dass es die Kneipe, in der wir saßen, schon seit 1400 gab. Meist sahen die Gestalten, die an der Theke hockten, auch so aus, als seien sie schon seit damals Stammkunden.

In Glasgow übernachteten wir im Wickets Hotel in der Nähe der Dumbarton Road, das nach dem angrenzenden Cricket-Stadion benannt war. Es erinnerte ein wenig an die TV-Serie *Fawlty Towers* und vereinte einen Hauch Charme der Alten Welt mit einer ordentlichen Portion Gammel. Es war schon ziemlich abgewirtschaftet, aber gemütlich und gastfreundlich.

An einem unserer seltenen freien Tage saßen wir da und dachten darüber nach, was man Anfang der Woche abends in Glasgow anstellen konnte. Nach dem Abendessen ging ich in den ersten Stock auf mein Zimmer, das ich mir mit Phil teilte, am Ende eines breiten Flurs lag und einen schönen Blick auf eine alte Kirche bot. Es war einer dieser herrlichen schottischen Abende, zwar schon nach acht, aber immer noch hell, und für australische Begriffe nicht gerade warm, aber immer noch recht angenehm. Ich hatte beim Essen keinen Tropfen getrunken und war stocknüchtern.

Um mir meine geliebten Doc Martens anzuziehen, setzte ich mich aufs Bett, das gegenüber des großen Panoramafensters stand. Phil war nicht da, ich war völlig allein. Das Fenster war offen, und eine leichte Brise blähte die bodenlangen Vorhänge. Ich genoss den Anblick, da nahm ich im Augenwinkel eine Bewegung wahr. Als ich aufsah, zuckte ich zusammen. Es dämmerte nun, aber ich konnte im Zimmer noch alles erkennen, und was ich da sah, war die etwas schummrige, aber klar erkennbare Gestalt eines alten Mannes. Er war klein, gebeugt und wandte mir den Rücken zu. Meine erste Reaktion war, nichts wie weg, aber dalli. Ich konnte mich jedoch nicht bewegen und war wie versteinert. Mich erfüllte große Angst, aber gleichzeitig war es auch aufregend.

Damit das klar ist: Ich glaube nicht an Geister, Erscheinungen, Visitationen, Séancen und andere Spökenkiekerei. So was erscheint mir einfach aberwitzig, und Leuten, die damit Geld verdienen, dass sie „in die Zukunft blicken“, traue ich nicht übern Weg. Wenn sie wirklich über das zweite Gesicht verfügen, wie kommt es dann, dass sie nicht in ihre Kristallkugel gucken und daraus die Lottozahlen für die nächste Woche lesen? Die eigentliche Frage ist ja ohnehin eine ganz andere: Wieso sollte man überhaupt wissen wollen, was in der Zukunft geschieht? Das ist doch was für Leute, die bei einem Buch als erstes die letzte Seite lesen, und denen würde ich sowieso empfehlen, sich professionelle Hilfe zu suchen. So viel dazu. Aber die Geschehnisse an diesem Abend brachten diese

Überzeugung doch ins Wanken. Zumindest würde ich heute die Möglichkeit nicht mehr ausschließen, dass es da draußen Dinge gibt, die wir mit bloßer Vernunft nicht erklären können.

Ich sprach den alten Mann in meinem Zimmer ein paar Mal an, weiß aber nicht, was ich getan hätte, wenn er wirklich darauf reagiert hätte. Der alte Knabe konnte mich ohnehin nicht hören. Seine Aufmerksamkeit war auf die Wand gerichtet, vor der er stand, als ob er ein Bild oder vielleicht auch mehrere betrachtete. Eine ganze Weile blieb er auf einer Stelle stehen, dann machte er ein paar schlurfende Schritte nach rechts und sah wieder hoch. Dabei verlagerte er das Gewicht von einem Fuß auf den anderen, knüllte die Mütze, die er in der rechten Hand hielt, ein wenig zusammen, dann rieb er sie gedankenverloren seitlich an sein Bein. Man könnte es vielleicht am ehesten so beschreiben, dass er wirkte, als sei er in Schwarzweiß. Soweit ich das sagen konnte, trug er einen alten Mantel, und seine Kleidung wirkte abgetragen. Es war nicht leicht festzustellen, was er eigentlich anhatte, aber auf alle Fälle passten ihm die Sachen nicht richtig, und seine ganze Erscheinung war ein wenig abgerissen.

Ich saß wohl fünf Minuten lang wie angenagelt auf dem Bett; wie lange es tatsächlich war, weiß ich nicht. Es war jedenfalls genug Zeit, damit der Alte immer wieder ein Stückchen weiter nach rechts ging und dabei auf etwas starrte, was sich offenbar für ihn sichtbar an der Wand befand. Sein Gesicht bekam ich nicht zu sehen, ich sah ihn immer nur von hinten und manchmal ein klein wenig von der Seite. Schließlich stand ich auf, und auf dem Weg zur Tür sprach ich ihn noch einmal an, ohne dass er reagierte. Hastig rannte ich über den Flur zum Zimmer der beiden Youngs, und Angus öffnete. Er sah mir wohl an, dass ich durcheinander war, und fragte, was denn los sei.

„In meinem Zimmer ist so ein alter Kerl“, sagte ich. „Nein, eigentlich ist es kein Kerl, sondern ein Geist.“

„Ach du Scheiße!“, rief Angus, verschwand sofort wieder in seinem Zimmer und schlug mir die Tür vor der Nase zu. Als ich wieder klopfte, ließ er mich zögernd hinein, und ich berichtete ihm und Mal von meiner Begegnung. Zunächst nahmen sie die Geschichte mit ziemlich viel Skepsis auf, obwohl es ihnen wohl zu denken gab, dass ihr sonst so bodenständiger Bassist offenbar kurz davor stand, sich in die Hosen zu machen. Es dauerte, bis ich den Mut aufbrachte, wieder in mein Zimmer zu gehen, aber als ich dort die Tür öffnete, war der ungebetene Gast verschwunden.

Am nächsten Morgen sprach ich eine Hotelmitarbeiterin an der Rezeption darauf an.

„Gibt es da oben so einen alten Kerl?“, fragte ich.

Ohne mit der Wimper zu zucken erwiderte sie: „Das war sicher Jimmy. Keine Sorge, er tut Ihnen nichts, er wirft höchstens ein paar Mal im Jahr die Möbel um.“

Wie sie dann erklärte, handelte es sich bei unserem Zimmer um den ehemaligen Lesesaal des Hauses, in dem früher die Nachrichtenblätter, Vorläufer der späteren Zeitungen, ausgehängt wurden. Jimmy versuchte offenbar, sich das Lesen beizubringen, und betrachtete nicht etwa Bilder, wie ich zuerst gedacht hatte. Er arbeitete nicht im Hotel, aber er hatte sein Quartier in der Kirche gegenüber. Wie die Rezeptionistin erfahren hatte, war er offenbar Totengräber gewesen und hatte in der Gemeinde ansonsten generell ausgeholfen.

Für jemanden wie mich, der sich gewöhnlich über alles Paranormale lustig gemacht hatte, war es nicht ganz so einfach, mit diesem Vorfall zurecht zu kommen. Ich habe bis heute keine Erklärung dafür und kann mir lediglich vorstellen, dass sich vielleicht ein Augenblick noch einmal abspielte, der eigentlich vor mehr als hundert Jahren geschehen war. Es war übrigens das erste und einzige Mal, dass AC/DC im Wickets Hotel abstiegen.

Anschließend führte uns die Tournee weiter nach Süden in die größeren Ballungszentren wie Sheffield, Bradford und Liverpool, aber auch auf die Isle Of Man, wo wir ein Konzert im Palace Lido gaben. Auf der Reise dorthin lernte ich zweierlei: Eine Fahrt mit der Fähre über die Irische See ist selbst bei mildem Wetter eine ziemlich raue Angelegenheit, und die Katzen auf der Isle Of Man haben keinen Schwanz. Wieso eigentlich nicht, verdammt noch mal?

Die Gigs der *Daughters*-Tour waren insgesamt gut besucht, mit nur ein oder zwei kleinen Ausreißern. Bei der Show in Liverpool am 19. Juni verloren sich vielleicht um die 150 Leute in einem großen, alten, knirschenden „Stadion“, das uns an das alte Sydney Stadium an der Rushcutters Bay erinnerte. Dennoch, als wir auf die Bühne gingen, rockten Bon und Angus wie immer so ab, als sei der Laden komplett ausverkauft und die Leute würden die Türen einrennen, um noch reinzukommen. Am Schluss von „Baby Please Don't Go" hatten wir alle Anwesenden restlos überzeugt, jedenfalls der Reaktion zufolge. So lief das bei AC/DC – rausgehen, richtig einsteigen und auf diese Weise eine treue Fan-Gemeinde aufbauen.

Einen weiteren Durchhänger gab es am 23. Juni in der Brangwyn Hall in Mumbles bei Swansea. Dabei machten wir es genauso wie in Liverpool – die Maxime von Bon und Angus lautete, rausgehen und es richtig krachen lassen, und wir anderen machten es ihnen nach. An diesem Abend in der Brangwyn Hall gab es Seelen, die bekehrt werden mussten, und sie wurden bekehrt, mit einer Erfolgsquote von hundert Prozent. An diesem Abend gewannen AC/DC fünf neue Fans in Swansea.

Der Höhepunkt der Tour war ein Konzert am 7. Juli in London, unser erster richtig großer Gig in der Entertainment-Hauptstadt. Schon am späten Nachmittag fanden wir uns im Lyceum Theatre ein, um Soundcheck zu machen und die Atmosphäre in der Halle auszutesten. Die Crew baute routinemäßig das Equipment auf. Wir hatten acht Roadies, darunter Aussies wie Ralph und Herc, der uns als Lichttechniker der Firma ESE vermittelt worden war, von der wir auch unsere Anlage geliehen hatten. Für den Gig im Lyceum hatten wir unser Equipment noch zusätzlich verstärkt. Als wir dort ankamen, herrschte geschäftiges Treiben, um unseren ganzen Kram für den Soundcheck vorzubereiten. Herc hängte die Scheinwerfer auf, um die Bühne richtig auszuleuchten, und befand sich dafür in einem kleinen hydraulischen Arbeitskorb zehn Meter über der ohnehin schon hohen Bühne, die noch einmal zwei Meter höher war als der normale Zuschauerraum. Er war bemüht, alles möglichst schnell fertig zu bekommen. Angesichts der Tatsache, dass er mit Starkstrom arbeitete, war Eile allerdings wohl keine so gute Idee.

Ich stand gerade mit Phil vorn an der Bühne, als ein Blitz die Halle erhellte und ein lautes Krachen ertönte. Der Steiger, mit dem sich Herc zum Scheinwerfergerüst emporgehievt hatte, kam ins Wanken und kippte von der Bühne. Herc hatte einen enormen Stromschlag bekommen, war aber glücklicherweise noch genügend bei sich, um sich beim Sturz den Kopf zu schützen. Er riss sich beide Arme vors Gesicht, aber als er mit voller Wucht auf den Hallenboden krachte, war der Aufschlag dennoch zu heftig. Sein Kopf schob sich nach vorn zwischen die Arme, und mit einem Geräusch, bei dem einem übel werden konnte, schlug er mit dem Gesicht voran neben Phil und mir auf.

Scheiße! Ich war fest davon überzeugt, dass unser Lichttechniker tot war. Herc konnte das unmöglich überlebt haben. Er war wirklich mit dem Gesicht auf den harten Holzfußboden geschlagen, lag bäuchlings da und rührte sich nicht. Doch dann ertönte ein Stöhnen, ein gurgelndes, schreckliches, gequältes Stöhnen, über das wir trotz allem überaus froh waren. Herc war noch bei uns. Wie und warum, das kann ich nicht sagen, aber glücklicherweise war es einfach so. Es sagt viel über die Mentalität der Band, dass niemand von uns Herc im Krankenhaus besuchen ging. Das letzte Mal, dass ich ihn sah, war in der Halle, wie er bäuchlings auf dem Boden lag. Aber die Show musste weitergehen, und das tat sie auch. Es war ein angemessener Abschluss der *Lock Up Your Daughters*-Tour, und das in verschiedener Hinsicht, nicht nur für Herc, sondern auch für mich.

Sounds hatte für uns während dieser Tour einen Wettbewerb veranstaltet, bei dem wir den „bestgekleideten Schuljungen" suchten, und einmal war dabei tatsächlich ein ziemlich haariger Typ als Schulmädchen aufgetaucht. Zum Gig im Lyceum hatten die vorwitzigen *Sounds*-Kollegen alle möglichen Leute eingeladen, von Bob Dylan über Rod Stewart bis zu Mick Jagger. Der inzwischen verstorbene John Peel, der damals wohl renommierteste Radiomoderator in ganz Großbritannien, kam ebenfalls, um Miss Jayne Haynes aus Harrow in Middlesex mit verlegenem Blick eine Gitarre zu überreichen, denn sie hatte noch einen anderen Wettbewerb gewonnen: „Schulmädchen, mit dem wir am liebsten …". Es war großartig hinter der Bühne: Wohin wir auch sahen, überall standen Schulmädchen mit Laufmaschen in den Strümpfen, die lasziv an Lollys nuckelten. Bon beschrieb die Gewinnerin höchst treffend: „Sie war wunderschön und sehr sexy. Strumpfgürtel und Strapse. Ich war selbst ziemlich scharf auf sie, wie wir alle. Aber Mark hat gewonnen. Er sieht einfach zu gut aus, mit ihm kann ich es nicht aufnehmen." Vielen Dank, Bon – und ich muss zugeben, dass Miss Haynes und ich eine unvergessliche Nacht miteinander verbrachten.

Während des Konzerts zeigte Angus der Menge mal wieder seinen nackten Hintern, wie er es inzwischen regelmäßig tat, aber anschließend zog er sich den Reißverschluss nicht richtig hoch, und als er sich umdrehte, präsentierte er den Zuschauern dann noch ein bisschen mehr als eigentlich geplant. Es war eben so ein richtig verrückter Abend. „Das war das aufregendste, lustigste und denkwürdigste Konzert, bei dem ich jemals war", schrieb ein Kritiker. Das hätten wir nicht bestritten.

Die Tour erschloss uns ein ganz neues Publikum. Die Presse war sich allgemein einig, dass wir zur alten Schule des Rock gehörten, wie Status Quo oder die Sensational Alex Harvey Band, und nicht zur New Wave (wenn es den Begriff damals überhaupt schon gab) wie die Sex Pistols, The Damned und die vielen anderen Truppen, die so schnell wie möglich auf das Trittbrett des Punk-Zugs aufsprangen. Wir waren erst zwei Monate in England und galten schon als „überholt". Zwar war das ein wenig herablassend, aber es zeigte trotzdem, wie sehr es uns in kurzer Zeit gelungen war, die Musikszene zu infiltrieren.

Nach dem Gig im Lyceum übernachteten wir im Russell Hotel am Russell Square, ganz in der Nähe des Britischen Museums. Bon verbrachte, wenn er in London war, einen Großteil seiner Zeit bei seiner Freundin in der Gloucester Road. Er nahm ziemlich viele Drogen, und die Sorge wuchs, dass er sich bei seiner Neigung, alles auf die Spitze zu treiben, vielleicht noch einmal eine Überdosis Heroin spritzen könnte, so wie er das getan hatte, kurz nachdem ich Ende März 1975 zur Band gestoßen war. Davon abgesehen rauchten auch einige andere Bandmitglieder eine enorme Menge Dope weg.

Besonders beliebt war damals eine goldfarbene Sorte Haschisch, von denen sich die Jungs gewöhnlich Klumpen kauften, die groß wie Tennisbälle waren. Ich selbst kiffte nicht, aber wahrscheinlich war ich schon allein durch den passiven Konsum, dem ich in Wohnungen oder Autos ausgesetzt war, oft genug breit. An den ekligen Gestank und an den dicken Qualm erinnere ich mich immer noch gut; er war so undurchdringlich wie der Londoner Nebel. Das war ein Punkt, in dem Angus und ich unbedingt einer Meinung waren: Diese ganze Kifferei war etwas für Hippies.

Da ich immer schon Kumpels gehabt hatte, die viel Gras rauchten, störte mich das nicht so sehr, aber Angus war in dieser Hinsicht wesentlich intoleranter. Sobald jemand einen Joint in seiner Nähe anzündete, giftete er: „Scheiß Hippie-Wichser.“ Eines Abends ließ er dazu einen köstlichen Spruch ab, als unsere Kifferfraktion sich auf der Rückfahrt nach London gerade mal wieder so richtig die Kante gab. Nach allerlei bedröhntem Gequatsche über Zeitreisen und den Weltraum entstand eine Pause in der Unterhaltung, die zumindest einige Beteiligte offenbar für äußerst anregend hielten.

„Sagt mal, Jungs“, fragte Angus in die Stille hinein, „habt ihr euch nie Gedanken darüber gemacht, wieso man das Zeug Dope nennt?“ Dass man mit diesem Wort im englischsprachigen Raum auch Trottel bezeichnet, war den anderen bisher offenbar wirklich nicht aufgefallen.

Aber sei’s drum. Wir fuhren zum Russell Hotel zurück, und da es Bons Geburtstag war, überlegten wir, ob wir uns nach dem Essen noch treffen sollten, um ein paar Drinks zu nehmen und vielleicht noch in den einen oder anderen Club zu gehen. Selbst Angus war dabei, was für unseren Band-Eremiten ziemlich außergewöhnlich war. Außerdem war Fifa, die Sekretärin unserer australischen Plattenfirma, in London, um uns einen Willkommensbesuch abzustatten.

Wir standen an der Bar und lauschten einer neuen, spannenden Folge von „Angus Young und wie er die Welt sah“, und aus irgendeinem unbekannten Grund erleuchtete er uns mit den Einzelheiten der Beatles-Tournee 1964 durch Australien. Angus kam immer wieder auf das Konzert in Sydney im alten Rushcutters Bay Stadium zu sprechen, bei dem er offenbar gewesen war. Nun ist Angus nur wenig älter als ich, er kam am 31. März 1955 zur Welt und war demnach bei besagter Tour gerade mal neun Jahre alt. Natürlich war es möglich, dass er die besagte Show gesehen hatte, aber er merkte wohl irgendwie, dass ich seine Geschichte für Quatsch hielt, zumal ich ihm eine Reihe von skeptischen Fragen stellte, um ihn ein wenig aufzuziehen. Angus aufzuziehen, das war für einige von uns ein beliebtes Hobby. Das war natürlich nie mehr als liebevolle Frotzelei, genau wie an diesem Abend. Dachte ich jedenfalls.

Die Stimmung wurde leicht angespannt, als ich ihn nach dem Kartenpreis fragte.

„Die haben fünf Dollar fünfzig gekostet", erklärte Angus.

Ich hakte weiter nach, nur aus Spaß, aber Angus fing richtig an, sich zu ärgern.

„Das war aber ganz schön viel Geld für einen Neunjährigen", sagte ich. „Hast du auch ein Programmheft gekauft? Und wie bist du da hingekommen – mit dem Bus oder mit dem Zug?"

Ich machte immer so weiter, obwohl mir Malcolm einen dieser Blicke zuwarf, die „halt dein Maul, verdammt noch mal" ausdrücken sollten, aber an die war ich längst gewöhnt. Inzwischen war ich mir sicher, dass Angus einen Haufen Müll erzählte (womit ich übrigens gründlich falsch lag), und bohrte weiter wegen des Kartenpreises. Fünf Dollar fünfzig? Ganz bestimmt?

„Sollte ich ja wohl wissen, du Arsch", fuhr mich Angus an, „schließlich habe ich den Scheiß selbst bezahlt."

Ich konnte es nicht lassen.

„Aber fünf Dollar fünfzig für die verdammten Beatles 1964 – wie kann das denn sein, wo wir doch die Dezimalwährung erst 1966 bekommen haben? Sollten das nicht Pfund gewesen sein, Angus, keine Dollar?"

Und das war's. Damit war ich auf Angus' Abschussliste, und er konnte wirklich ziemlich sauer werden, wenn man ihn auf die Palme brachte. Little Albie hatte mich den ganzen Abend auf dem Kieker. Ich hätte vernünftig sein und meine Klappe halten sollen, aber ich war eben leider ein halb besoffener, 20-jähriger Klugscheißer. Je mehr der Abend voranschritt, desto angespannter wurde die Lage. Wir alle tranken mehr und mehr, und von unserem Ehrengast war noch immer nichts zu sehen.

Schließlich wurde es zehn Uhr, und Mal, Angus, Phil, Michael Browning, Fifa und ich hatten uns in die gemütlichere Lounge-Bar verzogen. Allmählich war klar, dass Bon gar nicht mehr auftauchen würde. Ich saß neben Fifa und wir unterhielten uns, als Angus auf einen anderen Alberts-Mitarbeiter zu sprechen kam, den die ganze Band aus Gründen, an die ich mich nicht mehr erinnere, nicht besonders mochte. Angus ging mir auf die Nerven, und deswegen konterte ich: „Hey, Angus, du weißt doch, dass wir ihn nicht ausstehen können." Das war rückblickend betrachtet nicht besonders klug und außerdem einfach unhöflich. Es ging um Fifas Arbeitskollegen, und sie kam dadurch in eine unangenehme Situation, was sie überhaupt nicht verdiente. Ich war ein Blödmann, und die Tatsache, dass ich blau war, ist keine Entschuldigung für schlechte Manieren.

Bevor ich wusste, wie mir geschah, sprang Angus auf und haute mir eine rein – wumm, einfach so. Zwar hinterließ der Schlag keine schlimmen Spuren, aber ich wollte ihm trotzdem seinen kleinen dürren Hals umdrehen. Michael und die anderen hielten mich fest, als ich Angus anbrüllte, er könnte es ja jetzt gern noch mal versuchen. Malcolm hatte sich natürlich, wie nicht anders zu erwarten, auf Angus' Seite gestellt.

Das bremste mich nicht im Geringsten, da ich körperlich vor keinem von ihnen Angst hatte, aber ich bin froh, dass die Lage nicht vollends eskalierte. Glücklicherweise war Michael da, um mich wieder zur Vernunft zu bringen; ich wäre sonst wirklich komplett ausgerastet. Ich habe mich oft gefragt, ob Angus wusste, wie knapp er einer richtigen Tracht Prügel entgangen war. Am liebsten hätte ich ihn tatsächlich erwürgt. Dieser Wunsch hielt nicht lange an, sicher, aber ich merkte bald, dass auf der anderen Seite eine gewisse Verstimmtheit zurückgeblieben war. Bis heute bin ich der Auffassung, dass dieser Vorfall maßgeblich beeinflusste, wie sich meine weitere Zukunft in der Band gestalten sollte – oder vielmehr, dass es für mich letztlich keine mehr gab.

Ich ging auf mein Zimmer, das ich wie immer mit Phil teilte, um mich ein wenig abzuregen. Es hätte nicht viel gefehlt, und ich wäre wieder ausgeflippt. Michael kam, um nach mir zu sehen, und ich war noch so sauer, dass ich zitterte. Aber ich beschloss, am nächsten Morgen nach Brighton zu fahren und für ein paar Tage eine Freundin zu besuchen. In etwa einer Woche begann unsere Europa-Tournee, und dann wollte ich zur Band zurückkehren. Michael gab mir etwas Reisegeld und bat mich, nichts zu tun, was ich später bedauern würde. Dafür bewunderte ich ihn wirklich sehr; es war eines der wenigen Male während meiner Zeit bei der Band, dass ich wirklich das Gefühl hatte, dass sich jemand um mich kümmerte. Mein Verhalten an diesem Abend war ein Riesenfehler, aber Michael unterstützte mich. Trotzdem gingen wir wohl alle davon aus, dass die Zeiten für mich jetzt härter werden würden. Und so kam es auch.

Coral hatte ein perfektes neues Hauptquartier für uns gefunden: Wir zogen von Bayswater in die Lonsdale Road 23 nach Barnes, einem Stadtteil südwestlich der Hammersmith Bridge. Diese Brücke wird auf beiden Ufern von Pubs eingefasst, dem Harlequin auf dem nördlichen und der Bridge Tavern auf dem südlichen Themse-Ufer, beide sehr günstig gelegen, um nach einem kleinen Abendspaziergang auf einen Schluck vorbeizuschauen.

Meine Lieblingsgetränke waren natürlich das obligatorische Whisky-Cola und Carlsberg Lager, eines der wenigen Biere, die man damals in England gekühlt serviert bekam. Das Wörtchen „gekühlt" ist in diesem Zusammenhang mit Vorsicht zu genießen – es bedeutete lediglich, dass die Flaschen auf einem leicht gekühlten Regal aufbewahrt wurden, so dass allenfalls die unteren Zentimeter Flüssigkeit einigermaßen trinkbar waren. Diese Regale glichen den gekühlten Tabletts, auf denen in den Pubs in Melbourne die Gläser standen. Und insgesamt war ein Bierglas in Melbourne noch immer um einiges kühler als ein „kaltes" Bier in einem Londoner Pub.

Unser neues Zuhause in Barnes war ein richtiger Palast, in dem jeder sein eigenes Zimmer hatte. Wer welches bekam, wurde ausgelost, und Phil gewann das größte Schlafzimmer, das sogar über ein eigenes Bad verfügte. Es lag im ersten Stock und ging nach vorn raus, und es war um einiges größer als die anderen. Wir beneideten Phil glühend.

Bon hatte sich währenddessen bei Silver eingerichtet. Ich hatte das Gefühl, dass ihm daran gelegen war, sein eigenes Ding zu machen, ohne dass ihm jemand reinquatschte, schon gar nicht die Jungs aus der Band. Michael Browning war der Meinung, dass Bon sich stets sehr seiner Grenzen bewusst war. Das sehe ich auch so, aber es gab eben auch Zeiten, in denen Bon diese Grenzen gewaltig testete. Für die Band gab Bon alles, sowohl auf der Bühne als auch sonst, aber er machte sich zwischendurch, wenn sich die Gelegenheit ergab, immer gern davon. Im Gegensatz zu uns anderen hatte er ein Leben außerhalb der Band, und das brauchte er auch sehr.

Die Wohnung von Bon und Silver an der Gloucester Road nannten wir abfällig „Hippie-Himmel". Silver wurde ohnehin – wie alle, die dem inneren Kreis der Band zu nahe kamen – teils mit Misstrauen, teils mit unverhohlener Verachtung betrachtet. Ich kann mich nicht erinnern, dass irgendwer von außen je willkommen geheißen wurde, und schon gar keine Frau, abgesehen von Coral und Fifa. Dabei wäre es sicher nett gewesen, jemanden zu haben, der mal kochte und aufräumte. Aber dafür war Silver sowieso garantiert nicht die Richtige; beides wäre ihr vermutlich nicht im Traum eingefallen.

Ich weiß nicht, ob sie sich überhaupt für den Rest der Band interessierte, aber ich denke mal, das war eher nicht der Fall. Bon war ihr Lebensmittelpunkt, sie hatten denselben Lifestyle, und rein zufällig war er eben auch der Sänger von AC/DC. Bon und Silver wurden auch „Rod und Britt“ genannt, als gehässiger kleiner Seitenhieb auf Rod Stewart und Britt Ekland, das Jetset-Rock'n'Roller-Pärchen der Mittsiebziger. Natürlich beneideten wir die beiden insgeheim, denn wir anderen waren Singles.

Was weibliche Gesellschaft anging, war für uns alle in London nicht viel zu holen, da hatte nur Bon einen Treffer gelandet. Das stand ziemlich im Kontrast zu dem, was wir aus Australien gewohnt waren, wo die Ladys bei uns Schlange standen. In London hingegen hatten AC/DC noch keinen Namen, und ohne unsere Trumpfkarte, die Beliebtheit der Band, guckten wir alle ziemlich in die Röhre. Glücklicherweise konnten Phil und ich uns irgendwann an ein paar Angestellte von Atlantic ranmachen, damit die Dürreperiode ein Ende hatte.

Gelegentlich hatte ich Heimweh, aber wenn, dann behielt ich das für mich; über solche Sachen wurde in der Band nicht gesprochen. Ich vermisste meine Kumpels wie Graham Kennedy, der zu Hause überall mit dabei gewesen war und mit dem ich meine Erfahrungen geteilt hatte. Auch den Australischen Football vermisste ich, auch wenn ich mir für mein Exil eine günstige Zeit ausgesucht hatte, weil es für Carlton in jener Zeit ohnehin nicht besonders lief. Es war schon seltsam – in London gab es ja jede Menge zu tun und zu erleben, und davon schrieb ich meinen Freunden in Melbourne (und meiner Ex-Freundin Glynis), aber ich teilte meine neuen Erkenntnisse und Erfahrungen nicht mit den anderen in der Band. Dabei war es nicht so, dass wir uns nicht verstanden hätten, aber die Tatsache, dass wir so eng aufeinander hockten, machte das Miteinander manchmal schwierig. Die Wagenburgmentalität von AC/DC konnte manchmal auch erdrückend sein. Unsere große Gemeinsamkeit war die Band, aber das war auch schon so ziemlich alles.

Tja, und so saßen wir da, eine bunt zusammengewürfelte Truppe, die am anderen Ende der Welt gestrandet war und dort eng zusammengepfercht wohnte und arbeitete. Im Nachhinein ist es erstaunlich, dass das überhaupt so lange funktionierte. Die Band an sich – damit meine ich Angus und Mal – war eher distanziert, und das hatte ich schon bei meinem ersten Treffen mit der Band in Melbourne so empfunden. Bon tickte da völlig anders, Phil und ich auch. Aber Phil und ich schlossen uns der vorgegebenen Verhaltensweise an, und es war auch, obwohl das sehr passiv klingt, vermutlich das Schlauste, was wir tun konnten. Für mich war das eine Frage der Selbsterhaltung, wobei die Geschichte noch erweisen sollte, dass es letztlich nicht zum Erfolg führte. Ich hatte jedenfalls das Gefühl, es sei unausweichlich, sich der allgemeinen AC/DC-Geisteshaltung anzuschließen – denn letztlich wurde alles so gemacht, wie „die Band" es wollte, oder gar nicht. In Melbourne hatte ich meine Freunde um mich gehabt und nicht mit der Band zusammengewohnt. Phil hingegen war gleich nach seinem Einstieg ins Bandquartier eingezogen. Für mich war dieses „Wir alle gegen die ganze Welt" völlig neu.

Nun ist es eine Sache, mit den Jungs zusammen auf Tour zu gehen, und eine andere, wenn man nach Hause kommt, weiter mit ihnen zusammenzuhausen. Es gab keine Möglichkeit, Abstand zu gewinnen und sich von den anderen zurückzuziehen, obwohl wir das vielleicht alle gebraucht hätten. *Unterwegs* war das sogar einfacher, da konnte ich mich auch mal unsichtbar machen oder mit einer neuen Bekanntschaft abhauen, vor allem, wenn es sich dabei um eine entgegenkommende, junge Dame handelte.

Bei unserem ersten Gig im Nashville Rooms in South Kensington Ende Mai 1976 hatte ich Polly Paul kennen gelernt, eine ausgewanderte Australierin, und zum ersten Mal in meinem Leben traf es mich wie ein Blitz. Vielleicht war es mehr Lust als Liebe auf den ersten Blick, aber das reichte mir, und zwischen uns lief es von Anfang an gut. Polly war eine zierliche junge Frau mit blonden Zöpfen, die aus Melbourne stammte, und ich fand sie einfach umwerfend. Sie war unglaublich hübsch und lustig. Ich war Hals über Kopf verliebt, und zwar richtig ernsthaft, und nach ein paar Wochen lief ich Gefahr, an Austrocknung zu sterben.

Nach einem Gig in Birmingham machten Phil und ich uns auf den Rückweg nach London, und Phil setzte sich „für eine Runde Tieffliegen", wie er das nannte, ans Steuer. Er hatte in London eine neue, heiße Flamme und gab dementsprechend Gas. Er fuhr wie ein Wilder, so etwas hatte ich noch nie erlebt. Wie ich dann allerdings feststellen musste, war Polly gar nicht so scharf darauf, mich zu sehen. Als ich unangekündigt vor ihrer Tür stand, wurde mir lapidar mitgeteilt, dass ich mich gefälligst hinten anstellen sollte. Tja. Pech gehabt.

Zu unserer Roadcrew zählten inzwischen ein paar neue Gesichter – Ian Jeffrey, unser neuer Mann am Mischpult, und Paul „Scotty" Wright, der als Tourmanager fungierte. Beide bekamen wir über ESE vermittelt. Scotty und ich wurden gute Freunde und hatten viel Spaß miteinander, wobei das auch Risiken barg. Scotty war der irrtümlichen Auffassung, dass es sich bei AC/DC um ein demokratisch geführtes Unternehmen handelte, und entsprechend offen vertrat er seine Ansichten. Und über Scotty hörte ich erste Gerüchte, dass es um meinen Platz in der Band nicht zum Besten stand, denn er bekam oft mit, wenn sich andere über mich unterhielten, und erstattete mir Bericht darüber. Zunächst ging es vor allem um meinen Bass-Sound auf der Bühne: „Der klingt etwas zu sehr nach Led Zeppelin. Ein eher klassischer Rock'n'Roll-Sound wäre besser." Das war die erste von vielen Nachrichten aus zweiter Hand, die man mir zutrug.

Außerdem waren die anderen wohl auch der Meinung, dass ich auf Tour nicht so viel feiern und mich stattdessen besser auf die Konzerte konzentrieren sollte. Rückblickend betrachtet war das durchaus berechtigt. Zwar war ich bereit, wirklich alles für die Band zu geben, aber ich genoss es auch sehr, was zu trinken und neue Freunde zu finden, mit denen man was losmachen konnte, als Gegengewicht zu der allmählich erstickenden Situation, die da lautete, AC/DC rund um die Uhr. Bon machte das schon ganz richtig, das war mir klar. Und ich hätte mir vielleicht auch besser eine eigene Bleibe gesucht, um in meiner Freizeit etwas Abstand zu haben. Es war nicht leicht, der ständigen sozialen Kontrolle zu entgehen, solange wir in einem Haus wohnten, nicht einmal in einem so großen wie in Barnes.

Unser Haus in der Lonsdale Road war der Hammer. Seine zwei Stockwerke boten wirklich viel Platz, wir hatten einen großzügig geschnittenen Wohnbereich und einen großen Hof hinter dem Haus, was in London wirklich selten war. Es war eine solide Mittelklasse-Gegend, nicht weit von der Themse und auch nur 200 Meter vom legendären Hammersmith Odeon entfernt gelegen. Zum Red Cow ging man vielleicht zehn Minuten zu Fuß, und auch das Naturschutzgebiet Barnes Common war nicht weit. Dort tummelte sich der Legende nach ebenfalls ein Geist, Spring Heeled Jack, der Damen unaussprechliche Dinge antat. Das Haus an sich war für uns geradezu ein Palast – keiner von uns hatte zuvor je in einem so schönen Haus gewohnt, wenn er überhaupt je einen Fuß in so einen Prachtbau gesetzt hatte. Heute ist es sicherlich ein paar Millionen Pfund wert. Das Wohnzimmer ging nach vorn raus und war so groß, dass wir ohne weiteres unsere Anlage darin aufbauen konnten.

Daher überlegten wir uns eines Tages auch, dass es eine gute Idee sein würde, am Nachmittag einen kleinen Jam im heimischen Umfeld zu machen (ohne Bon natürlich). Ich wollte vorher noch eine Kleinigkeit essen und ging noch mal schnell in den Pub um die Ecke. „Bin gleich wieder da“, versicherte ich den anderen. Im Pub hatte ich Lust auf eine Runde Pool, also spielte ich erst ums Bier, dann um ein paar Fünfer, und ich hatte eine verdammte Glückssträhne. Als der Laden, wie damals üblich, um drei Uhr zumachte, war ich noch immer ungeschlagen und hackedicht. Als ich die Lonsdale Road entlang nach Hause torkelte, hörte ich schon ein paar hundert Meter vor unserem Haus, dass die Jungs ohne mich angefangen hatten. Sie waren verdammt laut.

Als ich ins Zimmer kam, rockten Mal, Angus und Phil ordentlich ab, und Mal spielte Bass. Er ist nicht nur ein überragender Rhythmusgitarrist, sondern auch ein ausgezeichneter Bassist, obwohl er mit meinem blauen Rickenbacker 4001 ein bisschen lustig aussah, weil das Instrument fast genauso groß war wie er. Sein Spiel beeinträchtigte das aber keineswegs – das war auf den Punkt, knackig und völlig im Einklang mit Phil, während Angus sich über dieser soliden Rhythmusbasis austobte. Es war allererste Sahne.

Niemand zuckte auch nur mit der Wimper, als ich auf etwas unsicheren Füßen durch die Tür stolperte, und ich beschloss, die Musik erst mal auf mich wirken zu lassen. Also machte ich es mir im Erkerfenster bequem und hörte zu, doch während die Jungs dröhnend laut weiterspielten, pennte ich in meinem angeschickerten Zustand ein. Wie bei AC/DC üblich, kommentierte niemand, dass ich zu spät und komplett besoffen zurückgekommen war. Aber damit hatte ich dennoch weiter an meinem eigenen Grab geschaufelt.

Die Jam-Session im Vorderzimmer blieb eine einmalige Sache, da die Nachbarn von dem spontanen AC/DC-Konzert in voller Lautstärke wenig begeistert waren. Das konnte ich ihnen auch nicht direkt verübeln, obwohl sich heute sicher toll davon erzählen lässt. Aber damals schob man uns einige handgeschriebene Briefe unter der Tür durch, in denen teils freundlich darum gebeten wurde, solchen Lärm doch fürderhin zu unterlassen, teils aber auch in deutlichen Worten verlangt wurde, die Nachbarschaft gefälligst zu respektieren. Die Verfasser bekamen wir nie zu Gesicht. Wahrscheinlich hatten sie eine Scheißangst vor den ungehobelten australischen Sträflingsnachkommen.

Schon bald fand ich in der nahe gelegenen Sozialbausiedlung, die mich sehr ans Prahran Hilton erinnerte, neue Freunde. Ein paar durften sogar die heiligen Hallen von AC/DC betreten, auch wenn man sie immer schön auf Abstand hielt. Unter ihnen war auch unser Müllmann, Kevin, der einen herrlichen Cockney-Akzent hatte. Eigentlich war das seltsam, denn Barnes liegt im Londoner Westen und gehört zu Richmond-upon-Thames, aber er hörte sich köstlich an, vor allem, wenn er versuchte, wie ein Australier „G'day" zu sagen. Er liebte es außerdem, uns mit irgendwelchen Down-under-Wortspielen aufzuziehen, die bei seinen Londoner Kumpels jedes Mal großes Gelächter auslösten. Aber er war ein netter Kerl, deswegen nahmen wir ihm das nicht übel.

Ich lernte auch Pete Way, den Bassisten der britischen Band UFO, kennen (jedenfalls ein bisschen), und er machte ebenfalls liebend gern Aussie-Witze, über die sich zumindest er selbst köstlich amüsierte. Seltsamerweise stellte er mich anderen immer als Billy Thorpe vor. Mich wunderte schon allein, dass er überhaupt wusste, wer Billy Thorpe war. Vielleicht dachte er aber auch, ich hieße wirklich so. Bon kam mit Pete auch blendend aus, weiß der Geier, wieso. (Allerdings erinnere ich mich, dass Bon mich anfangs immer Mike nannte, von daher begann ihre Freundschaft vielleicht auf der Basis eines gemeinsamen Missverständnisses. Wer weiß?)

Ein paar meiner neuen Londoner Freunde trieben die Dinge ganz schön auf die Spitze. Sie waren wirklich nette Jungs, aber ziemlich interessiert an den verschiedensten verbotenen Substanzen, und gelegentlich forderten sie ihr Schicksal ganz schön heraus. Bon und ich schlossen einige Freundschaften mit solchen Jungs abseits der Band, die im innersten AC/DC-Kreis stets recht misstrauisch beäugt wurden.

Trotzdem gab es immer wieder herrliche Momente, in denen wir zusammen lachten und uns gegenseitig respektierten. Die Müllmänner, allen voran mein Kumpel Kevin, brachten ordentlich frischen Wind in unser Leben in Barnes, jedenfalls, was mich betraf. Einmal steckte Mal den Kopf früh morgens aus dem Fenster und sang ein paar Strophen von „My Old Man's A Dustman", als das Müllfahrzeug die Straße hinunter tuckerte. Das zeigte mir, dass die Jungs von der Stadtreinigung in den Augen der Band als cool galten. Für Mal war das schon ein richtiges Statement.

Unsere Stammkneipe war die Bridge Tavern, an der Ecke Lonsdale Road und Castelnau. Es war gleich der erste Pub, wenn man von der Hammersmith Bridge kam. Hier, in dieser typisch englischen Kneipe, gingen auch die Müllwerker was trinken, es wurde Darts gespielt und warmes Bier ausgeschenkt, obwohl irgendwann auch gekühltes Carlsberg ins Programm genommen wurde, nachdem ein paar Aussies über Bauchschmerzen geklagt hatten. Und noch etwas machte die Bridge Tavern ziemlich spannend: Hier tauchten auch immer ein paar junge Frauen auf. Das sorgte allerdings für leichte Reibung mit den Ortsansässigen. Für sie waren wir Eindringlinge, die versuchten, sich an ihre Frauen ranzumachen (im Übrigen eine ziemlich zutreffende Beobachtung). Es kam gelegentlich zu ein paar unschönen Szenen, aber die Müllmänner waren stets da, um wieder für Ruhe zu sorgen.

In der Bridge Tavern unternahmen wir unsere ersten Versuche, Kontakt zu Einheimischen zu bekommen, außer Angus natürlich, der zu Hause blieb, Tee trank, rauchte und bis in die Nacht seine geliebte Gibson spielte. Die Nachbarn hätten ihrem Schöpfer dafür danken sollen, dass er beim Üben den Verstärker nicht anschaltete, obwohl das ständige Fußgetrampel, mit dem er sich für seine Marathonsoli den Takt vorgab, auch ziemlich nervig sein konnte.

Angus schien sich praktisch jeder Form von Kontakt zu entziehen, die außerhalb der Band bestand – ihn interessierten nicht mal die Freikarten für das Konzert der Rolling Stones im Earls Court. Wahrscheinlich wollte er nicht dabei erwischt werden, dass ihm eine andere Band gefiel, nicht mal, wenn es sich dabei um die Stones handelte. Nach meinem Dafürhalten war das ziemlich unsinnig. Mir war es zwar egal, ob er hinging oder nicht, aber es war eine tolle Gelegenheit, eine große Band live zu erleben, noch dazu umsonst! Stattdessen gab er sich schweigsam wie immer und reagierte mit Verachtung, wenn irgendjemand anklingen ließ, dass er sich auf dieses Stones-Konzert freute. Das war schon seltsam, vor allem, wenn man bedachte, dass seine Band anderthalb Jahre zuvor noch eine Reihe von Stones-Songs im Programm gehabt hatte. Ich jedenfalls war auf den Gig total gespannt, hütete mich aber, das Angus gegenüber zu erwähnen, weil das nur Stress und dumme Sprüche nach sich gezogen hätte.

Angus hatte seine Ansichten, und ich hatte meine. Sie lagen oft genug nicht auf einer Linie, aber in einer Sache gingen wir total konform: Im Augenblick spielten wir beide in der einzigen Band, die für uns zählte, und das war AC/DC. Bevor wir Sydney verlassen hatten, hatte ich unserem guten Freund Ted Mulry gesagt, dass ich AC/DC nur mit den Füßen voran verlassen würde, und damit war es mir ernst. 1976 hätte ich mir das Leben ohne die Band überhaupt nicht vorstellen können, egal, wie haarig es gelegentlich mal wurde. Wenn wir auf die Bühne gingen und abrockten, dann war nichts anderes mehr wichtig.

Über den Stress, den es zwischen mir und Angus gegeben haben soll, habe ich viel gelesen, aber ihn nie in dem Maße wahrgenommen. Wenn Angus ein Problem mit mir hatte, dann hat er mich jedenfalls nie damit konfrontiert. Gelegentlich ging es mal hoch her, aber ich kann mich nicht erinnern, dass es jemanden in der Band oder in der Crew gegeben hätte, der nicht irgendwann mal in die Schusslinie geriet, seine Brüder eingeschlossen. Wenn es mit Angus Ärger gab, dann wartete ich erst ein wenig, bis sich der Staub gelegt hatte, und dann ging ich wieder zu ihm, am besten mit einer Tasse Tee, und versuchte die Sache zu klären. Man musste den richtigen Moment erwischen; das Zeitfenster für eine solche Gelegenheit war manchmal recht klein und wurde im Lauf der Zeit immer kleiner, jedenfalls, was mich betraf. Ich versuchte, Angus möglichst viel Freiraum zu lassen. Er war ein komplexer Typ, mit dem man viel Spaß haben konnte, wenn er gut drauf war. Seine andere Seite war genauso extrem. Er war und ist ein unglaublich talentierter Musiker, was nicht zuletzt der enorm große Erfolg beweist, den er schließlich feiern konnte.

Wenn Angus ein Problem hatte, dann vermutlich das: Er verabscheute jeden, der seine völlige Hingabe nicht ganz teilte. Er zeigte stets enorm hohen Einsatz und akzeptierte keinesfalls, wenn andere das nicht taten. Ich glaube, es frustrierte ihn, wenn andere – ich zum Beispiel – hinter ihrer möglichen Leistung zurückblieben. Damit ist jetzt nicht gemeint, dass man wie Angus über die Bühne toben musste, es ging eher um die gesamte Intensität, die seiner Meinung nach live und im Studio nötig war. Das zeigte sich an Abenden wie dem Gig in Mumbles bei Swansea, als Bon und Angus auch vor nur fünf Leuten einfach alles gaben.

Ich glaube, dass dieser Anspruch der Grund für die Probleme war, aber wie gesagt, das kam nie zur Sprache. Ein paar Mal versuchte ich, mich mit Angus oder Malcolm auszusprechen, aber ich erwischte sie nie zur gleichen Zeit. Und dann hieß es immer: „Oh, das ist bei Mal so, aber nicht bei mir", oder eben „du weißt doch, wie Angus ist, mach dir deswegen keine Sorgen." Allmählich bekam ich das Gefühl, dass man mich zum Narren hielt. Ich wollte die Versicherung, dass mein Platz in der Band nicht in Gefahr war, aber ich bekam bestenfalls Lippenbekenntnisse zu hören.

Trotzdem war die Zeit in unserem Haus in Barnes für mich die schönste mit der Band. Es war unheimlich viel los, und wir waren auf dem Weg nach oben; unsere Aussichten in Großbritannien waren gut. Und es war schon großartig genug, in London zu sein. Ich fuhr regelmäßig mit der U-Bahn in die Innenstadt und kaufte mir zum Beispiel ein paar Bassgitarren in einem Laden namens Orange Music in der Denmark Street, darunter einen großartigen 1954er Fender Precision Bass und einen 1964er Gibson Thunderbird II. Auch meinen absoluten Lieblingsbass erstand ich dort, einen weißen 1966er Fender Precision mit einem Ahornhals. Den habe ich noch heute, und er klingt phantastisch. Er kostete mich damals bei Macari's Music auf der Shaftesbury Avenue 120 Pfund. Ich liebe diesen Bass. (Auch heute noch melden sich bei mir AC/DC-Fans, die ihn gern kaufen möchten – das letzte Angebot, das ich zurückwies, lag bei 25.000 US-Dollar.)

Das Haus in Barnes wurde zu unserem Epizentrum, was Unterhaltung betraf, jedenfalls nach AC/DC-Standards. Wir veranstalteten sogar ein paar Grillabende nach australischem Muster mit anschließendem Fußballturnier im Hof. (Hm, vielleicht doch nicht so australisch, wenn ich's recht bedenke.) Mal war immer dabei, aber gelegentlich kickte sogar Angus ein bisschen mit, und er zeigte sich richtig gut in Form. Er war, wie man sich vorstellen kann, ziemlich flink und schwer aufzuhalten. Mal war ein begeisterter Fußball-Fan und hielt treu zu den Glasgow Rangers. Es gab sogar ein Spiel, bei dem die Müllmänner gegen das AC/DC-Team antraten. Wer damals gewann, weiß ich nicht mehr, aber ich war mit meinem Football-Hintergrund auf keinen Fall eine große Hilfe.

Wenn wir ein bisschen mehr erleben wollten, dann gingen wir ins Marquee oder ins Speakeasy. Das „Speak" fand ich auch deswegen großartig, weil man dort ein richtig gutes Steak bekam, und das war in London eine Seltenheit. Die Burger waren auch sehr gut. Ich ging wirklich vor allem wegen des Essens hin, obwohl in diesem Club viele Showcases stattfanden, mit denen sich Bands für einen neuen Plattenvertrag empfehlen wollten. Ich kann mich ums Verrecken an keine einzige Gruppe erinnern, die ich je dort gesehen habe, und ich weiß nicht, ob das an meiner Einstellung lag oder daran, dass sie alle nichts taugten. Die meiste Zeit saß ich wahrscheinlich eh im Restaurantbereich beim Essen. Glücklicherweise bin ich mit einem Stoffwechsel gesegnet, der dafür sorgt, dass ich nicht schnell zunehme, das liegt bei mir in der Familie.

Im Speakeasy bekam man die ungewöhnlichsten Dinge zu sehen, denn der Laden war wesentlich exklusiver als das Marquee. Das Marquee war lebendiger und eher ein Club für Rock-Fans; deswegen spielten wir dort so gern. Es war „echt". Das „Speak" hingegen war ein typischer Szeneladen für die Musikindustrie. Der normale Konzertgänger wäre vermutlich leichter in den Buckingham Palast hineingekommen als in diesen exklusiven Club.

Ich erlebte dort ein paar sehr spannende Nächte. Einmal saß ich in einer Sitzecke im Restaurant mit einem Mädel aus dem Pub in Barnes, als Steve Jones und Paul Cook von den Sex Pistols sich dreist an unseren Tisch drängten. Das verstand ich durchaus, denn meine Begleiterin war ziemlich scharf, aber es wurde schnell klar, dass sie nicht im Zentrum der Aufmerksamkeit stand. Die beiden interessierten sich viel mehr für mein Steak.

„Sach ma', Alter, das willst du doch wohl nicht alles allein essen oder was?", fragte Jones und leckte sich die Lippen.

Also teilten wir mein Essen, und ich bestellte eine Runde Bier. Steve war eine echt lustige Type, aber ich hatte das Gefühl, dass er Gefahr lief, zur Selbstparodie zu verkommen. Paul, der Schlagzeuger, machte viel zu sehr auf cool, aber wenigstens stocherte er nicht in meinem Essen rum. Meine Begleiterin erwischte er dann doch etwas unvorbereitet, als er nebenbei bemerkte: „Geile Titten, Schätzchen." Das war aber bestimmt als Kompliment gemeint, und zu seiner Verteidigung muss ich hinzufügen, dass Sharon tatsächlich sehr aufregend gebaut war.

Brian Robertson und Phil Lynott von Thin Lizzy waren Stammgäste im Speakeasy und gaben sich dort regelmäßig mit ihrem Trinkkumpan, dem Sänger Frankie Miller, die Kante. Brian trug immer einen Stoffhund mit sich herum, ein Kinder-Kuscheltier, das er wie besessen verteidigte. Ich war an dem Abend im „Speak", als Brian und Frankie Miller in eine Schlägerei gerieten, bei der sich Brian eine Arterie an der Hand verletzte und das Blut nur so spritzte – ein Umstand, der ihn daran hinderte, eine US-Tournee im Vorprogramm von Queen zu absolvieren. Gerüchteweise hatte Frankie Brians Stofftier gepackt und ihm den Kopf abgerissen, und Brian war daraufhin ausgerastet.

Ich unterhielt mich ein paar Mal mit Phil Lynott, aber wegen seines irischen Akzents und seiner schnellen Sprechweise verstand ich kein Wort. Es war wie ein Gespräch mit einem Auktionator. An manchen Abenden war er sehr freundlich, winkte mir zu oder rief von der Bar aus zu mir rüber, aber manchmal stapfte er auch nur herein, drehte ein paar Runden, als ob er jemanden suchte, und ging dann wieder raus, ohne jemanden zu grüßen.

Wie gesagt: Malcolm erwähnte nie, dass er ein großer Fan von Marc Bolan und T. Rex war. Ich wünschte, ich hätte das damals schon gewusst, denn heute bin ich mir sicher, dass er es insgeheim ziemlich aufregend fand, dass wir unseren ersten Auftritt im englischen Fernsehen in einer Sendung namens *Superpop* haben würden, die ein gewisser Mike Mansfield produzierte. Wir hatten zwar null Ahnung, wer das war, aber er wurde uns als eine ziemlich große Nummer angekündigt. Die Show unter dem Titel *Rollin' Bolan* wurde am 13. Juli 1976 im Wimbledon Theatre aufgezeichnet; es handelte sich um ein Comeback-Special über Marc Bolan und einen weiteren „Künstler", Leapy Lee. Leapy hatte mit einem lustigen Song namens „Little Arrows" Ende der Sechziger einen Hit gehabt und wollte seine Karriere jetzt ebenfalls wieder ein wenig anschieben. Gerüchteweise hatte er zwischenzeitlich längere Zeit Urlaub auf Kosten Ihrer Majestät gemacht.

Was die Leute an Marc Bolan fanden, habe ich nie begriffen, und es überraschte mich, als mir nun in England dämmerte, wie ungeheuer erfolgreich er in seinem Heimatland tatsächlich gewesen war – Bolan war ein Riesenstar, der allerdings eine Weile aus verschiedenen Gründen aus dem Rampenlicht und den Charts verschwunden war und nun sein großes Comeback starten wollte. AC/DC eröffneten die Sendung. Für uns war das ein großer Coup, als neue Band in einer landesweit ausgestrahlten Sendung aufzutreten, und wir setzten alles daran, richtig Eindruck zu hinterlassen. Allerdings wurde uns auch ziemlich mulmig, als wir hörten, dass wir die vorhandene Verstärkeranlage nutzen mussten und nicht unser eigenes Equipment anschließen konnten. So etwas ist immer ein Risiko, und wir hatten gerade mal zehn Minuten, um unseren Sound für die drei Songs einzustellen, die wir einem britischen Millionenpublikum präsentieren wollten. Es war für uns eine einmalige Gelegenheit, die wir auf keinen Fall verpatzen wollten.

Die Anlage war sicherlich allererste Sahne, aber trotzdem war sie eben nicht unsere, und vor allem die Gitarren klangen anders als gewohnt. Da arbeitet man jahrelang daran, den eigenen Sound herauszufeilen, und wenn man dann sein Debüt im britischen Fernsehen gibt, kann man diesen Sound nicht rüberbringen – das war schon ein harter Brocken. Wir schluckten ihn und zogen das Ding trotzdem durch. Wie Mal schon immer sagte: „Hey, manchmal muss man eben Scheiße fressen."

Dementsprechend klangen die Gitarren etwas schief und brachten nicht den üblichen *Wall of Sound* der Brüder Young, aber wir machten unsere Sache trotzdem ganz gut. Als erstes brachten wir „Livewire", dann folgte „Can I Sit Next To You Girl", einer meiner Lieblingssongs von AC/DC, der von einem großartigen (und sehr seltenen) Solo von Mal eingeleitet wurde. An den dritten Song erinnere ich mich nicht mehr, wahrscheinlich war es „It's A Long Way To The Top".

So stressig dieser erste TV-Auftritt für uns auch war, wir waren mit unserer Show ganz zufrieden, vor allem verglichen mit dem, was wir später von Marc Bolan mitbekamen. Es war selten, dass AC/DC irgendwo länger blieben, um sich einen anderen Künstler anzusehen. Bolans Erscheinung allein war schon lustig, aber mir blieb das Lachen bald im Hals stecken. Er sah völlig fertig aus, ein ziemlich kleiner, rundlicher Knilch mit dickem Make-up wie eine Drag Queen, der auf lächerlich hohen Plateauschuhen über die Bühne stakste. Ich erwartete jeden Augenblick, dass er sich auf den Hintern setzte. Einen völlig unidentifizierbaren Track hielt ich aus, und das reichte. Der Auftritt war jedenfalls nicht dazu angetan, mich endlich erkennen zu lassen, was an diesem Kerl dran sein sollte. Auf mich machte er schwer den Eindruck, als hätte er sein Mindesthaltbarkeitsdatum schon gefährlich überschritten. (Bolan starb bei einem Autounfall im September 1977.)

Die Fernsehübertragung guckten wir später im Red Cow. Eigentlich gaben wir an dem Abend ein Konzert, aber wir legten unsere beiden Sets zeitlich so, dass wir in der Pause unseren Auftritt ansehen konnten. George Young und Harry Vanda waren an dem Tag auch in der Stadt und gesellten sich zu uns. George gefiel besonders „Can I Sit Next To You Girl", und er feuerte Malcolm während seines Gitarrensolos richtig an. Und was hielt die Band insgesamt von ihrem ersten Fernsehauftritt in Großbritannien? Sie blieb natürlich supercool. So 'ne Fernsehsendung eben. Nix Besonderes.

Es gab eine Reihe entscheidender Gigs in London, mit deren Hilfe AC/DC sich eine treue Fan-Gemeinde aufbauten: Den im Red Cow in Hammersmith, von dem ich schon berichtete, den im Nashville Rooms in West Kensington und den im Fulham Greyhound. Aber der Club, der auch vom Publikum her am besten zu uns passte, war das Marquee. Es kam uns sehr zugute, dass Michael Browning und Richard Griffiths dafür gesorgt hatten, dass Jack Barrie die Band schätzen lernte. Jack zählte zu den einflussreichsten Männern in der Londoner Musikszene und betrieb das Marquee bereits seit 1965. Er spielte auch eine große Rolle bei der Organisation des Reading Festivals, einer weiteren renommierten Auftrittsmöglichkeit, die wir für uns ins Auge gefasst hatten. Jack hatte sich auf Michaels und Richards Empfehlung hin einen unserer Gigs mit Back Street Crawler angesehen und dabei Gefallen an AC/DC gefunden. Daraufhin hatte er die Band im Anschluss an die *Lock Up Your Daughters*-Tour für mehrere aufeinander folgende Montagabende im August gebucht.

Die Auftritte sollten AC/DC in der Stadt per Mundpropaganda bekannt machen, und das funktionierte auch. In dem heißen Londoner Sommer 1976 war Punk das neue große Ding, und die Sex Pistols spielten um die Ecke im 100 Club auf der Oxford Street. Trotzdem kamen zu uns jede Woche mehr Leute. Nach einer Weile war der winzige, muffige Club, in den angeblich 700 Zuschauer passten, rappelvoll. Es gab keine Klimaanlage, und wenn sich die neuen AC/DC-Begeisterten dicht an dicht drängten, dann wurde es sofort heiß, und das Kondenswasser vom Schweiß aller Anwesenden tropfte von der Decke zurück auf die Köpfe.

Am 23. August war es so heiß in dem Laden, dass Angus den Gig ohne Schuluniform absolvierte. Er kam im Entengang auf die Bühne und trug weiter nichts als Turnschuhe und eine Unterhose. Es war so verdammt warm. Das war für mich der Grund, mir die langen Haare abschneiden zu lassen. Noch bevor ich überhaupt eine Note gespielt hatte, war ich schweißgebadet, dabei trug auch ich nur eine Jeans und meine geliebten Doc Martens. Nach ein paar Songs fühlte ich mich, als ob ich gerade geduscht hatte, und mein Haar hing mir strähnig und nass vom Kopf. Und wie ich feststellen sollte, ist Headbanging mit nassem Haar nicht ganz ungefährlich.

Während ich spielte, flog mir ein großes Bündel nassen Haars in den Mund. Ich würgte, spuckte, dann schluckte ich unversehens einen Teil davon. Ich fiel auf die Knie, würgte und keuchte, dann knickte ich wieder ein, und endlich kam mein treuer Roadie und Trinkkumpan Cod und zog mir das Haar aus der Kehle. Dabei spuckte ich sofort Blut. Das war mir dann doch zu heftig, und am nächsten Tag ging ich zu Ben, unserem Friseur, um mir die Matte abschneiden zu lassen, bevor sie mich umbrachte. Ben arbeitete in einem Salon auf der Kensington High Street und war uns von Coral vermittelt worden. Dass AC/DC überhaupt einen Friseur in ihrer Crew hatten, fand ich schon immer lustig.

Diese Montagsauftritte brachten die Band enorm voran. Jede Woche gelang uns ein neuer Besucherrekord, da Jack und seine Mitarbeiter immer wieder neue Wege fanden, um neue Zuschauer in den Club zu locken. Die Atmosphäre im Marquee war wie für uns gemacht: heiß, verschwitzt, dreckig und ehrlich, an dem Teppich blieb man mit den Schuhsohlen kleben, und der Sound war so verdammt laut, dass die Flaschen in der Bar vibrierten, wenn wir spielten. Wir entfesselten einen Sturm, der geradezu dafür gemacht war, eine neue Crew von AC/DC-Headbangern hervorzubringen.

Zu einem unserer Gigs kam auch der Gitarrist Ritchie Blackmore, der mit Deep Purple einige großartige Rock-Alben von Klassiker-Format eingespielt hatte und nun mit Rainbow eine eigene Band auf die Beine stellte. Ritchies Gitarre war das prägende Element bei Deep Purple gewesen, und ich vermute sogar, dass Angus einen Hauch Respekt für ihn hatte, wenn auch widerwillig. Blackmore hingegen war uns gegenüber ziemlich herablassend und offenbar der Meinung, dass wir „nichts zu bieten" hätten.

Vielleicht war Blackmore ein bisschen verschnupft, weil die Jungs und ihr Bruder George beim Sunbury Festival 1975 die Purple-Crew verdroschen hatten. Purple hatten schon gespielt und ihren Gig offenbar richtig vergeigt, und weil sie anschließend schlechte Laune hatten, hinderten sie AC/DC daran, ihre Anlage aufzubauen und zu spielen. (Ich erzähle diese Geschichte jetzt so, wie sie mir erzählt wurde, denn ich war damals ja noch nicht dabei.) Jedenfalls brach auf der Bühne eine ordentliche Rangelei aus, und das Publikum, das alles hautnah mitbekam, feuerte beide Seiten begeistert an. Zwar schafften es AC/DC tatsächlich nicht, beim Sunbury zu spielen, aber dass sie es sich getraut hatten, die Crew der großen Superstars anzugreifen, brachte ihnen eine Menge Publicity ein.

Aber wen interessierte schon Ritchie Blackmore, solange wir Jack Barrie auf unserer Seite hatten? Er hatte AC/DC adoptiert und bezeichnete uns als die „aufregendste Band seit Led Zeppelin, die je im Marquee gespielt hat“. Jack sorgte dafür, dass wir für das Reading Festival im Sommer gebucht wurden, und das war für uns tatsächlich ein richtig großes Ding. Unseren letzten Gig im Marquee spielten wir am 8. September, nur ein halbes Jahr, nachdem wir dort zum ersten Mal im Vorprogramm von Back Street Crawler aufgetreten waren. Aber es war ein großartiges halbes Jahr gewesen – wir hatten bei Null angefangen und schließlich die Besucherrekorde gesprengt, die The Who und Jimi Hendrix einst im Marquee aufgestellt hatten. Wir waren genau auf dem richtigen Weg, sagte ich mir.

Das Reading Festival zählt bis heute zu den besten Gelegenheiten für junge Bands, sich in England einen Namen zu machen. Das älteste Festival auf der Insel findet über mehrere Tage und auf mehreren Bühnen statt und wird in der Regel von mehr als 50.000 Zuschauern besucht. Michael und Coral Browning sowie unser Agent, Richard Griffiths, hatten sich sehr darum bemüht, dass wir Ende August 1976 dabei sein konnten, und wieder war die Unterstützung von Jack Barrie Gold wert gewesen. Es war vielleicht das einzige Mal, dass ich Malcolm vor einem Gig angespannt erlebte, im Gegensatz zu Angus, der immer kribbelig war, bevor es auf die Bühne ging. Wahrscheinlich wäre es ohne vorherige Anspannung auch gar nicht möglich gewesen, eine Performance hinzulegen, wie er das regelmäßig tat, schon gar nicht, wenn man nur eine halbe Stunde Zeit hatte, um Eindruck zu hinterlassen. Aber hier war es anders, hier herrschte eine ganz andere Stimmung. Mir war vor dem Gig überhaupt nicht wohl, und ich war nicht der einzige.

Dieser Auftritt war aus verschiedenen Gründen etwas Besonderes. Es war ein großes Freiluftkonzert, das uns eine hervorragende Möglichkeit bot, neue Fans zu gewinnen, aber wir waren es nicht gewöhnt, bei Tageslicht zu spielen. George und Harry waren extra für die Show nach England geflogen, und obwohl es natürlich großartig war, sie dabei zu haben, erhöhte es auch den Stress. Sie hatten uns auch in Australien zugesehen, wann immer es möglich war, aber hier in England war das etwas anderes – hier ging es plötzlich um viel mehr. Sie wussten das, wir wussten das, und ich hatte das Gefühl, dass sie deutlich Präsenz zeigen wollten.

Für uns war Reading eine großartige Gelegenheit, unser Profil zu stärken und die Verkäufe der britischen Version von *High Voltage* anzukurbeln. Bisher hatte das Album die Charts nicht gerade im Sturm erobert (ich wüsste immer noch gern, wer eigentlich das scheußliche Cover abgenickt hatte – eine Frage, über die ich im Übrigen auch Michael und Coral schon hatte diskutieren hören). Die britische Hitparade wurde beherrscht von Elton John, Dr. Hook, Wings und den Bee Gees, und irgendwo, dachten wir damals, musste zwischen all diesen weichgespülten Sounds doch auch Platz für uns sein. In Reading hoben wir uns von den anderen Acts ebenfalls deutlich ab. Abgesehen vom Blues-Gitarristen Rory Gallagher standen die Prog-Rocker Van Der Graaf Generator auf dem Programm, Manfred Mann's Earth Band und die angebliche „Supergroup" Camel, bei der einige Roxy-Music-Mitglieder spielten. Von Gallagher einmal abgesehen waren das allesamt Künstler, die wir unserer Meinung nach locker von der Bühne fegen würden.

Reading war nicht weit von London, kurz hinter Ascot, wo die Eltern von Richard Griffiths wohnten, und wir beschlossen, auf dem Weg dorthin kurz bei ihnen vorbeizuschauen. Ich habe keine Ahnung, was Richards Eltern von den ziemlich ungehobelten, abgerissen wirkenden Aussies hielten, aber wahrscheinlich hätte man sehr viel Aufklärungsarbeit leisten müssen, um sie wirklich darauf vorzubereiten, was mit uns auf sie zukam. Ganz offensichtlich kam Richard aus einer Oberschichtfamilie, und es sorgte doch für allerlei Erheiterung, dass wir allesamt so gar keine Klasse hatten. Richard sagte, man hätte uns als „sehr natürlich" empfunden, was vermutlich ein höflicher Ausdruck für „völlig ungehobelt" war. Seine Herkunft ließ sich an seinem noblen Elternhaus ablesen; hinter dem Anwesen gab es sogar eine riesige Rasenfläche zum Crocketspielen. Um sich auf einen großen, entscheidenden Gig vorzubereiten, hat vermutlich jede Band so ihre eigene, typische Methode, die meist anders aussieht als

Sandwichs, Weißwein und eine entspannte Runde Crocket in erlesener Runde. Aber genau das war unsere Einstimmung auf Reading.

Von Richards Eltern aus fuhren wir zum Festivalgelände. Um die Umbaupausen möglichst kurz zu halten, hatte man eine besonders breite Bühne errichtet, auf die zwei Bands gleichzeitig passten: Während rechts eine Truppe spielte, bereiteten die Roadies links schon alles für die nächste vor, und das Publikum sah ihnen zu. Hier barg der Rock'n'Roll keine Geheimnisse. Das führte dazu, dass man als Band nur zu einem Teil der Zuschauer eine Verbindung aufbaute, weil man ja auf eine Bühnenseite beschränkt blieb. Nun hatten wir zwar mit Bon und Angus zwei enorm mobile Frontmänner und waren von daher für diese ungewöhnlichen Umstände recht gut gerüstet, aber trotzdem hatten wir das seltsame Gefühl, dass die riesige Zuschauermenge in der Mitte geteilt worden war. Davon einmal abgesehen saßen die Leute gemütlich auf dem Hintern, während wir spielten, und rührten vorsichtshalber auch keine Hand, um zu klatschen.

Apathisch war noch ein viel zu aktives Wort für die Reaktion der Zuschauer, und durch die Größe der Menge wirkte das umso erdrückender. Es war eine höchst eigentümliche Situation, so viele Menschen vor sich zu sehen, die einfach nur herumsaßen, nicht johlten, nicht klatschten, sich überhaupt nicht rührten und nur den in England so seltenen Sonnenschein genossen. Zwischen zwei Songs brüllte ein einsamer Zuschauer: „Seht mal zu, dass ihr fertig werdet!" So still war es. Wir standen vor 50.000 Menschen, und der Zwischenruf eines einzelnen Klugscheißers war glasklar zu verstehen.

Es ist eine Sache, vor ein paar Leuten zu spielen, die kaum Reaktion zeigen. Solche Situationen konnten wir meist durch ein paar Show-Einlagen von Angus aufbrechen, so wie uns das bei dem Gig gelungen war, zu dem Ahmet Ertegun noch so spät aufgetaucht war. Es ist aber etwas anderes, wenn man vor einer so riesigen Menge steht, von der überhaupt keine Energie zurückkommt. Unsere Batterien waren völlig leer, und uns fiel nichts ein, um das zu überbrücken. Nach uns ging Ted Nugent auf die Bühne, der gerade das Album *Cat Scratch Fever* herausgebracht hatte und kurz vor dem großen Durchbruch stand; er bekam jede Menge Presse, weil er mit Pfeil und Bogen auf die Jagd ging und dergleichen, und er wurde allgemein als „der wilde Mann des Rock" porträtiert. Trotz der exzellenten PR erntete er an diesem Nachmittag genau dieselbe kühle Reaktion wie wir. An der Apathie der Leute änderte sich nichts.

Zwar hatte die Presse ja auch über uns schon ordentlich berichtet, aber trotzdem sahen uns die meisten Festivalgänger zum ersten Mal, und sie mussten erst noch davon überzeugt werden, dass das Tamtam, das man um uns machte, gerechtfertigt war. Aber Reading war eine Katastrophe. Der Gig war enorm wichtig gewesen, und dementsprechend wurde der Auftritt auch intern diskutiert. Wenn man mit seiner Band bei einem großen Festival vor Riesenpublikum scheitert, ist das schon schlimm genug. Versagt man aber darüber hinaus vor den Augen und Ohren des Plattenproduzenten und Mentors, der noch dazu ein Hitzkopf ist und dessen kleine Brüder Teil der Band sind, dann fehlt nur noch ein bisschen Alkohol, und die ganze Mischung fliegt einem mit einem Knall um die Ohren.

Nach dem Auftritt war die Stimmung zunächst einmal ziemlich eisig. Allen war klar, dass wir eine großartige Gelegenheit ungenutzt hatten verstreichen lassen. Damals hatte ich die, wie ich heute weiß, schlechte Angewohnheit, mich nach einem missratenen Gig schnell aus der Garderobe zurückzuziehen; es wäre besser gewesen, eine Weile bei den anderen zu bleiben und mit ihnen über das Geschehene zu sprechen. Dann wäre ich nicht so leicht zum Sündenbock gemacht worden. (Ach ja – im Nachhinein weiß man es immer besser.) Eine Band auf Tour ist ein kompliziertes Gefüge – wer dich an einem Tag kritisiert, kann am nächsten dein größter Verbündeter sein. Und so erfuhr ich eigentlich immer, was hinter meinem Rücken über mich gesagt worden war. Trotzdem an dieser Stelle ein guter Rat an alle aufstrebenden Rockmusiker unter euch: Wenn euch etwas an eurer Position in der Band liegt, dann habt es besser nicht so eilig, aus der Garderobe zu verschwinden, wenn ein Gig nicht gut gelaufen ist. Bleibt lieber, bis jemand anders sich verzieht, um Bier zu holen oder eine Frau aufzureißen.

Wir beschlossen, zurück ins Band-Haus zu fahren, um dort noch eine Runde Karten zu spielen und ein paar Bier zu trinken (ohne Bon, versteht sich). Als wir unser Hauptquartier erreichten, hatten alle schon mit der Suche nach dem Schuldigen für den lausigen Gig angefangen, und immer mehr Finger zeigten in meine Richtung. Trotzdem setzten wir uns zum Kartenspielen zusammen, bis das Thema Reading wieder auf den Tisch kam. Malcolm, George und Angus regten sich besonders auf, während Phil schlauerweise versuchte, nicht in die Schusslinie zu geraten. Abgesehen von Angus hatten wir alle schon ein bisschen was getrunken, waren aber noch Herren unserer Sinne. George wandte sich an mich und fragte, woran ich am Schluss unseres Auftritts gedacht und wieso ich da so miesepetrig aus der Wäsche geguckt hatte. Daran erinnere ich mich noch ganz genau. Und ich antwortete, dass ich wegen der mangelnden Reaktion des Publikums ziemlich frustriert gewesen sei.

Das war unter allen blöden Antworten, die ich hätte geben können, so ziemlich die dämlichste.

Zwar hatte ich schon erlebt, wie George seine beiden Brüder einen Kopf kürzer gemacht oder auch Bon einen kleinen Einlauf verpasst hatte, aber es war das erste Mal, dass er über mich herfiel.

„So, du warst genervt? Das kann ich dir sagen, das hat man dir angesehen! Und was glaubst du überhaupt, wer du bist, dass du das so raushängen lassen kannst?“

Er hackte weiter auf mir rum, während die anderen beiden Youngs sich das anhörten, aber nichts sagten. Langsam beschlich mich das Gefühl, dass die Weichen längst gestellt waren, was meine Zukunft in der Band betraf. Außerdem wurde ich auch langsam sauer und hätte gern meinerseits ausgeholt, aber leider wusste ich, dass George hundertprozentig richtig lag. Er hatte das Gefühl, dass ich nicht mein Bestes gegeben hatte, und dem konnte ich nichts entgegnen. Was mich jedoch massiv störte, war die Art, wie er seine Kritik vorbrachte.

Anschließend gingen wir uns noch mehr an den Hals, bis Angus nach oben in sein Zimmer marschierte, gefolgt von George, der ihm lautstark vermittelte, wie er die Situation sah. Wir anderen spielten weiter Karten, bis Mal beschloss, zwischen seinen Brüdern zu vermitteln. Er hatte keine Chance: Nun bekam auch er sein Fett weg, und das Ganze artete in eine richtige Schlägerei aus, bei der es ordentlich schepperte – und das unter Brüdern. Als ich schließlich auch nach oben ging, um die Lage zu beruhigen, hatte Mal schon ein paar Haarsträhnen eingebüßt, und die Fäuste flogen. Instinktiv packte ich George und versuchte ihn wegzuziehen – und zack!

„Nimm deine Hände von ihm, du Arsch!"

Nun gingen sie alle auf mich los. Glücklicherweise waren sie ja körperlich keine Riesen und konnten einem nicht wirklich wehtun, sonst hätte es böse enden können. Daraus lernte ich, dass man nie versuchen soll, eine Schlägerei unter Brüdern zu schlichten, schon gar nicht, wenn sie zu dritt sind. Als sich alle wieder ein wenig beruhigt hatten, spielten wir weiter. Später fragte ich Ian, einen Freund der Youngs, der für ein paar Tage vorbeigekommen war, wieso er nicht mit nach oben gegangen war, um einzugreifen.

„Ich bin doch nicht bekloppt", erwiderte er. „Das habe ich alles schon x-Mal erlebt."

Bis dahin hatte ich nicht unbedingt das Gefühl gehabt, dass hinter meinem Rücken über mich geredet wurde. Aber in den nächsten Tagen bekam ich doch mit, dass die Stimmung zu meinen Ungunsten umgeschlagen war und Sprüche kursierten wie: „Für wen hält der sich eigentlich? Für Jack Bruce oder was?"

Jack Bruce war der virtuose Bassist der britischen Supergroup Cream, dem ich damals wie heute ganz sicher nicht das Wasser reichen konnte, aber es nervte mich doch ziemlich, weil man offenbar daran zweifelte, dass ich mich vorbehaltlos für die Band engagierte. Das tat umso mehr weh, da der Gig in Reading so schlecht gelaufen war. Und damit fingen meine Probleme bei AC/DC leider erst so richtig an.

Kurz nach dem misslungenen Reading-Gig begannen wir im September 1976 mit einem Konzert in Hamburg unsere erste Europa-Tournee, die wir im Vorprogramm von Ritchie Blackmores neuer Band Rainbow absolvierten. Offenbar störte es Blackmore plötzlich nicht mehr, dass wir nichts zu bieten hatten, wobei es sicherlich ein bisschen half, dass er 10.000 Pfund dafür kassierte, uns mitzunehmen. Offenbar hatten wir doch was zu bieten. Was für ein Vollidiot.

Hamburg. Das war natürlich eine Stadt, wo eine Band wie AC/DC richtig viel Blödsinn anstellen konnte. Alex Young, der vierte Bruder aus dem Clan, führte uns ein wenig herum. Er war ebenfalls Musiker, spielte

Saxophon und gelegentlich auch Bass bei Grapefruit, einer der ersten Bands, die einen Plattenvertrag bei der Beatles-Firma Apple bekommen hatten. Er zeigte uns die Reeperbahn, und wie ich schnell feststellte, gab es wirklich keine sündigere Meile als die in Hamburg.

Besonders interessierte uns das Eros Center. Es war so ähnlich aufgebaut wie ein Parkhaus, aber in den kleinen Buchten warteten keine Autos, sondern Prostituierte. Aus Rücksicht auf die örtlichen Sitten und Gebräuche entschlossen wir uns, das hamburgische Angebot keinesfalls zu verschmähen und die endlosen Möglichkeiten des Eros Centers ausführlich auszuloten. Dabei wurden zunächst einmal der persönliche Geschmack, Fetisch oder anderweitige Vorlieben ermittelt, ein bisschen geredet und über den Preis verhandelt, bevor man dann zu einem der Zimmer ging, um den Deal gewissermaßen abzuschließen. Woher ich das alles weiß? Hat mir einer von den Jungs erzählt. Ehrlich.

Das Tollste an dem Laden war die Auswahl: Es gab Mädchen in allen Größen und von jeder Statur, von super zierlich bis super üppig. Und damit meine ich richtig dick, gut und gern zwischen 120 und 130 Kilo. Hier bediente man jede Art von sexueller Phantasie – es gab Krankenschwestern, Zimmermädchen, kühle Sekretärinnen, Biker-Girls, eineiige Zwillinge, Frauen, die wie Männer gekleidet waren, Omas. Manche sahen sogar wie Prostituierte aus! Ein Mädchen war angezogen wie ein Zirkusclown. Nun bin ich wirklich ein liberaler Mensch, aber das war mir dann doch ein bisschen zu viel.

Wir nutzten eine Bar auf der Reeperbahn, die einem Kumpel von Alex gehörte, als Treffpunkt. Es herrschte ein reges Kommen und Gehen, und es war wirklich viel los. Wir erfrischten uns mit glücklicherweise endlich mal wieder kaltem Bier, ergänzt um ein paar Kurze und vielleicht sogar einem Happen zu essen. So, wie man das in Hamburg eben so machte.

An einem Abend zogen wir mit Earl McGrath durch die Stadt, einem Top-Manager von Atlantic Records. Earl, der kurz davor stand, auf Empfehlung von Ahmet Ertegun Vorsitzender von Rolling Stones Records zu werden, schien sich in Hamburg gut auszukennen. Es war schon ziemlich spät, als wir in einem Club landeten und uns ordentlich einschenken ließen. Die Rechnung ging auf Earl, und er sagte uns, wir sollten einen Tisch weiter vorn im Blick behalten.

Bei gedämpftem Licht und stimmungsvoller Musik machte es sich ein Mann auf diesem Tisch bequem und bekam Gesellschaft von einer Frau – einem richtig heißen Feger mit so dicken Dingern, wie ich sie noch nie gesehen hatte. Ach ja, und beide waren nackt. Dann begann sich der Tisch zu drehen und leicht in die Höhe zu steigen, damit alle Anwesenden einen guten Blick auf das hatten, was dort vor sich ging. Dabei machte es tatsächlich den Anschein, als ob diesem Typen ein drittes Bein gewachsen war. Sein Schwanz sah aus, als sei er fast einen halben Meter lang, und der Kerl machte einen wahnsinnig selbstzufriedenen Eindruck. Danach ging es ziemlich ans Eingemachte, und ich war froh, dass wir etwas außer Reichweite saßen.

Die Rainbow-Tour führte uns durch die damalige Bundesrepublik Deutschland, und wir kamen durch Hamburg, Bremen, Köln, Nürnberg und schließlich nach München, wo gerade Oktoberfest war. Phil und ich brachten uns dafür in Stimmung, indem wir uns die albernen Hüte und Zigarren kauften, die in den Bierzelten als unerlässlich galten. Dann begaben wir uns in den Löwenbräu-Keller, eine riesige Halle, in die wohl ein paar Tausend Leute passten, und in der das sehr kalte Bier in Literkrügen ausgeschenkt wurde, die gar nicht mal so leicht zu stemmen waren, vor allem dann nicht, wenn man gleichzeitig noch mit einer 30 Zentimeter langen Zigarre kämpfte.

Auf der Bühne inmitten des Kellers saß die obligatorische Blaskapelle mit Filzhüten und glänzenden Lederhosen, die sich straff über den breiten deutschen Hinterteilen spannten, und spielte eine Polka nach der anderen. Jedes Mal zur halben Stunde stolzierte ein wechselndes Grüppchen stämmiger Deutscher auf die Bühne, klatschte sich schwungvoll gegenseitig mit der flachen Hand ins Gesicht und jodelte ein bisschen. Zur vollen Stunde setzte die Kapelle zu einer Polkaversion von „Waltzing Matilda" an, und die Aussies im Publikum (ohne Lederhosen) probierten es auch mal mit dem Backenklatschen.

Mal, Phil und ich tranken und schunkelten bis tief in die Oktoberfestnacht, bis wir sturzbesoffen waren. Unser Kopfschmerz am nächsten Morgen hätte einen Elefanten umgebracht, aber wir waren uns nicht sicher, ob es am Bier lag, an den Zigarren, der Blaskapelle oder der Mischung aus allen drei Faktoren; auf alle Fälle fühlten wir uns, als seien wir nicht mehr von dieser Welt. Dagegen gab es nur ein Mittel: schnell die albernen Hüte wieder aufsetzen, ein paar Zigarren besorgen und zurück in den Löwenbräu-Keller zum nächsten Polka-Abend.

Wir überstanden München und das Oktoberfest nur knapp, aber die Rainbow-Tour ging weiter. Ich kippte immer mehr von dem herrlichen deutschen Bier und hatte mich außerdem auch sehr daran gewöhnt, zwischen den großen Krügen Löwenbräu ein paar Kurze einzuschieben. Eigentlich hätte ich aufgrund früherer Erfahrungen merken müssen, worauf das hinauslief – denn immer, wenn ich mich mit so viel Begeisterung dem exzessiven Alkoholgenuss hingab, lag es entweder an extremer Langeweile oder aber daran, dass ich einfach unglücklich war. Auf der Rainbow-Tour war wohl beides der Grund. Wir hatten durchaus Spaß und schöne Zeiten, wie auf dem Oktoberfest mit Mal und Phil, aber die Tournee-Tretmühle machte mich fertig. Es war immer das gleiche: Konzert, bisschen schlafen, die nächsten 400 Kilometer zum nächsten Auftrittsort fahren, irgendwelchen Scheiß essen, dann wieder ein Konzert, wieder bisschen schlafen.

Längst nutzte ich den Alkohol als Rettungsanker, und ich merkte bald, dass man den anschließenden Kater in Grenzen halten konnte, wenn man einfach mehr trank. Ich lebte für die halbe Stunde auf der Bühne: Darauf kam es an. Dann stand die Band voll unter Strom, und das war herrlich. Aber die anderen dreiundzwanzigeinhalb Stunden eines jeden Tages waren nervtötend ohne Ende. Eigentlich war ich nie der Typ, der sich absichtlich betrank, nur um abzuschalten, aber wenn man nicht abschaltete, dann drehte man irgendwann durch.

Bisher hatte ich mir ein Leben ohne AC/DC nicht vorstellen wollen, aber nun, da wir zur Vorgruppe degradiert waren und dieser Umstand zusammen mit den ganzen anderen Belastungen, den der Tourneestress mit sich brachte, auf die Stimmung drückte, merkte ich zunehmend, dass es zwischen mir und der Band nicht zum Besten stand. Es war wie beim Pokern: Wenn du nicht ziemlich schnell nach dem Geben rausbekommst, wer der Loser dieser Runde ist, dann bist du es höchstwahrscheinlich selbst. Bei dem bloßen Gedanken daran, dass mein Stuhl möglicherweise wackelte, krampfte sich mein Magen zusammen. Es kam nicht selten vor, dass wir über die Autobahn rasten, Phil am Steuer und ich auf dem

Beifahrersitz, und dass ich dabei einnickte und dachte: „Wenn ich nicht mehr aufwache, ist das auch egal." So stark hatte mich damals die Niedergeschlagenheit gepackt.

In Deutschland bekam ich es auch zum ersten Mal mit jener Depression zu tun, die man entwickelt, wenn man zu lange *on the road* ist. Bon fühlte sich oft einsam, und ich konnte nachvollziehen, was er empfand. Es ist seltsam: Da ist man mit ein paar Bands unterwegs, mit 20 Roadies und den üblichen anderen Gestalten, die sich an Musiker hängen, um Spaß zu haben, man spielt jeden Abend vor ausverkauftem Haus, und trotzdem fühlt man sich einsam. Ich glaube, das liegt an der Isolation – und an den verdammten Hotelzimmern. Man kann im besten Hotel der Welt absteigen und sich scheiße fühlen, oder in einer echten Bruchbude untergebracht sein und die tollste Nacht seines Lebens haben. Ist schon komisch.

Jedenfalls erinnere ich mich noch gut an das Gefühl der Leere, das mich in Dortmund überfiel. Mein Hotelzimmer lag in einem der oberen Stockwerke, und plötzlich schoss mir der Gedanke durch den Kopf, dass es ein Leichtes wäre, einfach das Fenster aufzumachen und zu springen. Das erschien mir in diesem Augenblick wirklich verlockend. Ich hatte eine bewusste Entscheidung getroffen, ohne an die Folgen zu denken oder an den Schmerz, den ich damit verursachen würde. Stattdessen spürte ich nur Erleichterung: Es gab einen Ausweg, gleich hier, durch das Fenster. Ich war nicht betrunken, ich hatte einfach nur genug. Noch heute läuft mir ein Schauer über den Rücken, wenn ich daran denke, denn ich war wirklich nahe dran, es zu tun. Während im Fernsehen ein Nachrichtensprecher auf Deutsch vor sich hinquatschte, versuchte ich verzweifelt, das Fenster aufzubekommen, das sich entschieden wehrte. Und so etwas ist ja kein Problem, wegen dem man die Rezeption anrufen kann, so nach dem Motto:

„Hallo, hier Suite 746 – könnten Sie vielleicht jemanden schicken, der das Fenster öffnet? Ich würde gern springen, und leider klemmt der Griff."

In diesem seltsamen Augenblick begriff ich mein Leben noch weniger als die Worte, die der deutsche Nachrichtensprecher von sich gab. Wahrscheinlich hatte die Depression mich einfach überwältigt; das kommt auf Tour durchaus vor. Es ist nun mal Tatsache: Egal, wie aufregend es ist, große Konzerte zu geben, durch die Welt zu reisen und hübsche Frauen kennen zu lernen, irgendwann erreicht man einen Punkt, an dem man in einem Hotel hockt, nicht einmal mehr weiß, in welcher Stadt man ist, und sich unendlich einsam und allein fühlt. Nachdem ich mich bei AC/DC verpflichtet hatte, beherrschte die Band nicht nur mein Leben, sie *war* mein Leben. Ich hatte die Kontrolle abgegeben, und anders als in meinem früheren Job konnte ich mich auch nicht einfach krank melden, um zum Angeln zu gehen, oder einfach mal ausschlafen und zu spät zur Arbeit kommen. Bei AC/DC war tausendprozentiges Engagement gefordert, jeden Tag. Damit hatte ich eigentlich kein Problem, aber wenn man nicht dafür gemacht ist, frisst einen dieses Leben auf, und in Dortmund riss es mir große Stücke aus dem Fleisch. Wenn Musiker auf Tour heute ein bisschen durchhängen, können sie immerhin zu Hause anrufen – aber damals kostete ein Transatlantikgespräch ein Vermögen. Ich beneide die Jungs, die heute unterwegs sind – sie können per E-Mail und Skype Verbindung zu Freunden und Familie halten, und im Internet kann man sogar das heimische Football-Team spielen sehen ... das ist echter Luxus!

Glücklicherweise hielt das Gefühl nicht lange an, aber es war eine wirklich unangenehme Erfahrung. Ich verstehe, weshalb manche Menschen diesen Weg für sich wählen; sie sind einfach mit ihrer Weisheit am Ende und können keinen Sinn mehr in ihrem Leben erkennen. Damit will ich nicht sagen, dass dieser Weg der richtige ist, denn das ist er natürlich nicht, er ist entsetzlich selbstsüchtig, aber er ist eine Folge von Depressionen, ganz einfach. Glücklicherweise liegen diese düsteren Zeiten heute hinter mir, auch wenn ich noch immer nicht ganz gegen Depressionen gefeit bin. Aber heute erscheint es ganz normal, dass man zwischendurch mal einen Tag hat, wo man nicht so gut drauf ist. Inzwischen ist mir klar, dass auch Bon gelegentlich depressive Phasen hatte, und ich wünschte mir, ich hätte damals mehr auf solche Dinge geachtet. Aber davon stand eben nichts in meinem Handbuch des gemeinen Rockmusikers, in dem es eher um „Bumsen, saufen, wieder bumsen" ging.

Auf der Rainbow-Tour erschlossen wir für AC/DC neue Märkte – wir tourten durch Frankreich, Holland, Belgien und die Schweiz. Dabei kamen wir recht gut an, wenn man bedenkt, dass die Zuschauer alle wegen Blackmore gekommen waren und keine Ahnung hatten, wer wir waren oder wieso unser Gitarrist in einer Schuluniform rumlief. Aber unser gradliniger Rock bot einen attraktiven Gegensatz zu Blackmores aufgeblasenen, 20-minütigen Rock-Epen mit Tendenz zur Mystik. Ritchie Blackmore ist zweifelsohne einer der ganz großen Gitarristen aller Zeiten, keine Frage, aber seine Show erschien endlos. Und die Sache wurde nicht spannender, wenn es dann mittendrin noch ein viertelstündiges Keyboard-Solo und ein ebenso langes Schlagzeug-Solo gab. Zum Glück saß Cozy Powell am Schlagzeug. Wenn überhaupt ein Trommel-Solo von dieser Länge, dann sollte es von Cozy Powell sein.

Wir waren uns allesamt einig, dass der beste Song im ganzen Programm die alte Deep-Purple-Nummer „Mistreated" war. Der Titel kam unglaublich gut, auch, weil Sänger Ronnie James Dio wie dazu geboren schien, ihn zu singen. Es war erstaunlich, was dieser kleine Kerl für eine mächtige, beinahe operntaugliche Stimme hatte. Zu Ronnie hatten wir von Anfang an einen guten Draht. Tatsächlich war er zuerst auf uns zugekommen, hatte sich Mal und Angus vorgestellt und erzählt, dass seine Band, The Electric Elves, bei ein paar Gigs in den USA im Vorprogramm von George Young und den Easybeats gespielt hatte.

Zum Bühnenaufbau von Rainbow gehörte – Überraschung! – ein elektrischer Regenbogen, der die ganze Bühne überspannte und „phantastische Lichteffekte" bieten sollte. So war es jedenfalls geplant, aber es wurde zu einem der Höhepunkte auf der Tour, dass dieses Leuchtdings immer wieder zuckte, blinkte, ausging und generell nie das tat, was es sollte. Es hatte eben seinen eigenen Kopf, und Blackmore konnte richtig ausrasten, wenn sein Regenbogen mal wieder kurzzeitig ausgestiegen war. Das wurde ein integraler Teil der Show, auf den wir uns jedes Mal wieder besonders freuten. Ich erwartete ja eigentlich, dass Blackmore irgendwann die Luft anhalten und selbst blau anlaufen würde, wenn sein Regenbogen das entgegen der eigentlichen Programmierung mal wieder nicht tat.

Ritchie bestand darauf, dass seine Garderobe allein von Kerzenlicht erhellt wurde. Vielleicht hatte er eine Mittelalter-Macke, keine Ahnung – jedenfalls mussten vor seiner Ankunft alle Kerzen angezündet werden. Cod, unser Bühnenroadie, provozierte nur zu gern einen neuerlichen Blackmore-Ausflipper, indem er sich in den Raum schlich und alle Kerzen wieder auspustete.

„Ich will sofort wissen, wer meine Kerzen ausgeblasen hat, bringt ihn her, sofort!", brüllte der Star der Tour. Wir sagten kein Wort.

Im Backstage-Bereich hing ein Zettel mit der Warnung, dass jeder, der dabei erwischt wurde, dass er Ritchies Kerzen ausblies, „sofort gefeuert" würde. Ach, leck mich doch!

Unsere erste Europa-Tournee war eine interessante Erfahrung und bestätigte unseren Verdacht, dass man vor den sogenannten großen Namen wirklich keine Angst zu haben brauchte. Wenn wir weiter Konzerte gaben, auf Tour gingen, uns den Hintern aufrissen und dafür sorgten, dass die Leute die Show von Bon und Angus miterlebten, dann würde es nur eine Frage der Zeit sein, bis wir sie überholten – davon war ich überzeugt.

Ende Oktober 1976 waren wir wieder in London und bereiteten uns auf die nächste Tour durch Großbritannien vor. Es waren 16 Konzerte geplant, die uns unter anderem in viele große Städte führen sollten, in denen wir allmählich eine gewisse Beliebtheit erreicht hatten, darunter Birmingham, Liverpool, Newcastle, natürlich unsere neue geistige Heimat Glasgow, die Nachbarstadt Edinburgh und London.

Nun war es ja noch gar nicht so lange her, dass wir auf einer ähnlichen Tour unterwegs gewesen waren, und von daher hatte die ganze Unternehmung etwas Vertrautes, aber ich spürte, dass die Band allmählich durchstartete. Es kamen immer mehr Zuschauer, und sie drehten bei den Gigs immer mehr auf. Die Fan-Gemeinde der Band entwickelte sich allmählich zu einer Masse langhaariger Jungs in Jeanskleidung mit Aufnähern, während Frauen eher die Ausnahme waren – obwohl es glücklicherweise immer ein paar gab, die dann auch gern unsere Aufmerksamkeit auf sich lenkten. Genau dieses überwiegend männliche Gefolge hatte Michael Browning schon lange im Blick gehabt, denn er war der Meinung, dass Männer insgesamt treuere Fans waren und länger zu ihrer Lieblingsband hielten, während man allgemein davon ausging, dass die Begeisterung von Frauen eher kurzlebiger Natur war. Im Radio und Fernsehen waren wir bisher nicht sehr präsent, und auch die Albumverkäufe waren noch recht überschaubar, und so vertrauten wir auf die altbewährte AC/DC-Weise – wir machten uns auf, die Leute live zu überzeugen und einen Gig nach dem anderen zu spielen.

Allmählich lockten wir außerhalb Londons eine recht respektable Zahl von Zuschauern zu unseren Auftritten, und das allein durch Mundpropaganda. Unser Konzert in der Glasgow City Hall am 2. November war eine wilde, laute Angelegenheit, und die Glasgower Fans machten deutlich, dass sie die Band für sich beanspruchten – sie adoptierten uns nicht, wir waren schon zu Hause. Es war erst unser zweiter Gig in der Heimatstadt der Youngs, aber das Publikum hatte uns deutlich ins Herz geschlossen. Dabei war der Gig natürlich alles andere als ein Love-In, es war eher eine überschäumende Party mit Kumpels. Dabei wurde mir klar, dass das schottische Publikum einen ganz speziellen, eindeutig erkennbaren Klang hatte – es brüllte besonders intensiv und laut. Vielleicht lag das am Glenfiddich.

Auch nach dem Konzert war alles anders. Draußen standen jede Menge Typen, die auf uns warteten. Als wir die Tür öffneten, brandete beifälliges Johlen auf, man klopfte uns auf die Schulter und erging sich in unverständlichen Komplimenten (jedenfalls glaube ich, dass die Sprüche nett gemeint waren, aber bei dem breiten Glasgower Akzent bekam ich kaum etwas mit). Einige wollten vor allem Angus kennen lernen; ich hörte des Öfteren: „Wo ist denn der Kleine?“ Es herrschte eine kumpelhafte, freundliche Atmosphäre, die einem richtig das Herz erwärmte, was bei der verdammten Kälte der Glasgower Herbstnächte durchaus willkommen war.

Die Tour endete am 10. November 1976 im Hammersmith Odeon – unser erster richtig großer Gig in London. Natürlich hatten wir uns mit den Auftritten im Marquee schon ein wenig einen Namen gemacht, aber der katastrophale Reading-Auftritt hing uns immer noch ein wenig nach, und wir hofften, dass der endlich vergessen sein würde, wenn wir im Hammersmith richtig abräumten. Es war noch kein halbes Jahr her, dass wir ein paar hundert Meter entfernt vor einer Handvoll Zuschauer im Red Cow gespielt hatten. Und nun standen wir als Headliner auf der Bühne des Hammersmith Odeon. Das war ganz klar ein Riesenfortschritt, aber es sagte eine Menge über die Mentalität der Band aus, dass niemand großes Aufhebens davon machte. Für AC/DC war es eine Show wie jede andere. Na gut, vielleicht waren wir alle ein wenig nervöser als sonst, aber das war vor allem das Verdienst des unberechenbaren und leider durch Abwesenheit glänzenden Bon Scott.

Nach dem Soundcheck am späten Nachmittag kehrten wir kurz ins Hotel zurück, um uns frisch zu machen, aßen eine Kleinigkeit und nahmen ein paar Drinks in der Bar. Bon war bei Silver im Hippie-Himmel an der Gloucester Road. Jedenfalls glaubten wir das. Wir tranken aus und fuhren, so wie es bei uns üblich war, etwa eine Stunde vor Konzertbeginn wieder zur Halle. In dieser einen Stunde bereiteten wir uns vor, überprüften die Instrumente und die Technik, konzentrierten uns … und fragten uns schließlich: „Hey, wo ist Bon?"

„Hat jemand Bon gesehen?"

Wir stimmten die Instrumente, Angus steckte schon in seiner Schuluniform, es wurde noch schnell eine Zigarette geraucht, und die Uhr lief: Noch 30 Minuten, dann war Showtime. Unwillkürlich musste ich an dieses eine Mittagskonzert im Hard Rock Café denken, das Bon komplett verpennt hatte – das würde aber sicher nicht noch einmal passieren? Noch zehn Minuten bis zum Gig, und noch immer keine Spur von Bon. Michael Browning, der langsam richtig sauer wurde, schickte einen Suchtrupp los. Backstage wurde die Stimmung fühlbar angespannt; vielleicht war ja auch etwas passiert.

„Wo zum Teufel steckt Bon? Wir sollten schon auf der Bühne sein!"

Allmählich machten wir uns richtig Sorgen, aber dann waren von draußen laute Stimmen und Gelächter zu hören.

„Wo zur Hölle warst du denn, du blöder Arsch!", rief jemand höchst erleichtert.

Und tatsächlich kam Bon Scott in die Garderobe geschlendert, wie üblich in seiner Lederjacke, eine Tasche locker über die Schulter gehängt und ohne ein Wort der Entschuldigung, sondern nur mit dem üblichen, leicht verlegenen Grinsen im Gesicht.

Es war ja unser erster großer Gig in London – hatte er vielleicht auf eine Limo gewartet, um mit Stil vor der Halle vorzufahren?

„Nee", gab er zurück.

„Ein Taxi?"

„Nee."

Ganz im Gegenteil. Bon hatte beschlossen, ganz bescheiden mit der U-Bahn die paar Haltestellen von der Gloucester Road nach Hammersmith zu fahren. Von Popstar-Allüren hielt er nun mal nichts. Das war ja auch schön und gut, oder vielmehr, wäre es gewesen, wenn er die richtige Bahn erwischt hätte. Aber Bon war prompt in die falsche eingestiegen, die ihn Richtung Osten in die Innenstadt brachte, und es dauerte gute zehn Meilen, bis ihm das endlich dämmerte. Nun mal ehrlich, wer fährt schon mit der Bahn – und dann noch mit der falschen – zu seinem ersten Gig als Headliner im Hammersmith Odeon? Keine Frage, Bon Scott.

„Los jetzt, du Arschloch, wir sollten schon seit 20 Minuten auf der Bühne stehen!"

Und so stürmten wir nach draußen. Als die Instrumente eingestöpselt waren, stürzte ich mich in das Bass-Intro zu „Livewire", das von Mals Gitarre verstärkt wurde. Ich sah zu Angus hinüber, der vor Anspannung bebend über die Bühne tigerte. Dann sprang er aufs Schlagzeugpodest. Kurz bevor Angus und Phil einsetzten, riss er sich die Mütze vom Kopf, hob die Arme und fletschte die Zuschauer an. Bumm – seine Gibson SG und Phils Schlagzeug donnerten los. Ich fühlte mich, als ob ich drei Meter über der Bühne schwebte, mitgerissen von einer Welle Energie wie damals im Red Cow, als wir Richard Griffiths so einen Heidenschreck eingejagt hatten. Der kleine Pub lag nur ein paar hundert Meter entfernt, aber wir waren seitdem einen weiten Weg gegangen.

Der Rest des Auftritts verging wie im Rausch. Wir spielten unser normales Programm mit all den üblichen Showeinlagen, Angus ließ irgendwann die Hosen fallen, und als letztes kam wie immer „Baby Please Don't Go". Es war so intensiv, dass es sich anfühlte, als ob wir nur eine Viertelstunde auf der Bühne gestanden hätten – jedenfalls kam mir das so kurz vor.

Tony Stewart vom *New Musical Express* erlebte den Gig so: „Der Schuljungen-Lümmel oben auf dem Podest grinst bösartig, als die ersten Power-Akkorde unsere Körper schmerzhaft durchschütteln, und wirft in einer überflüssig triumphierenden Geste seine Mütze auf den Boden, als wollte er sagen: ‚Das ist unser Tag!' Der Tag, Gott helfe uns, an dem AC/DC London eroberten."

Michael Browning hatte einen Fotografen engagiert, der den Auftritt dokumentieren sollte, und hatte ihn angewiesen, auch ein Foto von draußen zu machen, wo über dem Eingang des Odeon der Name AC/DC hell erleuchtet in Großbuchstaben stand. Das war natürlich schon ein bisschen peinlich, aber Scheiß drauf, es war unser erstes Mal. Auf den Bildern sah man auch, wie Bon in aller Seelenruhe die Stufen zum Eingang hinauf schlenderte, die Tasche über der Schulter, als sei er auf dem Weg ins Büro. Der blöde Arsch.

KAPITEL 9
EINE RIESENDOSIS ROCK'N'ROLL

Ende November 1976 war es in London bitterkalt, vor allem für einen so dünnhäutigen Typen wie mich. Von daher freute ich mich sehr darauf, in den australischen Sommer fliehen zu können. Der Gedanke an blauen Himmel, Strände, kaltes Bier und Grillpartys war jedenfalls wesentlich verlockender als ein trister, grauer Winter in London. Außerdem war die nächste Tournee geplant, die unsere Kasse wieder ein wenig auffüllen sollte, was inzwischen dringend nötig war. Und die Aufnahmen fürs nächste Album standen an. Es würde also alles andere als ein gemütlicher Heimaturlaub werden – wenn denn Australien überhaupt noch unsere Heimat war.

Im vergangenen Jahr hatten wir uns ein Stück Europa erobert, und obwohl ich Australien immer noch als mein Zuhause betrachtete, hatte sich die Sichtweise der Band stark verändert, was den fünften Kontinent betraf. Es war allen klar, dass die Zukunft von AC/DC nicht dort zu suchen sein würde. Nachdem wir zumindest schon einmal in Europa unterwegs gewesen waren, blickten wir insgeheim alle in Richtung USA. Trotzdem waren wir nun bei unserer Rückkehr allgemein guter Stimmung und freuten uns darauf, die Feiertage mit Freunden und der Familie zu verbringen. Nach einer kurzen Pause, um die Batterien wieder aufzuladen, wollten wir uns wieder im Alberts Studio bei George und Harry einfinden.

Am 26. November, einem Freitag, landeten wir in Sydney. Band und Crew checkten im Kingsgate Hyatt in Kings Cross ein, 200 Meter entfernt vom Hampton Court Hotel, wo AC/DC Anfang 1974 vor amerikanischen Soldaten aufgetreten waren, die während ihres Vietnam-Einsatzes kurze Erholungsurlaube zugestanden bekamen. Die größte Attraktion an diesem Abend befand sich eindeutig in Bons Suite. Er hatte sich im Duty-Free-Shop einen 25 Jahre alten Chivas Regal gekauft, der in einem noblen roten Samtbeutel verpackt war. Bon rief mich an, bevor er die Flasche öffnete, und fragte, ob ich einen Schluck probieren wollte. Ich war in Sekundenschnelle bei ihm.

Bon befreite den Scotch aus der roten Samtverpackung, bedachte ihn mit einem langen, liebevollen Blick und erklärte: „Scheiß drauf, jetzt hauen wir ihn weg." Dann drehte er den Verschluss auf. Wir saßen vor einem riesigen, breiten Fenster und blickten aus großer Höhe auf Sydney hinunter. Der Ausblick war phantastisch, aber der Chivas interessierte mich wesentlich mehr. Ein Probierschluck führte zum nächsten, wie das ja oft so ist, und schließlich machten wir es uns richtig gemütlich. Wir saßen da, tranken den teuren Whisky und redeten. Es war unübersehbar, dass Bon bereits jetzt seine Freundin Silver vermisste. Er war noch keine 48 Stunden von ihr getrennt und redete schon von nichts anderem.

Es war geplant, dass Silver Bon Anfang des neuen Jahres in Sydney besuchen sollte. Die Frauen standen bei ihm Schlange, und wenn er gewollt hätte, hätte er sich auch anderweitig amüsieren können, aber er war völlig verschossen in Silver. Für mich jungen Kerl von nicht mal 21 erschien das damals unfassbar. Es war doch unnötig, sich so auf eine Frau zu fixieren, wenn man bedachte, welche Angebote er in den nächsten Monaten sicherlich bekommen würde. Aber möglicherweise verabschiedete sich Bon gerade von seinem Image als Frauenheld. Jedenfalls bekam ich den Eindruck, dass er über ein ruhigeres Leben an Silvers Seite nachdachte, soweit die Anforderungen der Band das zulassen würden. Denn AC/DC stand immer an erster Stelle, vor allen anderen Dingen oder Personen, die in unserem Leben eine Rolle spielen mochten.

Allmählich machte sich der Alkohol bemerkbar, zumal wir ja die letzten anderthalb Tage im Flieger verbracht hatten und ein bisschen angeschlagen waren. Ich begriff Bon trotzdem nicht. Dass er Silver so auf einen Sockel stellte, machte für mich überhaupt keinen Sinn, zumal sie nicht gerade den Eindruck erweckte, für eine langfristige, häusliche Beziehung reif zu sein — weder mit Bon noch mit sonst wem. Zwar kannte ich sie nicht so gut, aber für sie schien der Himmel nicht so sehr voller Geigen zu hängen wie für Bon.

Bon hingegen hatte sich, wie es seine Art war, Hals über Kopf verliebt, genau wie Anfang 1975 in Judy King, mit der er eine Beziehung begann, die ihn anschließend fast umbrachte. Wie wir so dasaßen und tranken, dachte ich, dass Bons Stimmung entweder auf den Scotch oder auf den Jetlag (oder vielleicht auch auf beides) zurückzuführen war. Ich hielt seine Verliebtheit für eine Phase. Hätte ich etwas mehr Reife besessen, hätte ich wohl erkannt, dass es keinesfalls so war. Bon suchte etwas außerhalb der Band, das seinem Leben einen Sinn gab, und er glaubte, das mit Silver gefunden zu haben.

Mal und Angus waren nach Burwood zurückgekehrt, um nach sieben langen Monaten ihre Familie wiederzusehen. Allerdings blieb dafür nicht viel Zeit, da wir uns am Samstagmorgen schon wieder am Flughafen einfinden mussten, um in Melbourne wieder einmal bei *Countdown* aufzutreten. So verlangte es der unerbittliche Zeitplan der Band. Ach, ihr wart im Ausland und habt eure Familien lange nicht gesehen? Kein Problem, fahrt hin, aber macht schnell! Es war schon ein bisschen surreal, als wir nach Melbourne flogen und sofort zu den ABC-Fernsehstudios fuhren, vorbei am Prahran Hilton, und ich keine Zeit hatte, kurz reinzuschauen. So ist das Showgeschäft. Den privaten Angelegenheiten würden wir uns dann widmen können, wenn alles erledigt war, was für AC/DC getan werden musste.

Für die Australien-Tournee hatte sich der Promoter zunächst „The Little Cunts Have Done It" – „die kleinen Wichser haben's geschafft" – als Motto ausgedacht, aber schließlich einigte man sich auf das etwas weniger ordinäre „Giant Dose of Rock'n'Roll" – „Riesendosis Rock'n'Roll". Wie sich herausstellte, hätten wir es auch beim ersten Titel belassen können. Manche Leute fanden uns so oder so ordinär.

Unsere dringendste Pflicht bestand wie immer darin, das Equipment zu überprüfen, und so bauten wir als erstes die Marshall-Gitarren- und Bassverstärker in Armstrong's Studio in South Melbourne auf. Wir spielten probeweise ein paar Songs, um wieder in Schwung zu kommen und die ganze Anlage auf Herz und Nieren zu testen, bevor der erste Gig in der Myer Music Bowl anstand. Für den Abend nach der Probe war eine kleine Überraschung geplant. Ich weiß nicht genau, wessen Idee es war, aber ich vermute mal, dass Mal und Angus dahintersteckten. Wir sollten ein unangekündigtes Konzert in einem Pub in Richmond geben, im Royal Oak, dessen kleiner Saal The Tiger Lounge genannt wurde, nach dem örtlichen Football-Team, den Richmond Tigers. Ich hatte geglaubt, es würde ein kleiner, intimer Auftritt zum Aufwärmen sein, aber entweder hatte ich irgendwas in den falschen Hals bekommen, oder der Plan hatte sich geändert. Als ich den Pub erreichte, brauchte ich eine halbe Stunde, bis ich mich zur Küche durchgekämpft hatte, die wir als Garderobe benutzten. Für einen unangekündigten Gig waren jedenfalls ziemlich viele Leute da, als ob da doch jemand etwas hatte durchsickern lassen. Der Laden war rappelvoll.

Wir gingen auf die Bühne und spielten ein halbes Dutzend Songs, lauter beliebte Klassiker: „Roll Over Beethoven", „Jailhouse Rock", „Whole Lotta Shakin' Goin' On" und dergleichen: schnörkellose Rock-Songs, die bei den Zuschauern, die wie die Ölsardinen zusammengedrängt dastanden, hervorragend ankamen. Es war ein wirklich gutes Gefühl, wieder zu Hause zu sein, und der Auftritt erwies sich in der Tat als hervorragende Vorbereitung für das Konzert am folgenden Abend.

Die Myer Music Bowl war ideal für den Tourbeginn. Dabei handelt es sich um ein großes Freiluft-Amphitheater, das im Domain-Park nahe der Innenstadt lag, gar nicht weit entfernt von unserem alten Wasserloch, dem Hard Rock Café. Die 5.000 Tickets waren restlos verkauft, und zum Gelände an sich, das mit Maschendraht abgeriegelt worden war, hatten nur Kartenbesitzer Zutritt. Für mich sah es allerdings so aus, als ob sich hinter der Absperrung noch einmal genauso viele Zuhörer versammelt hatten, die nun die Abendsonne genossen, das mitgebrachte Bier tranken und sich auf das AC/DC-Konzert freuten, das gleich beginnen sollte. Auch wenn wir auf die Entfernung vermutlich wie Ameisen aussahen, wollten wir zumindest dafür sorgen, dass auch die Jungs ganz hinten uns gut hören würden.

Wir alle waren ganz wild darauf, wieder zu spielen. AC/DC war eine Band, die von Live-Auftritten lebte, und die dreiwöchige spielfreie Zeit, die seit dem letzten Gig in England vergangen war, hatte uns schon wieder ganz kribblig gemacht. Klar, wir waren um die halbe Welt geflogen, wieder nach Hause gekommen (abgesehen von Bon, der ja im Westen Australiens aufgewachsen war) und hatten Freunde besucht, aber jetzt war es an der Zeit, wieder loszulegen. Live spielen war unser Lebenszweck; wenn wir nicht spielten, hätte die Welt auch gern aufhören können, sich zu drehen.

Das Konzert war überwältigend, die Reaktion des Publikums großartig. Die Zuschauer flippten richtig aus, aber was in erster Linie auffiel, war der Lärm, den die Menge machte. Ich hatte vergessen, wie es sich anhörte, wenn junge Mädchen durchdringend kreischen; inzwischen war ich vielmehr an Männerstimmen gewöhnt, wie wir sie in Glasgow gehört hatten, wo das Publikum eher wie eine Horde Fußball-Fans klang. In der Music Bowl war das anders. Zwar waren durchaus auch Männer im Publikum, aber nicht vorn vor der Bühne. Die Jungs, die eher unseren europäischen Fans entsprachen, standen auf der anderen Seite des Zauns und zogen sich ein Bier nach dem anderen rein. Wer waren unsere Fans, hier in Australien? Offenbar hatte sich da eine Kluft aufgetan, denn wir hatten durchaus noch einen harten Kern von Teenie-Fans, die uns seit den *Countdown*-Auftritten mit Satinjacken treu geblieben waren. Dabei hatten wir erwartet, dass die Mädels sich längst anderen Stars zugewandt haben würden. Aber umso besser: Schreit euch die Lunge aus dem Hals, Girls! Was sie dann auch taten.

Der Auftritt war ein überragender Erfolg. Ein idealer Auftakt für die Tour, die uns in alle größeren Städte und Bundesstaaten Australiens führen sollte, dachten wir. Es war Sommer, das Wetter würde großartig sein, das Bier kalt, und wenn alle Konzerte so liefen wie dieses, dann sah doch alles gut aus. Zu gut.

Erfolg entwickelt eine seltsame Eigendynamik. Es ist, als würde man fliegen, man macht keinen falschen Schritt, und das Selbstbewusstsein, das man dadurch entwickelt, führt geradewegs zu noch mehr Erfolg. Um eine solche Entwicklung zu stoppen, muss schon einiges passieren. Entweder eine große Panne, oder aber zumindest viele kleine Dinge. Und es war eine ganz kleine Sache, die das erste Sandkörnchen ins Getriebe warf. In unserem – speziell in meinem – Fall war es das Tourprogramm.

Die Promoter hatten ein richtiges Hochglanzmagazin drucken lassen, sehr gut gemacht und ein ideales Souvenir für den Fan. Darin waren unter anderem Bühnenporträts aller Bandmitglieder zu sehen, über denen jeweils ein „charakteristischer Spruch" stand. Wie gesagt, bei dem Konzert in der Myer Music Bowl waren jede Menge junge Mädchen, die von ihren Eltern an der Halle abgesetzt worden waren, sich die Lunge aus dem Hals kreischten, ein solches Heft kauften und dann von Mama und Papa wieder eingesammelt wurden.

„Na, wie war denn das Konzert?"

„Toll! Ich habe ein Programmheft gekauft."

Alles kein Problem, bis die Eltern der kleinen Sharons oder Sharleens die Seite 8 aufschlugen. Dort befand sich ein Bild von mir, ergänzt um die Bemerkung: „Ich würde gern so viel Geld verdienen, dass ich Britt Ekland ficken kann." Und tatsächlich hätte ich nichts dagegen gehabt, so viel Geld zu haben, dass ich in Rod Stewarts Liga gespielt hätte. Aber dieser Satz wirbelte so viel Staub auf, dass wir den ganzen Rest der Tour mit Dreck beworfen wurden.

Es hagelte Beschwerden, aufgebrachte Eltern riefen bei Radiosendern an, der ganze Scheiß eben. Schließlich mussten wir das Programm wieder einstampfen, weil man uns mit einer Klage wegen der Verbreitung obszöner Schriften drohte. Gegen wen sich die Klage richtete, war zwar nie klar, aber vielen Dank, Jungs, dass ihr mir diesen Satz untergeschoben habt – er stammte nämlich gar nicht von mir. Das war einer der Standardkommentare von Bon Scott.

Eines Morgens im Bus wollte ich gerade zu meinem üblichen Platz in den hinteren Reihen gehen, als Bon mir ein Zeichen gab und auf den Sitz neben sich klopfte.

„Setz dich, Alter", sagte er. „Ich will dir mal einen freundschaftlichen Rat geben."

„Scheiße", dachte ich, „was kommt denn jetzt?" Bon machte ein ziemlich ernstes Gesicht; offenbar bereitete ihm etwas große Sorgen.

„Hör mal, Mark, du solltest nicht so hässliche Sachen über Britt Ekland sagen. Das Mädchen hat doch auch Gefühle." Damit wandte er sich wieder seinem Comic-Heft zu, ein breites Grinsen auf dem Gesicht.

Der nächste Stolperstein wartete gleich nach dem Debakel mit dem Tourprogramm auf uns. Angus hatte es sich schon vor einiger Zeit angewöhnt, auf der Bühne einen kleinen Striptease zu machen und den Leuten seinen knochigen Hintern zu zeigen. Das hatte zwar schon gelegentlich für Unruhe gesorgt, war aber ja nur Spaß und überhaupt nicht ernst gemeint. Aber dann gab es bei einer Pressekonferenz richtig Ärger. Als die Fotografen gern ein Gruppenbild machen wollten, stellten wir uns nebeneinander, Angus ließ die Hosen fallen, zeigte seinen nackten Hintern und verdeckte ihn schließlich ein bisschen mit seiner Mütze. Eine der anwesenden Frauen zog hörbar die Luft ein, und dann rief sie, Angus sei „ekelhaft".

„Mein Arsch sieht besser aus als mein Gesicht", erwiderte der, und ein paar Leute lachten.

Es war keine große Sache, dachten wir jedenfalls. Aber plötzlich sorgte Angus' Nacktarsch immer wieder für Gesprächsstoff. Schließlich fühlte sich sogar Bon genötigt, im Musikmagazin *RAM* etwas dazu zu sagen. „Sein Hintern ist inzwischen öfter in der Zeitung zu bewundern als sein Gesicht, aber meiner Meinung nach ist das auch gut so."

Wir arbeiteten uns langsam nach Norden vor, über Shepparton nach Albury, einer Stadt kurz hinter der Grenze von Neusüdwales. Und dort war es der Bürgermeister, der richtig auf die Kacke haute. Er verlangte von uns, dass wir generell „unseren Ton" ändern sollten, wenn wir je wieder in Albury auftreten wollten. Natürlich hatte er das Konzert nicht mal gesehen, aber er hatte davon gelesen. Schnell entwickelte sich ein Muster: Lokalpolitiker und Beamte lasen irgendwo, was wir für dreckige kleine Wichser waren, und waren sofort gegen uns, ohne eigentlich zu wissen, wen oder was sie da ablehnten. Na schön, sie empfanden den Anblick von Angus' pickligem Hintern als beleidigend. Supertoll fand ich es auch nicht unbedingt, dass er seinen nackten Arsch zeigte, zumal ich ihn dann ja auch noch aus nächster Nähe zu sehen bekam, aber ich nahm die ganze Sache so, wie sie auch gemeint war. Als Witz. Verdammt, das war doch ein Rock-Konzert und kein Gottesdienst.

Schon bald rückte vor den Konzerten die Polizei an und warnte uns: „Sobald jemand hier seinen nackten Hintern zeigt, wird der Strom abgestellt. Dann ist der Gig vorbei, und Sie bekommen eine Anzeige wegen unsittlichen Verhaltens." Es gab jede Menge Tintenkleckser, die es plötzlich in die Zeitungen schafften, weil sie uns „ekelhaft" fanden. Richtig lustig war dann schon fast, dass irgendein Kasper aus Wagga Wagga verkündete, wir seien in seiner Stadt nicht willkommen – und wir noch nicht mal ein Konzert dort angesetzt hatten. Der Bürgermeister von Tamworth verbot uns, im „Heim der Country Music" aufzutreten. Es wurde langsam albern, vor allem, wenn man bedachte, dass Angus' Arsch nun wirklich keine große Sache war.

Die ersten Nachrichtenteams reisten aus Sydney an, um groß darüber zu berichten. Wahrscheinlich kreuzten sich unsere Wege in der Luft, denn ich musste mich kurzfristig nach Sydney begeben, um mir eine „Riesendosis" vom Arzt abzuholen, weil ich mir etwas eingefangen hatte, was ich bei der Lage der Dinge besser nicht von einem Doktor vor Ort untersuchen ließ. Es wurde langsam wirklich zu blöd. Im Tourbus fragten wir uns übereinstimmend: „Wer braucht diesen Scheiß?"

Die führenden Radiosender für Rock und Pop waren damals der in Sydney beheimatete 2SM, der AC/DC 1975 noch sehr gefördert hatte, und 3XY aus Melbourne. Aber 2SM wandte sich nun gegen uns, strich uns von der Airplay-Liste und weigerte sich, Werbung für unsere Konzerte zu machen. Ihr Geschäftsführer kam mit diesem köstlichen Spruch: „Die Mitglieder der australischen Punk-Rock-Gruppe AC/DC müssen sich überlegen, ob sie Stripper oder Musiker sein wollen. Bis sie sich entschieden haben, möchte unser Sender mit ihnen nicht in Verbindung gebracht werden." Was sollte diese ganze Kacke?

Schließlich erreichten wir die Küste von Queensland und fuhren nach Süden zum Pink Poodle, unserem Lieblingshotel an der Goldküste. Das Hotelteam war cool, extrem freundlich und entgegenkommend, und unsere nächtlichen Späße stießen stets auf Toleranz und Verständnis. Es war eine erfreuliche Abwechslung, in einem Hotel einmal mit einem Lächeln empfangen zu werden und nicht mit einer Haltung, die unmissverständlich klar stellte: „Irgendwelcher Unsinn wird hier nicht geduldet." Phil und ich aßen am Abend im Restaurant, als die Mitbesitzerin des Hotels, eine nette Lady Mitte 40, an unseren Tisch kam.

„Das Essen heute Abend geht aufs Haus", sagte sie. „Ihr habt ja wirklich eine verdammt schwere Zeit hinter euch, Jungs."

Phil und ich lächelten sie an. Nach all der Scheiße, die wir abbekommen hatten, war das eine wirklich nette Geste.

Dann fragte Phil: „Sagen Sie, Sie könnten sich nicht vielleicht beim Bürgermeister von Tamworth für uns einsetzen?"

Wir waren hart genug, um mit diesem Ärger umzugehen, aber es führte dennoch dazu, dass wir unsere Rückkehr nach Australien zunehmend in einem anderen Licht betrachteten. Wieso sollten wir uns hier überhaupt abmühen, wenn wir uns dauernd mit solchen blöden Geschichten herumschlagen mussten? AC/DC ging es damals wie heute darum, vor Leuten zu spielen, die sich für die Band so sehr interessierten, dass sie sich ein Ticket kauften und in der Halle erschienen, ganz egal, ob sie sich ein Programmheft gönnten oder nicht.

Nach dem Konzert in der Miami High School Great Hall am 23. Dezember 1976, zu dem mir jetzt nichts Besonderes einfällt, trennten wir uns über die Feiertage. Phil und ich flogen nach Melbourne zu unseren Familien, und Mal und Angus machten sich mit Bon im Schlepptau auf nach Sydney.

Trotzdem gab es im Dezember 1976 weiterhin alle möglichen lustigen Artikel über uns in der Presse. In *Truth*, einer Melbourner Gazette, die nicht gerade das Kaliber der *Washington Post* besaß, berichtete ein gewisser Ian McDougall über die Probleme einer reichen Witwe aus Double Bay. Die Schlagzeile lautete: *Telefonterror – ein Pop-Hit ist schuld*. Ein paar AC/DC-Fans waren offenbar auf den Gedanken gekommen, die Telefonnummer 36-24-36, die Bon in „Dirty Deeds Done Cheap" nannte („call me anytime, I lead a life of crime") einfach mal anzurufen, und das offenbar regelmäßig. Die erregte ältere Dame aus Double Bay drohte nun mit allen möglichen gerichtlichen Schritten. Ihre Anwälte meldeten sich bei Alberts und erklärten, die Dame verlangte, dass die Platte samt aller gedruckten Noten aus dem Verkehr gezogen würde, ganz ähnlich wie unser kürzlich erst eingestampftes Programmheft.

In dem Artikel gefiel mir vor allem diese Stelle: „Zahllose AC/DC-Fans riefen bei ihr an und wollten Einzelheiten über die Hit-Single erfahren. Andere waren weniger höflich und machten lediglich ordinäre Vorschläge." So was konnte man sich doch von AC/DC-Fans überhaupt nicht vorstellen! Angeblich seien die Anrufe „beleidigend, herabwürdigend und obszön" gewesen. Chris Gilbey von Alberts übernahm es, sich offiziell bei ihr zu entschuldigen. Er bot der gestressten Witwe an, die Kosten für eine neue Telefonnummer zu übernehmen und ließ für sie sogar Visitenkarten drucken, die sie in ihrem Bekanntenkreis verteilen konnte.

„Bei der Dame gab es einige Schreckmomente, ebenso wie bei unserer Firma, und wir können uns gar nicht genug für die Unannehmlichkeiten entschuldigen, die ihr entstanden sind", erklärte Chris angemessen zerknirscht der besagten Zeitung. Hast du gut gemacht, Chris.

Eine andere Geschichte, die landesweit Schlagzeilen machte, handelte von ein paar Schulmädchen aus Peakhurst im Süden von Sydney, die offenbar die Schule geschwänzt hatten, um uns am Flughafen von Sydney zu begrüßen. Der Artikel trug den Titel *Skandal: Junges Mädchen tätowiert* und zitierte eine 15-Jährige: „Wenn meine Mutter das jemals herausfindet, bringt sie mich um." Unter diesen Umständen vielleicht nicht unbedingt die schlaueste Idee, ein solches Geheimnis einem Reporter anzuvertrauen. Der Journalist beschrieb die Tattoos: „Eins soll die Buchstaben AC/DC zeigen, und das andere einen kleinen Vogel … darunter soll der Name des Bandleaders und Gitarristen stehen, Malcolm." Aha. Offenbar gab es also noch gar keine Tätowierungen, und unser junger Fan hatte lediglich erzählt, dass sie sich welche stechen lassen wollte. Ein kleiner Unterschied.

„Ich finde sie alle wahnsinnig toll, und wenn ich genug Geld zusammen habe, will ich mich auf dem ganzen Körper tätowieren lassen", setzte sie hinzu. Na gut, das klang vielleicht schon ein bisschen dramatisch.

Ein Mädchen aus dem Bondi, dessen Alter nicht erwähnt wurde, zeigte dem Reporter stolz ein grobes Tattoo auf dem Arm: „Hab' ich mir machen lassen, weil Bon, der Sänger, auch welche hat." Der Artikel endete mit einem großartigen Beispiel für Enthüllungsjournalismus: „Die Band wurde beim Zoll eineinviertel Stunden lang festgehalten und durchsucht, bevor man sie einreisen ließ." Ach ja? Das war uns allen neu und stimmte natürlich nicht.

Die Riesendosis Rock'n'Roll, mit der wir im Anschluss an den gelungenen Gig in der Music Bowl ganz Australien hatten versorgen wollen, hatte ziemlich an Energie verloren. „Was soll's, Scheiß drauf, frohe Weihnachten" – mehr konnte ich nicht sagen, als ich schließlich nach Melbourne flog.

Weihnachten ist zu Hause doch immer am schönsten, selbst wenn es sich um ein Zuhause wie das Prahran Hilton handelt. Meine Mutter und ihr Lebenspartner Joe Loughrey wohnten jetzt ebenfalls in der Surrey Road 1 in South Yarra, zum einen, weil Joe dort inzwischen als Hausmeister arbeitete, zum anderen, weil ihnen das Hilton tatsächlich gefiel. Mir fiel auf, dass das Haus in meiner Abwesenheit ein wenig ruhiger geworden war. Die Mieter waren nicht mehr so wild wie früher, aber vielleicht war das auch der besinnlichen Jahreszeit zuzuschreiben. Es war jedenfalls gut, im Kreis der Familie zu feiern, zu hören, was sich in der Zwischenzeit getan hatte, und die Geschenke zu verteilen, die ich mitgebracht hatte. Schließlich wollten wir ja alle froh und munter sein.

Ich kam Heiligabend in Melbourne an und hatte mir eigentlich vorgenommen, mich zu entspannen, nach den ziemlich intensiven und erlebnisreichen letzten 20 Monaten die Füße hochzulegen und die kleine Auszeit zu genießen. Hörte sich theoretisch ja auch gut an, dieser Plan. Doch dann stellte ich fest, dass ich nicht in der Lage war, loszulassen. Ich war permanent angespannt und stand total unter Strom. Am meisten trieb es mich um, dass ich mich überhaupt nicht zu Hause fühlte. Am schlimmsten war es jeden Abend gegen halb neun oder neun, wenn normalerweise Konzertbeginn gewesen wäre. Immer wieder hatte ich dieses unbestimmte Erwartungsgefühl, dass irgendwas passieren müsste, und wenn dann nichts geschah, wurde ich ganz kribblig.

Das Problem löste ich, indem ich meinen Kumpel Graham Kennedy aufstöberte und mit ihm durch die Stadt zog, aber so richtig. Wir statteten dem guten, alten Station Hotel einen Besuch ab, aber auch allen anderen Pubs in unserem Viertel, und ich kam zu den Gigs mit, bei denen Graham spielte. Jetzt war er es, der mich mitnahm, und das war eine nette Abwechslung.

Es war mir einfach nicht möglich, abends in der Wohnung zu sitzen. Was als Auszeit begonnen hatte, wurde ein endloses Besäufnis, und schon bald stürzte ich jeden Abend so richtig ab. Am folgenden Tag wachte ich gegen Mittag auf, machte mich frisch und ging die 200 Meter bis zur nächsten Kneipe, dem Court Jester auf der Chapel Street in Prahran, genehmigte mir einen kleinen Imbiss und ein paar erste Bierchen zum Runterkommen. Der nächste Gang bestand dann aus Whisky-Cola. Am späten Nachmittag kehrte ich ins Prahran Hilton zurück, schlief den Mittagsrausch aus, aß mit meiner Mutter und Joe zu Abend und zog dann wieder mit Graham los.

Als Graham und ich bei einem kalten Bier und einem Scotch in der vorderen Bar des Station Hotels saßen, nutzte ich die Gelegenheit, um die jüngste Vergangenheit Revue passieren zu lassen. In den letzten anderthalb Jahren war eine Menge geschehen. Ich saß nur ein paar Schritte entfernt von der Stelle, an der ich damals das Bierglas ins Gesicht bekommen hatte, bevor ich dann auf dem Fußweg draußen Blut spuckend wieder zu mir gekommen war. Und hier hatte auch meine Zeit mit AC/DC begonnen, obwohl ich von den Besitzern des Station Hotels, Albert und Marino, beinahe rausgeworfen worden wäre. Als ich zur Band stieß, stand es finanziell so schlecht um AC/DC, dass Phil sich Rundhölzer aus dem Heimwerkermarkt kaufte, weil er sich keine richtigen Trommelstöcke leisten konnte. Und nun hatten wir als Headliner im Hammersmith Odeon gespielt und unsere Australien-Tour in der ausverkauften Myer Music Bowl eröffnet.

Was hatte sich verändert? Hatte ich mich verändert? Offensichtlich nicht so sehr, denn hier saß ich in der vertrauten Bar des Station Hotels und betrank mich wie immer. Tja. Dabei hatte ich hunderte von Konzerten in Australien und Europa hinter mir, an einer der meistverkauften LPs in den australischen Charts des Jahres 1976 mitgewirkt, und genug Kohle verdient, um Freunde und Familie großzügig mit Weihnachtsgeschenken zu bedenken. Und so, wie es aussah, würden noch mehr Konzerte folgen, in der ganzen Welt. War ich glücklich? Das wusste ich nicht so genau. Vielleicht brauchte ich einfach noch was zu trinken, um das herauszufinden. Auch noch einen, Graham?

„Noch 'ne Runde, Jungs?", fragte Albert hinter der Bar. „Ich kann mich noch gut daran erinnern, wie AC/DC hier gespielt haben, bevor ihr nach

England gegangen seid. Tolle Band, die beste, die hier je aufgetreten ist. Die hier gehen aufs Haus."

Meine Aktien mussten ganz schön gestiegen sein, wenn ich im Station Hotel Freigetränke bekam.

„Sei besser sparsam mit dem Whisky, ich will schließlich nicht besoffen werden", erwiderte ich. „Sonst schmeißt du mich vielleicht noch raus." Das konnte ich mir dann doch nicht verkneifen.

„Dich rauswerfen?", gab Albert zurück und tat so, als sei er ehrlich schockiert. „Auf keinen Fall, Mark."

Ja, die Dinge hatten sich wirklich geändert.

Inzwischen trank ich mindestens eine Flasche Scotch am Tag, manchmal auch fast zwei. Interessant war dabei, dass ich deshalb aber nicht betrunken umfiel wie die meisten Leute in meinem Bekanntenkreis; ich war stets der letzte, der noch stand. Ein paar nächtliche Partys gingen nahtlos in die Feiern am nächsten Tag über. Allerdings möchte ich betonen, dass stets nur Alkohol im Spiel war, keine anderen Drogen. Mein Stoffwechsel machte Überstunden. Ich stand enorm unter Stress, und das einzige, was mich antrieb, war die nervöse Energie in meinem Innern. Irgendetwas nagte an mir. „Wenn das hier nicht meine Heimat ist, wo denn dann, zum Teufel?" Die Antwort, die ich darauf für mich fand, war: Heimisch fühlte ich mich mit den Jungs auf Tour. Dann war ich wirklich ich selbst. Und ich war wirklich nicht mehr derselbe, der früher im Hilton gewohnt hatte. Dass ich meine alte Bleibe nicht mehr als mein Zuhause empfand, verursachte wiederum Schuldgefühle, weil es mir so respektlos vorkam.

Im Court Jester bekam einmal ein Ortsansässiger mit, wie ich davon schwärmte, wie gut es mir in London gefallen hatte.

„Dann ist das hier wohl nicht mehr gut genug für dich, oder was?", fauchte er. Gute Frage.

Allmählich gelang es mir dann aber doch, diese Unsicherheit zu überwinden. Schließlich würde ich schon bald wieder unterwegs sein, und jetzt tat ich gut daran, die Zeit mit meiner Familie zu genießen. Wer konnte schon sagen, wann ich das nächste Mal wieder hier sein würde? Nachdem ich mir das klar gemacht hatte, ließ ich das exzessive Trinken wieder ein bisschen sein und verbrachte ein beinahe alkholfreies Silvester im Chevron Hotel mit meiner Schwester Judy, ihrem Mann Dan und ihrer engen Freundin Jacquie Rogers.

Für AC/DC begann das neue Jahr in Tasmanien am 7. Januar, einen Tag nach Mals 24. Geburtstag. Wir spielten in Hobart, Launceston und Burnie (dieses Mal, ohne irgendwelchen Ärger zu bekommen), und kehrten dann aufs Festland zurück, um die Tour in Horsham fortzusetzen, einer kleinen Stadt im Bundesstaat Victoria. Prompt ging derselbe Mist wieder los, mit dem wir uns im Dezember herumgeärgert hatten. Der Bürgermeister von Warrnambool stellte fest, dass wir – Trommelwirbel bitte – „ekelhaft" seien und wollte ebenfalls um jeden Preis verhindern, dass wir den Frieden in seiner Stadt störten. Allmählich war das alles nicht mehr witzig, und wir waren längst übereinstimmend zu dem Schluss gekommen: „Diesen Scheiß braucht keine Sau." Wir strichen das ganze Land von unserer Weihnachtskartenliste.

Die Situation wurde so blöd, dass sie kaum noch mit Worten zu beschreiben war, obwohl Angus bei Interviews durchaus noch welche einfielen: „Es ist doch bescheuert, wenn wir für ein Konzert durchs halbe Land fahren, um dort festzustellen, dass die Show abgesagt wurde, weil man uns für obszön hält. Wenn wir von den Behörden weiterhin so drangsaliert werden, überlegen wir ernsthaft, Australien zu verlassen."

Aber einstweilen hielten wir tapfer weiter durch, zogen durchs ländliche Victoria, ohne dass es allzu viel neuen Ärger gab, und spielten schließlich am 15. Januar in der Festival Hall in Melbourne. Von den Zuschauerzahlen waren wir ein wenig enttäuscht; zwar war eine respektable Zahl von Karten umgesetzt worden, aber das Konzert war nicht annähernd ausverkauft, was uns (und den Promotern Gudinski/Evans sicherlich auch) wesentlich lieber gewesen wäre. Die allgemeine Erklärung dafür lautete, dass die negative Presse sich allmählich bemerkbar machte. Das war immerhin möglich, wobei ich eher davon ausging, dass die Band nun doch allmählich ihre Teenybopper-Fans verlor. Ein paar Wochen sind in der Musikindustrie schließlich eine lange Zeit.

Trotzdem war das Konzert großartig, die Band rockte richtig ab, aber mir fiel trotzdem auf, dass sich die Atmosphäre seit der Weihnachtspause spürbar verändert hatte. Das führte ich zunächst auf den Ärger mit der Presse zurück, und außerdem hatten wir Stress mit ATCO, unserem Label in den USA, das die Veröffentlichung von *Dirty Deeds* ausgesetzt hatte. Jedenfalls wehte insgesamt ein etwas kühlerer Wind.

Um uns ein bisschen auf andere Gedanken zu bringen, beschlossen wir daher, nach dem Konzert in unserem Hotel, dem Noah's auf der Exhibition Street mitten in der Stadt, noch ein bisschen was loszumachen. Es wurde ordentlich gesoffen, und ein paar nette Bekannte sorgten zudem dafür, dass es auch nicht an anderen Partyfreuden mangelte. Aber der Abend war vor allem deshalb erinnerungswürdig, weil es das dritte Mal war, dass ich Angus Alkohol trinken sah. Wie sich denken lässt, mit recht dramatischen Auswirkungen. Für kurze Zeit war er der Mittelpunkt der Party, komplett mit Tanz- und Gesangseinlagen, dann wurde er plötzlich stiller, philosophisch und grüblerisch.

Irgendwann setzte er sich zu mir und war überraschend interessiert daran, wie es für mich war, wieder einmal in meiner Heimatstadt zu sein. Er nahm mir das Versprechen ab, so viel Zeit wie möglich mit meiner Familie zu verbringen, solange wir in Melbourne waren. Ich freute mich, dass wir ein so persönliches Gespräch führten, und ich erinnere mich noch, dass ich damals sagte: „Du solltest öfter mal was trinken, Angus." Seine plötzliche Warmherzigkeit tat mir gut, und offenbar gefiel ihm meine Bemerkung. Wir unterhielten uns noch eine ganze Weile, bis die Party allmählich an Schwung verlor und wir beschlossen, das Lokal zu wechseln.

Als ich gerade gehen wollte, nahm Angus mich noch einmal beiseite.

„Mal findet es nicht so gut, wie du die Sachen anpackst", sagte er. „Ich hab' kein Problem damit, aber du solltest mal mit Mal drüber sprechen."

Angus war zwar ganz sicher nicht mehr nüchtern, aber ich hatte das Gefühl, dass er es ehrlich meinte. Ich verließ das Hotel mit einem mulmigen Gefühl. Er hatte mich ziemlich ins Grübeln gebracht.

Am nächsten Morgen rief ich Mal an und fragte, ob wir uns in einem Restaurant auf der anderen Seite der Exhibition Street zum Mittagessen treffen könnten.

„Mal, hast du ein Problem mit mir?", fragte ich ihn dort geradeheraus.

„Ich doch nicht", antwortete er. „Das behauptet nur Angus."

Das brachte mich dann doch zu der Überzeugung, dass Angus mich verarschen wollte, und dass Mal so ehrlich zu mir war, wie ich das von ihm eigentlich auch erwartete. Wie ich allerdings schon bald feststellen sollte, verarschte Mal mich auch. Ich hätte gern die Wahrheit erfahren, aber entweder passte den Youngs das nicht in den Kram, oder aber Malcolm hatte nicht den Mut, offen zu mir zu sein. Wenn ich heute an dieses Treffen denke, bin ich noch immer enttäuscht. Für mich war das ein Wendepunkt, auch wenn mir das damals noch nicht klar war. Meine Tage in der Band waren gezählt, aber ich war zu blöd, um das zu merken, und ich schluckte Malcolms Erklärungen zusammen mit den sehr mittelmäßigen Spaghetti Bolognese. Als ich das Restaurant verließ, war ich überzeugt, dass Angus mich hatte für dumm verkaufen wollen. Schon bald sollte die Zukunft zeigen, dass mich beide Youngs zum Besten hielten.

Bevor wir wieder nach Sydney flogen, stand noch ein Konzert im Bundesstaat Victoria an, in Moe, westlich von Melbourne, in der Region Gippsland. Ich erinnere mich vor allem an das Publikum, oder, besser gesagt, an dessen Reaktion. Es gab nämlich keine. Und wenn ich keine sage, dann meine ich keine. Null. Nicht ein Hüsteln zwischen den Songs, nur absolute Stille. Es war komisch; ich habe auch keine Ahnung, woran das lag. Es war einer der seltsamsten Gigs, die ich je erlebt habe, nicht nur mit AC/DC, sondern in meiner ganzen Karriere. Wir rockten richtig ab, die Songs endeten laut, krachig und voller Energie, und dann kam das große Nichts.

Wir spielten tapfer weiter, und während unsere Crew immer frustrierter wurde, legten sich Bon und Angus ins Zeug, als würden sie vor 10.000 wildgewordenen AC/DC-Fans rocken. Bei „Baby Please Don't Go" zog Angus seine übliche Show ab, und anschließend marschierten wir von der Bühne. Im Zuschauerraum herrschte Stille. Daraufhin betraten die Roadies die Bühne, ließen ihre Jeans fallen und boten den ach so enthusiastischen Musikfans von Moe einen hübschen Blick auf ein Dutzend nackter Ärsche.

Was für ein Abschluss der *Giant Dose*-Tour. Einer von den Roadies taufte sie prompt in die „Giant Pain in the Arse"-Tour um, und niemand widersprach ihm. Wir waren erleichtert, als wir uns auf den Weg nach

Sydney machten, um bei Alberts mit George und Harry das neue Album einzuspielen. Es war das dritte und letzte, das ich mit AC/DC aufnahm. Abgesehen davon hatte ich noch an den Sessions für „Jailbreak" und „Fling Thing" mitgewirkt, und an den Songs „Love At First Feel" und „Carry Me Home", die wir kurzfristig in den Londoner Vineyard Studios produzierten, da unsere amerikanische Plattenfirma mit *Dirty Deeds* nicht zufrieden war. Daran hatten diese beiden zusätzlichen Titel leider auch nichts ändern können, wie wir inzwischen wussten. Es war verdammt viel Material für anderthalb Jahre. Heute kann man sich kaum vorstellen, so viele Songs in so kurzer Zeit einzuspielen, aber so war das damals eben.

In Australien war *Dirty Deeds* erst Ende 1976 veröffentlicht worden, kurz vor Beginn der *Giant Dose*-Tour. Zwar hatten wir es schon vor einem Jahr fertiggestellt, aber in einigen wichtigen Märkten war es noch immer nicht erschienen, auch wenn wir jetzt schon das nächste Album in Angriff nahmen. *Dirty Deeds* hatte, wie gesagt, gerade bei unserer amerikanischen Plattenfirma ATCO wesentlich weniger Begeisterung ausgelöst, als wir gehofft hatten. Die Reaktion war allenfalls lauwarm – angeblich war man dort mit der Produktion nicht zufrieden und fand auch die Songs an sich nicht stark genug, obwohl wir in London extra noch einmal ins Studio gegangen waren, um ein paar weitere Nummern einzuspielen. Schließlich erfuhren wir, dass die ATCO-Bosse beschlossen hatten, die Option, die sie auf die Veröffentlichung hatten, überhaupt nicht zu nutzen und die Platte in der Schublade vergammeln zu lassen. Vielen Dank auch, ihr Säckel. Über Weihnachten und Neujahr versuchten Michael Browning und der Vorsitzende von Atlantic Records in London, Phil Carson, mit aller Kraft zu verhindern, dass der US-Deal völlig scheiterte. Es sah schlecht aus für AC/DC in den USA. Und von daher war uns allen klar, dass wir dieses Mal im Studio wirklich ein echtes Hammer-Album abliefern mussten, denn ansonsten hatten wir wirklich ein Problem.

Sowohl der Stress mit ATCO als auch das ganze Generve rund um die *Giant Dose*-Tour hinterließen allmählich Spuren bei uns allen. Ich will nicht sagen, dass sich Selbstzweifel breit machten, weil es so etwas nach AC/DC-Überzeugung schlicht nicht gab, aber es kamen doch Fragen auf. Was bildeten sich diese Yankees ein, *Dirty Deeds* so einfach abzulehnen? George und Harry waren garantiert nicht begeistert, dass ihre Produktion derart kritisiert worden war, davon war ich überzeugt. Als wir ins Studio zurückkehrten, war die Haltung der Band eindeutig: „Scheiß auf diese Typen! Jetzt wollen wir doch mal sehen, ob sie das hier auch ablehnen werden."

Die Aufnahmen begannen Mitte Januar nach dem schon vertrauten Muster. Mal, Angus und George arbeiteten an den Riffs und an den anderen Ideen, die sich auf der jüngsten Tour angesammelt hatten. Die Melodien wurden so weit entwickelt, dass die Band sie übernehmen und weiter bearbeiten konnte, dann wurden die Arrangements ausgefeilt, und wenn alles stimmte, ließen wir die Bänder laufen und zeichneten den Song auf. Klingt simpel – tja, das war es auch. Wenn die Grundidee richtig zündend war, dann entwickelte sie sich meist von selbst weiter und erwachte irgendwann zum Leben. Wenn nicht, dann war es meist ein Zeichen dafür, dass sie nichts taugte oder zumindest noch einmal grundlegend überarbeitet werden musste. Damals lernte ich von George und Harry, dass ein Track vor allem den richtigen Groove besitzen muss, denn das ist das A und O einer großartigen Platte. Wenn das fehlt, dann kann man es vergessen und sollte sich etwas anderem zuwenden, sonst ist das Zeitverschwendung.

Wie bei allen AC/DC-Aufnahmen, an denen ich beteiligt war, arbeiteten wir auch hier unter großem zeitlichen Druck. Wir hatten zwei Wochen, um ein ganzes Album zu schreiben, zu arrangieren und aufzunehmen. Das war ein Haufen Arbeit. Nun war ich selbst am Songwriting und an den Arrangements ja nicht beteiligt, aber für Mal, Angus und Bon war es eine Herkulesaufgabe, das ganze Material in so kurzer Zeit zusammenzustellen, auch wenn ihnen George und Harry natürlich tatkräftig zur Seite standen. Es war faszinierend, was sie leisteten, vor allem, wenn man sich die Qualität der Songs vor Augen hält und bedenkt, dass auf diese Weise einige echte Klassiker entstanden, die heute noch zum Live-Programm von AC/DC gehören.

Wir hatten etwas mehr als eine Woche Zeit, um die Backing Tracks aller Songs einzuspielen, und dann noch einmal eine Woche für den Gesang, die Soli und eventuelle zusätzliche Spielereien. Die Arbeit im Studio war noch eine Verschärfung der Vorgehensweise, die AC/DC live an den Tag legten: aufs Wesentliche konzentrieren, weg mit allem Schnickschnack, und ab geht die Post. Wenn die Songs allmählich Gestalt annahmen, bekam Bon die Frühversionen auf Cassette (hey, erinnert sich noch jemand an diese Dinger?). Er saß dann wieder in der Küche des Alberts-Studios und durchkämmte seine Notizbücher nach passenden „dirty ditties“ und möglichen Songtiteln.

Damals hatte ich im Grunde ein Riesenglück. Ich bekam einen phantastischen Einblick, wie man eine Rock-Platte produziert, noch dazu unter verdammt viel Zeitdruck. *Let There Be Rock* entstand unter denselben Treibhaus-Bedingungen wie *TNT* und *Dirty Deeds*: rein ins Studio und loslegen, sofort. Im Gegensatz zu meiner ersten Session, bei der ich im Grunde nicht viel mehr als ein interessierter Zuschauer gewesen war, spielte ich jetzt meine Parts selbst ein. George war dieses Mal weniger als Mentor präsent, aber wenn er eine gute Idee für einen Song hatte – hey, George, kein Problem, hier ist mein Bass. Alles andere wäre kompletter Schwachsinn gewesen. Wenn George etwas sagte, hörte ich zu.

Einer der ersten Tracks, an die wir uns machten, war „Bad Boy Boogie“. Die Grundidee hatten wir schon auf Tour ausprobiert, und der Song hatte einen guten Groove entwickelt, nachdem wir ihn ein paar Mal bei Soundchecks gespielt hatten, unter anderem vor dem Gig in der Festival Hall am 15. Januar. Als wir von der Bühne gingen, fragte mich einer der Roadies, wie der Song heiße. Ich antwortete „Black Sheep Boogie“, und ich bin immer noch der Meinung, dass das damals der Arbeitstitel war. Angus verbesserte mich allerdings sofort:

„Der heißt ‚Bad Boy Boogie‘, und ich sollte das wohl wissen.“

„Okay, dann eben ‚Bad Boy Boogie‘“, sagte ich achselzuckend. „Er weiß ja alles.“

Diese Bemerkung war meinerseits gar nicht so ernst gemeint, wie sie offenbar bei Angus ankam. Er warf mir einen Blick zu, nach dem ich am liebsten im Hotel noch mal geduscht hätte. Manchmal wäre es wesentlich schlauer gewesen, einfach das Maul zu halten und nicht dauernd blöde Sprüche zu klopfen, aber so bin ich eben, auch heute noch.

Ein anderer Track, der sich fast wie von selbst entwickelte, war „Go Down“. Von Anfang an stimmte der Groove, und schon früh war klar, dass der Titel sich wunderbar als Opener für das Album eignen würde. Zwar ist er wahrscheinlich einer der weniger bekannten Songs aus dieser Zeit, aber er ist ein echter Kracher, und die Gitarren sind phantastisch. Einer meiner persönlichen Lieblingssongs war „Hell Ain't A Bad Place To Be", das ebenfalls zu Beginn der Sessions entstand. Die Gitarren explodieren geradezu, und der Song rüttelt einen richtig auf, jedenfalls, wenn man nicht übertrieben viel Wert darauf legt, dass alle Instrumente hundertprozentig sauber gestimmt sind. Aber bei so einem Monster-Groove spielt das doch wirklich eine untergeordnete Rolle.

Der Höhepunkt der Aufnahmen war der Titel-Song „Let There Be Rock". Das ist ein wahrhaft epischer Track, und Phil gab dabei die ganzen sechs Minuten lang Vollgas. Es war faszinierend, ihm dabei zuzusehen, während die Bänder liefen. Er hatte das Schlagzeug in der hinteren, linken Ecke im großen Aufnahmeraum mit dem Klavier aufgebaut, gegenüber der Wand mit den Graffiti, und er gab einfach alles. Wir nahmen ein paar Takes hintereinander auf, machten zwischendurch nur ganz kurz Pause, höchstens eine Minute, und legten dann wieder los. Wenn ich mich recht erinnere, dann entschieden wir uns später für die zweite Fassung. Generell kann nicht oft genug hervorgehoben werden, wie wichtig Phil für den Sound der Band ist. Ohne ihn klingen AC/DC für mich überhaupt nicht richtig. Aber ich bin natürlich ziemlich voreingenommen.

Der Druck, ein überragendes Album abzuliefern, war groß. Und *Let There Be Rock* bewies auf alle Fälle, dass wir uns deutlich verbessert hatten. Die Band hatte verdammt viel erlebt, seit *Dirty Deeds Done Dirt Cheap* entstanden war. Die Tourneen hatten uns verändert. Unser neues Equipment, die Marshall-Verstärker, sorgte zudem für einen kräftigeren Sound, und wir klangen aggressiver, gemeiner und definitiv auch lauter. Allmählich hörten wir uns so an wie die AC/DC, die man heute weltweit kennt. Der Sound war kantiger geworden, und AC/DC kamen insgesamt wuchtiger und härter daher.

Bis heute ist *Let There Be Rock* eins meiner liebsten AC/DC-Alben, gleich nach *Powerage* und meiner unübertroffenen Nummer 1, *Highway To Hell.* Bei allem Respekt für Brian Johnson ziehe ich die frühen Alben mit Bon deutlich vor. Die einmalige Klangfarbe seiner Stimme und seine Texte – er war einfach dazu geboren, bei AC/DC zu singen.

Am 30. Januar unterbrachen wir die Aufnahmen bei Alberts und begaben uns anderthalb Kilometer weiter westlich zur George Street, der Hauptschlagader von Sydney, für einen Headliner-Auftritt beim Festival Of Sydney auf dem Haymarket. Es war einer jener Gigs der „Giant Pain In The Arse"-Tour, der in Ton und Bild festgehalten wurde. Uns hatte bei einzelnen Konzerten ein komplettes Kamerateam unter der Leitung von Russell Mulcahy begleitet, einem aufstrebenden Regisseur, der später unter anderem *Highlander* drehte (und Videos für Duran Duran, aber das wollen wir ihm an dieser Stelle mal nicht vorwerfen). Er und seine Crew produzierten Stunden von Material, sie filmten uns backstage, *on the road* und auf der Bühne. Später saßen wir dann einmal in einem Studio in North Sydney zusammen und sahen uns den „Rohschnitt" einer Doku an, die Russell zusammengestellt hatte. Der Film liegt sicher noch irgendwo in einem Archiv.

Let There Be Rock, das neueste „Zwei-Wochen-Wunder" von AC/DC, wurde den erfahrenen Händen von George und Harry zum Abmischen überlassen. Uns standen noch einige Gigs bevor, bis wir wieder aus Australien würden abhauen können – und genauso sahen wir die Sache inzwischen. Wir hatten das Gefühl, als hätten wir in Europa und letztlich auch in den USA noch etwas zu erledigen, und dem wollten wir uns lieber früher als später widmen. Ich jedenfalls brannte darauf, endlich nach Amerika zu reisen.

Am 12. Februar spielten wir in Adelaide und am 13. im Perth Entertainment Centre. Nun bekam auch Bon endlich die Gelegenheit zu einem lange überfälligen Besuch bei seiner Familie. Dabei stellte er seinen Eltern auch Silver vor, die inzwischen zu uns gestoßen war und auf der Tour mitreiste. Chick und Isa Scott waren sicher überglücklich, Ron, wie er innerhalb der Familie noch immer genannt wurde, wiederzusehen, aber ich frage mich, was die beiden wohl über Silver dachten. Wahrscheinlich war es ihnen vor allem wichtig, dass ihr Ron glücklich war, soweit sich das mit den Vorstellungen von Ordnung und Anstand vereinbaren ließ, die man in einer biederen schottischstämmigen Familie pflegte. Isa machte jedenfalls deutlich, dass es ihr sehr lieb wäre, wenn ihr Ältester auch einmal ein paar „nettere" Texte schriebe.

Mit dem Gig in Perth verabschiedeten wir uns einstweilen von Australien. Es war eine gute Show, das Publikum war begeistert und die Band rockte, vielleicht auch angefeuert von dem Bewusstsein, dass diese letzte Tour, die unter einem so schlechten Stern gestanden hatte, nun endlich vorüber war. Das Konzert blieb mir sehr in Erinnerung. Wie spielten das gerade erst frisch aufgenommene „Dog Eat Dog“ als Zugabe, und ich langte richtig hin und zertrümmerte den geliehenen Bassverstärker, der mit Schwung umkippte, was Angus sehr amüsierte. Der Tourmanager unseres Veranstalters, Ian Smith, war allerdings weniger begeistert.

Als ich von der Bühne ging, nahm mich Ian unversehens in den Schwitzkasten. „Dafür wirst du zahlen, du blöder Arsch!“, brüllte er. Normalerweise war er ein sehr höflicher, zurückhaltender Gentleman, der – bevor ich das geliehene Equipment zerlegte – vermutlich sehr froh gewesen war, dass wir diese Katastrophentour überhaupt bis zu Ende durchgehalten hatten.

Ihr hättet ja wohl nicht geglaubt, dass ich unsere eigenen Sachen kaputtgeschlagen hätte, oder?

Es war Bons letzter Auftritt in Perth.

Am Montag, den 14. Februar, war für den Nachmittag schon wieder der Abflug angesetzt. Dennoch ließ das den Mutigeren unter uns genug Zeit, einen Segeltörn auf dem Swan River zu machen. Es war ein typisch heißer, klarer Tag in Perth, jedenfalls, soweit man mir berichtete. Ich kämpfte mit einem monströsen Kater und bekam nicht viel davon mit. Es war ein Kater von dem Kaliber, der einem bei Kopfbewegungen das Gefühl gibt, dass das Gehirn mit einer gewissen Verzögerung reagiert und wie Eigelb in der Eierschale herumschwappt. Die Buschtrommeln, die in meinem Kopf wüteten, konnte ich nur zum Schweigen bringen, indem ich im Hotelpool abtauchte.

Und so verbrachte ich unter den konsternierten Blicken der Hotelangestellten den größten Teil des Tages im Wasser. Die Segler hatten einen Riesenspaß und kamen gerade rechtzeitig noch zum Hotel, um sich ihre Sachen zu schnappen und zum Flughafen zu rasen, noch immer in Skipperkleidung und nach Sonne und Salzwasser riechend. Ihr könnt euch gar nicht vorstellen, wie seltsam sich unser Grüppchen sonnengebräunter Typen in Shorts, T-Shirts und Badehosen an einem kühlen Morgen Mitte Februar am Flughafen Heathrow ausnahm.

KAPITEL 10
UNVERHOFFTER SCHLUSSAKKORD

Sofort nach unserer Ankunft legten wir mit Volldampf wieder los; jedenfalls kam es uns so vor. Dieses Mal bezogen wir mehrere Wohnungen in der Ladbroke Grove. Mal und Angus teilten sich eine, und Phil und ich wohnten ganz in der Nähe, um die Ecke von der Portobello Road mit ihrem berühmten Trödelmarkt. Uns blieb ein Tag, um uns einzurichten, und dann ging es weiter nach Edinburgh, wo am 18. Februar unsere *Dirty Deeds Done Dirt Cheap*-Tour begann. Wie ich schon sagte – AC/DC auf Tour waren wie ein schweres Geländefahrzeug, das nicht aufzuhalten war, wenn es sich erst einmal in Bewegung gesetzt hatte.

Die Tour bestand aus 26 Auftritten, mit denen das in England frisch veröffentlichte Album beworben werden sollte, das allerdings ebenso wenig große Wellen machte wie *High Voltage*. Es stellte sich heraus, dass wir zwar draußen beim Publikum gut ankamen, dass es aber mit dem so wichtigen Radio-Airplay und mit den Fernsehauftritten haperte. Und so mussten wir eben der erprobten AC/DC-Vorgehensweise treu bleiben und ein Konzert nach dem anderen geben.

Unser scheinbar endloser Terminkalender prägte unsere Denkweise, vereinte uns (dachte ich jedenfalls) und half uns, die gute, alte „AC/DC gegen den Rest der Welt"-Maxime zu kultivieren, die uns immer wieder neue Energie verlieh. Wir mussten uns ständig neue Territorien erschließen, in denen wir zunächst mal völlig unbekannt waren, und um die Bodenhaftung nicht zu verlieren, gab es nichts Besseres. Auch, wenn wir immer wieder kleine Erfolgserlebnisse hatten, verführten sie uns nicht zur Überschätzung, weil wir anschließend garantiert wieder irgendwo spielten, wo uns keine Sau kannte, und wo wir wieder ganz von vorn mit der Überzeugungsarbeit anfangen mussten. Und wenn sich mal jemand wie ein Popstar aufführte, dann stutzten ihn die anderen sofort zurecht. Der Standard-Spruch lautete: „Was glaubst du, wer du bist, du Arsch – **** oder was?" Die Lücke wurde wahlweise mit Namen wie Frank Sinatra, Jimi Hendrix, Ringo Starr, Paul McCartney oder eben jenem gefüllt, der in der betreffenden Situation am besten passte.

Auf der *Dirty Deeds*-Tour spielten wir an den verschiedensten Veranstaltungsorten, in Universitäten, technischen Hochschulen, Ballsälen oder Clubs (von denen witzigerweise mehrere den Namen „Top Rank Suite" trugen). An der Art der Halle ließ sich gewöhnlich ablesen, wie beliebt wir in der betreffenden Gegend waren – oder eben auch nicht. Bei den beiden ersten Gigs in Edinburgh und Glasgow handelte es sich um gut besuchte Uni-Konzerte, aber je weiter wir nach Süden kamen, desto mehr stießen wir in bisher unerschlossenes Gebiet vor. Die Reaktion des Publikums reichte von begeistert bis zu „voll öde", und was die Hallen anging, gab es richtig tolle Läden und absolute Dreckslöcher.

Den Platz am untersten Ende der Skala belegte der Electric Circus in Manchester – und glaubt mir, der war wirklich unterste Schublade. Den Club hätte man zumachen sollen. Hat man wahrscheinlich inzwischen auch. Es war eine kleine, dreckige, feuchte Höhle, vergammelt und verkommen. Die Bühne war eng und sehr feucht, was angesichts der Tatsache, dass AC/DC eine ordentliche Portion elektrischer Spannung für ihre Riesendosis Rock'n'Roll benötigten, nicht besonders Vertrauen erweckend war.

Die sogenannte Garderobe war erst recht der Brüller. Für die Bands hatte man notdürftig eine Plattform über die Bar gezimmert und an drei Seiten eingefasst, sodass der Blick nach vorn auf diese Stromfalle von Bühne frei blieb. Wie alles im Electric Circus war es auch hier eng und roch schlecht (und passte von daher, würden sicher viele sagen, gut zu AC/DC). In diesen Raum, wenn man ihn denn überhaupt so bezeichnen wollte, gelangte man nur von der Bar aus über eine wacklige Leiter. Aber das Schlimmste waren die Klos, die so verdreckt waren, dass man zum Pinkeln jeden anderen Ort im bekannten Universum vorgezogen hätte. Das vorherrschende Aroma war eine eigenwillige Mischung aus Kacke mit einem Hauch Meeresbrise, vielleicht Seetang, was ein bisschen komisch war, da Manchester ja im Landesinneren liegt. An das Konzert kann ich mich überhaupt nicht mehr erinnern, aber der Electric Circus hat sich unauslöschlich in meine Erinnerung und mein Geruchsgedächtnis eingebrannt.

Es gab nur wenige Gigs auf der *Dirty Deeds*-Tour, die wirklich erinnerungswürdig waren, obwohl einer tatsächlich ein gewisses geschichtsträchtiges Flair hatte. The Who hatten ihr herausragendes Live-Album *Live At Leeds* 1970 in der Universität von Leeds aufgenommen. Die Platte gehörte zu den Standardwerken, die man als Möchtegern-Rocker meiner Generation gehört haben musste, und ich würde vermuten, auch noch in der Generation danach. Dass wir nun mit AC/DC in derselben Halle spielten, fand ich als echter Who-Fan wahnsinnig aufregend. *Live At Leeds* war ein Riesending, und ich hatte 10.000 Meilen entfernt in Australien auch immer angenommen, die Leeds University wäre ein Riesending. Ich meine, hey, dort waren The Who aufgetreten! Tja, und nun standen AC/DC auf dieser Bühne, und wir stellten fest, dass die Halle vielleicht 1.000 Zuschauer fasste, wenn es hoch kam. War es überhaupt dieselbe Halle? Jedenfalls hielt es uns wieder einmal vor Augen, dass wir gar nicht in einer so viel anderen Liga spielten als die großen Jungs, und zwar in erster Linie, weil die großen Jungs gar nicht so groß oder so weit vorn waren, wie wir immer geglaubt hatten.

Während meiner ganzen Karriere habe ich niemanden kennen gelernt, der die Musik so ernst nahm wie Angus, und von daher war es eine ziemliche Überraschung, dass – Achtung, Trommelwirbel – ausgerechnet er daran schuld war, dass wirklich beinahe einmal ein AC/DC-Konzert abgesagt werden musste, weil er zu viel gefeiert hatte. Am 10. März 1977, kurz vor dem Ende der *Dirty Deeds*-Tournee, stand ein Auftritt in der St. Andrews Hall in Norwich an, drei Stunden nordöstlich von London. Das Konzert dort wurde von ein paar typischen East-End-Boys aus Walthamstow organisiert, die auch die Bands für das Cambridge Corn Exchange buchten. Ich erinnere mich nicht mehr, wie sie hießen, was vermutlich damit zu tun hatte, dass sie gewöhnlich äußerst gastfreundlich waren, vor allem, was Getränke betraf.

Um genug Zeit für die Fahrt, den Soundcheck und die üblichen Vorbereitungen vor dem Konzert zu haben, hatten wir gleich nach dem Mittagessen in London aufbrechen wollen. Aber unsere Abfahrt verzögerte sich weiter und weiter und weiter, weil Angus Young einen Kater hatte – ein Ereignis, das etwa so selten eintrat wie die Sichtung des Halleyschen Kometen. Es war außerdem ein echtes Spektakel. Ich kann mich ums Verrecken nicht mehr erinnern, was an jenem Tag in Angus gefahren war, dass er sich so die Kante gab, aber die wenigen Male, die ich ihn betrunken erlebt hatte, hatte sich das stets ganz spontan ergeben. Plötzlich, zack, hatte er sich einen nach dem anderen eingeschenkt. Ich habe den Verdacht, dass dieses Mal eine hübsche, junge Lady im Spiel gewesen war. Angus vertrug verdammt wenig Alkohol, und dem sich anschließenden Kater war er noch weniger gewachsen. Außerdem war er ohnehin kein Frühaufsteher, und mit einem ausgewachsenen Megakater wollte Angus nirgendwo hin.

„Scheiß auf den Gig", stöhnte er und zog sich wieder die Decke über den Kopf.

Malcolm versuchte ihm gut zuzureden, während Phil und ich warteten. Zwischendurch hielt uns Mal über die Fortschritte der Verhandlungen auf dem Laufenden, und nein, es sah nicht gut aus für Norwich. Mal wurde langsam richtig sauer auf seinen kleinen Bruder, und in seiner Verzweiflung schlug er sogar vor, ich sollte mal reingehen und Angus überzeugen, dass er langsam mal den Arsch hochkriegen musste. Phil brach in lautes Lachen aus. Das war wirklich eine absurde Vorstellung.

Aber andererseits liebe ich Herausforderungen, also trabte ich die Treppe hinunter, klopfte an Angus' Tür und spähte in das dunkle Zimmer. Es stank nach Kotze. Bevor ich ihm eine Tasse Tee anbieten konnte, hörte ich ein leises Wimmern: „Verpiss dich." Na ja, dachte ich, man kann's ja trotzdem mal probieren.

„Hey Angus, wie wär's mit einer …"

„VERPISS DICH!"

Das reichte mir. Ich berichtete Mal und Phil, dass wir wohl am besten in Erwägung zogen, den Gig zu streichen. Aber irgendwann gelang es Mal dann doch, Angus auf die Beine zu bringen und ins Auto zu schaffen, und Phil raste mal wieder im besten Tiefflieger-Modus mit uns nach Norwich. Angus war völlig grün im Gesicht und sprach auf dem ganzen Weg kein Wort. Und so blieb es, bis wir auf die Bühne gingen.

Dann begann ich mit dem Bass-Intro von „Livewire“, wir legten los und Angus stieg voll ein. Ihm war kotzübel, aber er ließ es genauso krachen wie immer. Er war voll in Fahrt. Der durchgedrehte Schuljunge mochte ja den ersten Startschuss verpennt haben, aber wegen ihm ein Konzert abzusagen – das kam nicht in Frage.

Die *Dirty Deeds*-Tour führte weiter nach London, wo wir dieses Mal nicht im Hammersmith Odeon spielten, sondern am 11. März im Rainbow in Finsbury Park. Das Konzert war gut besucht, aber nicht ausverkauft. Und aus irgendeinem Grund ging das Publikum zwar gut mit, rastete aber nicht so aus, wie wir es erwartet hatten. Wir kämpften mit ein paar technischen Problemen, und das kann jede Band ein bisschen aus dem Tritt bringen. Zusammen mit der zurückhaltenden Reaktion der Zuschauer sorgte das für eine leicht gedrückte Stimmung, und die war in der Garderobe nach dem Gig auch deutlich zu spüren. Es war mucksmäuschenstill.

Und in dieser Situation leistete ich mir noch einen Schnitzer. Es wäre schlau gewesen, bei den anderen zu bleiben und mit ihnen den Gig noch einmal Revue passieren zu lassen. Aber das tat ich nicht. Auf mich warteten in der Bar backstage noch ein paar Kumpels, die ich auf keinen Fall in die Garderobe holen wollte, solange dort diese Totengräberstimmung herrschte. Dass ich die Tür hart, laut und ein bisschen zu früh hinter mir zuknallte, hatte aber auch damit zu tun, dass ich bereits in der Woche vor der Rainbow-Show ziemlich unter Strom gestanden hatte.

Am 2. März 1977 war mein 21. Geburtstag. Eigentlich hätten wir ein Konzert in Swansea geben sollen, aber aus irgendeinem Grund war der Gig abgesagt worden. Die ganze Truppe, allen voran Coral Browning, organisierte daraufhin eine Überraschungsparty für mich in London. Am frühen Abend fingen sie mich ein, und Phil, Mal und ich suchten uns ein Taxi. Zu diesem Zeitpunkt hatte ich mit Mal schon ein bisschen was getrunken. Na gut, vielleicht auch ein bisschen mehr. Jedenfalls endeten wir, wenn ich mich recht erinnere, in irgendeinem deutschen Bierkeller in Maida Vale. Unsere Kumpels, die Müllmänner aus Barnes, waren da, außerdem Leute von der Plattenfirma, unsere Roadies, meine aus Amerika stammende Freundin Risa und ein paar andere Gestalten, die es geschafft hatten, die umfassenden Verteidigungsanlagen der Festung AC/DC zu durchdringen.

Der Abend ließ sich ganz gut an. Ich hasste Geburtstagsfeiern, und seit ich in der Band war, hatte ich es erfolgreich geschafft, ihnen aus dem Weg zu gehen. Bis heute finde ich es grässlich, wenn sich Leute vor mir hinstellen und „Happy Birthday“ grölen. Gewöhnlich sage ich dann, wenn mir jemand etwas vorsingen will, dann doch bitte die Vereinshymne vom Carlton Football Club. Seit Jahren suche ich nach einer Erklärung für dieses Phänomen. Das einzige, was mir einfällt, ist eine Geschichte, die sich ereignete, als ich drei Jahre alt war und wir den achten Geburtstag meiner Schwester Judy feierten. Am nächsten Morgen entdeckte ich die Reste von ihrer Geburtstagstorte oben auf dem Kühlschrank, und mir kam die Idee, eine Geburtstagsparty für mich selbst zu veranstalten. Ich kletterte auf einen Stuhl und zündete die Kerzen an, leider aber die vorderen zuerst. Als ich mich dann reckte, um an die Kerzen weiter hinten heranzukommen, fing mein Schlafanzug Feuer. Meine Mutter hörte mich schreien, rannte in die Küche und löschte die Flammen. Das ist meine erste lebhafte Erinnerung: dass ich brenne. Dank viel kaltem Wasser und dem Erste-Hilfe-Einsatz des örtlichen Apothekers kam ich ohne sichtbare Narben davon. Aber wenn mir jemand „Happy Birthday“ vorsingt, wird mir heiß und kalt. Vor allem heiß.

Und so stand ich an diesem 21. Geburtstag in London da und fürchtete schon, dass es gleich so weit sein würde. Ich lehnte mit Paul „Scotty“ White, unserem Tourmanager und Kumpel, an der Bar; wir unterhielten uns und kippten uns ordentlich einen hinter die Binde. Scottys Bruder war auch dabei, und er stellte mir einige so komische Fragen hinsichtlich der Band, dass ich ruckartig mein Bierglas absetzte. Und dann kam der Hammer.

„Ihr scheint euch doch alle so gut zu vertragen. Wieso willst du denn aussteigen?“

Was? Ich wandte mich zu Scotty um, der plötzlich aussah, als ob ihn der Schlag getroffen hätte. Einen Augenblick schwiegen wir uns an, dann bat Scotty mich nach draußen. Und so standen wir auf dem Bürgersteig vor dem deutschen Bierkeller, von dem ich noch immer glaube, dass er sich in Maida Vale befindet.

„Verdammte Scheiße, was läuft da, Scotty?“, fragte ich.

Scotty war besoffen, heulte und war längst über den Punkt hinaus, dass er Wert aufs Protokoll gelegt hätte.

„Du kannst ihnen nicht trauen, Mark."

Mehr bekam er nicht heraus.

Ich hätte wieder reingehen und die Sache klären oder zumindest am nächsten Tag nachhaken sollen, was es mit all dem auf sich hatte. Auf jeden Fall hätte ich wieder reingehen müssen – immerhin war es mein 21. Geburtstag, verdammte Scheiße. Stattdessen winkte ich mir ein Taxi und ließ die Party Party sein. Zumindest entging ich auf diese Weise dem grässlichen „Happy Birthday".

Ein echter Scheiß-Geburtstag, aber wirklich.

Anfang April 1977 begann in Paris unsere Europa-Tour im Vorprogramm von Black Sabbath – damals immer noch mit Ozzy Osbourne am Mikrofon, dem „Prince Of Darkness", der sich selbst allerdings gern statt Fürst der Finsternis als Klempner der Finsternis bezeichnete, als kleinen Hinweis auf den Beruf, den er vor seiner Karriere als Musiker ausgeübt hatte. Die Tour führte durch Frankreich, Deutschland, die Schweiz, Dänemark, Belgien, Holland, Schweden und Norwegen und endete am 24. April mit einem Auftritt in Helsinki. Anschließend sollten wir in die USA fliegen. Wieder einmal waren wir schwer beschäftigt, so wie wir es gern hatten.

Über meinen frühen Abgang bei meinem Geburtstag hatte niemand ein Wort verloren. Darüber war ich ziemlich erleichtert, da ich mir schon ein wenig schäbig vorkam. Wegen der anderen Sache hoffte ich, dass es ein Missverständnis gegeben und Scotty sich geirrt hatte. Auf alle Fälle hatte sich der Staub gelegt, und wir gingen wieder an die Arbeit. Zumindest dachte ich das, und bisher hatte ich nichts gesehen oder gehört, was mich zu einer anderen Überzeugung gebracht hätte. Trotzdem hallten Scottys Worte in mir nach. Oft träumte ich, dass die Band mich hinauswarf, und wenn ich aufwachte, war mir richtiggehend übel.

Black Sabbath waren neben Deep Purple Anfang der Siebziger eine meiner Lieblingsbands gewesen. Ich hatte sie dann ein wenig aus den Augen verloren, als ich Free entdeckte und mich wieder für die Rolling Stones begeisterte, aber mich interessierte immer noch sehr, was Sabbath inzwischen boten. Nun, da Punk und New Wave gerade den Siegeszug antraten, galt ihr düsterer Hard Rock zunehmend als überholt, aber das hielt mich nicht davon ab, gespannt an der Seite der Bühne zu stehen und der Dinge zu harren, die da kommen sollten.

Schnell merkte ich, dass Sabbath musikalisch nicht mehr auf der Höhe waren. Gut, es war das erste Konzert auf dieser Tour, aber zeitweise klang es wirklich grausig. Es war laut, lärmend und rotzig, aber es hatte einfach keinen Biss. Die Jungs verdienten eine Menge Respekt für das, was sie bisher geleistet hatten, aber ich bekam stark den Eindruck, dass ihre beste Zeiten vorüber waren. Ich bin mir sicher, dass keiner von uns beeindruckt war. Auf der Rainbow-Tour hatte Blackmore so gespielt, wie nur er es konnte, Cozy Powell hatte alles gegeben, und der zuckende, unberechenbare Leucht-Regenbogen hatte zusätzlich für ein wenig Unterhaltung gesorgt. Aber bei Sabbath gab es keinen anderen Hingucker als allenfalls Ozzy, der auf seine unverwechselbare Weise beinahe roboterhaft von einer Bühnenseite zur anderen stakste. Er war sicherlich keine Rampensau erster Güte, aber er war Ozzy, ein echtes Original und eine Legende des Rock.

Dem Sabbath-Bassisten Geezer Butler gingen wir wahrscheinlich ziemlich auf die Nüsse. Gelegentlich standen wir hinter der Bühne und johlten, wenn er zu seinem Bass-Solo ansetzte (ich konnte schon nicht begreifen, wofür man überhaupt so was wie ein Bass-Solo brauchte). Zuerst kam das noch ganz spaßig rüber, aber je weiter die Tour voranschritt und je öfter wir bei einem Schnitzer gejubelt und geklatscht hatten, desto grimmiger wurde Geezer deswegen. Zur Ehrenrettung der Jubelfront muss ich sagen, dass das Ganze nicht böse gemeint war, aber mal ganz ehrlich, wenn man sich vor ein paar tausend Leuten hinstellt und ein Bass-Solo spielt, dann sollte man es schon richtig hinbekommen. Aber trotzdem war unser Kumpel Geezer so ganz und gar nicht glücklich.

Wir fanden schnell in die übliche AC/DC-Tourneeroutine zurück – rechtzeitig für die Abfahrt des Busses runter in die Hotellobby, dann auf der Fahrt ein bisschen schlafen oder die Nase in ein Buch stecken (beziehungsweise in Bons Fall, in ein Comic-Heft). Die Band war in Höchstform, und wir kamen wirklich gut an. Nichts von dem, was wir von Black Sabbath sahen und hörten, konnte uns wirklich beeindrucken. Im Gegenteil – das, was sie auf der Bühne boten, steigerte unser Vertrauen in das eigene

Potenzial und machte uns noch arroganter. Wir hatten nur ein Ziel: jeden Abend da rauszugehen und Sabbath von der Bühne zu fegen. Das mag egoistisch klingen, aber es ist nun einmal die Mission einer jeden Vorgruppe, jeden Abend ein Stück weiter zu kommen.

Allmählich sickerte es auch bis zu mir durch (obwohl ich gewissermaßen ganz hinten an der Tür stand und sie schon, ohne es zu wissen, für meinen Nachfolger aufhielt), dass die Abreise von Helsinki Richtung USA mit einem großen Fragezeichen versehen war. Wir fletschten die Zähne. Schließlich waren wir noch immer gebrannte Kinder, weil *Dirty Deeds Done Dirt Cheap* von ATCO in den USA abgelehnt worden war, und wir wollten es den Yankees unbedingt zeigen.

Auf der Tour gab es noch richtig Stress. In Kopenhagen waren wir abends noch ein wenig mit dem örtlichen Vertreter von Atlantic Records unterwegs; er war ein netter Kerl, aber irgendwie ein bisschen sehr zurückhaltend. Die ersten Drinks nahmen wir an der Hotelbar, und als wir uns auf den Weg zum Rotlichtbezirk machten, waren wir schon ordentlich vorgeglüht. Wir schäkerten ein bisschen mit den Ladys dort und gönnten uns dann in einer Bar die nächste Runde. Auf dem Weg nach draußen gerieten wir mit ein paar Deutschen aneinander, die ebenso besoffen waren wie wir, und was soll ich sagen, irgendwie gab ein Wort das andere. Einer der Deutschen hatte etwas gegen mich und wollte mir unbedingt eins auf die Glocke hauen. Ich hatte eigentlich gar keine Lust auf ein Gerangel, aber Phil kam voll in Fahrt.

„Hau ihm die Rübe weg, Herbie!“, brüllte er.

Der Deutsche ging schon in Kampfstellung, aber ich sagte ihm, er sollte nach Hause gehen und machte ein paar unterstützende Handbewegungen. Offenbar kam das bei ihm anders an. Da ich die Vorzeichen zu deuten weiß, sah ich gleich, dass er zum Schlag ausholen wollte und kam ihm mit einem starken linken Haken zuvor. Als er nach hinten taumelte, versetzte ich ihm noch einen kräftigen Tritt in die Eier, und dann war der Kerl erledigt; er lag auf dem Pflaster und kotzte. Michael Browning hatte einen seiner Kumpels auf die Bretter geschickt, sich allerdings dabei einen Finger gebrochen. Der Typ von unserer Plattenfirma dachte wahrscheinlich gerade darüber nach, frühzeitig in Rente zu gehen. Aber Phil war so richtig in Stimmung.

„Los, hauen wir die nächsten weg!“

Ach, Phil, weißte, ich habe gerade erst einen erledigt … mir reicht's …

Es war dann eine andere Schlägerei, oder vielmehr, eine Beinahe-Schlägerei, die das Ende der Black-Sabbath-Tour für AC/DC besiegelte. Diese Geschichte kann ich leider nicht aus erster Hand berichten, weil ich nicht mit dabei war, aber das war vielleicht auch besser so. Wir waren in Brüssel (glaube ich jedenfalls, zu der Zeit kippte ich wieder ziemlich viel Scotch) und aufgrund irgendeiner seltsamen Wendung der Dinge war Mal im gleichen Hotel gelandet wie die Jungs von Sabbath. Das war absolut ungewöhnlich, und ich habe keine Ahnung, wie sich das ergeben hatte; wahrscheinlich hatte er ziemlich getankt. Nach dem, was ich später hörte, ärgerte sich Geezer Butler über irgendetwas, das Mal sagte, und bedrohte ihn daraufhin mit einem Messer. Woraufhin Mal ihm dann angeblich eine reinhaute, und das war's dann. Mit Sicherheit weiß ich, dass Mal am nächsten Morgen ganz zerknirscht zu Sabbath ins Hotel ging und sich entschuldigte, was ebenfalls eigentlich gar nicht seinem Wesen entsprach.

Eins stand jedenfalls fest: Die Black-Sabbath-Tour war für uns vorbei, und aus der Weiterreise in die USA wurde ebenfalls nichts. Wir waren auf ein paar ernste Hindernisse gestoßen, und der Corpsgeist war ziemlich im Keller. Statt endlich Amerika zu knacken, kehrten wir mit eingeklemmtem Schwanz nach London zurück.

Also hockten wir in London und hatten nichts zu tun. Zwar war es Frühling, aber für einen Aussie wie mich war das Wetter immer noch saukalt. Es kam mir gar nicht so vor, als ob erst ein Jahr vergangen war, seit wir hier zum ersten Mal gelandet waren – dabei hatten wir in dieser Zeit eine Platte aufgenommen, waren einmal durch Australien und zweimal durch Europa getourt und hatten darüber hinaus überall in Großbritannien gespielt, wo es eine Steckdose gab.

Unsere USA-Pläne lagen immer noch auf Eis, von daher war Zeit, ein wenig auszuspannen. Allmählich kannte ich mich in London recht gut aus, vor allem in der Innenstadt und im West End. Mir wurde es nie langweilig, mit der U-Bahn von Notting Hill Gate die kurze Fahrt zum

Piccadilly Circus oder zum Trafalgar Square zu machen, dort wieder auszusteigen und mich zwischen Doppeldeckerbussen, schwarzen Taxis und Bobbys wiederzufinden. Von der Nelsonsäule guckte ich über meine Schulter durch den Admirality Arch, schlenderte die Mall zum Buckingham-Palast hinunter oder bummelte an den Ministerien in Whitehall vorbei zum Big Ben. Von diesen Sehenswürdigkeiten hatte ich als Kind geträumt. Allmählich fühlte ich mich in der Stadt zu Hause – aber wie lange würde ich noch hier sein? Eine Woche? Egal, an diesem Tag war ich es.

Ich verbrachte viel Zeit in den Musikgeschäften auf der Denmark Street und der Shaftesbury Avenue und gab viel Geld für Gitarren aus; vor allem Bässe und Gitarren aus früheren Jahrzehnten faszinierten mich. Noch wusste ich nicht, dass dies der Beginn einer spannenden Entwicklung war, die allmählich zu einer neuen Leidenschaft werden sollte.

Meine Freizeit verbrachte ich mit Ellen, einer jungen Frau, die ich in Stockholm kennen gelernt hatte; sie war, ohne sich bei mir anzukündigen, nach London geflogen und hatte mich dann über die Leute vom Marquee ausfindig gemacht. Wir waren uns schon ein Jahr zuvor das erste Mal begegnet, als sie gerade erst 18 war und vor unserem Stockholmer Hotel wartete; sie sah phantastisch aus und war mir daher sofort aufgefallen. Ellen war ein Stück größer als ich (was nun nicht besonders schwer war), sehr reserviert und kühl, sah aber mit ihren langen, dunklen Locken nicht unbedingt typisch schwedisch aus.

Unsere Beziehung war von Anfang an nicht unbedingt einfach. Sie konnte nur wenig Englisch, und mein Schwedisch beschränkte sich auf Standards wie „vier Bier, bitte“, „wo ist denn hier das Klo?“ oder auch „du hast wirklich zwei sehr hübsche Glocken, Süße“. Die ersten beiden Sprüche kamen bei Ellen nicht unbedingt zum Einsatz, dafür passte der dritte umso besser. Bei unserem ersten Treffen waren ihre Brüste fast auf meiner Augenhöhe – na ja, ein bisschen tiefer schon, aber mir reichte ein leicht gesenkter Blick, und ich war fasziniert. Sie lächelte mich kess an, und danach war die Sprachbarriere kein Problem mehr.

Ein bisschen kitzlig wurde es dann später, als sie mich zu sich nach Hause mitnahm. Auch da sprach niemand so recht Englisch, aber es gab jede Menge schwedische Fleischklöße, und ihr Vater schenkte mir ein ziemlich gutes Bier ein. Übers Essen und Trinken wurde es spät, halb elf oder so, obwohl es draußen immer noch hell war. Ich hatte nicht die geringste Ahnung, wo ich mich befand. Sollte ich mir vielleicht ein Taxi rufen? Falls ja, wie wollte ich das wohl anstellen? Ich war wirklich ein bisschen blöd: ich hatte überhaupt nicht damit gerechnet, wie liberal manche Skandinavier ganz offensichtlich waren. Schon bald begriff ich aber, dass ich bei Ellen schlafen würde – und zwar nicht nur bei, sondern auch mit ihr. Später versuchten wir dann aus Rücksicht auf ihre Eltern, möglichst leise zu sein, als wir uns an einigen sehr lebhaften Runden schwedischen Volkstanzes in der Horizontalen übten.

Als Ellen mich ein Jahr später in London aufspürte, hatte sich ihr Englisch marginal verbessert, mein Schwedisch war noch immer so gut wie nicht vorhanden, und sie sah noch umwerfender aus als zuvor. Wir verbrachten einen ausgesprochen gelungenen Abend im Speak, wo ich zu ihrer Erheiterung die meiste Zeit damit verbrachte, die Hälfte der anwesenden Gitarristen/Schlagzeuger/Sänger/Bassisten von ihr wegzubeißen und dabei noch möglichst cool zu bleiben, und anschließend begleitete ich sie in ihr Hotel in Soho.

„Mack, du hast so viele Freunde!", sagte sie und lächelte mich strahlend an.

Hatte ich schon erwähnt, dass sie nicht „Mark" sagen konnte? Ich war Mack. Was völlig okay war, und viel besser als Mike.

In der Lobby ihres Hotels prangte ein großes Schild mit der Aufschrift: GÄSTE AUF DEN ZIMMERN NICHT GESTATTET. Aber solche Verbote nimmt ja niemand ernst. Außerdem hatte ich gerade ein paar Runden Nahkampf hinter mir; es war wirklich nicht einfach gewesen, die ganzen Drecksäcke im Speak von Ellen fernzuhalten. Ich blieb.

Am nächsten Morgen weckte uns allerdings eine dicke Hotelangestellte mit breitestem Cockney-Akzent, die brüllte: „Gäste sind hier nicht gestattet!" Sie hätte Eliza Doolittles dickärschige Enkelin sein können, jedenfalls hörte sie sich so an. Zwei Hausdetektive erschienen hinter ihr und befahlen mir, etwas überzuziehen.

„Haben wir dich erwischt, Kleiner!"

Ich konnte nicht anders, ich musste lachen. Scheiße, die machten richtig auf knallhartes Bullengespann! Schnell gab ich Ellen einen Kuss und bat sie, mich in meinem Verlies im Tower zu besuchen. Das kapierte sie zwar nicht, aber Dumm und Dümmer verstanden, was ich meinte, und sie fanden das gar nicht witzig.

„Das gibt richtig Ärger, Bürschchen!“, verkündeten sie und führten mich ab, als sei ich Ronnie Biggs.

Was sollte denn der Scheiß! Das war völlig albern. Ich konnte mir nicht helfen, die Situation wurde mit jeder Sekunde bescheuerter. Also wehrte ich mich spaßeshalber ein bisschen und brüllte: „NICHT MEHR SCHLAGEN, BITTE! ICH ZAHLE AUCH! ABER NICHT MEHR SCHLAGEN!“ Dümmer sah zu den anderen Hotelgästen, die schon ein bisschen komisch guckten. „Wir haben ihn nicht geschlagen, ehrlich!“, erklärte er und hob in aller Unschuld seine Hände.

Daraufhin schubsten sie mich ins Büro, wo sie mich dann richtig in die Mangel nahmen.

„Wir könnten dir alles Mögliche anhängen und die Bullen rufen“, sagte D1.

„Die Übernachtung kostet hier nämlich 25 Pfund“, ergänzte D2.

Ich dachte darüber nach. „Wie wär’s, wenn ich jedem von euch 25 gebe und wir die ganze Sache vergessen?“

Die beiden Spezis dachten darüber nach. „Nee, einmal 25 reicht. Das teilen wir.“

Verdammte Scheiße! Am liebsten hätte ich darauf bestanden, dass sie beide 25 bekamen, nur so aus Spaß. Wie waren zwei solche Kasper überhaupt je an diesen Job herangekommen? Aber dann wickelte ich die passenden Scheine von der Rolle Geld, die ich für Gitarrenkäufe eingesteckt hatte, und sie kippten beinahe aus den Latschen.

„Donnerwetter, ihr Südafrikaner schleppt aber verdammt viel Bargeld mit euch rum.“

Ich war schon wieder die Treppe hinauf und sprang zu Ellen ins Bett.

Als Ellen schließlich nach Stockholm zurückkehrte, hatte ich mal wieder Lust, um die Häuser zu ziehen und fragte Phil, ob er Lust hatte, mitzukommen. Er lehnte ab. Das überraschte mich, denn er hatte gerade erst geduscht und sah so aus, als ob er sich für einen schönen Abend fein gemacht hätte.

„Sicher?“, hakte ich nach.

„Nee, Alter, ich bleibe heute Abend hier.“

Na gut, dachte ich, vielleicht kriegt er noch Damenbesuch. Also fuhr ich mit der U-Bahn nach Soho und ging ins Marquee. Die Band, die dort spielte, taugte nichts, und nach ein paar Bierchen mit Simon, dem Bar-Manager, zog ich weiter ins Ship, dem nächsten Wasserloch auf der Wardour Street, für noch mehr Bier, Scotch und ein paar Runden Darts mit den Stammgästen. Dann machte ich mich auf ins Speak. Dort war die Band auch scheiße, aber ich setzte mich trotzdem ein bisschen an den Tresen, bevor ich ins Restaurant ging, um mir ein Steak und einen Gutenachtschluck zu genehmigen. (Vorher sah ich mich gründlich um, ob nicht vielleicht wieder Steve von den Sex Pistols da war und bei mir schnorren wollte.) Als ich wieder aus dem Restaurant kam und mir ein Bier und einen Scotch bestellte, entdeckte ich Michael Browning, Mal und Angus auf der anderen Seite der Bar. Hä? Was war das denn? Angus auf freier Wildbahn, in einer *Bar*? Da war doch irgendwas faul. Ich winkte, aber nichts passierte. Also rief ich zu ihnen herüber, aber es kam keine Reaktion. Michael war inzwischen verschwunden, wahrscheinlich war er pinkeln, und ich war mir nicht sicher, ob er mich gesehen hatte. Aber Mal und Angus hatten das ganz sicher getan. Okay, Jungs, wie ihr wollt, dachte ich. Scheiß drauf. Ich bestellte mir noch einen.

Am nächsten Morgen sagte mir Phil, dass ein Treffen in der Wohnung von Mal und Angus angesetzt war. Das war ungewöhnlich, aber na gut, warum nicht.

„Hey Phil“, fragte ich. „Was hast du denn gestern Abend noch getrieben? Du siehst echt Scheiße aus.“

„Nichts, Alter, gar nichts.“

„Ich habe Mal und Angus mit Browning im Speakeasy gesehen. Komisch, was?“, fuhr ich fort.

Phil stand in Unterhosen da und sagte keinen Ton. Er war weiß wie eine Wand.

Anschließend gingen er und ich zur Wohnung der beiden Youngs. Es war ein schöner Tag, mit ganz ruhigem Wetter. Auf dem Weg sprachen wir kein Wort. Das war nicht nötig. Tief in mir ahnte ich schon, was nun kommen würde. Wir klopften und traten ein. Michael und Bon waren auch da. Scheiße. Michael saß am Esstisch nahe der Küchentür. Mal, Angus und Bon hockten auf dem Sofa. Phil setzte sich auf einen Stuhl neben Bon, und damit war nur noch ein Platz frei, am Tisch neben der Tür.

„Ich hol dir mal einen Tee“, sagte Michael und verschwand in der Küche.

Das alles wurde immer komischer. Phil beugte sich vor, die Hände ineinander geschlungen, die Ellenbogen auf die Knie gestützt, und starrte auf den Fußboden. Bon hatte sich mit verschränkten Armen zurückgelehnt. Mal und Angus saßen so dicht nebeneinander, als seien sie an der Hüfte zusammengewachsen.

Michael kam mit der Tasse aus der Küche und eröffnete das Gespräch.

„Mark, bei diesem Treffen geht es vor allem um dich.“

Vor allem?

„Malcolm ... die Jungs wollen einen anderen Bassisten in die Band holen.“

Scheiße. Mir war, als müsste ich kotzen.

„Wie denkst du darüber, Mark?“

Wieso fragte er mich nach meiner Meinung? Die Band, meine Kumpels, schossen mich ab. Was glaubte er denn, wie ich mich dabei fühlte?

Als ich endlich etwas sagte, fühlte es sich an, als ob die Worte aus dem Mund eines anderen kamen.

„Wenn die Jungs das so wollen, Michael ...“

Scheiße, verdammt, es war das letzte, was *ich* wollte.

Nun meldete sich Bon zu Wort. Er beugte sich vor.

„Mark, du musst verstehen, das ist jetzt nichts Persönliches, es ist nur so ...“ Er verstummte wieder. Erst hatte er mir direkt ins Gesicht gesehen, aber nun wandte er den Blick ab und schüttelte den Kopf.

Jetzt war Mal an der Reihe.

„Wir wollen einen Bassisten dazuholen, der singen kann. Das ist alles.“

Als letzter hob nun Phil den Kopf. Er zuckte lediglich die Achseln und sagte mir damit, was ich schon wusste. Es gab nichts, was er hätte tun können. Angus sagte und tat gar nichts. Kein Blick, kein Wort, kein Nichts. Null.

Als ich meine Teetasse nahm, zitterte ich wie Espenlaub, und es gelang mir nicht einmal, sie bis zum Mund zu führen. Eine Überraschung war diese Eröffnung natürlich nicht, aber trotzdem ein verdammter Schock. Ich war am Boden zerstört. Bisher hatte ich einen Traum gelebt. Nun befand ich mich mitten in einem Albtraum.

Ich konnte gar nicht schnell genug aus der Wohnung rauskommen. Michael schlug vor, dass ich in die Ebury Mews mitkommen sollte, wo er seine Wohnung und sein Büro hatte, um „alles zu arrangieren". Was das wohl heißen sollte? Wir nahmen ein Taxi und redeten auf der Fahrt ein wenig. Ich stand noch immer unter Schock. Meine eigene Band warf mich raus. Michael erklärte, er hätte eigentlich geglaubt, dass es bei dem Treffen am Vorabend im Speak um Bon gehen sollte und um den Druck, den man in den USA wegen unserem – halt, *ihrem* Sänger ausübte.

„Ich war ganz überrascht, dass es um dich ging, Mark. Es tut mir wirklich leid."

Aber die Entwicklung war nicht von ihm ausgegangen, das war mir klar, dafür musste er sich nicht entschuldigen. Schon eher für den Satz, den er hinterher schob:

„Ich habe gehört, Eddie & The Hot Rods suchen einen neuen Bassisten. Wäre das nicht was für dich?"

Mein Blick sagte wahrscheinlich schon alles. Ich hatte das Gefühl, als ob die Tasse Tee oben wieder raus wollte.

Mein Hirn raste. Ich saß mit Michael in einem Taxi, aber ich konnte immer noch nicht glauben, was da gerade passiert war. Mir war, als ob ich aus einem der Träume erwachte, in denen ich aus der Band geflogen war, und mir war schlecht.

Hätte ich noch irgendwas ändern können? Vielleicht konnte ich die Jungs fragen, ob sie mir noch eine Chance geben würden, und wenn sie nein sagten, dann war's eben so. Warum hatte ich bei dem Treffen nichts gesagt? Meine Zukunft war gerade das Klo hinuntergespült worden, und ich hatte schweigend zugesehen.

Also fragte ich Michael, ob noch etwas zu machen sei.

Er dachte eine kleine Weile darüber nach und sagte dann: „Mark, würdest du unter diesen Umständen wirklich weitermachen wollen?"

Vor dem Taxifenster glitt das Londoner West End vorüber. Ich dachte über Michaels kluge Antwort nach, und plötzlich passierte es. Die schlechten Gefühle, die Anspannung und der Stress strömten aus meinem Körper heraus. Beinahe konnte ich es hören und schmecken. Ein riesiges Gewicht fiel mir von den Schultern, und einen Herzschlag später überkam mich wunderbare Erleichterung. Das Taxi fuhr in die richtige Richtung – weg von den Jungs. Natürlich war ich am Boden zerstört, aber es kam nicht in Frage, dass ich darum bettelte, wieder mit dabei sein zu dürfen. Ich war auf dem Arsch gelandet, und je schneller ich wieder auf die Beine kam, desto besser.

Ich wandte mich wieder an Michael.

„Buch mir den ersten Flug nach Melbourne, ja?"

Es war für mich ein entscheidender Moment, als ich mich in Heathrow von Mal und Phil verabschiedete. Zu ihrer Ehrenrettung muss ich sagen, dass sie angeboten hatten, mich hinzufahren und noch einen mit mir zu trinken, bevor ich den Rückflug antrat. Eine nette Geste, die ich sehr zu schätzen wusste.

Wir versicherten uns, in Australien oder wo auch immer bei Gelegenheit mal wieder zusammenzukommen. Mal bedankte sich, wünschte mir alles Gute und hoffte, dass ich ihnen nichts nachtrug. Phil hatte zwar seit der Besprechung eigentlich seine normale Gesichtsfarbe zurückgewonnen, guckte jetzt aber schon wieder etwas grünlich aus der Wäsche. Ich auch. Es war ein trauriger Augenblick, und ich merkte, dass Phil die Sache ebenso an die Nieren ging wie mir. Ich wusste, dass ich sie beide wahnsinnig vermissen würde – wir hatten so viel gemeinsam erlebt. Umso mehr schmerzte es, dass ich nun offenbar überflüssig war. Die Gang hatte mich ausgestoßen. Inzwischen hatte ich einen oder zwei Tage Zeit gehabt, über das Geschehene nachzudenken, und ich war ziemlich sauer, aber gleichzeitig spürte ich auch Erleichterung, dem Auge des Sturms entkommen zu sein. Allmählich konnte ich es akzeptieren: Wenn ich der Richtige für den Job gewesen wäre, dann wäre ich auch noch dabei und stünde nicht hier, um von ein paar Kumpels in den nächsten Flieger nach Melbourne verfrachtet zu werden.

Von Bon hatte ich mich am Abend zuvor verabschiedet. Er und Silver hatten mir angeboten, bei ihnen zu wohnen, falls ich eine Bleibe in London brauchte. Bon hatte nachdrücklich immer wieder betont:

„Es ist ein Rückschritt, wenn du nach Hause fährst. Guck dich in England nach etwas Neuem um. Man weiß doch nie, was hier passieren kann, Mark." Das waren seine Worte. In seinem eigenen Fall sollten sie sich traurigerweise als wahr erweisen.

Allerdings beabsichtigte ich tatsächlich, nach einer Erholungspause in Melbourne wieder nach London zurückzukehren. Meine Mutter hatte am 2. Mai Geburtstag, und ich wollte sie mit einem Besuch überraschen. Daher sagte ich Bon, dass ich gern auf sein Angebot zurückkommen wollte, wenn ich wieder in der Stadt sei. Er nickte und sagte, dass Silver sich über Gesellschaft freute, wenn er unterwegs sei, aber ich bin mir sicher, dass das überhaupt nicht stimmte. Wahrscheinlich wollte er mir damit zeigen, dass er weiterhin mit mir befreundet bleiben wollte. Das war typisch Bon, dass er jemandem eine Hand reichte, dem es dreckig ging. Und es hatte auch den beabsichtigten Effekt.

Im Flugzeug machte ich es mir erst einmal gemütlich und hatte alle Zeit der Welt, um über die jüngsten Geschehnisse nachzudenken. An die Zukunft dachte ich nicht, dazu hing mir noch viel zu sehr nach, wie schnell ich abgeschossen worden war. Da hatte ich mich so auf die lang erwartete Reise in die USA gefreut, und nun war die Axt gefallen. Innerlich war ich wie tot. Hatten die Jungs die Entscheidung gefällt, weil die Gelegenheit zum Besetzungswechsel gerade günstig war? Wäre ich vielleicht noch dabei, wenn wir gleich in die USA gereist wären? Ich hatte nicht nur einen Job in der Band verloren – AC/DC hatte mein ganzes Leben dominiert. Das Leben, wie ich es kannte, war vorüber. Ich war draußen, und es tat beschissen weh.

Eigentlich war ich ja der Sandmann. Oder ich war es zumindest gewesen. Während meiner Zeit bei AC/DC hatte ich die Fähigkeit entwickelt, überall sofort einzuschlafen, wo ich wollte, im Auto, im Bus, im Studio oder im Flugzeug. Aber jetzt saß ich 38 Stunden lang in diesem Flieger und bekam kein Auge zu. Nicht einmal die beschissenen Spielfilme im Bordprogramm halfen beim Einnicken. Und auch der Scotch nicht. Meine Stimmung wechselte immer wieder von tiefer Verzweiflung über meinen Rauswurf zu ebenso tiefer Erleichterung darüber, dass ich draußen war und mein Leben wieder selbst in der Hand hatte.

Abgesehen von der Band wusste niemand, dass ich auf dem Weg nach Melbourne war, und ich freute mich darauf, meine Mutter zu überraschen. Frühmorgens an ihrem Geburtstag kam ich am Hilton an. Als ich an der Tür vom Club 56 klopfte, kapierte sie erst gar nicht, dass ich es war, oder jedenfalls dachte ich das. Doch nach ein paar Sekunden brach sie in Tränen aus und zog mich heftig in ihre Arme. Aua! Ich hatte nicht gewusst, dass meine Mutter solche Kräfte hatte. Die Umarmung und die Tränen dauerten viel zu lange. Ganz offensichtlich hatte ich sie ziemlich durcheinander gebracht, sehr sogar, und ich hatte genau das Gegenteil von dem ausgelöst, was ich eigentlich gehofft hatte.

Wir tranken einen Tee, und ich fragte sie, wie es ihr ginge. Sie sei erschüttert, sagte sie.

„Markie, ich habe dich erst erkannt, als du ‚alles Gute zum Geburtstag, Mama' gesagt hast. Du siehst schrecklich aus."

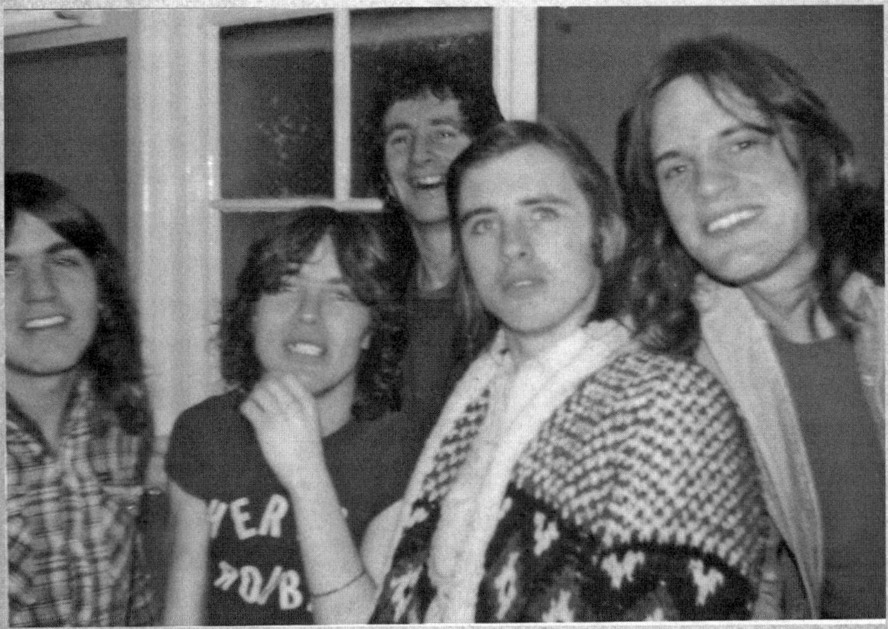

Ganz am Anfang im Proberaum der Band, April 1975. Von links nach rechts: Malcolm, Angus, Bon, Phil und ich.
(Familie Evans)

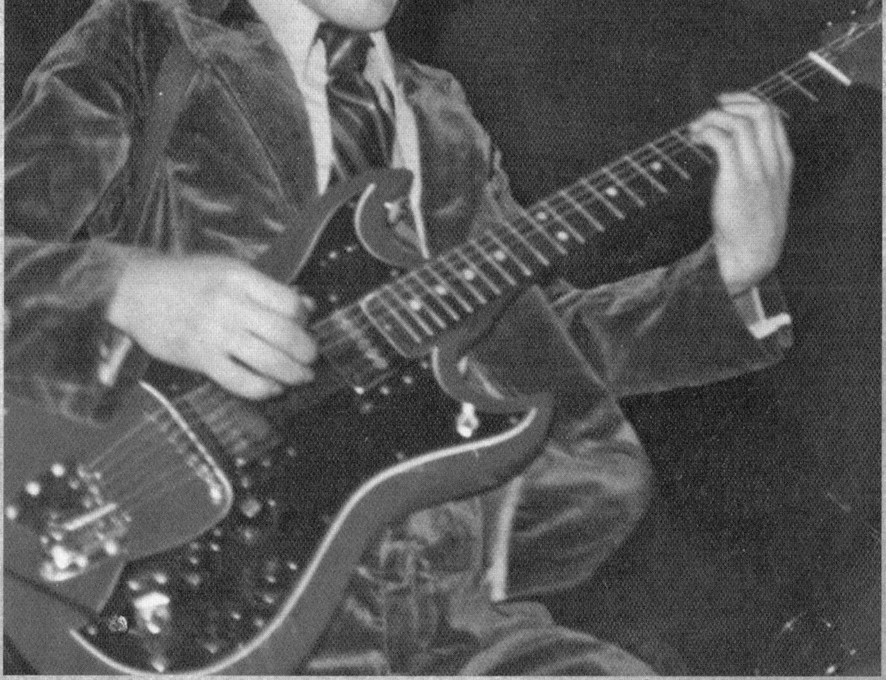

Angus mit seiner Hagstrom-Gitarre – die Gibson SG hatte an diesem Abend frei.
Hordern Pavilion, Sydney, 24. Dezember 1975. (KD Collection)

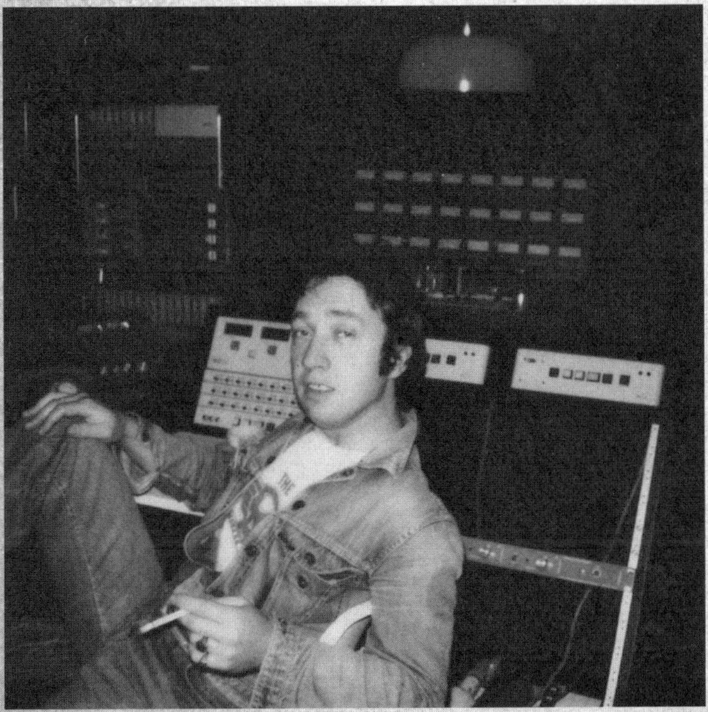

George Young am Mischpult bei den Aufnahmen zu *Dirty Deeds*, Januar 1976.
(KD Collection)

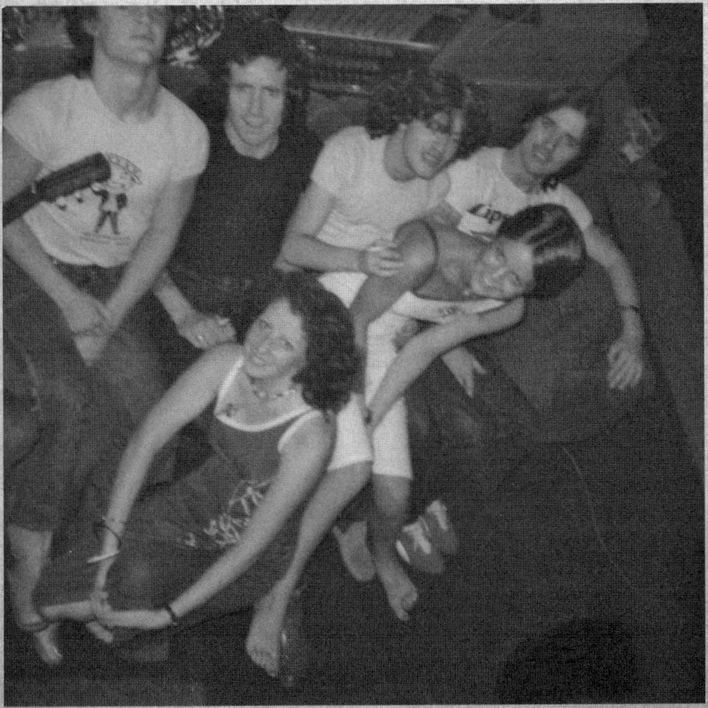

Mein Lieblingsschlafplatz, das Sofa im Albert Studio, wurde während der Sessions zu *Dirty Deeds* von Eindringlingen besetzt.
(KD Collection)

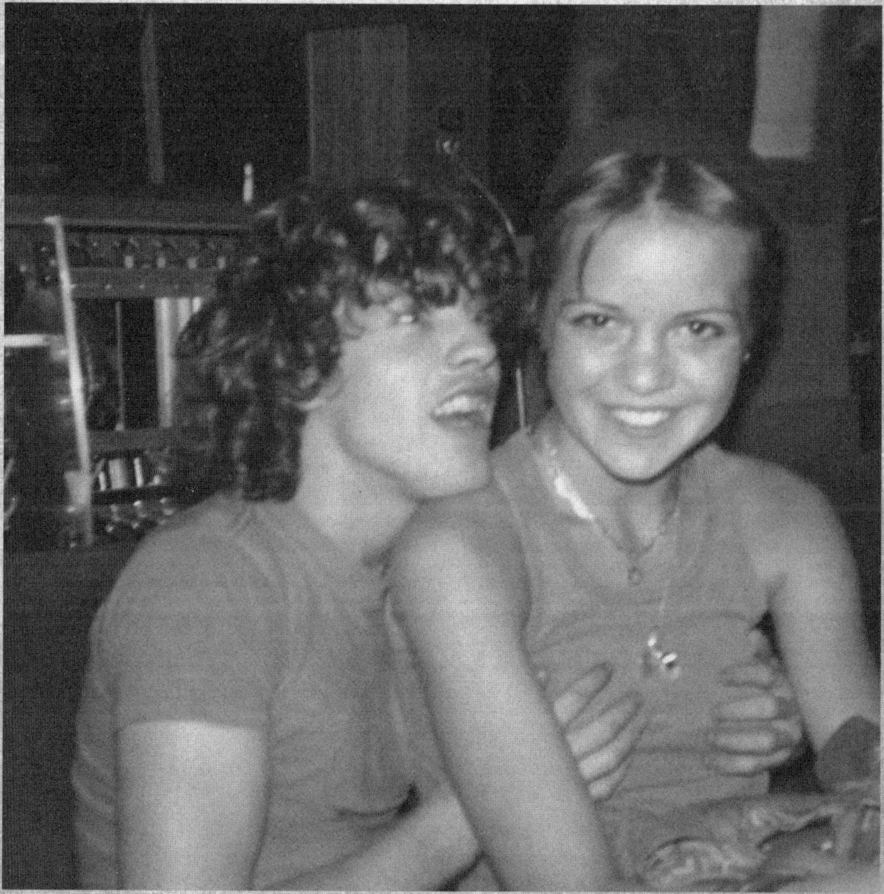

Angus während der Sessions zu *Dirty Deeds* mit vollen Händen. (KD Collection)

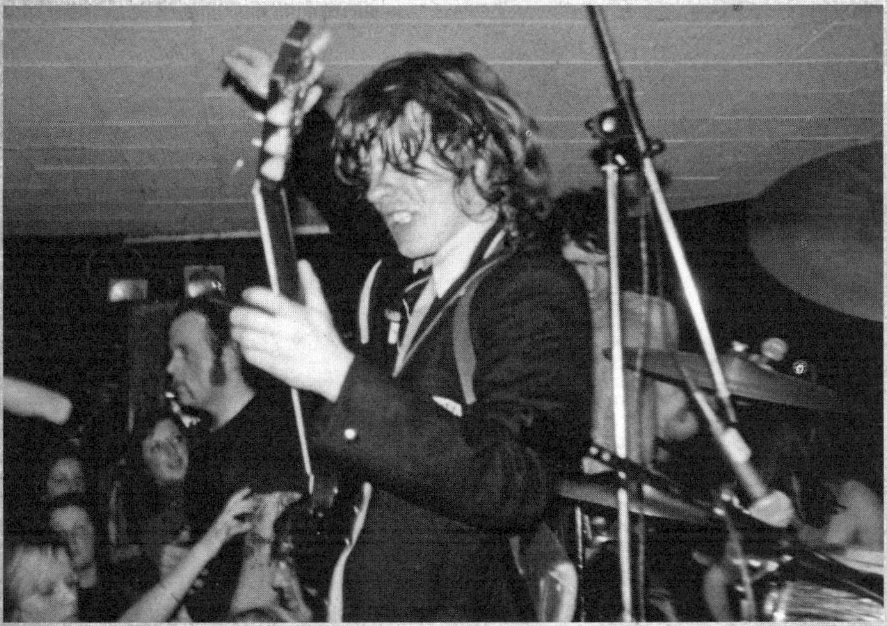

Angus geht in die Vollen bei einem Mittagskonzert für Schüler im Hard Rock Café, Melbourne, Mai 1976. (Familie Evans)

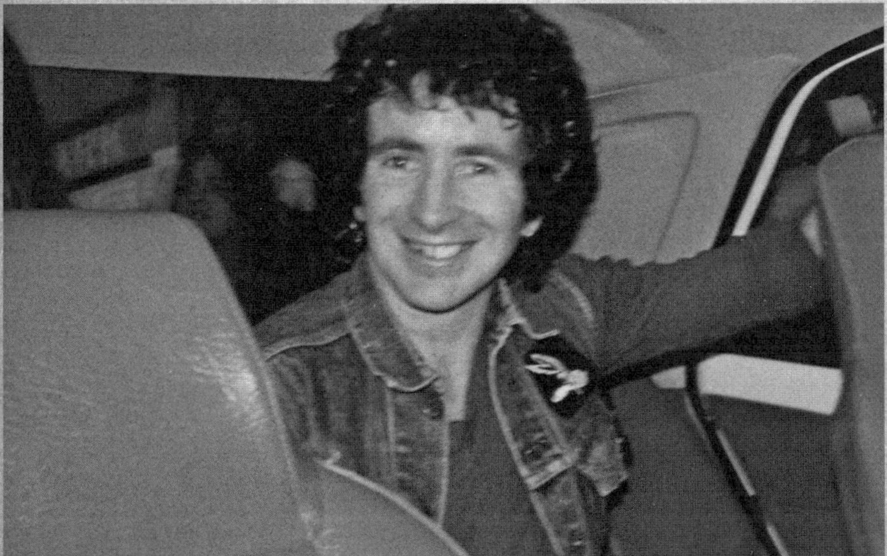

Bon springt schnell ins Fluchtauto nach einem Gig in Melbourne, Mai 1976. Es ist mein Lieblingsfoto von ihm und fängt seine Persönlichkeit am besten ein. Vor allem das schiefe Lächeln war einzigartig.
(Familie Evans)

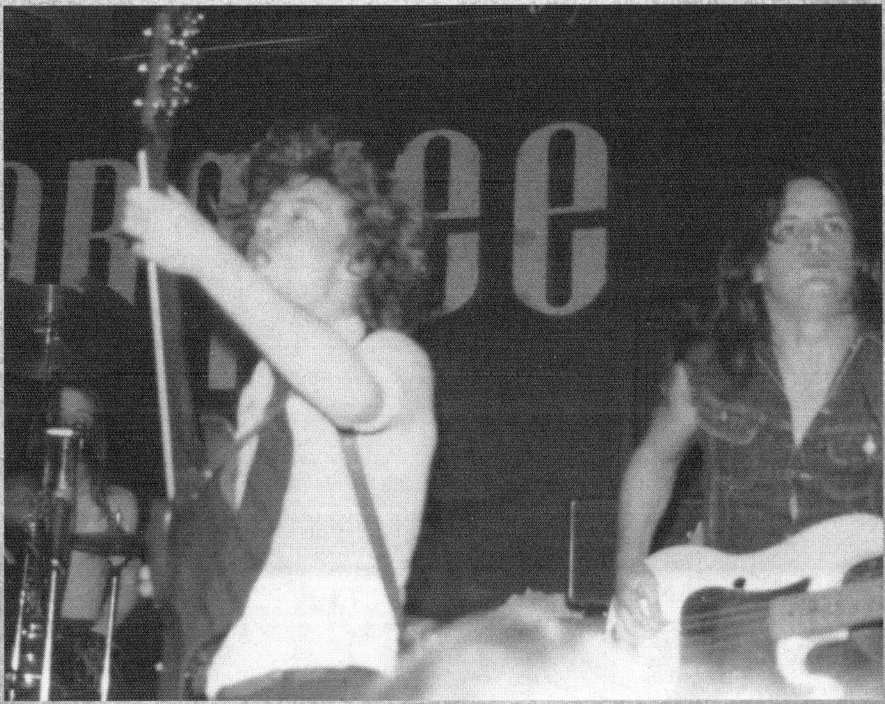

Angus und ich im Londoner Marquee Club, August 1976. (KD Collection)

Gegenüberliegende Seite:
Hochzeit in Vegas – Elvis, meine Frau Bille und ich am 3. August 1991.
(Familie Evans)

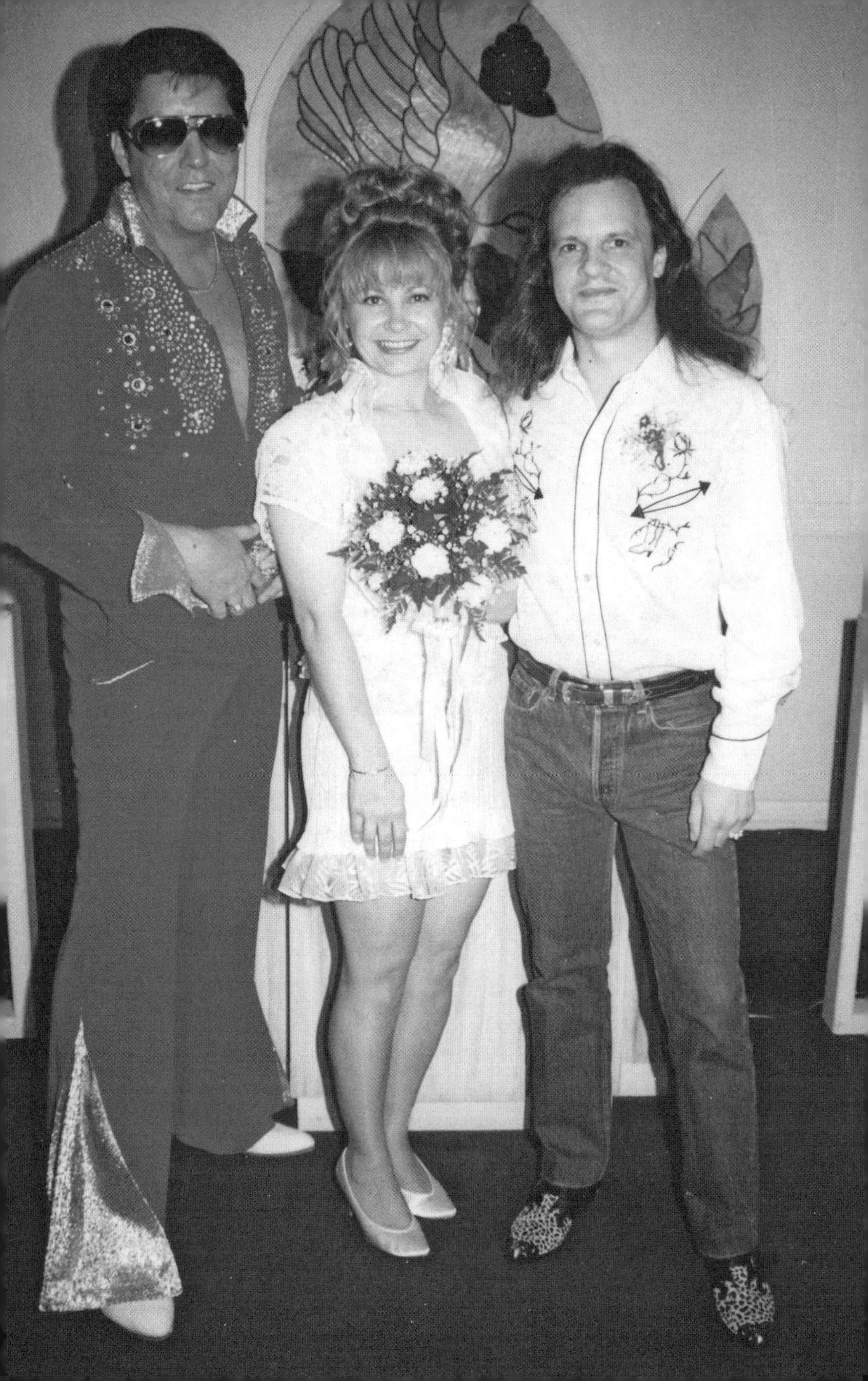

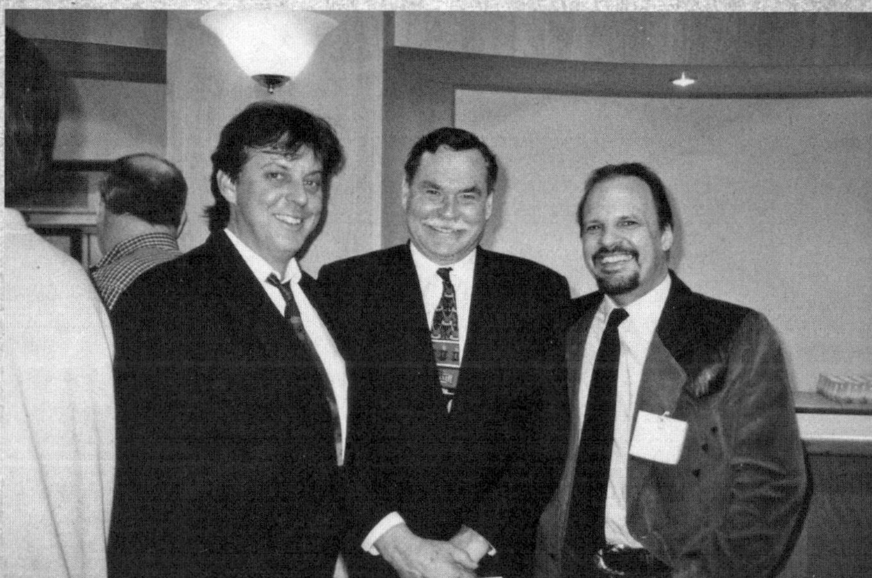

Mit der australischen Football-Legende Ron Barassi und meinem Kumpel Roland McAdam beim Mittagessen vor einem Spiel der Sydney Swans im Sydney Cricket Ground, 1996. (Familie Evans)

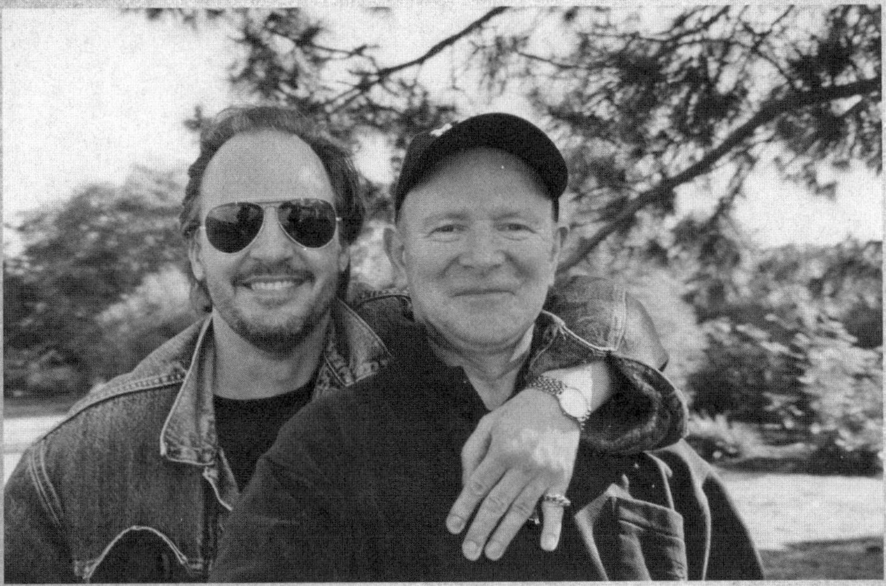

Mit meinem besten Freund Graham Kennedy im Centennial Park, Sydney, 2004.
Wir kennen uns seit einer Ewigkeit. Rock and roll! (Familie Evans)

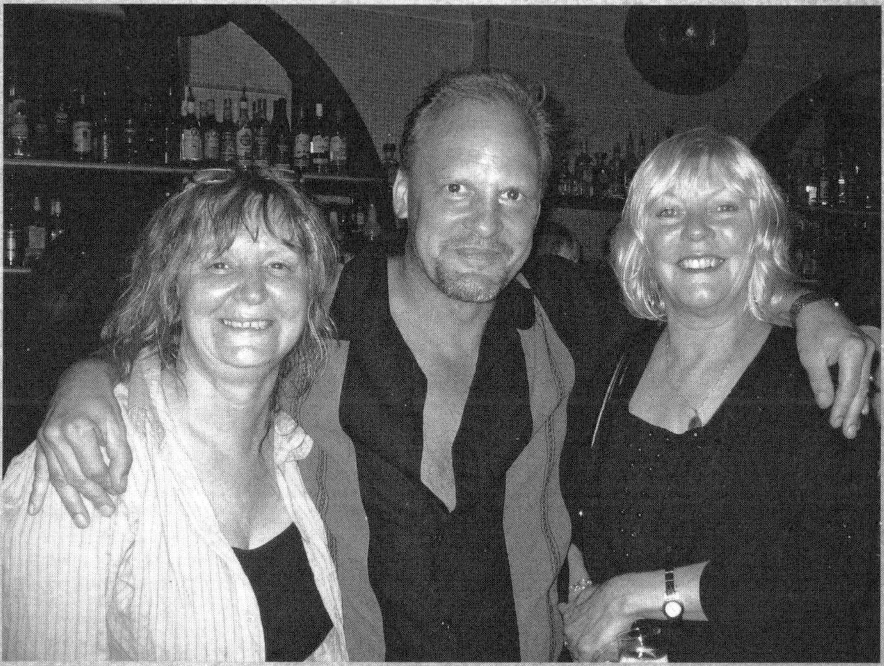

Bons Seelenverwandte und Gefährtin Mary Renshaw (geborene Walton), ich und Bons Ex-Frau Irene Thornton bei Vince Lovegroves 60. Geburtstag, Sydney, 24. März 2008. Eine lange Nacht voller alkoholgeschwängerter Geschichten. (Doug Thorncroft)

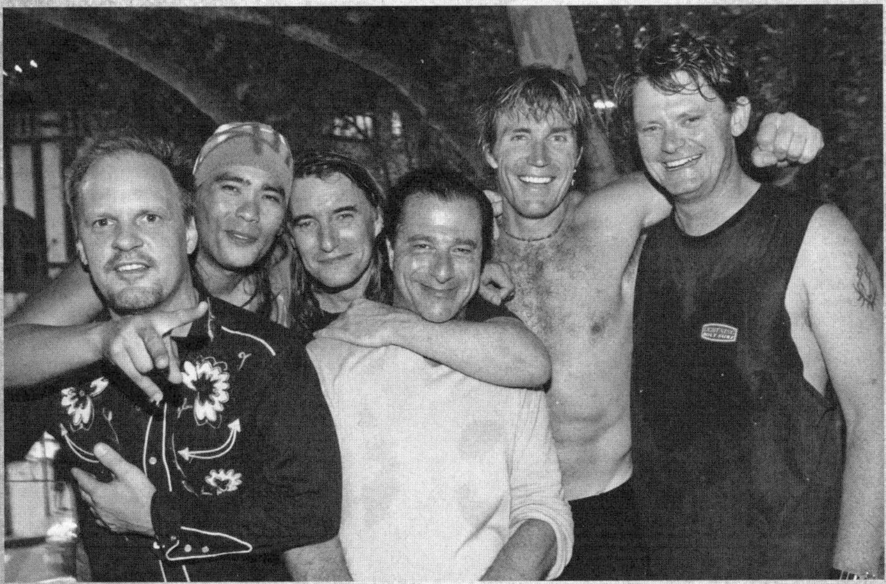

Die Pat Cash Band in der Bourbon & Beefsteak Bar, Sydney, Februar 2005. Von links nach rechts: Mark Evans, Juno Roxas, Mick Cocks, Sam Righi, Pat Cash und Mick O'Shea. (Sam Righi)

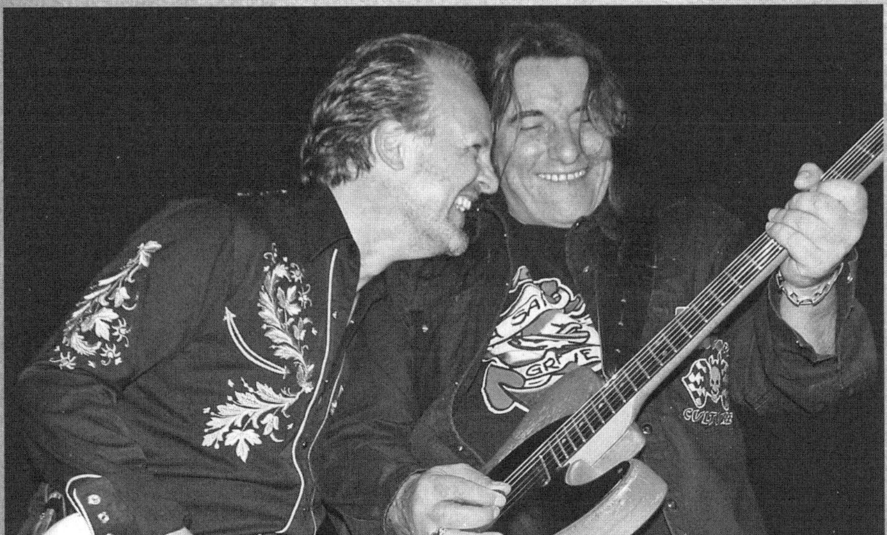

Mit Mick Cocks im Bridge Hotel, Sydney, 24. April 2008, bei der Präsentation von Pete Wells' letztem Album *Bodgie Dada.* (Image Focus Australia)

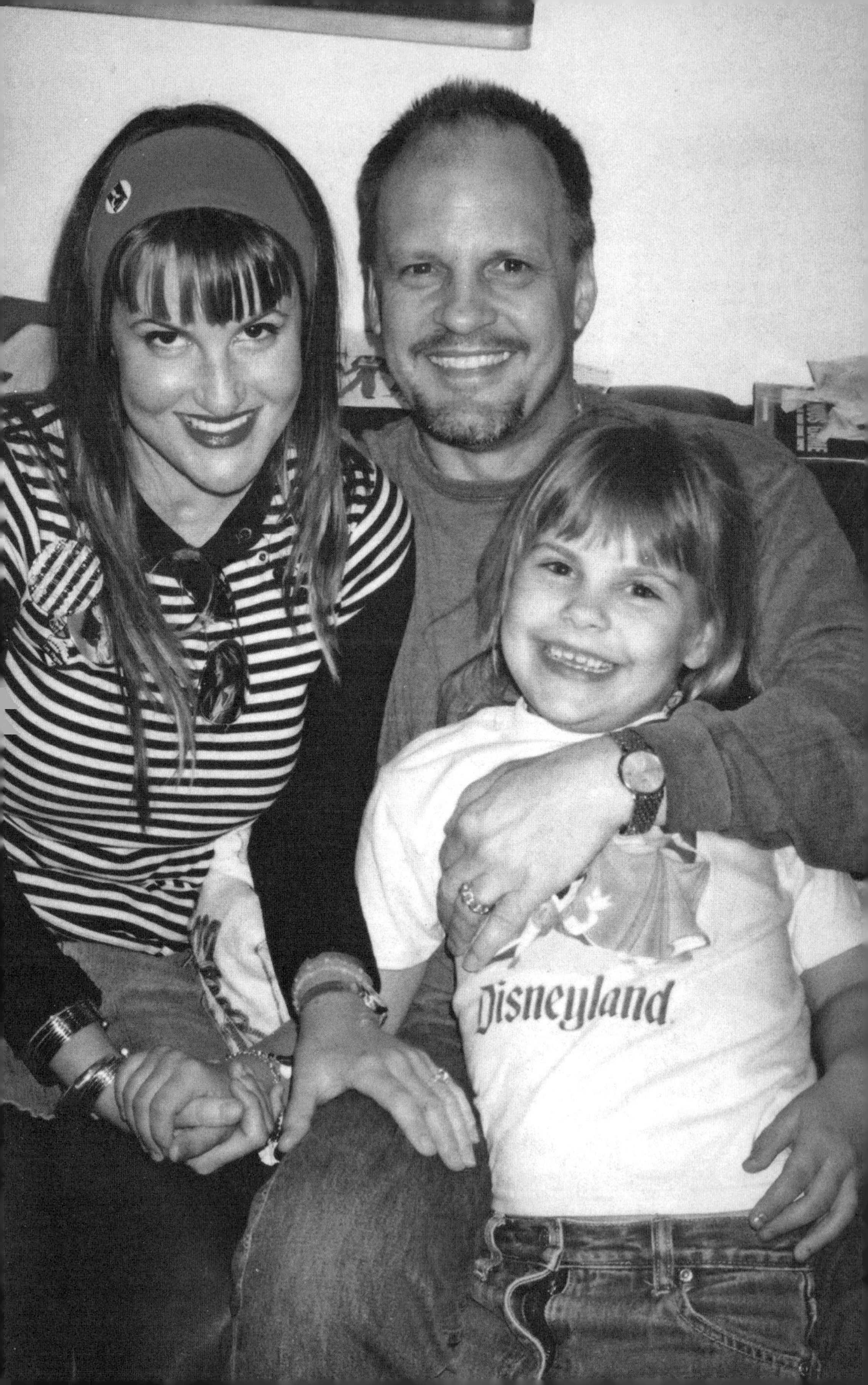
Disneyland

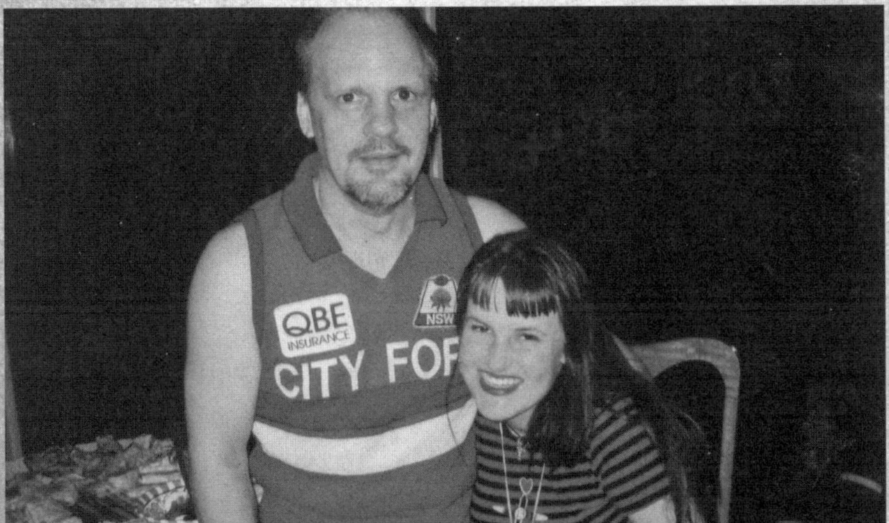

An meinem 50. Geburtstag mit Kristin, in einem Football-Hemd von East Sydney, vor dem schlimmsten Kater der Welt. Lilyfield, 4. März 2006. (Familie Evans)

Gegenüberliegende Seite:
Mit meinen beiden Mädchen Kristin (links) und Ginnie im Arm. Es ist mein Lieblingsfoto von meinen Töchtern – ich war niemals glücklicher als in diesem Moment. Lilyfield 2001.
(Familie Evans)

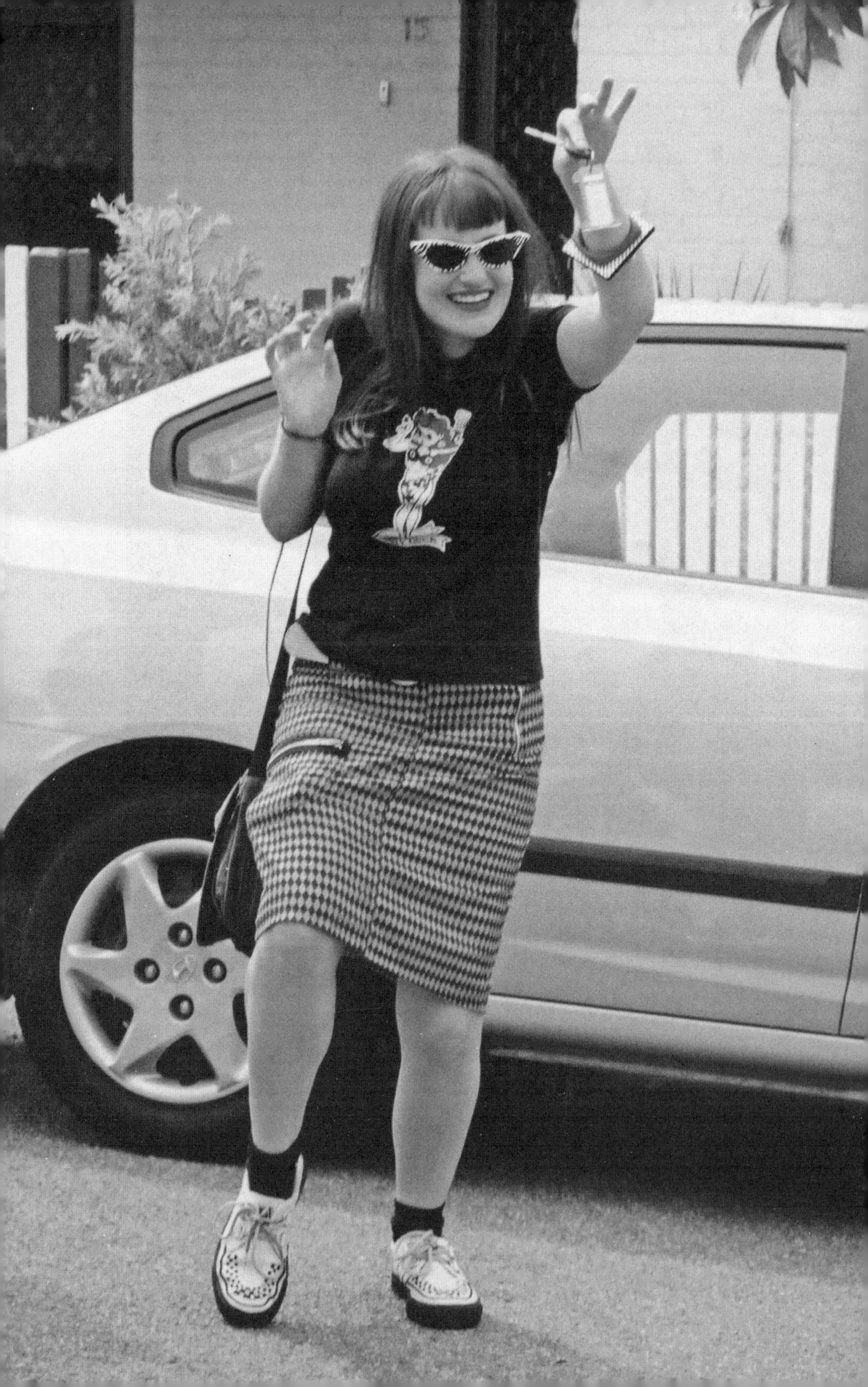

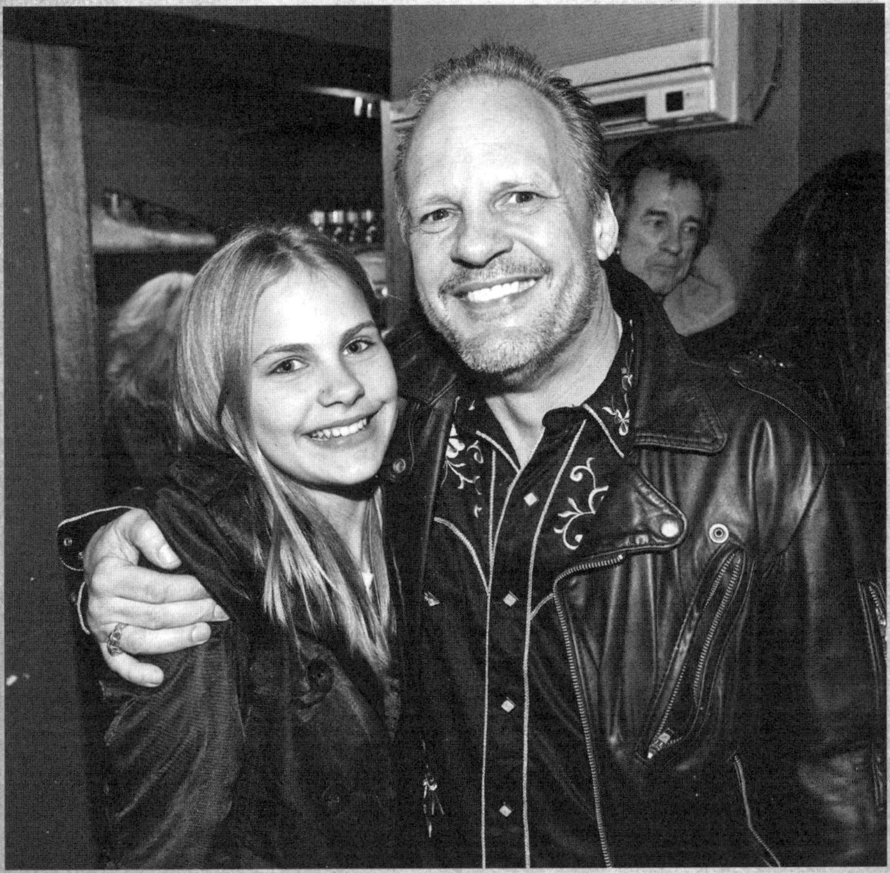

Backstage mit Ginnie bei einem „One Of The Boys"-Konzert für Mick Cocks, Enmore Theatre, Sydney, 24. Juli 2009. (Bob King)

Gegenüberliegende Seite:
Kristin winkt zum Abschied, Lilyfield, März 2006.
(Familie Evans)

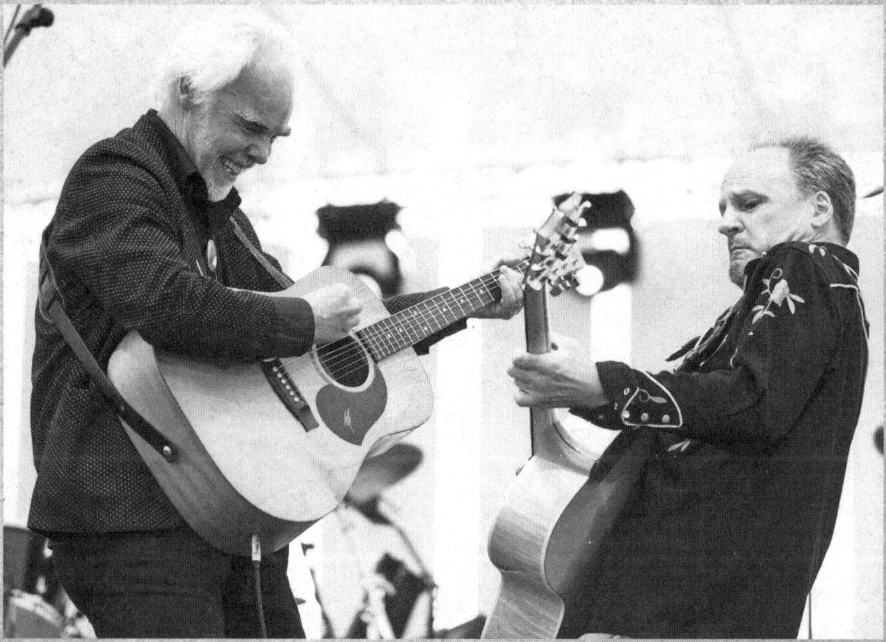

Auf der Bühne mit Dave Tice beim Adelaide International Guitar Festival am 7. Dezember 2009. Ich wurde zum „lautesten Akustikgitarristen der Welt“ gekürt.
(Tim Kowalick, TK Events, www.tket.com.au)

KAPITEL 11
KEINE TÄTOWIERTEN ROSEN!

Im Mai 1977 war ich also wieder in Melbourne, kurz vor Beginn des Winters, der im Bundesstaat Victoria verdammt hart und kalt ausfallen konnte, wie ich noch gut aus der Zeit wusste, da mir als Vierjährigem beinahe die Beine abgefroren waren. So hatte ich das alles nicht geplant, im Gegenteil. Ich hatte mich darauf vorbereitet, mit AC/DC die USA zu erobern. Aber stattdessen war ich nun nicht nur wieder in Melbourne, ich hing wieder in meiner alten Bude im Hilton herum und hatte einen mörderischen Kater. Mit schmerzendem Kopf starrte ich auf die Ecke, in der früher mein Bassverstärker gelauert und mich mit seinem bloßen Anblick dazu inspiriert hatte, meine Karriere voranzutreiben. Scheiße, wo war mein Bassverstärker? Irgendwo in England. Na toll. Da hatte ich selbst es nicht geschafft, mich in England durchzusetzen, aber mein Bassverstärker war dort geblieben. Mein Kater verstärkte sich noch.

Nach meiner Rückkehr hatte ich erst einmal wieder viel Zeit mit meiner Familie verbracht, aber auch mit Graham Kennedy, meinem alten Spießgesellen, und das baute mich ein wenig auf. Eins hat mich bei Graham immer verwundert: Er ist mein bester Kumpel, wir sind wie Brüder und hatten nie Streit – aber er verstand sich stets großartig mit Angus. Wenn ich gelegentlich das Bedürfnis hatte, ein bisschen über meine alten Kollegen herzuziehen, dann fiel er mir jedes Mal ins Wort: „Was hast du eigentlich für ein Problem? Angus ist total in Ordnung." Daraus soll man schlau werden.

Aber ich stand nun vor der großen Frage: Was sollte ich als nächstes tun?

Inzwischen war ich zu dem Schluss gelangt, dass es keine gute Idee war, sofort nach London zurückzukehren. Es war vielleicht besser, eine Weile in Melbourne zu bleiben, mal wieder zum Football zu gehen und abzuwarten, was sich ergeben würde. Bons Worte hallten mir noch in den Ohren, dass Australien ein Rückschritt sei, aber für mich war die Zeit gekommen, einmal inne zu halten und meinen Kopf wieder klar zu bekommen.

Mir machte es ganz schön zu schaffen, wie sehr mein Leben aus der Bahn geraten war. Bei AC/DC hatte ich im Kokon der Band gesteckt; es hatte sich jemand um meine Ausgaben gekümmert, mir ein wöchentliches Gehalt gezahlt, und im Grunde war mein ganzes Leben für mich arrangiert worden. Nun fühlte ich mich völlig isoliert und ohne Plan. Außerdem kam auch kein Geld mehr rein. Das, was ich während meiner Zeit mit der Band gespart hatte, würde nicht ewig reichen.

Ich war noch nicht einmal eine Woche wieder da, als ich einen Notruf von Brian Todd bekam, einem Bekannten, der eine Band namens Finch managte. Finch hatten ein paar Mal als Vorgruppe für AC/DC gespielt, und ihr Gitarrist, Bob Spencer, hatte mir damals die lange Liste mit Fragen für Paul Kossoff mitgegeben. Bob spielte inzwischen bei einer anderen Band, und der Bassist war offenbar auch gerade ausgestiegen.

„Kannst du nach Tassie kommen – möglichst jetzt gleich? Du tätest uns einen riesigen Gefallen."

Tasmanien? Ach du Scheiße, da war es jetzt ja noch kälter als in Melbourne. Aber ich überlegte, dass die Idee, kurz bei Finch einzuspringen, vielleicht gar nicht so schlecht war – der Frontmann der Band, Owen Orford, war ein phantastischer Sänger, und es würde ein bisschen Geld bringen. Also ab nach Tasmanien.

Es dauerte nicht lange, da war ich ein festes Mitglied der Band, und mein Freund Graham Kennedy stieg als Gitarrist ein. Darüber hinaus gehörten noch der Schlagzeuger Barry Cram und der Gitarrist Dave Hinds zur Besetzung. Wir bekamen einen Vertrag bei CBS Records und benannten uns für die Plattenveröffentlichungen in den USA von Finch in Contraband um.

Contraband waren die meiste Zeit auf Tournee, ähnlich wie AC/DC – meist auf eigene Rechnung, gelegentlich aber auch zusammen mit unseren Labelkollegen Dragon oder als Vorgruppe von Status Quo. Ich lernte eine junge Frau namens Kobe Steele kennen, die für eine Reihe von Bands, darunter auch Contraband, Promotion machte. Davon abgesehen hatte sie ihre eigene Fernsehshow, die Musiksendung *Right On*, die auf ein junges Publikum abzielte und unter der Woche direkt nach Schulschluss um halb fünf Uhr nachmittags lief. Da ihr Lebensmittelpunkt Sydney war, zog ich bald ebenfalls nach Norden, um in ihrer Nähe zu sein.

Es dauerte nicht lange, bis mich ein gewisses Déjà-vu-Gefühl beschlich – Contraband spielte in denselben Pubs in Melbourne, Sydney, Adelaide und Brisbane, die ich schon mit AC/DC abgeklappert hatte, und wir stießen auf dieselbe feindliche Umgebung. Ein erinnerungswürdiger Auftritt – leider aus den falschen Gründen – fand im Coogee Bay Hotel in Sydney statt, in der am Strand gelegenen Selina Bar, ganz in der Nähe vom Corban Motel an der Coogee Road, das zu Bons liebsten Wasserlöchern zählte. Der Club war berüchtigt für sein extrem raubeiniges Publikum, und von daher war es nicht ungewöhnlich, dass die Rausschmeißer mit den Zuschauern nicht gerade sanft umsprangen. Und wenn die Gäste schon nicht eben zimperlich waren – die Türsteher waren es noch weniger. Bobby Dunlop, ein ehemaliger australischer Box-Champion im Leichtgewicht, half gelegentlich dort aus, und wer in diesem Laden Streit anfing, war entweder ziemlich mutig oder aber ziemlich blöd.

Wir spielten dort an einem Samstagabend und waren schon halb durch unseren Set, als ein Typ aus dem Publikum zu uns auf die Bühne kletterte, weil er offenbar irgendein Problem mit unserem Schlagzeuger Barry Cram hatte. Er packte Barry an den Schultern, der gerade, weil wir mitten in einem Song waren, wild auf seine Drums einschlug. Und weil ich Barry schließlich kannte, vermutete ich, dass der Kerl vermutlich das nächste sein würde, was Barrys Präzisionsschläge zu spüren bekam. Genau so war es dann auch: Barry stand auf und machte den Kerl platt. Damit hätte die Geschichte erledigt sein können. War sie aber leider nicht. Denn wie sich ziemlich schnell herausstellte, war Barrys Gegner ein Rausschmeißer, den man zu uns geschickt hatte, weil wir die Lautstärke runterdrehen sollten. Bei der Vermittlung dieses Anliegens hatte er sich allerdings ziemlich ungeschickt angestellt. Nachdem er Barrys Faust zu spüren bekommen hatte, rückten nun aber alle anderen Türsteher nach.

Und damit ging es rund. Die Schlacht begann zwischen der Band und den Rausschmeißern, und sie tobte in voller Schönheit auf der Bühne des Selinas. Wir hielten uns tapfer, Pat Pickett und Terry „The Buke" Buchanan von der Crew kämpften auf unserer Seite, und es sah ganz so aus, als würden die Guten gewinnen. (Das waren selbstredend wir.) Dann aber mischte sich unser ehemaliger Manager Brian Todd ein. Eigentlich hatte ich ihn immer eher für einen Vermittler und nicht für einen Kämpfer gehalten, aber er hatte sich kaum in die Schusslinie begeben, da bekam er einen hübschen Haken direkt auf die Nase. Das wiederum war nicht weiter schwierig, weil dieses Organ gewissermaßen das hervorstechendste Merkmal seines Gesichts war. Seine Frau Sue, die das alles hautnah mitbekam, flippte völlig aus; Brian sah insgesamt ebenso übel aus wie seine Nase.

Sue tat das für sie nächstliegende. Sie rannte zur Tür des Clubs, um Hilfe zu holen – und zwar in Gestalt von sechs weiteren grobschlächtigen Rausschmeißern. „Schnell", schrie sie, „da hinten schlagen ein paar Typen die Band zusammen!" Als ich die Schlägertypen auf uns zukommen sah, allen voran Bobby Dunlop, kam ich mir vor wie General Custer am Little Big Horn. Wir waren erledigt.

Graham und ich standen vorn an der Bühne, als die Verstärkung anrückte. Die Zuschauer, die bisher zugesehen und uns angefeuert hatten, waren inzwischen größtenteils auf unserer Seite, aber der Kampf war schon wieder ein wenig abgeflaut, und es wurde nur noch ein bisschen geschubst und gedroht. Inzwischen waren allerdings die Zuschauer in Stimmung, den Rausschmeißern eins reinzuhauen. Und das war es dann auch, was uns davor bewahrte, so richtig zusammengeschlagen zu werden – die Zuschauer, und zwar richtig viele, glücklicherweise.

Graham und ich standen immer noch mit Pat Pickett auf der Bühne. Die Lage beruhigte sich gerade, als ich Graham etwas rufen hörte und deshalb von unseren Gegnern weg und zur Seite sah. Und das war das letzte, woran ich mich eine ganze Weile erinnerte. Pat sagte später, ich hätte den heftigsten Tritt in die Eier bekommen, den er je gesehen hätte. Er berichtete mit Entzücken, dass ich richtig in die Luft federte und schon bewusstlos war, bevor ich auf den Boden krachte. Netterweise schilderte er auch meiner Mutter diese Geschichte in allen Einzelheiten. Pat vertrat stets die Ansicht, dass ein ordentlicher Tritt in die Eier jeden Kampf beendet, da dann alle anderen Kerle einfach nur froh und glücklich sind, dass es nicht sie selbst erwischt hat. Für mich beendete dieser Tritt diesen Kampf auf alle Fälle, das stand mal fest.

Der Gig im Selinas blieb mir in bleibender Erinnerung. Meine Eier schwollen auf Tennisballgröße an und wechselten nach und nach die Farbe: Sonntagmorgen waren sie zornesblau/tieflila, dann verblassten sie in den nächsten Tagen zu hübschen Pastelltönen und nahmen schließlich ein kränkliches Gelb an. Wochenlang litt ich heftig und ging wie jemand, der zu lange auf einem Pferd gehockt hat. Wie dreckig es mir ging, merkte ich auch daran, dass ich erst Mitte der folgenden Woche wieder an Frauen denken konnte.

Contraband gingen mit Peter Dawkins ins Studio, dem Hausproduzenten von CBS, der damals international mit Air Supply große Erfolge feierte und bei uns zu Hause durch seine Arbeit mit Dragon bekannt geworden war, einer Band, die in Europa und den USA als Hunter firmierte und neben zahlreichen Chart-Hits in Australien auch jede Menge Drogenprobleme hatte. Bei der Arbeit im Studio hätte ich an das denken sollen, was ich bei George und Harry gelernt hatte: Wir waren eine Gitarren-Rockband mit einem genialen Frontmann, laute, kräftige Gesellen, die aber auch eine anständige Ballade bringen konnten. Aber leider versuchten wir, zu radiotauglich zu klingen und nach dem großen Hit zu streben, und verloren darüber unsere Richtung. Wir hatten eine große Fan-Gemeinde, die wir vor allem durch zahllose Auftritte aufgebaut hatten, aber auf Platte klangen wir wie eine ganz andere Band.

Mit „Where Were You“, einem Titel von unserem Album *Nothing To Hide*, konnten wir tatsächlich einen ganz anständigen Hit verbuchen, der aber völlig anders war als alles, was wir gewöhnlich live boten. Es war ein bisschen so wie bei AC/DC, als ich damals einstieg und sie mit „Love Song“ auch einen Titel am Start hatten, der mit dem eigentlichen Sound der Band überhaupt nichts zu tun hatte. Nur hatten Contraband leider keine B-Seite wie „Baby Please Don't Go“, die uns den Arsch hätte retten können. Ich weiß nicht mal mehr, was auf der B-Seite von „Where Were You“ drauf war, von daher war der Song wahrscheinlich kein besonders toller Kracher. Mit unserem Hit hatten wir es geschafft, unser Publikum zu teilen: Es gab die treuen Live-Fans, die uns als laute Pub-Rockband schätzten, aber das süßliche „Where Were You“ zum Kotzen fanden, und dann gab es die neuen „Fans“, die zu den Konzerten kamen, weil sie noch viel mehr freundliche, harmlose Songs wie unseren Hit erwarteten. Stattdessen stießen sie dabei auf wilde Horden von Besoffenen ohne Manieren. Es kam so weit, dass wir „Where Were You“ selbst nur noch ätzend fanden und aus dem Programm strichen, sehr zum Ärger unserer Plattenfirma und von Peter Dawkins.

Anfang 1978 war für Contraband ein längerer Aufenthalt in den USA geplant, um eine Platte aufzunehmen, live zu spielen und hoffentlich einen Haufen Geld zu verdienen. Kobe und ich setzten uns zusammen und redeten, und wir kamen zu dem Schluss: Wenn wir das Gefühl haben sollten, dass das, was es zwischen uns gab, bei meiner Rückkehr immer noch existierte, dann wollten wir heiraten. Alles schien perfekt. Doch dann wurde der US-Trip kurzfristig abgesagt. Kobe und ich hielten jedoch an unserem Plan fest und heirateten am 3. Juli 1979 auf der SS Vagabond im Hafen von Sydney. Graham Kennedy war natürlich mein Trauzeuge, und wie immer hatte er nur mein Bestes im Blick. Auf dem Weg zum Kai und, wie ich hoffte, zum großen Eheglück, sah er mich von der Seite an und sagte: „Hey, Alter, wir können immer noch ein Taxi zum Flughafen nehmen und uns verpissen.“

„Danke, Kumpel, aber ich bin glücklich“, antwortete ich.

Es wurde ein wilder Abend. John „Swanee“ Swan betreute die Bar, und Pat Pickett stand auf dem Oberdeck, zitierte Keats und warf die Möbel in den Hafen von Sydney.

Ende 1978 verbrachten Contraband fast zwei Monate auf Tournee mit Dragon/Hunter, die dabei dank der vielen Hits aus der Feder ihres Keyboarders Paul Hewson die Headliner waren. Die Tour führte die Ostküste entlang von Melbourne nach Far North Queensland, eine Strecke von

3.000 Kilometern. A long way to the top, sozusagen, aber wir hofften natürlich auch, dass er uns langfristig an die Spitze führen würde.

Im Mittelpunkt der Aufmerksamkeit stand bei Dragon der charismatische Sänger Marc Hunter, ein großartiger Frontmann (und, ebenso wie sein Bruder Todd, der in der Band Bass spielte, ein wahrer Hüne). Marc entsprach der allgemeinen Klischeevorstellung von einem Rockstar perfekt: hochgewachsen, schlank, mit großer Bühnenpräsenz, aber mit scharfer Zunge und stets ein wenig von Gefahr umwittert. Dragon und Contraband hatten einiges gemeinsam – beide Bands wurden vor allem aufgrund ihrer Studioalben als Pop-Rock-Bands betrachtet. Das sahen wir selbst nicht so, aber Dragon hatten mit diesem Image ein wesentlich größeres Problem. Contraband nahmen diese Entwicklung hin und spielten mit, Dragon hingegen lehnten sich auf. An manchen Abenden waren sie eine unglaublich gute Band mit großartigen Songs, echten Hits, die sie mit viel mehr Energie, Flair und Drive brachten als das eher zahme Studiozeug. Aber wenn sie nicht gut drauf waren … heilige Scheiße, dann vermittelten sie den Eindruck, als ob ihnen alles am Arsch vorbeiging. Sie hatten zwei Seiten, eine phantastische, und eine beschissene.

Wir teilten uns einen Tourbus, und da kam man sich zwangsläufig ziemlich nahe. Uns fiel auf, dass ein paar von den Dragon-Jungs ziemlich viel mit Erkältungen zu tun hatten. Oder wie sonst hätte man die vielen leeren Fläschchen Hustensaft erklären können, die überall herumlagen? Sie waren ein ständiges Ärgernis für unseren freundlichen Buskapitän Max, der jeden Morgen schlecht gelaunt und mit besorgtem Gesicht alles wegräumte. Wenn wir in einer großen Stadt unterwegs waren, gab es keine Erkältungen, keinen Hustensaft, keine Stimmungsumschwünge – alles war gut bei Dragon. Aber sobald wir aufs Land kamen, räumte Max schon bald wieder die leeren Fläschchen weg, die überall durch den Bus kullerten.

Es war das erste Mal, dass ich mit den Auswirkungen von Heroin konfrontiert wurde. Für mich blieb es ein Mysterium. Für Dragon lief es gerade richtig gut, und sie waren allesamt intelligente Leute, aber vor allem Paul schien sich überhaupt nicht um die Zukunft zu kümmern, sondern nur darum, sich völlig zuzudröhnen. Manchmal kam ich wunderbar mit ihm aus, und wir spielten bis spät in die Nacht Schach. Er spielte großartig. Gelegentlich konnte ich ihn mal etwas in Bedrängnis bringen, aber ich bin mir sicher, dass er unsere Spiele meist auf die leichte Schulter nahm. Wir hatten ein paar tolle Gespräche und lachten viel, aber wenn er seine andere Seite zeigte, war er ein richtiges Ekel, ein arrogantes Arschloch. Ja ja, eine Krähe sollte der anderen kein Auge aushacken … aber Paul gab der Bezeichnung „arrogantes Arschloch" eine völlig neue Dimension, an die ich nicht annähernd heranreichte.

An der Goldküste, in Surfers Paradise, hatten wir einen freien Tag. Unsere Unterkunft befand sich in einem Hochhaus, und meine Wohnung lag im achten Stock. Als ich den Fahrstuhl anhielt und zustieg, war Paul bereits drin. Er war völlig zugedröhnt, hatte aber noch eine volle Flasche Johnny Walker im Arm. Er machte viel Aufhebens davon, den Verschluss zu knacken und sie sich an den Hals zu setzen, und er trank ohne mit der Wimper die Hälfte der Pulle, noch bevor wir unten in der Lobby ankamen. Wir bestellten uns ein Taxi, warteten, und noch bevor das Taxi kam, hatte Paul den Rest der Flasche geleert. Eine ganze Flasche Johnny Walker in weniger als 20 Minuten. Da zeigte er auch wieder die Seite, die mich so an ihm befremdete – einerseits war er dieser Typ, mit dem das Schachspielen so viel Spaß machte, und andererseits ein Arschloch, das im Fahrstuhl nicht mal Hallo sagte, mal ganz davon zu schweigen, mir einen Schluck Johnny Walker anzubieten.

Zwischen Paul und mir kam es schließlich zum großen Knall, als Dragon in Melbourne eine Party anlässlich der Veröffentlichung ihrer neuen Single „April Sun In Cuba" feierten. Wir hatten alle ganz schön getankt, und Paul gebärdete sich richtig als Rockstar, aber das ist ja im Grunde auch der Sinn und Zweck einer solchen Veranstaltung zu Ehren einer Band. Er hatte schon den ganzen Abend lang spitze Bemerkungen in meine Richtung abgeschossen, aber als wir später in der Wohnung eines Freundes weiterfeierten, reichte es mir allmählich. Paul behauptete, er hätte noch nie einen Bassisten getroffen, den er gemocht hätte, was ein bisschen blöd war, weil sein eigener Bassmann, der Hüne Todd, direkt neben mir stand. Anschließend belehrte Paul mich, die Doors seien seine Lieblingsband, gerade weil sie „keinen schleimigen Scheiß-Bassisten" hatten. Damit war meine Geduld am Ende – ich verpasste ihm eine Kopfnuss, er flog über einen Sofatisch, ich sprang hinterher und prügelte ihn windelweich. Ich flippte richtig aus – ich war betrunken, vor allem aber von Paul enttäuscht und genervt. Wieso war er so ein verdammtes Arschloch?

Dann spürte ich, wie mich etwas nach hinten riss. Todd hatte mich an den Schultern gepackt und zerrte mich von Paul weg, und das war gut so. Erst dachte ich, Todd würde mir den Kopf abreißen, aber er war lediglich bemüht, die Lage zu entschärfen und zu beruhigen. Es war an sich schon schlimm genug, dass ich Paul eine reingehauen hatte, aber dass ich das ausgerechnet vor einem Haufen von CBS-Leuten getan hatte, unter anderem Peter Dawkins und Lorne Saiffre, dem Chef unseres US-Labels Portrait, war karrieretechnisch nicht gerade der beste Schachzug.

⚡

Contraband waren als Support der Little River Band für eine große Open-Air-Show auf dem Vorplatz des Opernhauses von Sydney gebucht, und das war ein richtig großes Ding – die Veranstalter rechneten mit mehr als 30.000 Zuschauern, und wir hofften, dass uns dieser Auftritt in Sydney nach einigen Beinahe-Hits endlich den ersehnten Durchbruch bringen würde. Der größte Rocksender von Sydney, 2SM, sponserte die Show – besagter Sender, der AC/DC damals auf die schwarze Liste gesetzt hatte, bevor wir klarstellten, dass wir Musiker waren und keine Stripper.

Da Bon zu dieser Zeit mal wieder in der Stadt war, lud ich ihn zu der Show ein. Wir sollten ihn am Corban Hotel abholen. Als ich anklopfte, war er zwar schon ausgehfertig, bat mich aber trotzdem noch herein.

„Ich habe was für dich, Alter“, sagte er. „Wir haben alle eine davon in New York bekommen. Für dich habe ich auch eine besorgt. Du hast sie verdient.“

Er gab mir eine goldene Uhr, die auf den ersten Blick aussah wie eine Cartier – die mit dem leicht rechteckigen Gehäuse, den römischen Ziffern und dem schwarzen Armband. Ich sah sie mir genauer an. Anstatt „Cartier“ lautete der Schriftzug: „Atlantic Records“. Offenbar hatte man AC/DC beim Label allmählich richtig gern.

Bon grinste mich auf seine typische Weise an, als er merkte, dass mir sein Geschenk gefiel und ich vor allem sehr gerührt war, dass er an mich gedacht hatte. Er war eben so ein Typ, unglaublich großzügig und aufmerksam. Jedenfalls, solange er nüchtern war. Sobald er richtig betrunken wurde, war es mit der Aufmerksamkeit vorbei.

„Komm, wir trinken einen, bevor wir gehen", schlug Bon vor. Wie hätte ich da Nein sagen können?

Der Vorplatz des Opernhauses war voller Menschen, als wir ankamen. Es war ein wunderschöner Tag am Hafen von Sydney, und dank Bon war ich schon ziemlich gut in Stimmung. Contraband war die zweite Band auf dem Programm, und wir rockten richtig ab. Das Publikum war begeistert und tobte. Um uns herum herrschte ein Lärm, wie ihn nur eine große Menge unter freiem Himmel machen kann. Bon hatte einen guten Platz, direkt hinter der PA auf meiner Bühnenseite, wo er sich neben seinen besten Freund Pat Pickett kauerte, der mein Bühnenroadie war. Auf der anderen Seite stand Pats Vertretung, Frazer Young, der Neffe von Mal und Angus. Frazers Bruder Steve sprang gelegentlich für Mal ein, wenn der sich eine Tournee-Auszeit von AC/DC nahm.

Der Gig lief hervorragend, und danach wollte ich natürlich wissen, wie es Bon gefallen hatte.

„Der Sänger ist supergeil", sagte er. „Aber die Band ist nicht laut genug, und die langsamen Songs killen die Stimmung, das geht in die falsche Richtung. Ihr seid doch eine Rockband, oder? Vergiss den langsamen Kram, Alter. Wie sieht's aus, willste noch 'ne Runde, Mark?"

Scheiße, ich hatte ihn wirklich vermisst.

Während ich mit Contraband am großen Durchbruch arbeitete, starteten Rose Tattoo bereits richtig durch. Sie hatten einen Vertrag bei Alberts unterschrieben, nachdem sich Bon bei George und Harry für sie eingesetzt hatte. Angry Anderson, der Sänger, war ein alter Kumpel von Phil und stammte ebenfalls aus Melbourne. Die Tatts sind meine Lieblingsband aller Zeiten, und kein anderes Land der Welt hätte eine solche Gruppe hervorbringen können. Sie waren die ultimative Aussie-Band.

Ihr ursprünglicher Bassist, Ian Rilen, hatte sich schon ziemlich früh verabschiedet. Mick Cocks war für ihn eingesprungen, wollte aber möglichst schnell wieder auf seinen alten Platz als Rhythmusgitarrist der Tatts zurück. Er hasste es, Bass zu spielen, wie er mir berichtete, um mir gleich darauf die entscheidende Frage zu stellen: Ob ich nicht Lust hätte, bei ihnen einzusteigen? Aber die Vollmitgliedschaft bei den Tatts barg ein Problem. Ich hatte Angst vor der Nadel. Ich wollte mich nicht bebildern lassen.

„Tja, das ist bei uns nun mal Pflicht", erklärte mir Manager Mick Christian.

„Sorry, ich kann's nicht", antwortete ich und behauptete: „Ich bin Jude. Tattoos kommen nicht in Frage."

Ganz ehrlich, ich wäre sofort zu Rose Tattoo gegangen, wenn ich mich Contraband gegenüber nicht verpflichtet gefühlt hätte. Wenn sie mich zuerst gefragt hätten, dann hätte ich nicht schnell genug Ja sagen können. Aber zumindest war es für mich der Beginn einer lebenslangen Freundschaft mit Mick Cocks, der wie ich ein großer Carlton-Fan ist, und unsere Wege kreuzten sich immer wieder.

Contraband ging letztlich die Puste aus. Schließlich entschieden wir uns, eine Weile zu pausieren, und daraus wurde schließlich ein Dauerzustand. Ende 1980 gründete ich mit dem Gitarristen Robin Riley und dem Schlagzeuger John „JL" Lalor The Beast. Die Band war vor allem für zweierlei berüchtigt: für die enorme Lautstärke und für die stinkenden Overalls, die Robin auf der Bühne trug. Sie waren so eklig, dass nicht einmal die Roadcrew die Dinger anfassen mochte. Wenn wir unterwegs waren, schnallten wir die Kleidungsstücke an den Kängurufänger vorn an unserem Truck.

The Beast war in erster Linie Robins Band, und das konnte auch nicht anders sein, weil Rockin' Rob schlicht alle überragte, als Person ebenso wie durch sein monumentales Spiel. Er war ein Bär von einem Mann, ein typischer, biersaufender Australier mit unglaublicher Präsenz, der auf der Bühne geradezu Furcht einflößend, psychotisch, aber manchmal auch herrlich komisch sein konnte. Er hätte sicher einen hervorragenden Comic-Helden abgegeben, und halbwegs war er auch einer, schon allein durch die enorme Zahl von Tätowierungen. Rob mag sich vor allem auf der Bühne wie ein kompletter Idiot aufgeführt haben, aber darüber darf man nie vergessen, dass er großartige Rocksongs schreibt und sogar im

Country-Stil richtig auf die Tränendrüse drücken kann. Tief in seinem Innern ist er ein richtiger Teddybär, ein Schatz. Sorry, Rob, aber das ist die Wahrheit, auch wenn du durchaus wie ein Axtmörder aus der Wäsche gucken kannst. Und dann spielt er auch noch mit ohrenbetäubender Lautstärke. Niemand dreht die Gitarre so laut auf wie Rob, was allerdings damit zu tun haben mag, dass er auf beiden Seiten ein Hörgerät trägt. Wobei ich nicht weiß, was zuerst kam – die Lautstärke oder die Hörgeräte.

Robs ungekämmte Erscheinung ist vielleicht etwas befremdlich, und manchmal ist ihm Körperhygiene nicht so wichtig, was vor allem unserem PA-Roadie und Manager, Tony Malouf, ziemlich sauer aufstieß. Tony war ein zierlicher, hyperaktiver Saubermann libanesischer Abstammung, und er und Rob waren ein wirklich seltsames Paar – ein irrer, wild dreinblickender kleiner Dynamo und ein schlampiger, verkommener Berg von einem Mann. Sie waren wirklich die besten Freunde, was aber vielleicht mit den riesigen Joints zu tun hatte, die Tony gewöhnlich baute. Eines seiner Meisterstücke war über 30 Zentimeter lang und haute wahnsinnig rein. Ich guckte den beiden dabei zu, wie sie dieses Riesending in einem Hotel in Tweed Heads wegrauchten. Rob lag irgendwann auf dem Boden und fragte mich: „Sachma, Alter, bin ich noch da?" Ich beteiligte mich nie an ihrer Kifferei, allerdings will ich mir gar nicht vorstellen, wie Tony drauf gewesen wäre, wenn er sich nicht ständig zugeraucht hätte. Wahrscheinlich hätten wir unseren kleinen Springteufel dann von der Decke kratzen können.

Tony war zwanghaft sauber, und er merkte ziemlich schnell, dass Rob mehr als nur ein bisschen schmuddelig und unordentlich war. Wenn Tony wusste, dass wir seinen Volvo brauchten, um die Band von A nach B zu kutschieren, dann verbrachte er den ganzen Nachmittag damit, den Wagen mit Plastikfolie auszulegen, um ihn Riley-fest zu machen. Rob nahm das als persönliche Herausforderung und reagierte darauf beispielsweise, indem er auf der anderthalbstündigen Fahrt von Sydney nach Terrigal ununterbrochen furzte. Tony machte nicht eine einzige Bemerkung darüber, und das war eine reife Leistung, da JL und ich beinahe kotzen mussten. Später erfuhren wir, dass Tony keinen Geruchssinn hatte, der glückliche Arsch.

Das Schicksal führte uns wie viele andere Bands zu Alberts ins Studio. Dort verbrachten wir viel Zeit damit, ein paar Demos einzuspielen, unterstützt von reichlich Bier und Sam Horsborough, dem Neffen von George, Mal und Angus. Wir stellten eine sehr ansehnliche Sammlung von Titeln zusammen, die George sich anhörte und bewertete. Wir standen kurz davor, ein Album einzuspielen und bauten in den Clubs und Pubs von Sydney eine solide Fan-Gemeinde auf. Es sah gut aus für The Beast.

Rose Tattoo waren währenddessen nach England gegangen und machten dort tatsächlich eine ganz schöne Welle. Aber es knisterte bei ihnen im Gebälk. Mick Cocks stand kurz vor dem Rauswurf, und wen wollten die Tatts an seiner Stelle? Robin Riley. Scheiße! JL und ich wussten gleich, dass was im Busch war, als die eine Hälfte des Rose-Tattoo-Managements, Sam Righi, bei einem unserer Gigs im Caringbah Hotel erschien und Rob anschließend entführte. Die Ironie an der Sache war, dass Sam Righi und Mick Cocks sich sehr gut verstanden, aber hier ging es ums Geschäft, und die Chance war zu groß, als dass Rob sie sich entgehen lassen konnte. Tschüss, Rob, tschüss, The Beast.

Ich bin oft gefragt worden, wer der beste Gitarrist ist, mit dem ich je gearbeitet habe. Die meisten erwarten, dass ich Malcolm oder Angus Young nenne, weil die beiden eine Klasse für sich sind, aber ich sage immer wie aus der Pistole geschossen „Robin Riley". Rockin' Rob ist ein unglaublicher Gitarrist. Er spielt mit so viel Seele und Intensität, und er trifft immer den richtigen Ton. Vielleicht nur einen einzigen, aber selbst dann weiß man, dass er großartig sein wird. Rob könnte einem Baseballschläger einen tollen Sound entlocken, und er verdient viel mehr Anerkennung und Erfolg, als er bisher genießen durfte.

Februar 1981 saß ich im Sydney Showground in einer Loge, die extra für Freunde und Familienangehörige reserviert worden war, und erlebte das erste Australien-Konzert von AC/DC seit Juni 1977. Weder die Band noch das Publikum ließ sich von den üblichen Widrigkeiten beeinflussen, die ein großes Open-Air-Gelände wie der Showground üblicherweise mit sich bringt. Schließlich war es ein ganz besonderer Abend, AC/DC waren endlich wieder in Sydney, in jener Stadt, die sich selbst gern als ihre Heimat betrachtete.

Abgesehen von jenem kurzen Auftritt als Quartett im Station Hotel, damals im März 1975, war es das erste Mal, dass ich die Band spielen sah, ohne mit auf der Bühne zu stehen. Es war ein seltsames Gefühl von Distanz – die Jungs waren großartig, aber ich war nicht bei ihnen. Und Bon auch nicht.

Meine Gedanken gingen zurück an jenen schicksalhaften Nachmittag Anfang 1980. Damals wohnte ich mit meiner Frau Kobe in Randwick, einem Vorort im Osten von Sydney, der vor allem für seine Rennbahn berühmt ist. Ich hatte es mir auf der Couch gemütlich gemacht und las, als das Telefon klingelte. Es war mein guter Freund Brian Todd, der frühere Manager von Contraband.

„Hi Mark. Ich bin gerade ganz in der Nähe und komme gleich mal vorbei. Ich bringe eine Flasche Scotch mit."

Das war komisch, denn Brian wohnte eigentlich auf der anderen Seite der Stadt.

„Was ist denn los?", fragte ich beunruhigt.

Nach einer langen Pause fragte Brian: „Du hast nicht Fernsehen geguckt?"

Was war denn das für eine blöde Frage?

„Bon ist tot."

Ach du Scheiße … nein … „Bist du sicher?"

„Er ist tot, Alter. Sie haben es im Fernsehen und Radio gebracht. Er war in London. Wir sehen uns gleich."

Oh nein. Nicht jetzt. Ich musste mich setzen; mir war, als würde ich gleich ohnmächtig. Mit weichen Knien ließ ich mich auf das Sofa sinken, auf dem Bon betrunken eingepennt war, als er mich das letzte Mal besucht hatte.

„Ich will eine Soloplatte machen", hatte er mir an jenem Abend erzählt. „So in Richtung Lynyrd Skynyrd, aber mit viel Dampf, mit Songs, die richtig rocken."

Er war besoffen, und das war ich auch, aber es war trotzdem immer wieder großartig, mit Bon zu quatschen. Es war seltsam – seit ich die Band verlassen hatte, waren wir uns näher als zuvor. Ich hatte ein paar großartige Abende mit ihm und Silver verbracht, und vielleicht hatte er deswegen das Gefühl, dass er mit mir offener über seine Probleme reden konnte. Wenn er in Sydney war, wohnte er am liebsten nahe am Strand, und meist quartierte er sich deswegen im Corban Motel ein, das nur fünf Minuten zu Fuß von unserem Haus in Randwick entfernt war. Daher kam es öfter vor, dass er, nachdem ich die Band verlassen hatte, immer noch mal bei mir vorbeischaute. Wenn ich nicht zu Hause war, ließ er mir als Visitenkarte eine Flasche Whisky vor der Tür stehen, als Zeichen, dass er wiederkommen würde. In jüngster Zeit hatte er eher Jack Daniel's als Scotch mitgebracht, aber das war völlig scheißegal – Hauptsache, Bon war in der Stadt.

„Jawohl, ein richtig lautes, dreckiges Soloalbum, mit richtig bodenständigen Songs", hatte Bon mir zwischen ein paar Schluck Whisky anvertraut. „Muss ich aber in den Staaten einspielen. Hab' schon ein paar Jungs im Auge, die daran mitarbeiten könnten."

Bon war in Hochstimmung, er hatte ein neues Motorrad, und außerdem hatte er sich in der Stadt vermutlich mit ein paar Stimmungsverstärkern versorgt. Offenbar war die Erinnerung an den beinahe tödlichen Motorradunfall 1974 in Adelaide allmählich ein wenig verblasst, aber wahrscheinlich war Bon einfach nur Bon, wie immer. Scheiß auf morgen, wir leben heute, was morgen ist, wer weiß das schon. Gib mal noch 'nen Schluck, ziehen wir noch 'ne Linie. So war Bon.

„Alter", sagte ich ihm, „das wird aber ein interessantes Band-Meeting, wenn du den Jungs von deinen Plänen erzählst."

Bon sah mich mit seinem unverbesserlichen, breiten Grinsen an. „Ich erzähl dir später, wie's gelaufen ist …"

„Mark! Mach die Tür auf!"

Scheiße. Brian. Ich stand auf, ließ ihn rein und sackte gleich wieder auf dem Sofa zusammen. Es war, als hätte ich gar keine Beine, ich fühlte mich schwer, als ob ich bewusstlos geschlagen worden war und jetzt erst wieder zu mir kam. Das kann doch nicht wahr sein, doch nicht jetzt; die Jungs starten doch gerade durch, doch nicht jetzt, verdammte Scheiße.

„Scotch, Alter?", fragte Brian. „Es tut mir so Leid. Ich habe dich gleich angerufen, als ich es erfahren habe. Ich war sowieso in der Nähe – und ich dachte, du wüsstest es schon."

Ich fühlte mich wie betäubt. Brian redete, aber ich begriff gar nicht, was er sagte. Irgendwas von einem Auto …

„War es ein Autounfall?“, fragte ich.

„Nein“, antwortete Brian. „Sie haben ihn in einem Auto gefunden.“

Ich musste an die vielen Male denken, wenn Bon auf dem Rücksitz eines Autos besoffen eingepennt war, wie ihm das Kinn auf die Brust sackte, wenn wir mit Tiefflieger-Phil am Steuer von einem Gig nach Hause bretterten. Bon schnaufte dann leicht beim Atmen ... Verdammt, wenn er wirklich ernsthaft abgestürzt war, hätte er überhaupt wach genug werden können, um aus dem Auto zu klettern?

Brians Scotch verdunstete schnell. Ich war fix und fertig. Hier saß ich auf meinem Sofa, kippte Whisky wie damals mit Bon, und er war nicht mehr. Dieses letzte Treffen mit ihm ging mir nicht mehr aus dem Kopf.

„Ich kann's ja gar nicht glauben“, hatte Bon gesagt. „Du sitzt jetzt schon seit über zehn Minuten auf diesem Sofa und bist immer noch wach. Scheiße, du hast dich echt verändert, Mark.“

„Nein, ich bin immer noch der Alte“, versicherte ich ihm. „Ich kann überall einschlafen. Aber nicht, wenn du mich wach hältst, du Arschloch.“ Er war auch noch immer der alte Bon, aber er sah müde aus, trank mehr als früher und war immer noch einsam. Er vermisste Silver und war sich nicht sicher, ob sie überhaupt noch eine Beziehung hatten. Meiner Meinung nach war da nicht mehr viel zu retten, aber er hoffte auf das Gegenteil.

Am Tag nach Bons Tod ging ich zu Fifa ins Büro im Boomerang House. Kaum, dass ich sie sah, brach alles über mich herein. Ich hatte gewusst, dass Bon tot war, aber was auch immer mir gefehlt hatte, damit ich es wirklich begriff, das drang jetzt zu mir durch, da ich Fifa sah. Wir mussten gar nichts sagen. Welche Worte hätten in dieser Situation auch irgendeine Bedeutung gehabt?

Als ich wieder ging, rief Narelle, Fifas Assistentin, mir noch nach: „Mark! *Highway To Hell* hat letzte Woche in den USA Goldstatus erreicht.“

„Danke, Narelle“, sagte ich und brachte irgendwie ein Lächeln zustande. „Was spielt das jetzt noch für eine Rolle“, dachte ich.

„IN THE BEGINNING …“ Die Menge flippte aus, und das laute Gebrüll riss mich aus meinen Gedanken. Die Zuschauer feierten Bons berühmte, predigtähnliche Einleitung zu „Let There Be Rock“. Es waren Bons Worte, natürlich, aber nun war es Brian Johnson, der sie im ausverkauften Sydney Showground herausschrie, und die Leute tobten. AC/DC waren wieder in Sydney und ließen es krachen.

Während des Konzerts kämpfte ich mit meinen Gefühlen. Es war eine unglaubliche Erfahrung. Ich hörte, wie die Band ein Intro anstimmte, das ich schon hundert Mal gespielt hatte, und wenn dann der Gesang einsetzte, dann war es nicht Bons Stimme. Das ging mir wirklich durch und durch. Ich hätte darauf vorbereitet sein sollen, aber das war ich nicht. Glücklicherweise saß ich in einem recht privaten Bereich und war umgeben von Menschen, die mich gut kannten und von daher nachsichtig mit mir waren.

Nach der Show fanden sich Familienangehörige, Freunde und geladene Gäste, darunter auch Kobe und ich, in dem riesigen Zelt ein, das im Backstage-Bereich errichtet worden war, um die „Heimkehr“ der Band zu feiern. Die Stimmung war phantastisch, die Band hatte alle restlos weggepustet. Vorm Konzert hatte es natürlich viele Bedenken gegeben, ob Brian wohlmeinend aufgenommen werden würde, aber der Gig hatte alle Zweifler überzeugt. Die vielen tausend Zuschauer im Sydney Showground waren bereit, ihn zu adoptieren. Er hatte es geschafft.

Es war für mich verdammt hart gewesen, AC/DC bei dieser Feuerprobe zuzusehen, aber für die Jungs selbst war dieser Augenblick natürlich noch viel schwerer gewesen. Sie hatten eine Menge ertragen müssen, um so weit zu kommen, und dafür verdienten sie Respekt.

Ich gesellte mich zu ihnen und wir redeten und lachten ein bisschen. Anschließend wurden einige Gold- und Platinplatten überreicht, und Ted Alberts hielt eine wirklich gelungene Rede, die diesen historischen Moment angemessen würdigte. Dann war plötzlich ein lauter Ruf zu vernehmen: „Wo ist denn jetzt die echte Band?“ Pat Pickett stand auf, sah den Sprecher an und sagte: „Mach lieber deinen Mund zu, bevor dir jemand reinscheißt.“ Ted guckte erst ein bisschen irritiert, sagte dann aber: „Ich wünschte, das wäre von mir gekommen!“ Es war ein köstlicher Augenblick. Bons Kumpel hatte allen deutlich gemacht, wo er stand.

Wir machten Fotos mit der Band und mit Ted und Fifa. Sie zeigten eine kurzlebige, höchst ungewöhnliche AC/DC-Besetzung mit zwei Bassisten, Cliff Williams und mir. Aber es war ein wunderbares Gefühl, dass die Jungs und das Alberts-Team mich so herzlich willkommen hießen. Es war ein herrlicher Abend und ein echter Triumph für AC/DC. Es war auch das letzte Mal, dass ich privat mit der Band zusammen kam.

Plötzlich trat Michael Browning wieder in mein Leben. Er hatte sich von AC/DC getrennt und betreute nun eine Band namens Heaven, die derzeit in den USA unterwegs war. Als er sich bei mir meldete, hatte er ein Anliegen.

„Könntest du mit JL nach L.A. kommen und die Band verstärken?"

„Na klar. Hört sich super an."

„Allerdings brauchen wir dich als Rhythmusgitarristen, als Ersatz für Mick Cocks."

Ach du Scheiße!

Mick sah das glücklicherweise völlig gelassen. Er hatte genug davon, dauernd mit Allen Fryer aneinander zu geraten, dem aus Glasgow stammenden Sänger. Eigentlich hatte man allgemein erwartet, dass Allen nach Bons Tod bei AC/DC einsteigen würde; der *Melody Maker* hatte sogar eine entsprechende Meldung gedruckt.

Mick hatte, als Rose Tattoo in England waren, viel Zeit mit Bon verbracht. Schließlich war Mick sozusagen Bons Tourneebegleiter geworden, teilte sich die Hotelzimmer mit ihm, saß neben ihm im Bus und war auch sonst ständig an seiner Seite. In London bewegte sich Mick in denselben Kreisen wie Silver, Bons jetzige Ex, und ihr Freund Joe Furey, der in der Nacht, als Bon starb, mit Silver im Krankenhaus gewesen war.

„Ich wusste gar nicht, dass Bon so ein feiner Pinkel war!", berichtete mir Mick. „Er mochte es aber, wenn ich ihn so bezeichnete, wenn er einen guten Rotwein zum Abendessen bestellte."

Dass die beiden sich gut verstanden hatten, lag eigentlich auf der Hand – sie waren vom Typ her sehr ähnlich und verstanden es beide, im Leben viel Spaß zu haben. Wahrscheinlich waren sie im Doppelpack wie eine drogenbefeuerte Version von Laurel und Hardy gewesen.

Eines Morgens kam einer der Roadies zu Mick, der auf seinem üblichen Platz im Bus saß, und zitierte ihn nach hinten zu einem Gespräch mit Mal. Und Mal löcherte Mick nach seiner Freundschaft mit Bon. Wie Mick später berichtete: „Ich dachte damals, gleich fragen sie mich, ob ich irgendwelche Absichten habe, was Bon angeht."

So viel zu Mick, nun aber wieder zurück zu Heaven. JL und ich waren kaum in L.A. gelandet, da ging es auch schon auf Tour – als Vorgruppe für Mötley Crüe, die damals ihr Album *Shout At The Devil* im Gepäck hatten. Man hatte mich gewarnt, dass es bei diesen Jungs ziemlich wild zugehen konnte. „Okay", dachte ich, „ich werde schon auf mich aufpassen." Tatsächlich war ich ungefähr auf alles vorbereitet, nur nicht auf ein paar Kerle mit hochhackigen Schuhen und Make-up. Was war das denn, verdammte Scheiße? Hinter dem Lippenstift und den hohen Absätzen waren sie allerdings wirklich nette Jungs, vor allem ihr Sänger Vince Neil und der Schlagzeuger Tommy Lee. Aber wilde Gesellen? Das sollte wohl ein Witz sein. Wahrscheinlich hatte da irgendein Typ in der PR-Abteilung ein bisschen dick aufgetragen.

Gleich zu Anfang der Tour wurden wir in Denver, Colorado, von schweren Schneefällen überrascht und saßen drei Tage lang in unserem Hotel fest. An einem Abend schlugen wir uns bis zu einer Bar auf der anderen Straßenseite durch. Der Laden hieß Johnny's und war benannt nach seinem Besitzer, einem vierschrötigen Cowboy. Er war ein lauter, ruppiger und total nerviger Typ, der sich für den besten Poolbillard-Spieler von ganz Denver hielt und groß herumtönte, dass er mit jedem, der sich traute, um einen Einsatz von 50 Dollar spielen würde.

Da war er bei mir an den Richtigen geraten. Her mit dem Queue, Cowboy!

Es war kaum zu glauben, aber bei ihm ging wirklich kein Stoß daneben. Er lochte alle Kugeln sauber ein, und bei mir lief gar nichts. Ich verlor vier Spiele hintereinander. Damit war ich 200 Dollar los und pleite – und vor allem war ich stinksauer. Dass Johnny meine Niederlage lauthals herausposaunte, machte die Sache nicht angenehmer.

„Hey, ich hätte ja gedacht, ihr Aussies würdet was vom Poolbillard verstehen. Aber so kann man sich irren! Ha ha!"

Er machte mich richtig wütend.

„Hey", prustete er, „wie wär's – wir spielen noch eine Partie, aber diesmal um 100 Mäuse? Aber halt, du hast ja keine Kohle mehr. Pass auf, wenn ich gewinne, kriege ich deine Klamotten, und du musst splitterfasernackt durch den Schnee nach Hause. Abgemacht?"

„Her mit dem Queue, Johnny."

Laurie Marlow, der Bassist von Heaven, erklärte mich für verrückt. Das war ich auch, aber verdammt, ich wollte dieses Arschloch unbedingt schlagen. Inzwischen standen reichlich Zuschauer um unseren Tisch, und es wurden die ersten Wetten abgeschlossen. Irgendjemand rief: „Tritt ihn in seinen fetten Arsch!"

Tatsächlich wendete sich das Glück, und das nächste Spiel gewann ich. Damit musste ich schon mal nicht mehr nackt durch den Schnee. Wir spielten weiter. Die Bar machte zu, wir spielten weiter. Johnny verlor nun ein Spiel nach dem anderen und fing an, sich richtig zu ärgern. Ein Drink folgte auf den nächsten, und plötzlich traf ich bei jedem Stoß. Jetzt lief es so richtig. Schließlich behauptete Johnny, ich würde mogeln, nachdem ich nach dem Anstoß zwei Kugeln versenkte und dann den ganzen Tisch abräumte. Er bekam keinen einzigen Stoß und musste mir noch einen Hunderter rüberreichen.

Im Laufe der Nacht ging er ein paar Mal an die Kasse, bis ich die kompletten Tageseinnahmen abgesahnt hatte, insgesamt waren es über 2.000 Dollar. Der dicke Drecksack schuldet mir immer noch 500 Mäuse.

Die nächste Tour absolvierten wir im Vorprogramm von Kiss, eben jener Truppe, über die wir vor Jahren in London so gelästert hatten. Es war ihre heiß diskutierte *Unmasked*-Tournee, bei der sie ohne Make-up auftraten. Keine gute Idee, Jungs. Es war ziemlich schnell klar, wieso sie sich zuvor so zugekleistert hatten – sie waren potthässlich. Gene Simmons war allerdings ein ziemlich interessanter, beeindruckender Typ, der nicht mit guten Ratschlägen hinter dem Berg hielt.

„Hey, ich bin ein großer Fan von euch, Jungs", erklärte er uns eines Abends. „Ich würde gern eure nächste Platte produzieren."

Heaven hatten damals mit „Rock School" einen kleinen Hit, der recht häufig auf MTV gezeigt wurde, das gerade noch in seinen Kinderschuhen steckte. Es sah gut aus für uns. Einmal machten wir eine Fotosession für eine japanische Zeitschrift und hatten uns dafür vor der Hintertür des Eisstadions aufgebaut, in dem wir an jenem Abend spielten. Plötzlich ging die Tür auf und Gene posierte für die Kameras, mit dieser typischen Zungengymnastik – igitt! Dann unterhielt er sich in fließendem Japanisch mit dem Fotografen und machte ein paar Witze. Jedenfalls glaube ich das, weil die beiden sich anschließend vor Lachen bogen. Vielleicht lachten sie auch über Heaven. Daraus, dass Gene uns produzierte, wurde leider nichts.

Im Anschluss an die *Unmasked*-Tournee spielten wir ein paar Mal im Vorprogramm von Black Sabbath, deren Besetzung sich seit meiner letzten Begegnung entscheidend verändert hatte. Ozzy war nicht mehr dabei, dafür stand Ian Gillan von Deep Purple am Mikrofon. Bev Bevan saß am Schlagzeug, aber der Gitarrist Tony Iommi und der Bassist Geezer Butler, Malcolms alter Sparring-Partner, waren noch an Bord. Auffälligstes Merkmal dieser Tour war wohl, dass sie vor der Kulisse von Stonehenge auftraten. Jeder, der mal *Spinal Tap* gesehen hat, weiß, was ich damit sagen will. Scheiße, Stonehenge!

Umgeben von Trockeneis und bedeutungsschwangerer Musik traten Black Sabbath also zwischen den großen, noch nicht mal besonders gut nachgebauten Steinen hervor. Es war ein echter Brüller. Und ich konnte es mir nicht verkneifen: Als Geezer zu seinem Bass-Solo ansetzte, scharte ich ein Grüppchen Begeisterungswilliger um mich, so wie wir es schon bei AC/DC getan hatten. Wir rotteten uns seitlich an der Bühne zusammen und warteten auf seinen ersten Patzer. Geezer legte los und … na, da wird doch wohl noch … JAWOLL! Beifall brandete auf, und Geezers Kopf fuhr herum, überrascht, aber auch irritiert. Er hatte diesen Beifall schon einmal gehört. Aber wo? Und wann? Scheiß-Australier!

Heaven implodierten 1984 auf einer Australien-Tournee, und ich hockte daraufhin wieder in Sydney, wo ich ein Haus mit Graham Kennedy und meiner Freundin Bille bewohnte und über meine nächsten Schritte nachdachte. Meine Ehe hatte nicht gehalten. Das war meine Schuld, keine Frage, aber aus unserer Vereinigung war eine wunderschöne Tochter hervorgegangen, Kristin, die am 25. Februar 1982 in Perth zur Welt gekommen war. Anfangs habe ich nicht allzu viel von ihr gesehen, bis sie wieder mit Kobe nach Sydney zog. Meine Ex-Frau und ich konnten unsere Differenzen bereinigen, und danach sah ich Kristin jedes Wochenende – oder zumindest jedes zweite. Ich war ein stolzer und glücklicher Vater.

Meinen nächsten musikalischen Einsatz verdankte ich Dave Tice, dem ehemaligen Sänger der ersten australischen Heavy-Metal-Band, Buffalo, die er in den frühen Siebzigern zusammen mit seinem besten Freund Pete Wells gegründet hatte. Buffalo gingen endlos auf Tournee, wie alle guten Bands in jener Zeit, und nahmen vier bahnbrechende Metal-Alben für das prestigeträchtige Label Vertigo auf, bei dem auch Black Sabbath unter Vertrag standen. Pete gründete später Rose Tattoo, und Dave ging nach England und wurde Frontmann der Count Bishops.

Mitte der Achtziger war Dave wieder in Sydney und stellte eine Band zusammen, die später den Namen The Headhunters erhalten sollte. Der Schlagzeuger Greg Skehill und der Gitarrist Mick Cocks (jawohl, der schon wieder) waren schon an Bord, aber Dave suchte nach einem neuen Bassisten, und ich war als Ersatz für den aktuellen Kollegen im Gespräch – Joe Furey, den Freund von Silver Smith, der inzwischen wieder in Sydney lebte. Die Headhunters spielten vor allem in Bars, und unser Hauptquartier war das Royal Hotel, das sich nur ein paar hundert Meter vom berühmten Bondi Beach befand.

The Headhunters und das Royal Hotel passten großartig zusammen. Wir wurden zur Institution an den Sonntagnachmittagen und bekamen auf der Bühne gelegentlich Besuch von sehr interessanten Gästen, darunter Pat Cash, der Wimbledon- und Davis-Cup-Sieger, der an der Gitarre eher noch ein Anfänger war. Mick und ich spielten Tennis mit Pat, und Pat spielte Gitarre mit uns. Es war ein perfekter Ausgleich, was die jeweiligen Fähigkeiten betraf, und ich wurde schließlich sogar in die Pat Cash Group berufen.

Das Royal Hotel hatte noch andere Vorzüge. Mick und ich lernten dort die East Sydney Bulldogs kennen, das örtliche Team der Sydney Football League, und für eine Saison zogen Mick und ich uns die Footballschuhe an und durften mitspielen. Das Vorbereitungstraining überstanden wir, jedenfalls so einigermaßen. Am ersten Tag stand ein 10.000-Meter-Lauf an, und Mick und ich rannten hinter den Spielern her, schnaufend und keuchend, wie man es von zwei alten Rockern erwarten kann. Als wir wieder zu Atem gekommen waren, lernten wir ein paar tolle Typen kennen: Bomber, Marsh, Muscles, Bananas, Jimmy O. und PC. Die Headhunters wurden zur Hausband im East Sydney Bulldogs Club, der gleichzeitig auch das Hauptquartier der Sydney Swans darstellte, eines der zwölf Teams der damaligen Victorian Football League.

Mick hielt beinahe die ganze Saison über durch, bis er sich im vorletzten Spiel heftig am Knie verletzte. Ich schaffte es bis zum letzten Training, verdrehte mir dann auch das Knie und verpasste so das letzte Spiel. Das Knie musste ich operativ wiederherstellen lassen, während Mick auf die Operation verzichtete und lieber jammerte. Damit waren unsere Football-Karrieren beendet, aber die Headhunters marschierten tapfer weiter – abgesehen von Mick, der ein bisschen humpelte.

Bille und ich beschlossen zu heiraten, aber statt den ganzen Zinnober mit den Vorbereitungen für eine klassische Hochzeit durchzuziehen, verdrückten wir uns nach Las Vegas. Dort traf ich unseren guten Freund Wayne Marshall, einen Australier, der in den USA als Tennislehrer arbeitete, und zog mit ihm los, meinen Junggesellenabschied zu feiern. Bille nahmen wir mit. Wir alle betranken uns genüsslich und ließen uns von einem lustigen Jamaikaner namens Randall durch die Stadt fahren, der uns erzählte, dass eine gewisse multinationale Fastfood-Kette in Australien Känguruﬂeisch in ihren Burgern verarbeitete. Danke, Randall.

In Vegas herrschten an unserem Hochzeitstag, dem 3. August 1991, über 40 Grad. Ich hatte einen Kater und saß schwitzend wie ein Affe in unserer Suite im Flamingo Hilton. Irgendwann kam mir der Gedanke, den Kater mit einer Flasche Dom Perignon zu bekämpfen. Jawoll, das klappte. Und nachdem die erste so gut funktioniert hatte, hielt ich es für eine gute Idee, eine zweite nachzuschieben. Das Clark Country Court House bekam einen kleinen Schleier, was vielleicht auch an der Hitze lag, aber wir erhielten unsere Heiratspapiere und man wies uns den Weg zur Graceland Wedding Chapel. Und wer wartete da auf uns?

Wir wurden von einem 130 Kilo schweren Elvis in Empfang genommen, der sich zunächst an Wayne wandte:

„Unterschreiben Sie hier, Dwayne."

„Ich heiße Wayne."

Elvis schwitzte und wirkte angespannt. „Rücken Sie mal ein Stück zur Seite, Dwayne!"

Hä?

„Ich hab' 200 auf die Yankees gesetzt. Mann, ich kann das Spiel nicht sehen!"

Tatsächlich lief auf dem Fernseher, der in der Ecke stand, ein Baseballspiel, während wir uns auf die Eheschließung vorbereiteten. Das gibt es wohl auch nur in Vegas.

Elvis bot Bille die Plastikblumen an, die im Preis inbegriffen waren, aber sie hatte sich vorsichtshalber selbst einen Strauß im Flamingo gekauft. In der Kapelle wartete Reverend Harrison auf uns, der Elvis darum bat, ein oder zwei Songs zu singen, bevor die Zeremonie begann. Ich war total nervös, als Elvis mich fragte:

„Nun, Sir, was würden Sie denn gern an Ihrem Hochzeitstag hören?"

Mir fiel nichts ein, gar nichts. Hier saß ich, am Tag meiner Hochzeit, innerlich schon ordentlich vorgeglüht, von außen reichlich gewärmt, und als der King mich fragte, was ich hören wollte, wusste ich keinen Song. Nicht einen.

„Hey, Dwayne", sagte ich – offenbar war das mit dem D irgendwie ansteckend –, „sag mir mal schnell einen Titel von Elvis!"

„Ich mochte immer dieses ‚I'm caught in a trap, I can't go on'."

Und so wurde ausgerechnet „Suspicious Minds" unser Hochzeitslied.

Anschließend gingen wir auf Hochzeitsreise und fuhren sechs Wochen durch die USA, sahen uns den Rest von Vegas an, Los Angeles, San Francisco und New York, und dann ging es weiter nach England, wo wir uns mit Pat Cash und seiner Frau Emily trafen. Bille zieht mich immer damit auf, dass wir nirgendwo hingehen können, ohne dass ich jemanden treffe, den ich kenne, und als wir mit Pat und Emily bei Browns in London im Laden standen, war es wieder einmal soweit – es kam jemand auf mich zu und umarmte mich. Es war Ian Jeffrey, der ehemalige Mischpulttechniker von AC/DC, den ich seit 14 Jahren nicht mehr gesehen hatte. Dementsprechend waren am Abend erst einmal ein paar Drinks fällig. Ian war inzwischen Tourmanager von Metallica, und er sorgte dafür, dass wir uns die Band beim Monsters-Of-Rock-Festival in Donington ansehen konnten, wo sie zusammen mit den Black Crowes, Mötley Crüe und, jawohl, AC/DC auftrat.

Es war eiskalt und windig beim Monsters-Of-Rock 1991. Wir verpassten die Black Crowes, sahen aber ein Stück von Mötley Crüe. Sie veranstalteten auf der Bühne die übliche Show, aber die Lederklamotten, die zerfetzten T-Shirts, Plateauschuhe und das Make-up wirkten hier ein wenig unpassend, zumal sie bei Tageslicht spielten. Sie waren die perfekte Rock'n'Roll-Parodie.

Es war mitten im August, Hochsommer in England, und ich fror mir an der Seite der Bühne den Arsch ab, während Metallica kernig abrockten. Das sollte Sommer sein? Ach du Scheiße. Mir wurde so kalt, dass ich mir am Merchandise-Stand ein Sweatshirt von Mötley Crüe kaufte – das waren die einzigen, die noch übrig waren.

Metallica standen geradezu in Flammen. Sie sind vom Stil her eigentlich etwas zu heavy für mich, aber die Intensität dieser Jungs haute mich um. Davon abgesehen spielten sie auch hervorragend, und auf mich machten sie den Eindruck, als seien sie auf dem Höhepunkt ihrer Schaffenskraft. Vor AC/DC auf die Bühne zu müssen, war natürlich eine undankbare Aufgabe, aber Metallica wehrten sich hervorragend. Sie gaben alles, und die Zuschauer wussten das zu würdigen.

Wie ich da noch neben Pat seitlich an der Bühne stand, stellte er mir einen der urigsten Typen im ganzen Musikgeschäft vor, Alan Rogan. Alan ist *der* Gitarrentechniker schlechthin und hat schon für George Harrison, Pete Townshend, Keith Richards, Eric Clapton und John Fogerty gearbeitet. Er ist eine Legende und eine echte Autorität, wenn es um alte Bässe und Gitarren geht, ein kleiner, untersetzter, grauhaariger Mann, der mit einem so breitem englischem Akzent sprach, dass es beinahe schon komisch wirkte.

„Aaah, Mark Evans, wenn ich mich nicht irre? Ich habe schon viel von dir gehört. Ich arbeite für Angus, den kleinen Wichser."

Alan erwies sich als äußerst nützlicher Kontakt. Er bekam es fertig, einen Stapel Gold- und Platinplatten aus dem AC/DC-„Tresor", wie er das nannte, herauszueisen und nach Australien zu transportieren. Ich spendete die Platten an Wohltätigkeitsorganisationen, die sie für einen guten Zweck versteigerten.

AC/DC waren die Headliner beim Monsters Of Rock. Ich freute mich darauf, sie zu sehen, aber ich rechnete nicht ernsthaft damit, dass es zu einem richtigen Wiedersehen kommen würde. Phil war inzwischen entlassen worden, und unsere letzte Begegnung im Sydney Showground lag zehn Jahre zurück. Seitdem hatten die Anwälte alle Angelegenheiten geregelt, die uns betrafen. (Es wäre immer noch schön, wenn wir uns einfach mal die Hand geben würden, nachdem nun die ganzen juristischen Probleme der Vergangenheit angehören, aber ich habe wenig Hoffnung, dass es noch einmal dazu kommt.)

AC/DC eröffneten die Show mit „Thunderstruck", und die Zuschauer rasteten völlig aus. Der Gig war großartig, jedenfalls das, was ich davon sah – nach einer Weile war ich völlig durchgefroren und verkrümelte mich hinter die Bühne, um mich bei Metallica und ihrer Crew ein bisschen aufzutauen. AC/DC waren überwältigend und enorm laut. Freiluftkonzerte sind vom Sound her meist nicht besonders gut, aber das traf auf Donington nicht zu; es klang wahnsinnig kraftvoll. Aber ich vermisste Phil am Schlagzeug; es war, als hörte man die Stones ohne Charlie Watts. Drummer haben ihren eigenen Stil, ihr eigenes Feeling – Phil ganz besonders. Wenn ich an AC/DC denke, dann höre ich in meinem Kopf Bon und Phil. Aber an jenem Abend zählte natürlich, dass das Publikum in Donington raste und die Band ebenfalls völlig aus sich herausging.

Allmählich rückten die Konzerte für mich in den Hintergrund, und meine Begeisterung für alte E-Gitarren und Bässe wurde immer wichtiger. Nach meiner Zeit bei den Headhunters tat ich mich mit Steve Jackson zusammen, der ebenfalls auf alte Gitarren stand und in Sydney ein Geschäft namens Jacksons Rare Guitars betrieb. Davon abgesehen ist er ein Fan der australischen Automarke Holden, und er hat eine ganze Scheune voller verschiedener Modelle. Gitarren und Bässe, das kann ich ja verstehen – aber Autos? Ich habe niemals selbst ein Auto gefahren, jedenfalls nicht bewusst, obwohl Robin Riley behauptet, dass ich unsere Band einmal von einem Konzert zurück zu unserem Hotel in Queensland kutschiert habe, aber ich war zu betrunken, um mich daran zu erinnern.

Je mehr ich über alte Gitarren und das dazugehörige Geschäft erfuhr, desto mehr interessierte es mich. In Steves Laden wurden unglaubliche Instrumente gehandelt, die aufgrund ihres Alters und ihrer Geschichte beinahe über Nacht an Wert gewannen: Gitarren von Fender, Gibson, Gretsch und Rickenbacker aus den Fünfzigern und Sechzigern begannen mich zu faszinieren, ebenso wie die großartigen Akustikgitarren von C.F. Martin & Co. Es dauerte nicht lange, und ich arbeitete bei Steve mit.

Zum ersten Mal in meinem Leben hatte ich das Gefühl, meinen Platz gefunden zu haben. Bille und ich kauften uns ein Haus in Balmain, einem Vorort von Sydney, der westlich vom Zentrum am Hafen liegt. Das Geschäft mit klassischen E-Gitarren lief gut, und Kristin entwickelte sich bestens, woran ihre Mutter den größten Anteil hatte. Kristin war jedes zweite Wochenende bei uns in Balmain, und wir hatten eine herrliche Zeit. Unser Haus lag an einer Anhöhe und war über 100 Jahre alt; es erstreckte sich über drei Stockwerke und hatte eine höhlenartige, aber sehr gemütliche Bar im Keller. Kristin liebte diese Bar. Wenn ich jetzt so drüber nachdenke, dann fand ich sie auch sehr großartig. Man stieg von draußen über eine Wendeltreppe hinunter, die über die Jahre einige Opfer forderte. Pat Cash war einmal so betrunken, dass er die Treppe sogar hinauffiel.

Ein Nebeneffekt der Arbeit mit klassischen E-Gitarren war, dass ich unglaublich gute Gitarristen traf und spielen hörte, und dass ich viele faszinierende, besessene Gitarren-Fans kennen lernte. Als Ian Jeffrey mit Metallica nach Sydney kam, brachte er Kirk Hammett und Jason Newstead mit ins Geschäft. Wir verhandelten über ein paar schöne, alte Gitarren, und Jason brachte mich schließlich soweit, dass ich ihm meinen Telecaster-Bass von 1968 mit der Paisley-Lackierung überließ. Den Bass hatten die Doors bei der Aufnahme von „LA Woman“ und vielen Tracks von *Morrison Hotel* benutzt, und ich weiß nicht, wieso ich mich damals dazu überreden ließ, ihn wegzugeben. (Jason, ich will das Ding zurück!)

Bille, Kristin und ich sahen uns Metallica live im Sydney Entertainment Centre an. Kristin bekam ihre eigene Garderobe hinter der Bühne und wurde (natürlich!) wie eine Prinzessin behandelt — wobei sie vermutlich der einzige Mensch ist, der jemals bei einem Metallica-Gig eingeschlafen ist. Dabei war sie sehr verliebt in Lars, den Schlagzeuger. Ich widerstand der Versuchung, Lars davon zu erzählen und sie heftig zu blamieren, aber es fiel mir schwer – schließlich hat man als Vater ja eigentlich das Recht, seiner Teenager-Tochter peinliche Momente zu bescheren, wann immer man das möchte. Lars hatte einiges mit Pat Cash gemeinsam: Er war in seiner Jugend ein sehr erfolgreicher Tennisspieler gewesen, bevor die Musik sein Leben bestimmte.

Über das Geschäft lernte ich auch Richie Sambora von Bon Jovi kennen. Er war nicht nur ein Wahnsinnsgitarrist, sondern ein echter Gentleman. Als er zum ersten Mal bei uns hereinschaute, stöpselte er eine wunderschöne Fender Stratocaster aus den frühen Sechzigern in einen hübschen, kleinen Fender Champ von 1950. Das ist ein winziger, piepsiger Verstärker, den man aber durchaus zum Brüllen bringen kann, und genau das probierte Richie aus. Er ließ die Gitarre aufheulen und spielte ein paar unglaubliche Sachen, und wir alle waren so hingerissen, dass niemandem auffiel, dass der kleine Verstärker nicht besonders glücklich mit dieser Behandlung war und Rauch aus der Rückseite des Geräts drang. Richie hatte unseren schönsten Vorführverstärker gekillt! The Champ hatte uns geholfen, viele schöne, alte Gitarren in ein neues Zuhause zu vermitteln, aber jetzt war er tot und gab seine letzten Rauchzeichen. Richie war entsetzt und entschuldigte sich wieder und wieder für das Missgeschick. Er bestand darauf, den Verstärker zu bezahlen. Das lehnten wir natürlich ab, aber verdammt, ich habe den Champ wirklich geliebt, und ich vermisse ihn noch immer.

Direkt neben uns hatte Piers Crocker, ein Genie bei der Reparatur von Gitarren, sein Geschäft, und er berichtete uns eines Morgens, George Harrison sei auf dem Weg zu uns. Ein Beatle! Worüber redet man mit einem von den Beatles? Und dann noch mit George Harrison, der ja in dem Ruf stand, ein wenig schwierig zu sein. Ich geriet zwar nicht in Panik – obwohl, doch, vielleicht ein bisschen, aber Steve, der ein echter Beatles-Fan war, sah aus, als ob er jeden Augenblick explodieren wollte.

Georges Auto hielt vor dem Haus. Er kam an unsere Tür, die gewöhnlich abgeschlossen war, und ich öffnete ihm.

„Hallo, George, schön, dass du vorbeigekommen bist, komm doch rein. Dein Fahrer vielleicht auch?“

George antwortete kurz angebunden: „Der hat nichts anderes getan, als mich nach den Beatles zu löchern, seit ich bei ihm eingestiegen bin. Von mir aus kann der da draußen verhungern."

Damit war das Eis gebrochen.

George fühlte sich bei uns wie zu Hause. Er kochte sich sogar selbst eine Tasse Tee, bevor er sich umsah, und dann probierte er ein paar Gitarren aus. Es war ein sensationell komisches Gefühl, mit ihm zusammen zu sitzen; er war jemand, von dem ich damals das Gefühl hatte, ihn schon fast mein ganzes Leben lang gekannt zu haben, obwohl ich vorsichtshalber nicht durchblicken ließ, dass ich eigentlich mehr ein Stones-Fan war. Als ich ihn mir so ansah, hatte ich das Gefühl, dass man ihn für seinen Beatles-Steckbrief ein wenig gestreckt hatte; darin stand, wenn ich mich recht erinnerte, etwas von eins achtzig, und mir kam es so vor, als ob er einige Zentimeter kürzer war. Das war ja ein Ding. Offenbar hatte mein alter Kumpel Derek Taylor, der Pressevertreter der Beatles, da unnötig etwas ausgeschmückt!

Wir kamen bestens miteinander zurecht und hatten sehr viel Spaß, bis Steve auf ein Beatles-Poster zeigte, das an der Wand des Hinterzimmers hing.

„Erinnerst du dich noch an diese Typen, George?"

„Jetzt könnte es interessant werden", dachte ich, „auf die eine oder andere Weise."

„Oh ja, ich erinnere mich an dieses Foto", antwortete George. „Das entstand bei den Proben zu einer Fernsehsendung in London. Ich kam zu spät, und deswegen haben die anderen ihre Anzüge an und ich stehe in meinen Alltagsklamotten da."

Puh, das war noch mal gut gegangen.

Während wir dann weiter über alte Gitarren redeten, wurde er richtig locker. Er erzählte uns von zwei Sonic Blue Fender Stratocaster, die er und John Lennon sich in New York gekauft hatten; seiner hatte er später eigenhändig einen psychedelischen Anstrich mit fluoreszierenden Farben verpasst.

„Das war eine ziemlich blöde Idee", räumte er allerdings ein.

Er sprach im Präsens von John Lennon, obwohl der damals bereits mehrere Jahre tot war. Es war ganz offensichtlich, dass George seinen ehemaligen Bandkollegen sehr verehrte, obwohl er auch sagte: „John kann manchmal ein bisschen anstrengend sein." Als es um Ringo ging, benutzte er dessen bürgerlichen Vornamen Ritchie. Paul McCartney hingegen nannte er lediglich „den Bassisten" – darauf muss sich jeder selbst einen Reim machen.

Als er unsere Instrumente ausprobierte, ließ George ein paar Beatles-Elemente anklingen, darunter auch die Barrégriffe vom Intro zu „I Feel Fine". Steve sah aus, als würde er gleich aus den Latschen kippen. Dann wechselte George zur großartigen Gitarreneinleitung von „Norwegian Wood" und sang leise den Text: „I once had a girl, or should I say, she once had me." Und das war der Moment, an dem ich selbst fast umgefallen wäre. Seine Stimme war klar und hell, voller Seele und Wärme. Ich hatte nicht gewusst, dass er so ein guter Sänger war, aber neben Konkurrenten wie Lennon und McCartney war es sicher auch immer sehr schwer gewesen, sich durchzusetzen. Er beendete den Song und sagte dann: „Das ist einer von Johns Songs. Eine wunderschöne Nummer." Das kannst du laut sagen, George.

Als wir zum Geschäftlichen kamen, baten wir George um seine Adresse, damit wir ihm die erforderlichen Informationen würden zuschicken können, und er schrieb sie uns gern auf:

George Harrison
Friar Park
England

„Kommen die Sachen tatsächlich bei dieser Adresse an, George?", fragte ich skeptisch, weil mir das doch ein bisschen knapp erschien.

„Ja, natürlich. Bei mir ist schon Post gelandet, die lediglich mit ‚George Harrison, England' adressiert war."

Und ich hatte immer geglaubt, das würde nur beim Weihnachtsmann funktionieren.

KAPITEL 12
EIN LANGER, LANGER WEG

Der 30. Januar 1997 war ein ganz besonderer Tag für den Evans-Clan. An diesem Tag feierten wir die Ankunft von Virginia, Kristins kleiner Schwester, der süßen Tochter von Bille und mir. Ich fand es schön, dass wieder einmal eine Evans in Sydney zur Welt gekommen war, nur wenige hundert Meter entfernt von der Underwood Street 32 in Paddington, wo mein Vater 1916 das Licht der Welt erblickt hatte. Das Leben war schön. Sehr, sehr schön.

Dave Tice und Mick Cocks hatten sich zu einem vom Blues beeinflussten Akustik-Duo zusammengetan, um ein paar Gigs im Tea Gardens Hotel von Bondi Junction zu geben. Gelegentlich stieß Micks früherer Rose-Tattoo-Kollege Ian Rilen zu ihnen. Ich bekam meine Feuertaufe mit dieser Band an einem Freitagnachmittag kurz nach Victorias Geburt.

Mick war mit einer ehemaligen Hotelbetreiberin befreundet, Karen, die nun ein Restaurant im Stadtteil Woolloomooloo eröffnen wollte, und sie wünschte sich dafür musikalische Untermalung von Dave und Mick. Das war in zweierlei Hinsicht etwas gewagt: Karen war englisch-australischer Abstammung, plante aber ein China-Restaurant, und sie war zudem aus irgendeinem Grund der festen Überzeugung, dass Akustik-Blues gut zu chinesischem Essen passte. Als sie Mick nirgendwo aufstöbern konnte (was wenig überraschend war), und Dave auch nicht, rief sie mich an, weil sie sich allmählich Sorgen machte — es waren nur noch vier Stunden bis zur Eröffnung.

Das war der erste Auftritt des Duos Dave Tice & Mark Evans, im Amazing Wok von Woolloomooloo. Die Idee eines chinesischen Restaurants mit Blues-Musik entpuppte sich zwar nicht wirklich als Renner, aber unser Duo entwickelte sich prächtig. Ich war gelegentlich einmal bei der Dave Tice Band eingesprungen, wenn Dave gerade keinen Bassisten hatte, aber das Duo mit ihm brachte mir richtig den Spaß an den Live-Auftritten zurück. Es dauerte nicht lange, und das Bridge Hotel in Rozelle, das Richard Keough, einem guten Freund, gehörte, und die Iguana Bar in Kings Cross boten uns regelmäßig Auftritte an.

Erst da wurde mir bewusst, wie sehr es mir gefehlt hatte, live zu spielen. Dazu kam noch, dass es mit Dave zusammen enorm viel Spaß machte, weil er eine großartige Stimme hat. Unser Akustik-Blues entwickelte sich von Gig zu Gig weiter. Die Arbeit als Duo hat deutliche Vorteile: Es gibt nur zwei Meinungen. Wenn man verschiedener Ansicht ist, dann kann man seine Meinung gleich äußern, ohne erst mit anderen Bandmitgliedern Rücksprache halten zu müssen. Eine sehr unmittelbare Herangehensweise. Außerdem waren unsere Familien inzwischen eng miteinander verbunden. Daves Frau Lesley war Billes beste Freundin, und seine Tochter Savannah und meine Virginia spielten viel zusammen, sodass schon darüber gewitzelt wurde, wer denn eigentlich die echten „Tice & Evans" waren.

Hinter den Kulissen hatte sich ebenfalls einiges verändert. Wir hatten uns ein neues Haus in Lilyfield gekauft (nun ja, für uns war es neu, aber eigentlich war es über 120 Jahre alt). Ich spielte wieder viel, zumeist allerdings eine Gibson J 200 Akustikgitarre und keinen Fender Precision Bass. Ginnie wurde größer und lachte den ganzen Tag, Kristin war an die Goldküste gezogen, und ich hatte eine neue Geschäftsadresse für den Handel mit Traditionsgitarren bei Carlo Bova und seinem Team von Downtown Music. Das Leben war rosa. Was konnte da schief gehen?

Kristin wohnte wieder bei ihrer Mutter im Norden, um die Sonne und den entspannten Lebensstil an der Goldküste zu genießen, und eines Tages, kurz vor ihrem 18. Geburtstag, klagte sie, es ginge ihr nicht gut. Der Hausarzt diagnostizierte bei ihr Drüsenfieber, was für ein Teenagermädchen sicher nicht lustig ist, aber auch nicht dramatisch; schließlich waren wir sicher, dass es ihr nach etwas Ruhe bald besser gehen würde. Theoretisch. Wir telefonierten in der folgenden Woche öfters, und es war klar, dass es ihr überhaupt nicht besser ging; sie sagte, sie fühlte sich beschissen. Kobe pflegte sie mit aller mütterlichen Hingabe, aber auch mit zunehmender Sorge.

Als Kristin das nächste Mal ihren Hausarzt aufsuchte, war der ebenfalls beunruhigt über ihren sich verschlechternden Zustand und wies sie ins Pindari Hospital ein. Der dortige Spezialist für Infektionskrankheiten, John Gerrard, hatte vor 15 Jahren, als er noch am Royal Prince Albert Hospital in Sydney angestellt war, einmal bei der Behandlung eines Patienten mit Lemierre-Syndrom assistiert, und er kam nach Gesprächen mit Kobe und einer gründlichen Untersuchung zu dem Schluss, dass es sich tatsächlich um diese Krankheit handelte. Offenbar meinte es jemand da oben gut mit unserer Kristin, denn die Früherkennung war entscheidend.

Sie wurde auf die Intensivstation des Gold Coast Hospitals verlegt. Der dortige Chefarzt, Hugh Thomas, hatte noch nie zuvor selbst jemanden mit Lemierre-Syndrom behandelt, aber einen solchen Fall einmal als Assistenzarzt in Südafrika miterlebt. Wunder hören niemals auf – wären die Ärzte weiter von Drüsenfieber ausgegangen, hätte das tödliche Folgen haben können.

Kristin verbrachte ihren 18. Geburtstag im künstlichen Koma. Das Lemierre-Syndrom verursachte ein septisches Blutgerinnsel und führte dadurch zu einer Lungenentzündung – was jedoch tatsächlich die weniger gefährliche von zwei schrecklichen Möglichkeiten darstellte. Es war Glück, dass das Gerinnsel, das sich in Kristins Drosselvene gebildet hatte, zur Lunge gewandert war. Hätte es das Gehirn erreicht, hätte das zu einem schlimmen Hirnschlag führen können. Es war so unwirklich: Es war Kristins 18. Geburtstag, und sie kämpfte um ihr Leben. Wie konnte das nur sein?

Ich saß im Wartebereich, als mein Telefon klingelte. Es war Dave Tice.

„Danke, dass du anrufst, Alter. Wie sieht's aus bei dir?"

„Ich bin im Krankenhaus", antwortete Dave.

„Was für einem Krankenhaus?"

„Im Royal Prince Albert in Sydney. Nick hatte einen Motorradunfall. Es sieht ziemlich übel aus." Scheiße, was konnte denn noch alles passieren?

Nick war der älteste Sohn von Dave und Lesley. Ein Lkw hatte ihn beim Wenden übersehen, als er mit seinem Motorrad angefahren kam, und er war buchstäblich unter die Räder gekommen. Der Unfall ereignete sich ganz in der Nähe von Daves Haus, und natürlich war er sofort vor Ort gewesen und hatte versucht, irgendwie zu helfen. Nicks rechtes Bein war „abgezogen" worden – die Haut seines Oberschenkels hatte sich gelöst, und Dave sagte, es sähe aus, als sei sie um seinen Knöchel zusammengeschoben „wie eine Football-Socke". Aber glücklicherweise war er nicht in Lebensgefahr. Die Verletzungen waren furchtbar schmerzhaft, würden aber wieder heilen.

Solange Kristin noch auf der Intensivstation lag, pendelte ich zwischen der Goldküste und Sydney hin und her. Es war eine unvorstellbare Situation, irreal und nicht von dieser Welt. Als ich nach zwei Tagen zu Hause wieder ins Krankenhaus fuhr, lag da jemand anderer in Kristins Bett: ein aufgedunsener, farbloser Mensch, der ganz offensichtlich nicht mehr lange auf dieser Erde weilen würde. Was zur Hölle war passiert? Und wo war Kristin? Mein Gehirn schaltete in den nächsten Gang. Ich fürchtete das Allerschlimmste und bekam Panik. Die Schwestern erklärten mir allerdings, dass es tatsächlich Kristin war, die ich vor mir hatte. Es war ein schockierender, schlimmer Anblick, den ich nie vergessen werde. Seltsamerweise machte das alles die Situation erträglicher. Ich hatte das Gefühl, als wartete ich nur darauf, dass Kristin zurückkehrte und den Platz dieses fremdartigen Wesens im Bett wieder einnehmen würde. Das sagt wohl alles über den Zustand, in dem ich mich befand.

Kristins Lungen waren „hart", von Flüssigkeit blockiert, und ihre lebenswichtigen Organe versagten allmählich, eines nach dem anderen. Daraufhin wurde beschlossen, ihre Lungen durch eine Operation zu entwässern. Die Ärzte hatten zwar Bedenken, sie auch nur zu bewegen, aber sie hatten keine andere Wahl. Ein Hubschrauber wurde auf Abruf angefordert, um sie nach Brisbane zu fliegen, falls etwas schief gehen sollte. Konnte es denn noch schlimmer kommen? Da wollten die Ärzte sie eigentlich überhaupt nicht bewegen, und dann bereiteten sie einen Hubschrauberflug für sie vor? Scheiße, bitte, nur das nicht – sie war doch gerade erst 18 geworden.

Mehr als ein Liter Flüssigkeit wurde aus jedem Lungenflügel geholt, und glücklicherweise war in der Flüssigkeit kein Anzeichen einer Infektion zu entdecken. Kristin kam zurück auf die Intensivstation, und der Hubschrauber wurde nicht gebraucht. Man sagte uns, dass nun nichts weiter getan werden könnte, als sie mit hohen Dosen Antibiotika zu behandeln, während sie weiterhin an die lebenserhaltenden Systeme angeschlossen blieb. Ganz, ganz langsam erholte sie sich, obwohl sie immer noch an den ganzen Maschinen hing. Als Kristin eine winzige Menge Urin ausschied, war das ein kleines, aber positives Zeichen dafür, dass ihr Körper allmählich wieder zu funktionieren begann.

Peter Steele, Kristins Großvater, sprach aus, was wir alle dachten.

„Noch nie hat ein kleiner Beutel Pipi so viele Leute so glücklich gemacht."

Kristin überlebte und nahm ihr ganz normales Leben wieder auf. Sie war phantastisch, eine richtige Inspiration. Unsere wunderbare, lustige Tochter war wieder da. Ich war mir sicher, dass sie nun ihr Leben erst so richtig genoss, und sie sah es sicher auch so. Ich hätte nicht stolzer sein können – auf dieses wundervolle Mädchen mit einer großartigen, warmherzigen Seele, einem großen Bewusstsein und viel mehr Weisheit, als ihren Jahren eigentlich zukam. Die Krankheit hatte ihren Charakter geprägt. Sie arbeitete im Hard Rock Café, beendete ihr Studium, reiste durch die Welt. Mit viel Optimismus, Hoffnung und ein paar Tränen verabschiedeten wir sie am Flughafen Sydney, als sie über Japan nach London flog, ihrer Zukunft entgegen.

Von Kristin lernte ich etwas ganz Entscheidendes. Sie hatte sich einem fast aussichtslosen Kampf gestellt und ihn gewonnen, hatte sich den Staub von den Kleidern geschüttelt und sich wieder mit dem Kopf voran ins pralle Leben gestürzt. Warum einen Tag, warum auch nur einen einzigen Moment verschwenden? Das erschien mir sehr richtig.

Als ich noch klein war, musste man sich entscheiden – entweder für die Beatles, oder für die Rolling Stones. Ich hielt immer zu den Stones, die mich begeistert hatten, seit ich zum ersten Mal „Not Fade Away" im Radio gehört hatte. Vielleicht war es der große Blues-Einfluss, der mich so packte, aber ich denke, mir gefiel auch ihr Bad-Boy-Image.

Bei meinen ersten noch holprigen Versuchen, eigene Bands auf die Beine zu stellen, war stets sehr viel Stones-Material mit im Programm. Ein paar dieser Songs spiele ich heute noch bei den Akustik-Gigs mit Dave: „Little Red Rooster", „Not Fade Away" und „Under My Thumb" gehören zu unserem aktuellen Programm. Als ich 1975 zu AC/DC stieß, hatte ich sehr erfreut festgestellt, dass in ihrer Setlist ein paar Stones-Songs auftauchten – sie verschwanden zwar kurz darauf, aber der Einfluss blieb erhalten.

Fast 30 Jahre später, am 20. Februar 2003, war ich mit Dave Tice, Graham Kennedy und Bille voller Vorfreude auf dem Weg zum Enmore Theatre in Sydney, wo die Stones im Rahmen ihrer *40 Licks*-Tournee auftraten. Das Enmore fasst nur 1.500 Zuschauer, es ist eine coole, kleine Halle, die für eine so großartige Band wie die Stones wie geschaffen ist. Es ist ein richtig altmodisches Theater, mit ansteigendem Hallenboden, kleiner Bühne und eben jener speziellen Atmosphäre, die man nur dann erfährt, wenn man eine Band wirklich aus nächster Nähe sieht – wie eine kleine Zeitreise, weg von den aktuellen Betonburgen und Superdomes.

Auf dem Weg dorthin musste ich unwillkürlich an jenen Abend im Mai 1976 denken, als wir uns die Stones im Londoner Earls Court ansahen, nachdem Atlantic uns Pässe besorgt hatte. Michael Browning war damals auch mit dabei, und wir waren offenbar alle sehr aufgedreht, weil er sagte, ihm sei gar nicht klar gewesen, dass wir alle so schnell rennen konnten. Es lag eine gewisse Aufregung in der Luft, was natürlich niemand von uns zugegeben hätte, dazu waren wir ja alle viel zu cool, und ich hatte damals auch das Gefühl, dass sich die anderen Jungs über einen begeisterten Kommentar gnadenlos lustig gemacht hätten. Also hielt ich die Klappe und ging weiter. Schnell. Angus war allerdings nicht bei uns.

„Wieso sollte ich denn da hin?", hatte er in der Band-Unterkunft vor sich hin gegrummelt. „Interessiert mich nicht."

Mir war das wurscht, ich war völlig hin und weg.

Die Stones-Konzerte in jener Zeit waren enorm aufwändig. Das Licht ging aus, und es erschallte die pompöse „Fanfare To The Common Man". Die Bühne war wie eine Lotosblüte gestaltet, in deren Mitte die Band stand, während sich die Seiten wie Blütenblätter öffnen oder schließen konnten. Es war alles im großen Stil gehalten und erschien mir fürchterlich übertrieben. Für mich hatte das nichts mehr mit Rock'n'Roll zu tun. Der eigentliche Set der Stones begann mit „Honky Tonk Women", und danach spielten sie viele Songs von *Black And Blue*, dem damals aktuellen Album. Es war die erste Tour mit Ron Wood von den Faces an der Gitarre.

Auf der Platte sind einige ziemlich Funk-beeinflusste Titel, die mir als eine radikale Abkehr vom traditionellen Stones-Sound erschienen und überhaupt nicht gefielen. Ich konnte mir auch nicht vorstellen, dass die anderen AC/DC-Jungs das irgendwie gut fanden. Ich persönlich war jedenfalls enttäuscht; damals dachte ich, wenn das da die „größte Rockband der Welt" ist, dann sind wir von diesem Titel auch nicht mehr allzu weit entfernt. Wenn das die Konkurrenz war, sah es für uns nicht übel aus.

Fast 30 Jahre später war ich dann wieder auf dem Weg zu einem Stones-Konzert. Inzwischen zählten sie zu den letzten wahren Überlebenden im Rockgeschäft. In einem Pub in der Nähe des Theaters kippte ich noch ein paar Scotch, dann war ich bereit. Ich hatte ein paar sehr seltsame Wochen hinter mir und brauchte dringend einen schönen Abend, damit das Leben wieder etwas freundlicher erschien.

Inzwischen lag meine Zeit bei AC/DC Jahre zurück, aber ich versuchte trotzdem immer, auf dem Laufenden zu bleiben, was die Band betraf. Sie sollte in die Rock And Roll Hall Of Fame eingeführt werden, und das war auch an der Zeit. Dabei ging ich davon aus, dass man die gegenwärtige Besetzung berücksichtigen würde, und natürlich auch Bon. Überrascht erfuhr ich dann, dass auch ich zu den Geehrten zählen sollte. Mehr noch, ich war überwältigt, als mein Freund, der Autor Murray Engleheart, mich anrief und mir sagte, dass ich auf der Webseite der Hall Of Fame mit den anderen genannt wurde. Murray wusste besser als irgendjemand sonst, wie die Dinge zwischen mir und der Band standen – es gab keinerlei Kontakt mehr. Die letzten Berührungspunkte waren rein juristisch gewesen und hatten die Lage eher verschlimmert als verbessert.

„Ich kann das gar nicht glauben", sagte ich zu Murray.

„Wer weiß, vielleicht schmilzt das Eis ja ein wenig", meinte er.

Das hielt ich zwar für verdammt unwahrscheinlich, aber egal – der Gedanke an die Rock'n'Roll Hall Of Fame an sich war ziemlich aufregend. Ich war stets stolz auf meine Arbeit mit der Band, trotz unserer Streitereien, und das war zweifelsohne eine wirklich große Sache.

Dennoch war meine erste Reaktion, die Nominierung abzulehnen, obwohl ich mich so sehr darüber freute. So, dachte ich, würde ich am ehesten meine Würde bewahren können. Denn es war unwahrscheinlich, dass mich die Band mit offenen Armen begrüßen würde – nicht nach all dem, was zuletzt an rechtlichem Ärger gelaufen war. Viele Bekannte aus dem Musikbusiness gratulierten mir zur Nominierung, meinten aber auch: „Abwarten, was passiert." Angenehm überrascht, aber zurückhaltend – so reagierten die meisten.

Schließlich rang ich mich dazu durch, die Sache auszusitzen, ohne meinem ersten Instinkt zu folgen. Ich war eigentlich überzeugt, dass noch irgendwas dazwischen kommen würde. Aber trotzdem – wenn ich ehrlich bin, dann muss ich zugeben, dass ich hoffte, der Staub hätte sich gelegt, wir könnten alle gemeinsam in die Kameras lächeln und dann mal sehen, wie es weiterging. Roly McAdam, der mir in dieser Zeit ein guter Freund und Ratgeber war, war zudem der Meinung, dass die Hall Of Fame die Liste der Nominierten sicherlich mit den Bands abgesprochen haben würde, wenn auch vermutlich mit dem Hinweis, dass es nur eine Nominierung war. Roly hatte Kontakte zu Suzanne Evans von der Hall Of Fame – was lag also näher, als zu fragen?

Zuerst gab es einige positive Zeichen: Man teilte mir die Termine mit und erläuterte die Einzelheiten zur Einführungszeremonie im Waldorf Astoria und die dazugehörigen Arrangements. Und es hieß, man würde in Kontakt bleiben und mich über alles Wichtige informieren. Dann ging die Temperatur in den Keller. Nach der ersten Woche meldete sich niemand mehr auf Rolys Anrufe. War das der Rückschlag, den ich befürchtet hatte? Aber klar doch. Als wir endlich wieder etwas hörten, war es die knappe Mitteilung, die Hall Of Fame habe die Nominierung überdacht und sei zu dem Schluss gekommen, dass ich doch nicht der Aufnahme würdig sei. Ich war draußen.

„Okay, wenn das so ist, dann ist es ja in Ordnung", sagte Roly. „Nach welchen Kriterien hat man denn das entschieden?" Das konnte Roly niemand sagen. Ich habe mich immer gefragt, was zu dieser Meinungsänderung geführt hat. Und das tue ich immer noch.

Auf alle Fälle möchte ich sagen, dass AC/DC die Einführung in die Hall Of Fame unbedingt verdienten, und sie war lange überfällig. Bon war natürlich mit aufgenommen worden, und ansonsten hatte man die bestehende Besetzung gewürdigt. Ich hatte absolut kein Problem damit, dass ich nicht dabei war. Gemessen an der langen Karriere war ich schließlich nur für kurze Zeit dabei gewesen. Zwar war es meiner Meinung nach eine wichtige Zeit gewesen, aber verglichen mit den mehr als 30 Jahren, die Cliff als Bassist bei AC/DC spielte, war es natürlich nur ein Herzschlag. Gegen den Strich ging mir allerdings die Herangehensweise der Hall Of Fame. Wenn es einen Fehler gegeben hatte, na gut, dann hätte man das auch zugeben müssen. Eine kurze Entschuldigung oder zumindest eine Erklärung hätte ich schon erwartet.

Tja, und so lag wirklich eine ziemlich verrückte Zeit hinter mir, als wir uns die Stones im Enmore Theatre ansahen. Und an diesem Tag zählte nichts außer der Tatsache, dass sie mit „Midnight Rambler" loslegten und dann gleich mit „Tumblin' Dice" noch einen draufsetzten. Besser ging's nicht. Wie sie es selbst einmal so schön ausgedrückt hatten: „The joint was rockin'."

Als langjähriger Stones-Fan war ich begeistert, die ganzen alten Sachen zu hören, die ich mit meinen allerersten Bands verhackstückt hatte, um sie dann in den Anfangstagen von AC/DC mit ein bisschen mehr Können zu spielen. Und dann wurde ich mit einem Knall wieder in die Gegenwart transportiert. Mal und Angus kamen auf die Bühne und brachten gemeinsam mit den Stones eine energiegeladene Fassung von „Rock Me Baby". Ich muss schon sagen, ich war ein bisschen grün im Gesicht, aber es war ein großartiger Augenblick. Meine alten Kumpels, alle beide schwer einzuschätzende Persönlichkeiten, aber dessen ungeachtet hervorragende Musiker, standen da oben und spielten mit den scheinbar unverwüstlichen Rolling Stones, eben jener Band, die Angus damals im Earls Court gar nicht hatte sehen wollen. Im Licht der gerade zurückliegenden Pleite mit der Hall Of Fame erschien mir das noch schmerzlicher. Während ich den Musikern auf der Bühne zusah, fragte ich mich erneut: „Was zur Hölle ist da gelaufen?"

Vielleicht werde ich die wahren Hintergründe nie erfahren, aber wie ich da in diesem herrlichen Theater saß, mit meiner Frau und meinen

Kumpels an der Seite, und meinen alten Bandkollegen zusah, wie sie mit Mick und Keith und den anderen abrockten, da konnte ich nicht anders, ich war beeindruckt. Mein Leben hatte ein paar seltsame Wendungen genommen, und es gab sicher einige Dinge, die ich bedauerte, aber an diesem Abend fühlte es sich einfach nur gut an, in diesem Raum zu sein und diese zeitlosen Songs zu hören.

Mein 50. Geburtstag fiel auf einen Samstag, den 4. März 2006 – ein Tag, an dem ein ganz normaler Gig von Tice & Evans in unserer neuen Wirkungsstätte angesetzt war, dem Sandringham Hotel in Newtown. Es sollte auch bei mir in Lilyfield eine Party geben, aber als alter Kämpe konnte ich mich nicht dazu durchringen, einen Auftritt abzusagen. Zumindest spielte ich den ersten Set, während dann mein guter Freund Ian Miller beim zweiten für mich einsprang. Ich hatte einen Haufen Leute aus Melbourne eingeladen und wollte zu Hause sein, um sie bei ihrem Eintreffen zu begrüßen.

Aber dann konnte ich kein Taxi erwischen. Es wurde spät, und ich fing schon an, mir Sorgen zu machen, da entdeckte ich eins, das etwa hundert Meter entfernt am Straßenrand parkte. Der Fahrer holte sich wahrscheinlich gerade einen Burger, dachte ich. Ich lief die Straße hinunter, schwang mich auf den Beifahrersitz und stellte überrascht fest, dass der Fahrer tatsächlich am Steuer saß und eine Frau auf dem Rücksitz Platz genommen hatte. Gerade wollte ich mich wortreich entschuldigen, da hielt ich inne – hey, das war doch meine Schwester Judy. Sie hatte mich überraschen wollen und war mit einem guten Freund, Dean Barclay, nach Sydney geflogen. Sie hatten kurz angehalten, um einen weiteren Freund einzusammeln, als ich in ihr Taxi sprang. Auch eine Fünf-Millionen-Stadt ist offenbar ein Dorf. Judys Überraschung war natürlich verdorben, aber es war ein toller Anfang für den Rest des Abends – und außerdem wollten wir ja auf dieselbe Party, und so sparte ich mir das Taxigeld.

Die üblichen Verdächtigen, um die 120 Personen, hatten sich inzwischen bei mir zu Hause versammelt, darunter meine Mädchen Bille und Virginia (Kristin war in Europa), natürlich Graham Kennedy, seine Frau Josette und ihr Sohn Tobi, viele andere gute Freunde aus Melbourne, meine Mutter Norma und meine „zweite Mutter“ Rose Kennedy, Grahams Mum. Dave Tice, Mick Cocks, Brian Todd und Owen Orford, der ehemalige Sänger von Contraband (den Bon für einen „supergeilen Sänger“ gehalten hatte) waren ebenfalls da. Die Jungs von den East Sydney Bulldogs guckten vorbei, und wenn diese massigen Typen nebeneinander standen, dann reichte es schon, damit es so aussah, als ob hinterm Haus dichtes Gedränge herrschte. Wir hatten eine Musikanlage aufgebaut und außerdem ein paar schöne Gibson-Akustikgitarren bereitgestellt, falls jemand Lust zu spielen hatte. Die Party sollte richtig großartig werden.

Vor diesem Abend hatte ich zwei wichtige Entscheidungen getroffen. Die erste war, dass ich mich zusammenreißen wollte: Anstatt darauf zu bestehen, dass man mir die Hymne des Carlton Football Clubs vorsang, wollte ich mich meinen Ängsten stellen und mir von meinen Gästen ein launiges „Happy Birthday“-Ständchen bringen lassen. Und ich hatte beschlossen, mir eine Tätowierung auf der Brust machen zu lassen: B K V, die Initialen meiner Mädchen. Aber es reichte fürs Erste, mich einer alten Phobie zu stellen – erst einmal wollte ich „Happy Birthday“ aushalten.

Es wurde reichlich Whisky-Cola ausgeschenkt und so manches andere, und meine Gäste schafften es auch, mich so weit zu beruhigen, dass ich meinem Schicksal einigermaßen gefasst entgegensah. Bei meinem 21. Geburtstag in London mit AC/DC war ich noch geflüchtet, aber dieses Mal gab es kein Entrinnen. Ich wurde für den „offziellen“ Teil des Abends auf den Rasen gerufen. Bille bedankte sich bei allen Anwesenden fürs Kommen, und in mir machte sich allmählich die Überzeugung breit, dass eine Tätowierung vielleicht doch die weniger schmerzhafte Wahl gewesen wäre.

Bille fuhr fort: „Ich habe für Mark ein Geschenk aus London kommen lassen.“

„Cool“, dachte ich, „bestimmt eine Gitarre.“

Am Ende unseres Gartens führt eine kleine Pforte zum Grundstück unseres Nachbarn, Chris Turner. Chris war ursprünglich einmal mit Dave zusammen Gitarrist bei Buffalo gewesen und gelegentlich bei

Rose Tattoo eingesprungen. Es sind übrigens Chris' Finger, die auf dem Original-Cover der australischen Pressung der LP *Let There Be Rock* zu sehen sind.

Ich wusste noch immer nicht, was los war, als plötzlich Kristin durch dieses Tor geschritten kam. Sie hatte ich nun am allerwenigsten erwartet, und ich brauchte ein paar Augenblicke, bis ich kapierte, was Sache war. Seit Kristin anderthalb Jahre zuvor nach London gegangen war, hatte ich sie nicht mehr gesehen. Die Gäste dachten wahrscheinlich, dass ich lediglich in einer innigen Umarmung mit meinen zwei schönen Töchtern verharrte, aber damit tarnte ich vor allem die Tatsache (hoffe ich wenigstens), dass ich völlig aufgelöst war. Es war ein so wunderbarer Augenblick, aber es war komisch – ich war so verdammt glücklich, dass ich heulen musste. Wir standen da, wir drei, als gäbe es niemanden außer uns auf der ganzen Welt, und es war mit Abstand die großartigste Umarmung, die ich jemals erlebte; eine Umarmung, die ich mein ganzes Leben lang in Erinnerung behalten werde. Schließlich war ich immer schon überzeugt, dass Väter-Töchter-Beziehungen eine ganz spezielle Dynamik haben.

Dann endlich bekam ich den Kopf wieder frei, und mir wurde klar, dass Kristin tapfer versuchte, mir ihren Freund vorzustellen, Chris Nicholson, der mit ihr angereist war und den ich noch nicht einmal eines Blickes gewürdigt hatte. Als ich mich ihm dann endlich zuwandte, stellte ich fest, dass es sich beim Auserwählten meiner Tochter um einen ausgesprochen hochgewachsenen jungen Mann aus Trondheim handelte, dessen Mutter Norwegerin und dessen Vater ein englischer Akademiker war.

„Ich habe gehört, du magst Glenfiddich“, waren seine ersten Worte an mich, während er mir eine Literflasche des guten Single Malts in die Hand drückte. „Herzlichen Glückwunsch, Mark.“

Ich bedankte mich und grinste Kristin an. „Er gefällt mir schon jetzt!“

Der großartige Abend wurde immer großartiger.

Es war Bille gewesen, die schon vor Monaten heimlich geplant hatte, Kristin und Chris zu meinem großen Tag einzufliegen. Als ich ein paar Tage vor der Party mit Kristin telefoniert hatte, hatte sie kein Wort davon erwähnt; die beiden hatten dichtgehalten, um mich zu überraschen. Kristin zu meinem 50. ins Land zu schmuggeln, war eine wundervolle, warmherzige und aufmerksame Geste. Dafür werde ich auf ewig dankbar sein, wobei dieser Ausdruck noch viel zu schwach ist für das, was ich empfand.

Ach so – ich kann mich absolut nicht mehr an mein „Happy Birthday" erinnern, aber man hat mir berichtet, es sei mit sehr viel Schwung und Inbrunst vorgetragen worden.

Am nächsten Tag wachte ich natürlich irgendwann mit einem richtig dicken Kater auf. Ich sage irgendwann, denn ehrlich gesagt, ich habe keine Ahnung, wann ich aus meinem Suffkoma wieder zu mir kam. Was mich weckte, das weiß ich allerdings: die übelsten Kopfschmerzen aller Zeiten. Wenn es eine Kopfschmerz-Olympiade gäbe, dann hatte diese Attacke eindeutig Chancen auf die Goldmedaille. Sie durch Untertauchen in einem Swimmingpool zu neutralisieren, wie damals, 1977 in Perth, kam nicht in Frage. Viel zu riskant. Schließlich war ich kein junger Kerl mehr. Ich war 50. Scheiße, ich war tatsächlich 50 Jahre alt – wie war das bloß passiert?

Die nächsten Tage verbrachte ich damit, mich zu erholen, schöne Stunden mit Kristin zu verbringen und Chris näher kennen zu lernen. Die beiden gingen auf Entdeckungsfahrt durch Sydney, begleitet von Virginia, die ihre große Schwester nicht aus den Augen ließ. Das Leben in Lilyfield war schön. So konnte es bleiben, dachte ich damals. Und wenn der große alte Mann da oben es dann vielleicht auch noch so einrichten konnte, dass die Kater nicht mehr ganz so heftig ausfielen, dann wäre das auch sehr nett.

Nach einiger Zeit verabschiedeten wir uns wieder von Kristin, die zusammen mit Chris zu einer Tour die Ostküste hinauf aufbrach, wo ihre Familie in Mission Beach, Queensland, noch ein Haus hatte. Der wundervolle Überraschungsbesuch war vorbei, aber ich war glücklich und zufrieden. Kristin in meiner Nähe zuhaben und zu erleben, wie verliebt sie in ihren Chris war, das allein war wunderbar gewesen.

Geschäftlich lief auch alles gut; der Gitarrenhandel bei Downtown Music florierte. Gelegentlich verirrte sich eine Les Paul Standard von 1960 oder eine Custom Colour Fender Stratocaster aus den frühen Sechzigern in unseren Laden, die Gitarrenfetischisten wie Carlo und mir stets ein breites Lächeln entlockten. Dave und ich waren außerdem weiter als Duo unterwegs und spielten überall im ganzen Land.

Unser Akustik-Blues-Duo hatte inzwischen richtig an Profil gewonnen, nicht nur durch Daves großartige Stimme, sondern auch durch viele eigene Songs und ein paar lustige Einlagen zwischen den einzelnen Titeln. Ich betrachtete es als meine persönliche Aufgabe, Dave während und zwischen den Songs zum Lachen zu bringen. Wir nahmen unsere Arbeit sehr ernst, aber ebenso ernst war es uns damit, viel Spaß zu haben und das Publikum darin einzubeziehen.

Das Leben hatte einen gewissen Rhythmus und surrte wie eine geölte Maschine vor sich hin. Zwar hätte ich gern ein bisschen mehr freie Zeit zum Golfspielen gehabt, aber ich wusste, dass ich dafür eines Tages noch genug Muße haben würde. Ginnie wurde schnell groß, eine wunderbare kleine Seele, die viele neue Freundschaften an der Annandale North Public School schloss. Kristin begleitete sie an ihrem ersten Tag in dic Schule, ebenso wie Oma Norma, wodurch dieser schwere Schritt für sie ein bisschen leichter wurde.

Kristin und Chris lebten inzwischen in Amsterdam. Kristin peilte eine Karriere als Kostüm- und Bühnendesignerin fürs Theater an, einen Beruf, in dem sie ihren Hang zu Überschwänglichkeit und Pomp bestens würde einsetzen können, und während der Ausbildung arbeitete sie nebenbei im Hard Rock Café und als DJ. Bei einem Gig in Oslo trat sie in einem Kleid auf, das aus Luftballons bestand, und nach den Songs ließ sie immer mal wieder einen Ballon an der richtigen Stelle platzen, bis sie nur noch mit ein paar Streifen Klebeband bekleidet war. Ich habe die Bilder gesehen – als Vater war es nicht ganz einfach, damit zurechtzukommen.

Am 6. Juni 2007 klingelte bei uns um drei Uhr morgens das Telefon. Bille und ich schreckten hoch. „Da ist was passiert“, dachte ich sofort. Billes Mutter Virginia, nach der wir unsere Tochter benannt hatten, war zuletzt nicht bei guter Gesundheit gewesen. Aber Bille reichte mir den Hörer.

Es war Kobe.

„Mark, Kristin ist tot.“

„Wie bitte?“

Schweigen.

Während sich meine Gedanken überschlugen, erzählte mir Kobe, was geschehen war. Kristin war auf dem Weg zu ihrer Schicht im Hard Rock Café, die um zehn Uhr morgens begann, und war spät dran. Sie war mit ihrem rosa Mountainbike unterwegs und hielt an einer Ecke der Overtoom, einer der meistbefahrenen Straßen in Amsterdam, um im Club anzurufen und zu sagen, dass sie gleich da sein würde. Ein riesiger Betonmischer nahm die Kurve zu eng und erfasste Kristin. Sie geriet und unter die Doppelreifen und starb noch am Unfallort.

Fassungslos hörte ich zu, bis Kobes Stimme erstarb. In mir machte etwas Klick. Es war komisch; ich dachte nicht „das kann nicht sein" oder „das ist ein Traum", ich wusste, dass Kristin nicht mehr da war. Ich fühlte es. Das ganze Leben hielt an, alles, und aus mir kam nur ein Wort: „Nein. Nein."

„Kobe", fragte ich, „ist jemand bei dir?" (Hoffentlich ist sie nicht allein, dachte ich nur.)

„Dad ist hier."

„Lass mich kurz mit ihm sprechen, bitte."

Noch einmal ließ ich mir von Peter erzählen, was ich doch schon längst als Tatsache akzeptiert hatte. Es bestand nicht der Hauch einer Chance, dass hier ein Fehler vorlag, dessen war ich mir sicher. Ich wusste, dass sie von uns gegangen war. Peter erklärte, dass sie mit der Polizei in Amsterdam gesprochen hatten und nun die australische Polizei auf dem Weg zu ihnen war, um zu tun, was in diesen Fällen eben getan werden musste. Es gab nichts mehr zu sagen. Was hätte ich sagen können? Ich musste diesen Anruf beenden und weg von dem Telefon. Ich hasste das verdammte Telefon.

„Ich melde mich bald wieder", stieß ich hervor. Mehr brachte ich nicht heraus.

Dann ging ich nach unten, wo mir plötzlich der Küchenfußboden entgegen kam und mir ins Gesicht schlug.

Kurz darauf saßen Bille und ich im Wohnzimmer, am Boden zerstört. Wie konnte das nur möglich sein? Wie konnte Kristin nicht mehr da sein? Kobe und Kristin hatten eine so enge Verbindung zueinander, wie es sie nur zwischen Müttern und Töchtern gibt; sie waren beste Freundinnen, und Kristins Erkrankung hatte das Band zwischen ihnen nur gestärkt. Kristin hatte diesen ganzen Scheiß überstanden, hatte sich durchgekämpft, nur damit nun das hier passierte?

Es war noch immer mitten in der Nacht. Die nächste, die es erfahren musste, war Virginia, aber wir beschlossen, dass wir sie ganz normal bis sieben schlafen lassen und es ihr dann erzählen wollten. Aber wie? Wie bringt man einem zehnjährigen Mädchen bei, dass die große Schwester ums Leben gekommen ist? Wir saßen still da und warteten, erfüllt von ungläubigem Schmerz und Verzweiflung. Das Leben, wie wir es gelebt und geliebt hatten, war vorbei. Was hatte nun noch einen Sinn? Nur ein einziges Wort ging mir immer wieder durch den Kopf: „Warum?“ Alles war so verdammt still. Ruhig. Einsam.

Der Zeiger der Uhr rückte unbarmherzig auf sieben vor. Dann ertönte das gefürchtete Weckerklingeln. Wir gingen beide in Virginias Zimmer und setzten uns zu ihr aufs Bett.

„Virginia“, sagte ich leise. „Wach auf, Schätzchen. Es gab einen schrecklichen Unfall.“

Kobe und Peter Steele flogen unverzüglich nach Amsterdam, um alles Notwendige zu arrangieren und Chris beizustehen. Bille, Virginia, Graham Kennedy und ich trafen uns mit ihnen, als sie in Sydney in den nächsten Flieger umstiegen. Es war unmöglich mit Worten zu beschreiben, was ich fühlte, als ich Kobe sah. Sie war unglaublich tapfer, aber doch gebrochen und völlig verzweifelt.

Die folgenden Tage vergingen wie im Nebel. Freunde und Familie waren bei uns, unterstützten uns, gaben uns Kraft. Graham, Dave und Lesley Tice wichen nicht von unserer Seite. Unsere Tür stand allen offen: Man kann die Kraft von Freundschaft und Herzlichkeit nicht zu gering einschätzen. Ich merkte, wie viel Mitgefühl, Freundlichkeit und Unterstützung man durch andere Menschen erfahren kann. Manchmal denkt man ja, wenn man mit jemandem spricht oder jemanden umarmt, der einen fürchterlichen Verlust erlitten hat, dass es kein bisschen hilft, was man da tut. Ich kann euch versichern: Es hilft. Es hilft so sehr, das glaubt man nicht. Zu wissen, dass andere Menschen mit dir fühlen und dich nicht allein lassen, das ist sehr tröstlich, und ich brauchte jedes Bisschen Trost, das ich bekommen konnte.

In harten Zeiten zeigt sich der wahre Charakter eines Menschen, davon bin ich überzeugt, und ich habe das große Glück, dass viele meiner

Freunde wirklich großartig sind und sich wundervoll um uns kümmerten. John Swan und Jim Barnes standen ständig mit uns in Kontakt, guckten bei uns rein, fragten, wie es uns ging, obwohl sie selbst noch den Tod ihres Vaters Big Jim überwinden mussten. Sie zeigten wahre Freundschaft, die ich ihnen nie vergessen werde.

Meine Trauer war unbeschreiblich und ging so tief. Der große Verlust führte dazu, dass ich mich selbstsüchtig und schuldig fühlte. Ich war innerlich taub und stand unter Schock. Es wäre ein Leichtes gewesen, mich in meiner Trauer zu verlieren, aber was war mit Kristin? Sie hatte alles verloren, ihre Zukunft mit Chris, ihr *Leben*. Wie kommt man damit zurecht?

Peter teilte mir am Telefon mit, dass sie beschlossen hatten, Kristin in Amsterdam zu beerdigen, und so nahm ich den nächsten Flug Richtung Europa. Die einsamen 22 Stunden an Bord der Qantas-Maschine waren ein unerwarteter Segen; ich hatte Zeit, meine Gedanken zu sammeln und an Kristin zu denken. Allmählich versuchten die guten Erinnerungen, den schrecklichen Nebel zu durchdringen. Glücklicherweise saß ich allein in meiner Dreier-Sitzreihe. Vermutlich sah ich schrecklich aus, denn eine Stewardess kam zu mir und setzte sich kurz.

„Stimmt etwas nicht, Mr. Evans? Kann ich Ihnen helfen?“

Ich sagte ihr den Grund meiner Reise nach Amsterdam. Eigentlich dachte ich, ich hätte mich gut im Griff gehabt, aber als ich meine neue Freundin ansah, liefen ihr die Tränen über die Wangen.

„Das tut mir schrecklich leid, Mr. Evans.“

Sie ging wieder zum hinteren Ausgang zurück und informierte vermutlich den Rest der Crew. Wenig später kam sie wieder und legte mir die Hand auf die Schulter.

„Kann ich Ihnen etwas bringen, Mr. Evans?“

„Whisky-Cola, bitte“, sagte ich. Aber das erste Wort, das mir auf der Zunge gelegen hatte, war: „Kristin.“

In London hatte ich sechs Stunden Aufenthalt, bevor es nach Amsterdam weiterging. Die Qantas-Crew machte es netterweise möglich, dass ich mich in der Business-Lounge von British Airways frisch machen und mich entspannen konnte. Dort setzte ich mich in einen der plüschigen Clubsessel und nahm mir eine Zeitung.

„Tee, Sir?“, fragte jemand, und eine andere Stimme antwortete:

„Im Augenblick nicht, vielen Dank."

Ich kannte diese Stimme. Als ich meine *Times* senkte, guckte ich in das Gesicht von Clive James, der sich ebenfalls hinter einer *Times* versteckt hatte. Nun hatte ich den australischen Autor und Kritiker immer schon kennen lernen wollen, aber bitte, doch nicht jetzt. Ich kannte seine Lebensgeschichte aus seinen großartigen Autobiografien; er stammte aus Kogarah bei Sydney.

„Es ist ein ziemlich langer Weg von Kogarah, nicht wahr, Clive?", sagte ich also.

„Das ist wahr, gut beobachtet", gab er zurück.

Wir wandten uns beide wieder unserer *Times* zu, aber ich dachte, da wir uns schon begrüßt hatten, könnte ich vielleicht doch ein kleines Gespräch in Gang bringen. Also, mal nachdenken, was haben wir gemeinsam? Oh ja, wir beide haben zwei Töchter. Hatten. Scheiße.

Ich musste mir ein wenig die Beine vertreten, landete schließlich in einem Souvenir-Shop und beschloss, ein paar Kleinigkeiten für Ginnie und ihre Freundinnen zu besorgen. Eine Weile suchte ich zwischen den Kühlschrankmagneten, Bleistiften und Miniatur-Doppeldeckerbussen herum. Damals konnte man am Flughafen keinen Schritt tun, ohne dass einen das unschuldige, lächelnde Gesicht der dreijährigen Madeline McCann verfolgte, die einen Monat zuvor in Portugal verschwunden war.

Die Verkäuferin, eine Frau mittleren Alters, packte meine Mitbringsel in eine Tüte, auf der ebenfalls Madelines Foto prangte. Ich sah das Kindergesicht nachdenklich an, als mich die Verkäuferin ansprach.

„Schlimme Sache, das. Können Sie sich vorstellen, wie es sein muss, wenn man seine Tochter verliert?"

Am liebsten wäre ich im Erdboden versunken. Ich wünschte mir nichts mehr, als dass dieser Albtraum aufhörte. Sofort.

„Eigentlich sollte ich Amsterdam hassen", dachte ich, als ich auf dem Weg vom Hauptbahnhof zu meinem Hotel eine Kanalbrücke überquerte. Verdammt, und wie ich diese Stadt eigentlich hätte hassen müssen; hier hatte man mir Kristin für immer genommen. Aber es dauerte nur Minuten, da verstand ich, wieso sie Amsterdam geliebt hatte. Die Stadt war schön, gemütlich und doch lebendig und weltoffen, mit Häusern wie aus einem Märchen und unglaublich vielen Fahrradfahrern. Zwar war ich schon früher einmal in Amsterdam gewesen, aber damals war es nur eine weitere Etappe des AC/DC-Tourneeplans gewesen. Aber das war nun anders.

Mir wurde schwer ums Herz, als ich daran dachte, dass ich Kristin und Chris eigentlich ja hier hatte besuchen wollen. Das wäre so schön geworden. Ich blieb auf einer Brücke stehen und ließ die Szenerie auf mich wirken. Bunt bemalte Kähne tuckerten über den Kanal, und ein bärtiger Kapitän winkte fröhlich zu mir hoch. Ich winkte zurück. Mit Macht wurde mir klar, wie schnell sich das Leben ändern kann; das Rad der Welt dreht sich weiter, während deine eigene kleine Welt ausgelöscht worden ist.

Nach Kristins Beerdigung begingen wir die Trauerfeier an einem ihrer Lieblingsplätze, dem Amsterdamer Filmmuseum. Es ist das holländische Zentrum für Filmkunst und befindet sich in einer riesigen alten Villa im pittoresken Vondelpark. Es ist eine beeindruckende Kulisse. Kristins Freunde hatten die Trauerfeier organisiert, und ich begriff, dass die Stadt allmählich zu ihrem Zuhause geworden war, so viele holländische Freunde, wie sie gehabt hatte. Allmählich bekam ich den Eindruck, dass sie kurz vor ihrem Tod so glücklich gewesen war wie vielleicht nie zuvor in ihrem Leben, hier, mit Chris, in dieser Stadt. Es war tröstlich, diese wundervollen Menschen kennen zu lernen und mit ihnen zu sprechen, aber sie waren zu jung, um so etwas durchmachen zu müssen. Wir alle waren zu jung. Ich sah mich in dem Café mit den roh gemauerten Wänden um, mit seinen Schwaden von Zigarettenrauch, den Weinflaschen und den Rudeln kleiner, kläffender Hunde. Nur Kristin fehlte.

Es tat mir gut, auf dem Flug zurück nach Sydney wieder allein zu sein. Ich hatte Zeit, über alles nachzudenken, und um – ja, um was zu tun? Kristin war nicht mehr da. Würde das Leben denn je wieder gut werden?

Die Zeit vergeht, erst Stunde um Stunde, dann Tag um Tag, schließlich gehen Monate vorüber, und man kommt durch und findet einen Weg, um weiterzuleben. Immer wieder hört man die selten dämlichen Sprüche:

„Du musst dein Leben weiterleben." – „Zeit heilt alle Wunden." Aber die Wahrheit ist, Leute, die so einen Scheiß erzählen, die wissen nicht, wie das ist. Ich habe festgestellt, dass der Schmerz nie ganz vergeht, dass man aber lernt, ihn zu ertragen, ihn zuzulassen, ihn als das zu nehmen, was er ist. Die Trauer und der Schmerz, die ich fühlte, waren ganz normal. Wenn sie nicht da gewesen wären, hätte das nicht bedeutet, dass Kristin mir egal gewesen wäre? Die Erinnerung an wundervolle, lustige Augenblicke, an die schönen Zeiten kam schließlich immer öfter zurück, und ich begann zu lernen. Ich lernte, wer ich wirklich war, und ich lernte, dass ich Freunde und Verwandte von so großartigem Format habe, wie ich sie mir nur wünschen kann. Wenn die Trauer mich überkam, wie es oft der Fall war und noch immer geschieht, dann dachte ich an die schönen Zeiten, und dass Kristin gewollt hätte, dass wir weiterlebten und dabei unser Leben in vollen Zügen genossen.

Mir fehlt Kristin mehr, als ich mit Worten ausdrücken kann. Oft begegnen mir Dinge, die mich an sie erinnern, und dann muss ich stets unwillkürlich lächeln: grüne Samt-Doc-Martens, Toast mit gegrilltem Speck und Käse, Postkarten aus Disneyland, Schokolade, Faster Pussycat, Pommes fressende Vögel, Betty Page, Krebsangeln. All diese Dinge sorgen dafür, dass ich mich besser fühle – es ist, als ob mir Kristin kleine Botschaften schickt. Mach weiter. Genieß das Leben. Gib niemals auf.

DANKSAGUNG

Das Schreiben der eigenen Memoiren ist eine einsame Aufgabe, aber ohne die Unterstützung, den Rat und die Erfahrung von Profis, die „Ahnung haben", würde nie ein Buch daraus. Ich hatte stets das Glück, dass in meinem Leben immer die richtigen Leute im richtigen Moment auftauchen, und genau so war es mit Jeff Apter, der meine Erinnerungen durch seine Wortmühle laufen ließ, ein unermüdlicher Mentor, voller Humor und Weisheit, mit dem die Arbeit enorm viel Spaß machte. Mein großer Dank gilt Jeff, der es zu einer phantastischen Reise machte, *Dirty Deeds* zu schreiben. Jawoll, Kumpel: „Das ist billiger als Psychotherapie."

Außerdem möchte ich meiner liebsten Literaturagentin auf der ganzen Welt danken, Pippa Masson von Curtis Brown, mit der die Zusammenarbeit so unglaublich angenehm war. Ich bin sehr froh, dass ich Pippa auf meiner Seite des Schreibtisches hatte, und ich danke auch Jane Palfreyman, Lauren Finger, Elizabeth Cowell und Kate Hyde von Allen & Unwin für ihre Mühe, Unterstützung und Begeisterung. Vielen Dank an Peter FitzSimons, der mich am Anfang in die richtige Richtung wies und mir dann noch einen ordentlichen Schubs gab.

Ich bedanke mich zudem bei allen, die mit mir *on the road* waren, und vor allem bei meiner wundervollen Familie. Bille, Kristin und Ginnie, ich danke euch dafür, dass ihr so seid, wie ihr seid – wahre Schätzchen.

Und am Schluss natürlich ein großes Dankeschön an alle Fans, die immer wieder sagten: „Du solltest mal ein Buch schreiben", und die mich über die Jahre so sehr unterstützt haben. Einige sind heute gute Freunde: Aaron Baker, Dr. Sharon Dawood, Dr. Volker Janssen, Doug Thorncroft.

It's a long way …

Mark Evans wurde in Melbourne geboren. Er ist Musiker, handelt mit klassischen E-Gitarren und hat nun mit *Dirty Deeds* sein erstes Buch veröffentlicht. Mark spielte in der von Bon Scott geführten Besetzung von AC/DC; mit der Band nahm er die Alben *TNT*, *Dirty Deeds Done Dirt Cheap* und *Let There Be Rock* auf, gab zahllose Konzerte und feierte wild. Mark lebt heute mit seiner Frau Bille und Tochter Virginia in Sydney; zusammen mit seinem langjährigen Freund und Sänger Dave Tice spielt er Akustik-Blues und Roots-Music unter dem Namen Dave Tice & Mark Evans.

www.markevansblues.com
www.ticeandevans.com
www.facebook.com/ticeandevans
www.reverbnation.com/ticeandevans

In 20 Berufsjahren hat Jeff Apter mehr als ein Dutzend Sachbücher verfasst, darunter die Bestseller-Biografien der Brüder Finn von Crowded House (*Together Alone*) und des ehemaligen Cricketspielers Michael Slater (*Slats*). Darüber hinaus schrieb er Bücher über Dave Grohl und die Foo Fighters, die Red Hot Chili Peppers, Gwen Stefani, The Cure und viele andere. Er arbeitete fünf Jahre lang als Musikredakteur für den australischen *Rolling Stone* und schreibt für den Musikteil der australischen *Vogue*. Aktuell arbeitet er als Co-Autor an einer Biografie über die australische Country-Sängerin Kasey Chambers und an *Shooting Star: The Marc Hunter Story*. Er lebt an der Südküste von Neusüdwales mit seinen beiden Kindern Elizabeth und Christian, seiner Frau Diana und einer riesigen Plattensammlung.